Csillag Virág

Álomvilág

novum pro

Ez a könyv
e-könyvként
is elérhető

www.novumpublishing.hu

ISBN 978-3-99131-392-2
Lektor: Sósné Karácsonyi Mária
Borítóképek: Sylwia Kucharska,
Katsiaryna Shut | Dreamstime.com
Borító, tördelés & nyomda:
novum publishing

www.novumpublishing.hu

Climate neutral
Print product
ClimatePartner.com/16547-2201-1002

Csillag Virág

ÁLOMVILÁG
ÚJJÁSZÜLETÉSEM GYÖKEREI

1. rész

HITVALLÁS

Mindig mássá,
mindig újjá válok,
megőrizve régi önmagam.
Aki voltam, aki vagyok,
és aki majdan leszek.
Hű maradva, Ő általa,
Hozzá és önmagamhoz.

KÖSZÖNET

Minden eddigi és további segítséget ezúton köszönök meg mindazoknak, akik életem során segítségemre voltak, vannak és lesznek. Köszönök mindent a Teremtőnek, Örök Társamnak, Lélektársaimnak, Lélektestvéreimnek, Szeretteimnek, Gyermekeimnek, Szüleimnek és Barátaimnak.

ISTEN áldása kísérje további életutunkat!

BEVEZETŐ

Az utóbbi időben az életem különös módon felgyorsult. Közben érdekes, szokatlan, szinte felfoghatatlan megtapasztalásaim vannak. Mintha egy szuperszonikus sebességgel száguldó vonaton lennék. Érzékelem a gyorsan tovatűnő tájat, és mindazt, ami bent történik. Egyszerre mindkét helyen jelen vagyok: a külső világban és belül, „önmagamban". Közben úgy tűnik, a „senkiföldjén" tartózkodom. Külső szemlélőként érzékelem és tapasztalom meg az életem hétköznapjaiban végbemenő történéseket. Ugyanakkor benne vagyok, része vagyok az eseményeknek, és teljességgel próbálom megélni az adott „pillanatot". Mindez csodálatos, megnyugtató, mindent felülmúló érzéssel tölt el.

Több éve zajlik e folyamat bennem. Időközben teljesen átformálódtam. Más szemmel látom már önmagamat, a környezetemet, a világot. Eddigi életem lezárult, és egy új világ tárult fel előttem. Környezetemen belül is nagy változások történtek, sokszor nyomasztó események kíséretében. Most visszagondolva úgy tűnik, mintha én magam hívtam volna elő mindezt a belső világomban lezajló folyamatok következtében.

Talán 1999 februárjának vége felé kezdődött el, és fokozatosan ment végbe bennem a teljes fordulat. Állandóan egy megfoghatatlan, felfoghatatlan gondolat vibrált bennem: „Kevés az idő!"

Nap mint nap előjött ez a pár szó. Megmagyarázhatatlan formában, az életem különböző helyzeteiben, egyszer csak ismét felbukkant. Egy adott nap során számtalanszor rám tört, és nyugtalanító érzésként telepedett rám. Kíváncsiság, félelem, zavar, ujjongás, csodálkozás keveredett össze bennem, és szinte megtorpanva álltam e talány előtt. Szerettem volna megfejteni a belőlem feltörő pár szó titkát.

Velem kapcsolatos, kétségtelen, mert különben elő sem jött volna. De mit jelent? Talán közel van az utolsó órám? A HALÁL közeledtét jelzi? De akkor miért általános kijelentés? – Valójában nem egyes szám első személyre szól. Tanácstalan voltam. Csak annyit értettem, hogy valamilyen formában az idővel kapcsolatos. De még azt sem tudtam, hogy csakis magamra vonatkozó tájékoztatás, vagy egy általános érvényű „üzenet".

Aztán az élet nehéz fordulatai rávilágítottak mindenre. Eddigi életem, mint egy 360 fokos kör, lezárult. Ezáltal egy új élet indult el számomra. Nyilvánvalóvá vált, hogy a megélésem saját magamnak szóló jelzés volt, de ugyanakkor érzékeltem, hogy mindez továbbmutat környezetemre, sőt mindenre és mindenkire vonatkozik.

Közben különös csodaként érzékeltem, hogy az idő megszűnt a számomra létezni. Olyan, mintha az „időtlenség" birodalmába kerültem volna. Egyszerűen megmagyarázhatatlan. Zajlik az élet, peregnek a percek, órák, napok, és én csak vagyok. Teszem, amit az adott pillanatban tennem kell. Nem gondolkodom azon, hogy mi lesz holnap, holnapután, vagy az adott körülmények között miként cselekedjek. Nincsenek különösebb, előre beprogramozott terveim. Persze nagy vonalakban tudom, hogy mit akarok kezdeni a további életemmel. Sőt adott esetben olyan érzésem van, mintha a jövőbe látnék. Már jó tíz éve az intuitív megérzéseim nagyon is dominálóvá váltak, így ezekben mélyen hiszek.

Most, ezen utóbbi belső átalakulási folyamatom során – immár ötödik alkalommal – ismét számadást végeztem életem vonatkozásában. Ezúttal sokkal tágabb és mélyebb értelmű következtetéseket vontam le. Tisztázódott előttem, hogy ezen események következtében átmentem a HALÁL kapuján, megjártam a senkiföldjét, áttekintettem és elfogadtam az életem úgy, ahogy volt. Megértettem, hogy mindennek – ami az életemben végbement – meg kellett történnie, hogy újjászülethessek, és egy új küldetéssel folytathassam tovább az életem.

Könyvemben az eddig megtett utamat tárom fel, ahogy megéltem az életem és mindazt, amire rájöttem az eltelt évek során. Ezúton összegezem tapasztalataimat, gondolataimat, a bennem végbement változásokat, amelyek következtében könyvem megírásának sugallata felvetődött bennem. Most, hogy a váltás, az újjászületés bekövetkezett, rálátásom van az életemre. Ennek következtében mélyebb gondolati szinten kezdenek kikristályosodni a megélt tapasztalataim. Az életutamra való visszatekintést 1989 elejétől kezdődően részletezem, az akkori feljegyzéseim, valamint az eltelt időszak átélései alapján. Közben kibontakozik az egész életem. Az „ELSŐ RÉSZ" a belső átalakulási folyamatom azon időszakát tárja fel, amely során mintegy 180 fokos fordulat következett be az életemben. A „MÁSODIK RÉSZ" az átváltozásom további menetét ismerteti. Ennek következtében bezárult életem első spirálköre, és megtörtént az újjászületésem.

Közben szoros, mindennapi kapcsolatba kerültem Istennel és a magasabb szintű Szellemi Lényemmel, valamint az Égi Világgal. Felfigyeltem arra, hogy az angyalok a segítőim. Rádöbbentem arra, hogy egész életem során segítették, egyengették sorsomat. Isten kegyelmét, áldását, szeretetét sugározták felém. Azonban – mivel mindez eddig öntudatlanul zajlott bennem – nem voltam mindenkor nyitott az égi üzenetek befogadására. Most, hogy az újjászületésem megtörtént, megnyíltam, és tudatosan keresem a kapcsolatot Istennel és az égi segítőkkel.

A bennem végbement folyamat alatt – belső tudati szinten, telepatikus üzenetként – megkaptam megújult életemre szóló küldetésem. A „HÍD-SZEREPET" kell felvállalnom, vagyis öszszekötő kapoccsá kell válnom a földi és az Égi Világ között. Ezen belül pedig feladatom az „ÖRÖK IGAZSÁGOK" láthatóvá tétele. A kapott tájékoztatás egyrészt zavarba ejtett, másrészt felfoghatatlan volt a számomra. Nem értettem, hogyan valósíthatom meg mindezt.

Istennel a kapcsolatom mintegy már két évtizede egyre szorosabbá vált. Az utóbbi évek során teljes bizonyosságot kaptam arról, hogy mindent, amire szükségem van, azt „Ő" általa, az adott időben, az adott helyen, az adott módon megkapom. Így életem során a kritikus, kilátástalan, mélyponton lévő helyzeteimben mindenkor megtaláltam a kiutat. Feloldva a bennem lévő ellentmondásokat a béke, a nyugalom, a boldogság, a szeretet, a hála érzése töltött el. E küldetéssel kapcsolatosan is erre a megélt élettapasztalatomra hagyatkoztam. Tudtam, hogy az adott időben mindent megkapok, hogy küldetésem teljesíteni tudjam.

Mindezek következtében egy alkalommal – Istennel való szoros kapcsolatom eredményeként – hosszú órákon keresztül, nagyon mély, meditációban konkrét információkat kaptam az ember, az emberiség, és az egész Föld eljövendő sorsáról. Több mint 2000 év távlatába pillanthattam be, miközben a Teremtő vázlatosan elém tárta az események, történések sorozatát. Ígéretet kaptam arra nézve, hogy a jövőre vonatkozó ismeretek teljes részletezését is megkapom, ha eljön az ideje. Mindezt, valamint eddigi megtapasztalásaimat le kell jegyeznem és tovább kell adnom. Így mindazok, akik be tudják fogadni, életük részévé tudják tenni a tapasztalatot, minden és mindenki javát szolgálják. Ezáltal együtt, ismeretlenül is együttműködve segítjük az ember, az emberiség és a Föld átalakulásának a folyamatát.

Mindennapjaink során a „Végső Idők" utolsó másodperceit éljük – a kozmikus időrend szempontjából – egyénileg, közösségi szinten, valamint az egész emberiség és maga a Föld viszonylatában is. Valójában az egyéni, földi életünk vonatkozásában is igen kevés már az időnk, hogy a belső átalakulási folyamatot véghezvigyük magunkban. Ha életünket tovább kívánjuk vinni, ha életben akarunk maradni – itt, e földi létben –, akkor fel kell vállalnunk – szabad akaratunkból – az utolsó döntést. Át kell adnunk magunkat teljességgel Istennek. Történjen, aminek történnie kell, legyen meg a Mindenható akarata. Vagyis fel kell vállalnunk a Hazatérést a Teremtőhöz. E döntést egyénileg kell meghoznunk, és a visszatérésünk útját is egyénileg kell bejárnunk. Azonban mindannyian egyek vagyunk, Isten részei. Az isteni szikra, a lélek és a szellem által kapcsolatban vagyunk a Teremtővel és egymással, még ismeretlenül is. Így segíthetjük egymást az életcélunk, a küldetésünk teljesítésében. Ezáltal hatással vagyunk a Földre, és így elősegítjük bolygónk felemelkedését is.

Mindenkiben zajlik e folyamat, akár akarjuk, akár nem, illetve tudatosan megéljük, felvállaljuk, vagy öntudatlanul elszenvedjük. Mindennapi életünk bármely pillanatában bekövetkezhet a váltás, a változás, az újjászületés a belső világunkban. Ettől kezdve már tudatosan és sokkal hatékonyabban élhetjük meg mindennapjainkat. E belső átalakuláshoz kívánok segítséget nyújtani könyvemmel.

Csupán saját tapasztalataimat, megéléseimet, önmagamat tudom átadni. Mivel mindenki másképp látja, érzékeli, éli meg az életét, ezért az itt közöltek csak egyfajta egyéni út következtetései, megélései, amelyek annyiban használhatók más számára, amilyen mértékben azonosulni tud vele, be tudja fogadni, élete részévé tudja tenni.

ELSŐ FEJEZET

A korszakváltás előjelei

Új korszakba, a Vízöntő Korba lépünk. Jelenleg egy átmeneti időszakban vagyunk. A váltás, a változás éveit éljük. A Halak 2160 éves periódusát hagyjuk magunk mögött, és megkezdjük a Vízöntő Kor 2160 éves korszakát. Sokan világvégét jósolnak – már csak azért is, mert a „Végső Idők" jeleit észrevehetően érzékelhetjük mindennapi életünk során. Az élet túlságosan felgyorsult. A zűrzavar állapotában vagyunk egyénileg és közösségi szinten is. Egyszer fent, egyszer lent, egyre gyorsulóbb menetben. Sőt az is gyakran előfordul, hogy az ellentétes áramlatokat egyidejűleg éljük meg. Összezavarodottá váltunk, mert teljesen szokatlan, újszerű ez az állapot, és semmiféle tapasztalatunk nincs az ellentétek egyszerre történő megélése és feloldása terén.

Közösségi szinten, az egész emberiség vonatkozásában mindez hatványozottan jelentkezik és kihatással van a gazdasági életre, a népek, nemzetek viszonyára, a környezetünkre, és magára a természetre, az egész Földre is. Jelenleg olyan helyzetbe kerültünk mindannyian, hogy képtelenek vagyunk a régi módon tovább folytatni az életünket. Állandóan önmagunkkal kerülünk ellentmondásba, és így saját magunk életét akadályozzuk. Az egész emberiség pedig, a jelenlegi életvitelével, az élet és a Föld teljes tönkretétele felé halad. Változnunk kell, fel kell vállalnunk a váltást, az állandósult változást.

Egyedül egy út van a megmeneküléshez, ez pedig az ember visszatérése a Teremtőhöz. Ez a folyamat egyénileg fog végbemenni, de ugyanakkor hatással is vagyunk egymásra. Minden egyes ember, aki elindul a Hazatérés útján és ezáltal magasabb tudatállapotba kerül, nagy hatással van az egész Földre és az egész emberiségre, magára az eljövendő életünkre, a jövőnkre. Így nemcsak saját magunk miatt, önmagunk üdvössége érdekében kell felvállalnunk a döntést, hanem mindenért, mindenkiért. A szó szoros értelmében kell most érteni:

MINDENKI EGY!

Mindezek alapján felvetődnek a kérdések:
A világ vége jön el hamarosan?
Lehetséges a túlélés?
Milyen kilátásaink vannak a harmadik évezredre?

Meggyőződésem, hogy nem szó szerint vett világvége jön, hanem csupán egy korszaknak, a matériába zuhant és beleragadt életmód korszakának lesz vége. Ezzel együtt egy új korszak lehetősége nyílik meg az ember, az emberiség előtt, méghozzá a lelki-szellemi felemelkedés, a Hazatérés korszakáé. Az ősi tanítások szerint a fordulat már közel van. Valójában már el is kezdődött. A jövendölések az ezredforduló körül, illetve 2012-re helyezik a fordulópontot. A világmindenségben végbemenő nagy történések egyike is 2012-re éri el teljesen a Földet. Ez lesz azon év, amely során a Földön és az egész emberiségen belül a minőségi változás intenzíven jelentkezik, illetve ezt követően e folyamat felgyorsul. Természetesen ez függ attól is, miként éljük meg, milyen változások zajlanak le addig az embereken belül. Akik képtelenek lesznek lépést tartani a fejlődés újszerű követelményeivel, azok a hanyatlás, a pusztulás, a halál felgyorsult tempóját érzékelik majd. Sőt már az átmenet hátralévő évei során is felerősödnek ezek. Közben – mintegy figyelmeztető jelként – jelentkeznek a „negatív" hatások, hogy felkészítsenek minket a végső döntésre. Ugyanakkor, ha az adott egyénnél a lélek már nem akarja e testben továbbvinni az életét, akkor távozik. Így a halálesetek száma megnövekszik az elkövetkező időszakban.

A „negatív" szót azért tettem idézőjelbe, mert tapasztalatból tudom, hogy nincs negatív vagy pozitív hatás. Ezeket csak mi látjuk el ilyen vagy olyan címkézéssel, mert a viszonylagos földi világ álláspontjából csak a részek vannak megvilágítva, nem látjuk a teljes egészet együtt. Valójában amit negatív hatásként, valóságként élek meg, azt képes vagyok – Isten kegyelméből – feloldani. Mikor szembesülök önnön belső világommal és beazonosítom a „negatívumok" szerepét a saját valóságomba, feldolgozom, és ezzel feloldom ezeket. Így a megszerzett tapasztalatok segítségével életemben hasznosítom, pozitívvá váltom át.

Nem húzhatjuk tovább Istenhez való visszatérésünk ügyében a döntést, mert a hátralévő életünk múlik ezen. Bárhogy is döntünk, az út mindenképpen nehéz lesz. Ha a Hazatérés mellett döntünk, akkor a Mindenható és vele együtt az egész Égi Világ segítségünkre lesz. Valójában mindig segítenek, de mi magunk csak akkor érzékeljük ezt, ha nyitottá válunk, befogadjuk az égi sugallatokat, életünkbe beépítjük, megéljük azokat. Ezáltal mindenkor megtaláljuk a következő lépést, a megoldást. Még a legkilátástalanabb, legborzalmasabb helyzetekben is biztonságban érezzük magunkat és elérjük a békét, a harmóniát és a boldogságot.

A visszatérés Istenhez a szabad akaratunk utolsó döntése. Ezt követően, mivel teljesen átadtuk magunkat Istennek – „Legyen meg, Atyám, a Te akaratod!" –, már megszűnik a „szabad akarat". Cserébe mindent megkapok, pont akkor és olyan formában, ahogy és amikor arra valóban szükségem van. Ezáltal felszabadulok, teljesen szabaddá válok. Már nem kell azzal foglalkoznom, hogy adott vágyaimat, céljaimat hogyan, mi módon valósíthatom meg. Kizárólag egy dolgom van: az Isten által elém tárt ÉLET csodálatos panorámáját szemlélve felfedezni és megtenni mindazt, amit az adott pillanatban, az adott módon, az adott helyzetben meg kell tennem, ami minden és mindenki javára válik. Ugyanakkor nem szűnnek meg bennem a vágyak és a célkitűzések, de ezeket alárendelem a küldetésemnek, az Isteni Tervnek. Tudatosul bennem, hogy csak ilyen viszonylatban válnak valóra a terveim, a vágyaim, az álmaim. Nem is kívánok mást, csakis ezt, mert minden más értelmetlenné válik a számomra. Ezáltal maga a Mennyország válik valósággá életemben, méghozzá e földi, átmeneti idők viszonylatában, mikor a világ még a zűrzavar állapotát éli meg. A nyugalom, a boldogság, az öröm, a szeretet helyzetébe kerülve mindez kisugárzik környezetembe, és hatással van a külvilágra. Egyszerűen a változás hulláma továbbgyűrűzik, mint mikor egy kavicsot bedobunk a vízbe. Ez a láthatatlan, boldog szeretetáramlat tértől, időtől és körülménytől független, így még azokra is hatással van, akikkel fizikai valóságom terén nem vagyok közvetlen kapcsolatba.

A „szabad akarat" megszűnését úgy értelmezem, hogy ettől kezdve döntéseimben az Isteni Tervre ráhangolódva, az Örök Énem indíttatásából cselekszem. Tehát ezáltal a racionális elmém helyett a magasabb szintű szellemi valóságom akarata érvényesül. Az igazsághoz azonban hozzátartozik, hogy néha-néha még visszacsúszom a régi életvitelem állapotába és feszült, nyugtalan, ideges leszek. Ilyenkor, ha felfigyelek az intő jelekre, tudatosul helyzetem, elindul a szembesülés és feldolgozás folyamata. Mindez kezdetben rövidebb-hosszabb időszakot vesz igénybe, miközben egyre több és több tapasztalatra teszek szert. Ennek következtében eljön az idő, amikor még a legnehezebb, ellentmondásokkal, konfliktusokkal terhelt helyzetben is rövid idő alatt végigjárom a belső utat, így a feloldás megtörténik. Eközben újabb megtapasztalásokkal gazdagodom, és mindez környezetemre is kihatással van.

Ily módon – egymással kapcsolatba kerülve – a felébredés, a Hazatérés felé való elindulás, a változás hulláma egyre táguló körben folytatódik. A cél, hogy 2012-ig az emberiségen belül a kritikus tömeg jelenléte megvalósuljon. Akkor majd e jelen fizikai testben újjászületettek hatása érvényesülhet. Így elkerülhetővé válik a világméretű katasztrófa, a Föld teljes tönkretétele, az emberiség megsemmisülése. Ebben a folyamatban minden segítséget megkapunk az égiektől. A döntést azonban egyénileg kell meghoznunk. Mindenkinek választani kell, még annak is, aki képtelen erre, vagyis nem vállalja ezt fel. Ő ebben az esetben saját jelenlegi életének befejezése, a halála mellett áll ki.

Nagy a tét! Gondolkozz el ezen!

Minél előbb határozol ez ügyben, annál hamarabb érkez-
hetsz el a megnyugvás boldog, szeretetteljes, békés állapotába.
Így az emberiségért, mindenért és mindenkiért, magáért a Föl-
dért is többet tudsz tenni, és erősíted az egységet, segíted a Ha-
zatérés folyamatát. Ha később hozod meg a döntésed, az egyre
kínkeservesebb megélésekbe, tapasztalatokba sodor jelenlegi
életed során, és egyre nehezebb lesz kitörnöd ebből a körből. A
lélek távozásával, a test halálával pedig jelenlegi földi, racioná-
lis léted megszűnik. Ha kapsz is új lehetőséget egy újabb leszü-
letésre, akkor is újból végig kell járnod életutadat. A belső ön-
megvalósítási folyamatban el kell jutnod e kérdésben döntésed
meghozataláig, annak felvállalásáig, és el kell indulnod a haza-
felé vezető úton. Azonban a mindenkori élet utolsó pillanatáig
nyitva áll az út – még a halál előtti pillanatban is befogadhatod
Isten könyörületét, áldását – hiszen pont a mai kor a kegyelem
kiáradásának időszaka. Isten kegyelme állandóan árad felénk,
csak az a gond, hogy mi magunk sokszor nem vagyunk képe-
sek ezt elfogadni, befogadni. Rajtad múlik egyedül, hogy Isten
kegyelmi ajándékát elfogadod-e, és mikor, hogyan határozol ez
ügyben. Te döntöd el, hogy meddig tűröd életed saját magad ál-
tal való megnyomorítását. Amikor betelik a pohár és úgy érzed,
elég volt a gyötrelmekből, akkor már kész vagy elindulni életed
újjáalakításának irányában. Egész addig szenvedni fogsz, és az
ÉLET számodra a „siralom völgye" lesz csupán.

A Hazatérés felvállalásával teljesen új élethelyzet és újsze-
rű lehetőségek tárulnak fel előttünk. A Mindenhatóval való
kapcsolatunk intenzívvé és tudatossá válik. Egyszerűen belül,
a lélek mélyén érzékeljük, és bizonyossággá válik a számunkra
Isten jelenléte életünk minden pillanatában. A nehéz, kritikus
helyzetben felé fordulva – telepatikus üzenetként – meghatáro-
zott információkat, tanácsokat kapunk, és ezeket követve meg-
oldódnak gondjaink. Mély hála és szeretet érzése tölt el min-
ket, és minden lehetőséget megragadunk, hogy köszönetünket
kifejezzük Teremtőnknek. Ahogy gyűlnek – ezen újszerű élet-
mód terén – bennünk a tapasztalatok, úgy érzékeljük az ÉLET

kitárulását, a számtalan új, nagyszerű lehetőséget, amellyel Isten megajándékoz minket. A telepatikus és intuitív képességek egyre jobban kibontakoznak bennünk. Ezeket már az élet különböző szituációiban hasznosítani tudjuk. E képességek nyitnak utat számunkra az angyalok felé is. Amikor megnyílunk feléjük, akkor tudnak igazán a segítségünkre lenni és együttműködni velünk. Feladatuk a Teremtő Szeretetének, Kegyelmének, Áldásának és teljes valóságának sugárzása felénk, és segíteni, ösztönözni, támogatni minket a küldetésünk, az Isteni Tervünk véghezvitele terén. Az angyaloknak nincs fizikai testük. A rezgés, az energia útján közvetítik Isten valóságát. Közvetlenül kapcsolódnak a Teremtőhöz, így a mindentudás birtokában vannak. Fontos tudnunk, hogy hívatlanul nem lépnek be az életünkbe, vagyis nem erőltetik ránk magukat. Ha nyitottá válunk és felébred bennünk a vágy a velük való kapcsolat felvételére, csak akkor tudnak közvetlenül segíteni nekünk. Jelen vannak, figyelemmel kísérik sorsunkat; láthatatlanul, közvetve segítenek, de igazán kapcsolatba csak akkor kerülhetünk velük, ha azt mi magunk akarjuk.

Jelen korunkban az ellentétes pólusok fokozottabb szembekerülését, a végsőkig elmenő kiéleződését, ellentmondását tapasztaljuk meg. Ez az élet minden területén így van:

» fényűző gazdagság – nyomor
» békevágy – háborúk sora
» boldogság utáni sóvárgásunk – a mindennapi káosz állapota
» összhang keresése – a tehetetlenségünk megélése

Mindez a férfi és a nő kapcsolatában hatványozottan jelentkezik. A „se vele, se nélküle" állapotot éljük át. Mérhetetlen hiányérzet jelentkezik, amikor nincs mellettünk a társ. Ha pedig jelen van az életünkben a szeretett lény, akkor állandóan nézeteltérések robbannak ki közöttünk.

Miért van ez így?

Átmentem e megtapasztalásokon, és feltettem magamnak én is a kérdést. Aztán Isten kegyelméből nem csupán a választ kaptam meg a kérdésemre, hanem a feloldást is elnyertem e kínzó állapotra.

A „se vele, se nélküle" helyzetbe azért kerülünk, mert még nem találtuk meg saját magunkon belül a jin és jang egyensúlyát. Nem váltunk teljessé, vagyis nem találtuk még meg Igazi Önmagunkat.

A jin és jang ősi kínai szimbólumok. A jin a női, lágy, földi princípiumot jelöli. A jang a férfias, világos, égi princípium megjelenítője. Külön önmagukban ellentétesek, de együtt szétválaszthatatlanok. Ezek minden emberben megtalálhatók. A nő belül, a tudattalanjában hordozza ellenkező nemű lélekrészét, a jang valóságot. A férfi pedig fordítva: a tudattalanjában a női, jin részt foglalja magába. Ezáltal úgy a férfiban, mint a nőben a földi és Égi Világ egysége jelen van. Így a jin és jang egysége visszavezet bennünket eredetünkhöz.

Törvényszerű folyamat, hogy a nőnek fel kell fedeznie elnyomott férfi lelki részét, és azt tudatosítva be kell építenie életébe, méghozzá úgy, hogy női mivoltát ne veszítse el. Ez igen lényeges és fontos. Így válik teljes értékű lénnyé, akinek Isten megteremtette.

A férfinak úgyszintén el kell jutnia elnyomott női lelki részének feltárulásáig, és azt tudatosan megélve, felvállalva élete részévé kell tennie úgy, hogy férfiúi mivoltát ne tagadja meg. Így olyanná válhat, akinek a Teremtő megteremtette.

Isten saját képmására „férfinak és nőnek" teremtette az embert. Istennek nincs neme. Ő gondoskodó ATYA, és szeretetét állandóan sugárzó ANYA. Így mindenki lelki valóságában megtalálható a női és férfi princípium is. Az önmegvalósítási folyamatunk szempontjából lényeges e kettő közötti egység megteremtése. Igazi Önmagunk megtalálásával a társ hiányából fakadó kínzó érzés megszűnik, mert az egység önmagunkon belül teljes mértékben megvalósul. Ugyanakkor egyre jobban érzékeljük – Istennel való kapcsolatunk által – a földi és Égi Világgal való egységünket is. Természetesen ez nem azt jelenti, hogy megszűnik bennünk a társ utáni vágy. Ez megmarad, de háttérbe kerül, mert a Teremtővel való egység többet jelent már. Alárendeljük magunkat az Ő akaratának és tudatosul bennünk, hogy számunkra csak akkor van értelme a párkapcsolatnak, ha abban a Mindenható áldása nyilvánul meg, amelyet az egység megélésével, a társsal együtt valósíthatunk meg. Erre akkor kerülhet sor, ha a férfiban és a hozzá tartozó nőben külön-külön megérett rá a belső helyzet. Ekkor azonban a lélektársak mindenképpen találkoznak, és közös egységük valóságát életre hívják.

Két szerető, teljes értékű ember (mindkettőben már kialakult a jin és jang egyensúlya, egysége) kapcsolatában Isten és az ember, a földi és az Égi Világ egybekapcsolódása nyilvánul meg. Egy ilyen kapcsolatban már a társak kölcsönös Szeretetegységben élik meg az életüket. Ezáltal olyan társ kerül életünkbe, akivel már egy magasabb szintű szeretetkapcsolatot tudunk kialakítani, amelyben kölcsönösen megnyilvánul a Mindenhatóval való kapcsolatunk is. Az ÉGI SZERELEM köti már össze a lélektársakat. Csak ekkor beszélhetünk igazán arról, hogy a házasfelek Isten áldásában élik meg a házasságukat.

Biztos vagyok abban, hogy a Teremtő házasságpárti, és valójában minden házasságra áldását adja. A földi házasság magába foglalja Isten és az ember, az Égi Világ és a földi világ kapcsolatát. Azonban amíg a házastársak önmagukon belül nem találják meg a jin-jang egységét, egyensúlyát, vagyis Valódi Önmagukat, addig képtelenek a mindennapi életük során az áldott állapotot megélni. E helyzetben nem képesek a közös egységet létrehozni, a MI állapotban az egyensúlyt, az összhangot újból és újból megteremteni. A házasságok felbomlása, a válás nem azért következik be, mert Isten nem áldotta meg az adott házasságot, hanem azért, mert ezt az áldott állapotot a házastársak együtt, összhangban, szinkronban képtelenek megélni. Ebből következik, hogy a házasságok nagy részét nem a Teremtő általi áldás jegyében élik meg a házasfelek, hiába mondták ki a pap, illetve az anyakönyvvezető előtt a „boldogító igent". Tehát mi, emberek – vagyis a házastársak maguk – tehetjük áldottá az eredetileg mindenképpen megáldott házasságot.

A párkapcsolatnak és magának a házasságnak igen nagy jelentősége van az önmegvalósításunk szempontjából. A pár kölcsönösen hat egymásra. Ennek során a különböző élethelyzetekben egymáshoz csiszolódnak, változnak, átalakulnak. A nehéz, ellentmondásokkal terhelt helyzetek – a fejlődésünk szempontjából – pontosan a legnagyobb lehetőségeket rejtik magukban. Ha mindkét fél felvállalja a változást, a fejlődést, és ennek érdekében kész mindent megtenni, akkor a kapcsolat fejlődik. Azonban ha csak az egyik fél akar előre haladni, és társa mereven elzárkózik, akkor a kapcsolat megreked, megszakad. Illetve ha a pár mégis együtt marad, akkor a társas magány állapotában mindketten megrekednek. Így egyik sem képes a továbbfejlődésre – egészen addig, amíg valamelyikük fel nem vállalja az önmagával való szembesülést. Ha az egyén véghezviszi önmagában a teljes folyamatot, akkor a továbblépés adott lesz a számára. Így a földi házasság pontosan az adott pár belső önfejlődését segítheti elő, hogy mindkettőben kialakuljon a jin-jang egysége, egyensúlya. De csakis azon fél esetében történnek meg a megfelelő változások, aki képes felvállalni a belső szembesülést, a változást, a fejlődést. Régebben sokkal könnyebb volt a helyzet. A nemzedékeken keresztül rögződött hagyományok, szokások rendszere, az adott életmód, a megfelelő családi háttér mind egyszerűbb, áttekinthetőbb helyzetet biztosított a házastársak számára. Jelen korunkban a fejlődés felgyorsulása a párkapcsolatban is érezhetővé vált. Elveszítették jelentőségüket a régi szokások, hagyományok. Életmódunkban is gyökeres változások történtek. Adott esetben felcserélődtek a szerepek. Ez egyébként a természetes fejlődés velejárója, hiszen a nőnek meg kell élnie a férfi lélekrészének a valóságát, a férfinak pedig a női lélekrészének a valóságát is életre kell hívnia. A gond azonban abból ered, hogy közben az adott nő elveszítette nőiességének varázsát, az adott férfi pedig férfiúi vezető szerepét tagadta meg. Előtérbe került az egyén önmegvalósításának a folyamata. Ez sem jelent magában gondot, ha az adott pár együtt, összhangban képes – egymást segítve – előrehaladni, és mindenkor a közös „MI" egységet szem előtt tartva együtt fejlődni. De ez a belső változás, átalakulás ellentmondásosan megy végbe. Ha az adott pár nem képes a nehéz helyzetekben együtt megtalálni a kiutat, akkor e helyzet mindenképpen a házasság válságát jelenti. Mindehhez hozzájárul azon tény, hogy igen könnyen feladjuk a közös életünket, és képtelenek vagyunk egymásért, önmagunkért megtenni mindazt, amit meg kellene tennünk. Úgy érezzük, csapdába kerültünk, és mindenképpen menekülni kezdünk. Ebből a szempontból szinte mindegy, hogy az adott pár ténylegesen elválik, vagy úgymond „egymás mellett élnek", mint két idegen. Végül is az újabb és újabb próbálkozások során, hasonló helyzetbe kerülve, ismét mélypontra jutunk. Egészen addig, amíg be nem következik a teljes szembesülésünk önmagunkkal, vagy bent ragadunk életünk kálváriájában. Azon házasság azonban, ahol mindkét fél képes mindent megtenni azért, hogy az egység újra és újra létrejöjjön, tartóssá, áldottá válik.

A mindennapok terén áldottan megélt házasságban a szexuális kapcsolatot egy szent, teremtő aktusként élik át a lélektársak. Nem véletlen, hogy a férfi és a nő eggyé válása során jön létre az új élet. Az isteni szikra – a lélek – belép az anyagi világba és egybekapcsolódik a megtermékenyített petesejttel. Ezáltal az Égi Világ és a földi világ egyesülése is végbemegy. Ugyanakkor a testi egyesülés a Mindenható jelenlétében történik. A kölcsönös Szeretet Egység kapcsolja össze a férfit és a nőt. Ez a SZERETET jelzi Isten jelenlétét. Csakis az ilyen formában – test, lélek, szellem egységében – megélt kapcsolat Szent és Áldott. Ha nincs jelen a Szeretet Egysége, akkor csupán testi szükséglet kielégítéséről van szó. Ez abban az estben is igaz, ha törvényes és egyházilag megkötött házasságról van szó. Történetesen egy idő után az egyik házasfél esetében – a mindennapi élet valóságában – már nem él a SZERETET – akkor a Szeretet Egység nincs jelen. Ebben az esetben e házastársi, testi kapcsolat már nem Szent és nem Áldott, csupán a szükséglet kielégítését szolgálja. Az, aki megszakította a Szeretet Egységet, mintegy megszegte fogadalmát. A másik fél hiába fordul továbbra is önzetlen szeretettel társa felé, előbb vagy utóbb nyilvánvalóvá válik számára, hogy társa elhagyta őt. A fizikai világ terén mellette van még a társ, de az ÉLET mélyebb valósága értelmében valójában egyedül van. Nem számíthat a szeretett lényre társként. Ez a társas magány állapota. Ilyen helyzetben a végleges szakítás is bekövetkezhet, ha nincs mód arra, hogy együtt helyrehozzák a kapcsolatukat. Illetve, ha mindkét fél feladja és beletörődnek e helyzetbe, akkor tartalmatlanul, üresen élik le a további életüket. Ez a helyzet már nem fordulhat elő két teljes értékű ember Szeretet Egységében, amikor mindketten megtalálták Valódi Önmagukat, és a Teremtővel való kapcsolatuk megszilárdult. Őket már egy magasabb szintű kapcsolat köti össze, és nem saját önös érdekeik a fontosak a számukra, hanem maga az egység, a MI állapotának együtt való megélése, és ezáltal valóban a KETTŐ EGGYÉ válik.

E Szeretet Egység magába foglalja Istenhez való kapcsolatukat is, amelyet mindketten kölcsönösen átélnek a mindennapjaik során. Egy ilyen kapcsolat tükrözi azt a csodálatos folyamatot, amelyet a Hazatérés időszakában élünk meg. Hazaindulunk a Teremtőhöz, de már utunk során megéljük azon boldogságot, amelyet az Istennel való EGYSÉG jelent. Csak az elindulás a nehéz, utána már tudjuk, hogy mindig is erre vágytunk. A megélt valóság mindennél többet jelent, hiszen azelőtt sohasem tapasztalt szeretet, béke, nyugalom, öröm költözik életünkbe.

A jin-jang szimbólum magában rejti az ember és a Mindenható kapcsolatát is. „Ő" jelen van minden emberben az isteni szikra, a lélek, a szellem által. Ugyanakkor mindannyian a Teremtő részei vagyunk. Sőt az egész teremtett világ a része. A Teremtő mindenütt, mindenkiben és mindenben jelen van. Ha ezt felfogjuk és megértjük, akkor tudjuk csak igazán átérezni mindennel és mindenkivel való egységünket. Ekkor már a másik embert nem mint idegent nézem, hanem Isten valóságát fedezem fel benne, és egységbe kerülök vele. Ezáltal valósulhat majd meg a földi világon belül, az emberi kapcsolatok terén, valamint a földi és Égi Világ között az egyensúly, az egység. Sajnos ez ma még csak álomkép, de a megvalósulási folyamat már elindult. Itt, a Földön már többen próbálják mindennapjaikban feltárni, megélni, megvalósítani Igazi Önmagukat, Örök Énjüket. Ha minden pillanatban ez nem is sikerül, de ha már elindultunk az úton, akkor túl vagyunk az első lépéseken, és minden megtapasztalásunk továbbvisz a végső cél felé. Ehhez a folyamathoz az Égi Világból minden segítséget megkapunk. A kegyelem kiáradásának időszakát éljük. Isten mindent elkövet, hogy hazavezessen minket. Mozgósította az angyalokat és a magasabb szintű szellemlényeket. Ők mindannyian segítenek, ösztönöznek, támogatnak minket életünk minden pillanatában. Mindez csak akkor lesz érzékelhető a számunkra, ha megnyílunk belső önmagunk és az Égi Világ felé. Amikor teljes szívvel felvállaljuk a Hazatérést, akkor a segítő támogatás teljességgel érzékelhető lesz a számunkra.

Az emberiség életében jelenleg zűrzavar uralkodik. Így az „ember" az egész Földet, valamint saját létét veszélyezteti, mivel a vezetők és a nagy tömegek még nem ébredtek fel, nem vállalták fel a változást, az újjászületést. Félelemre azonban nincs okunk. A Teremtő és az ember szorosan egymáshoz kapcsolódik egy Égi Szeretet Egységben. Ez minden egyes emberre kiterjed. Azonban a saját maguk által készített csapdába mindazok beleesnek, akik a matériába, az anyagi világba teljesen beleragadtak, és képtelenek ebből a függő helyzetből kilépni. Ugyanis ebben a helyzetben saját maguk szabad akaratából egyedül az anyagi valóságot választják, és így Istennel való kapcsolatukat nem érzékelik. Így az ő jelenlegi sorsuk a megsemmisülés, a fizikai halál lesz. Mivel ebben a helyzetben a lélek képtelen továbbfejlődni, így távozik az Égi Világba. Akik elindultak már a hazavezető úton, azok megmenekülnek. ÉG és FÖLD összetartozik, egységet alkot. A Föld és rajta az ember nem semmisülhet meg, mert ezzel maga a teremtés veszítené el az értelmét, és ez kihatna az egész teremtett világra, beleértve a földi és Égi Világot is. Ezért a Mindenható végveszélyben, ha ez szükségessé válik, megmenti a Földet és rajta az életet is. Ez valójában már el is kezdődött. Azon emberek, akik felvállalják a változást, az újjászületést, elindulnak saját belső, gyötrelmes kálváriájuk által a megtisztulásuk útján. Ennek következtében egy adott pontra eljutva az elragadtatás állapotába kerülve élik át a megújulásuk további folyamatát. Ezt követően pedig már érzékelik az ÚJ ÉG és ÚJ FÖLD jelenlétét, és az életük tovább folytatódik, méghozzá magasabb szinten, de még mindig itt, e földi szférában. Pontosan ezért fontos, hogy az emberek minél előbb felébredjenek és elinduljanak a hazafelé vezető úton. Minden egyes felébredt ember segíti a most lejátszódó, végbemenő folyamatot. Ha elegendő számú újjászületett ember tevékenyen – a küldetésének megfelelően – éli az életét, akkor elkerülhető lesz a katasztrófa. Ebben az esetben majd az új korszakba való átmenet zavartalanabb lesz.

Mindenkinél más-más időpontban, helyzetben és módon érkezik el a döntés, a váltás és az újjászületés. Döntenünk mindenképpen kell. Egyénileg kell ezen az úton végigmenni és mindezt megélni. Nincsenek bevett receptek. Segíthetjük egymást a saját megvalósítási folyamatunk véghezvitelével, tapasztalataink, érzéseink, gondolataink átadásával. Más helyett azonban nem léphetünk, és nem erőltethetjük rá senkire sem magunkat.

Ugyanakkor az is fontos, hogy ne engedjük másoknak, a külső világnak, zsarnoki uralkodásnak önön valóságunk, életünk felett. Mindenkinek saját magának kell az életét felvállalni, a tapasztalatait beazonosítani mindennapi léte során. A külvilágból származó információkat, üzeneteket csak olyan fokon tudja hasznosítani az adott egyén, amilyen mértékben azokat be tudja fogadni, élete részévé tudja tenni. Fontos, hogy felismerjük saját magunk értékeit, céljait, és felfedezzük a küldetésünk valóságát.

Valójában fénylények vagyunk mindannyian. Az Örök Én, a szellem valósága kapcsol össze minket a Teremtővel. A lélek tartja életben a testet, és a fogantatást követően, a magzati lét során már kapcsolatban van a testtel, de még ki-be jár. Az ezüstszálon keresztül kapcsolódik a testhez. Legkésőbb a születés során „végérvényesen" összekapcsolódik a test és a lélek.

A „végérvényes" szót azért tettem idézőjelbe, mert igaz, hogy a születés alkalmával a test és a lélek szoros kapcsolatba kerül, azonban például az alvás állapotában a lélek távozik és az Égi Világban jár, belső tapasztalatokat gyűjt. Ilyenkor szintén az ezüstszál köti össze a testtel. Ez az összeköttetés az egész élet során fennáll, csak a fizikai halál bekövetkeztével szakad meg.

Maga a lélek még a fogantatás előtt felkészül az újraszületésre. Megtervezi leendő életét, annak céljait, küldetését, egész életútját, annak főbb állomásait. Kiválasztja leendő szüleit, méghozzá a saját és küldetése rezgésszintjének megfelelően. Ők biztosítják majd számára az életútjának véghezviteléhez szükséges feltételeket, helyzeteket, beleértve akár a „negatív" körülményeket is. Mindezekben döntő a számára az előző életei során megszerzett tudása, tapasztalatai, karmikus feladatai, késztetései, valamint az Égi Világban történő feldolgozás következtében kialakult új indíttatásai. Mindezek a leszületéskor homályba kerülnek, de belül, a lélek mélyén jelen vannak, és az élet adott helyzeteiben mintegy belső késztetésként hatnak. Bizonyos esetben az életterv, a küldetés feledése oly mértékű lehet, hogy az adott személy az eredetileg megtervezett életút terén kitérésekre, megtorpanásokra kényszerül, esetleg zsákutcába kerül. Mindezt kínlódva, keservesen éli meg. Igen nehéz ebből a helyzetből kitörni. Azonban belül jelen van az igazi valóság. A legnagyobb mélypontra jutva, a mélyből a lélek üzenete a felszínre kerülhet. Ezzel elindulhat az egyén Igazi Önmaga megismerésének útján. Ez általában egy hosszú folyamat, és ennek során az adott személy egyre jobban magára talál. Végül elérkezik arra a pontra, amikor kapcsolatba kerül Örök Énjével, magasabb szintű valóságával, mely végül a teljes eggyé váláshoz vezet. Teljességgel rábízza magát az Igazi Valójának vezetésére. Így kiteljesedik Istennel való kapcsolata, hite megerősödik, és a feltétlen szeretet irányítja cselekedeteit. Átérzi mindennel és mindenkivel való egységét. Küldetése is megváltozhat, átalakulhat, magasabb szintre kerülhet. Mindezt az ember egyugyanazon testben történő újjászületésként éli meg.

A szellem valósága, az Örök Én tartalmazza igazi lényünk teljes valóságát. A lélek közvetlenül kapcsolódik a testhez, és csak az önmagára találás folyamatában, egy bizonyos szintre elérkezve kapcsolódhat össze teljes mértékben a szellemmel, Valódi Önmagával. Ezáltal újra birtokolja fokozatosan – újjászületett lénye fejlődése által – fénylényi valóságát. Mindez kihat a testre és a lélekre is. Test, lélek és szellem összhangba, egységbe kerül. Így az egyén mind magasabb rezgésszintre lép. Maga a test rezgésszintje is megemelkedik. Ennek következtében az Égi Világgal intenzív kapcsolatba kerül, és ez élete kiteljesedéséhez, magasabb szintre emelkedéséhez vezet. Az anyagi világ dolgai teljesen háttérbe kerülnek, illetve alárendelődnek a küldetésnek. De ekkor már tudatosul az egyénben, hogy mindazt, amire élete további részében szüksége van, azt az adott helyzetben, időpontban és módon mindenkor megkapja. Nincs más feladata, mint teljességgel megélni az ÉLET adott MOST pillanatát, és felfedezni az elé táruló lehetőségeket. Már nem lényeges, hogy mit hoz a holnap, vagy pont a következő perc. Nincs jelentősége a tudatos tervezésnek. Ember tervez, Isten végez! Semmi más nem lényeges most már a számára, csakis Isten akarata, hogy azt az adott pillanatban felfogja, megértse, befogadja. Ez az ÉLET csodálatos, rendkívül változatos, kalandos megélését teszi lehetővé. Semmi sem az már, mint ami volt. Egyszerűen nem működnek a régi életmód szokásrendszerei. Meg kell ismerni megújult önmagunkat, a jelenlétünk lehetőségeit, és esetleges „határainkat".

A „határainkat" szót ugyanazon oknál fogva tettem idéző jelbe, mint előzőekben a „negatív" szót. Ugyanis bebizonyosodott, hogy amit határként, korlátként éltem, élek meg az adott pillanatban, valójában egy olyan lehetőség a számomra, amely során élettapasztalatra teszek szert, és további életembe azt beépíthetem. Így a határ, a korlát megszűnik. Ennek során újabb tapasztalatokat szerzek, és ezeket beazonosíthatom a valóságomban, felhasználhatom az új életmódom kialakítása során. Van egy nagyon lényeges dolog, amire nyomatékosan oda kell figyelni: nem szabad, hogy megszakadjon a kapcsolatom Istennel, Örök Énemmel és az Égi Világgal.

Mindebből következik, hogy a Teremtő Fénylényekként teremtett minket. Vagyis a Valódi Lényünk a Fénylények világához tartozik. A léleknek az anyagba való lesüllyedése és a fizikai testbe költözése valójában egy előre – Isten által – elhatározott, megtervezett, teremtett, engedélyezett folyamat következménye volt. Mindez azt is eredményezte, hogy a lélek elszakadt, bizonyos szinten magától a Teremtőtől és önmaga Igazi Valóságától. Most, mikor ez az eltávolodási folyamat a legnagyobb méretűvé vált, lehetőségünk van saját elhatározásból az Istenhez való visszatérésre, a Hazatérésre.

Isten saját képmására, szabad akarattal rendelkező lényként teremtette az embert. A Fénylények a Mindenható részei, és teljes egységben vannak a Teremtővel. Ez jelenti tehát az Isteni Képmást, amelyre teremttettünk. Ugyanakkor a jin-jang egysége is megnyilvánul ebben, ugyanis a teljesség a női és férfi princípiumok egysége által jön létre.

E ponton vissza kell idézni azon helyzetet, amikor két „teljes értékű" ember között az Égi Szerelemre épülve jön létre a Szeretet Egysége. Ez magában rejti Isten és ember, valamint a földi és Égi Világ kapcsolatát is, és ez egy magasabb szintű egységet jelent. Ebben a helyzetben a jin-jang szimbólum megduplázódik. Ez a megduplázódott jelkép Isten valóságát tükrözi, míg az általános jin-jang egység az egyes embernek a lényegét fejezi ki. Ugyanezen dupla szimbólum megjeleníti a két „teljes értékű" ember Szeretet Egységét is.

A szabad akarat pedig Isten ajándéka. Az ember és az egész emberiség számára mindez lehetővé tette azt is, hogy oly mértékben eltávolodjon Teremtőjétől, hogy saját vesztébe rohanjon. Isten csak a végső pillanatban avatkozik be – azok érdekében, akik elindultak már a Hazatérés útján –, hogy az életet, a Földet megmentse. Lényegében maga a beavatkozás már el is kezdődött azáltal, hogy a Földön olyan lehetőségek alakultak ki, amelyek elősegítik a magasabb rezgésszintre lépést, a Hazatérést. Ha szabad akaratukból elindulunk a hazafelé vezető úton, egymást segítve megtalálhatjuk környezetünkkel, Istennel, Örök Énünkkel, valamint az Égi Világgal való, építő jellegű kapcsolatunkat.

Az életünk során lejátszódó események, történések idővel letisztulnak, és így mintegy rálátásunk lesz a végbement dolgokra. Okulhatunk ezekből a további életünkben, és a tapasztalatokat felhasználhatjuk. Általában a hétköznapi életünk során csak átéljük, illetve elszenvedjük az adott helyzeteket. Nem tudjuk pontosan, hogy mi is zajlik bennünk. Odafigyelve, tudatosan megélve azonban profitálhatunk az elkövetett hibáinkból, és élettapasztalatainkat felhasználva kiteljesedhet az életünk. Ugyanez a helyzet az emberiség viszonylatában is. A jelenkor eseményeit kínkeservesen megtapasztaljuk, megszenvedjük. Nem tudjuk, nem értjük, hogy mi is történik valójában. Főképpen pedig, hogy miért is van mindez. Így szinte észre sem veszszük, hogy az Isten általi beavatkozás – méghozzá a kozmikus folyamatok és törvényszerűségek által – már el is kezdődött. Érzékeljük az idő felgyorsulását, az ellentmondások, az ellentétes pólusok végletekig történő kiéleződését, a természeti katasztrófák sorát, az egész életünk ellehetetlenülését. Azonban mindezt külső, anyagi, földi okokkal magyarázzuk. Fel sem vetődik bennünk a gondolat, hogy a FÖLD, mint élő bolygó, része nem csupán a Naprendszernek, hanem az egész világmindenségnek is. Így a kozmikus változások nagymértékben hatással vannak magára az egész Naprendszerre, a bolygónkra, és rajta az egész élettelen és élő világra, valamint magára az emberre is.

Több olyan kozmikus hatású folyamat végbemenetele várható az elkövetkezők során, amelyek befolyásolják a jelenlegi életünket. (Ezzel kapcsolatosan egy részletes cikk jelent meg az 1999. júliusi ELIXÍR újságban „Új kor jelei az égen" címmel.) Ezek szerint az egyik változás a Nap 26 ezer év periódusidejű mozgásához kapcsolódik. Ennek alapján a jelenlegi korszakváltás időpontja 2012 lesz. Ugyanakkor elkezdődik egy másik periódus is, amely 104 ezer éves időtartamú. Ez négy világhónap idejének felel meg. A harmadik nagy ciklus mintegy 225 millió évnyi időt ölel fel. Ezen idő alatt a Nap egy teljes kört jár be a galaktikus középpont körül. Úgy tűnik, e három forduló szinte egyidejűleg várható a jelen korunkban, és mutációk sorozatát indítja el. Gondoljunk csak bele, hogy a bolygóegyüttállások is milyen nagy hatással vannak ránk és a Földre! Akkor pedig még fokozottabb hatása lesz e galaktikus együttállásnak.

Tudósaink általában kétkedve fogadják ezt, de tény, hogy korunkban olyan változások zajlanak le a mindennapjainkban, amelyek gyökereiben változtatják meg az egész életünket. Ha nyitott szemmel szemléljük a történéseket, akkor felismerjük a mindennapi valóságunkban a változás jeleit. Ha pedig véghezvisszük önmagunkban az átalakulást, akkor belső valóságunkban biztos, kétséget kizáró útbaigazítást kapunk a világban végbemenő eseményekkel kapcsolatosan. Mindenkinek magának kell eldöntenie, hogy a különböző helyekről kapott információkból mikor, mennyit és mit fogad el.

Megjegyzésként és útmutatóként szükségszerű most saját élettapasztalatomat lejegyezni. A külvilágból – a földi és az Égi Világból – érkező információk terén fontos, hogy megvizsgáljam, belső megtapasztalásaim miképpen igazolják vissza ezeket. Hogyan tudom ezen a téren az összhangot, az egységet megteremteni belső valóságomban. Ha képes vagyok az összhang megteremtésére, akkor az adott információt be tudom építeni az életembe. Továbbá az is fontos, hogy a külső valóságom, maga a mindennapi létem miképp ad visszaigazolást ezekre. Ezen a téren is fontos az egység létrehozása. Ezáltal a kapott információ az életem részévé válik, azt beépítem a mindennapi létembe. A korunkban jelenlévő hatalmas információáramlat terén így nem veszünk el. Csakis azon információ fontos az adott élethelyzetben a számunkra, amelyet hasznosítani tudunk a mindennapjainkban. A többi információ terén eldönthetjük, hogy elvetjük, vagy félretéve adott helyzetben felhasználjuk majd. Minden pillanatban mi magunk döntünk. A szabad akarat következtében csakis mi magunk vagyunk a felelősek az életünkben bekövetkező eseményekért. Így sohasem hibáztathatok mást az életemben történtekért. Saját magam vonatkozásában – mivel úgy a belső világomban, mint a külvilágban bizonyosságot kaptam rá – így az alább közölt információkat teljes mértékben elfogadtam.

A világban végbemenő változások közül az egyik, a 26 ezer éves ciklusú, már el is kezdődött. A Nap, a bolygórendszerével együtt, ezen időszak alatt két alkalommal megközelítően 13 ezer évenként áthalad egy nagy kiterjedésű fotonmezőn. A jelenleg űrszondák és műholdak műszerei által közölt adatok alapján a kutatók és a tudósok felfigyeltek a Nappal kapcsolatosan bekövetkezett változásokra. Ezek nyilvánvalóvá tették, hogy a Nap mágneses tere homogenizálódott, vagyis eltűntek a mágneses pólusok. A két évvel korábbi adatoknál még megvolt a két pólus – hasonlóan, mint a Föld esetében. Ezt követően 1998 júliusától kezdődően korábban sohasem észlelt erősségű mágneses viharokat és napkitöréseket figyelhettünk meg. Felmerült a kérdés: Miért viselkedik így a Nap?

Miért rendeződött át a mágneses tere, és vált pólus nélkülivé? A Nap 1998-ban fokozatosan, hosszú időre belépett ebbe a fent említett Fotonövbe. Ezen fotonmező egy nagy energiájú, térben hengerszerű áramlás, amelyet Naprendszerünk oldalazva közelít meg. A fotonok elektromágneses sugárzások, a fény részecskéi. Egyaránt tekinthetők energiacsomagoknak, illetve felfoghatatlanul apró anyagrészecskéknek. Tehát a foton energiahullám és olyan részecske, amely anyagtermészetű is. Ezen áramlat merőlegesen döfi át a Naprendszerünket. A Föld 1987-ben lépett be rövid időre a Fotonövbe, majd minden évben egyre hosszabb időt tartózkodik itt. 2000-ben megközelítően hat hónapig volt e területen. 2012-re várhatóan teljes mértékben belép ide, és egészen 4320-ig, tehát valamivel több, mint 2300 évig lesz itt. A Nap 1998 nyarán találkozott először a Fotonövvel, és 2001-től kezdve már teljesen bent maradt, több mint kétezer évig. Régebben, a mágneses tér jelenlétekor, a mágneses erővonalak legnagyobb része visszahajlott a Napba, most viszont mágneses tere megnyílt. A világmindenségből, így a Fotonövből is magába fogadja a fényt és egyéb kozmikus sugárzásokat, majd a belsejében végbemenő folyamatok révén a saját létét, energiáját is beleadja, és hengerszerű energetikai palástként kisugározza az egész Naprendszerbe. Ezzel a jelenséggel függ össze valószínűleg a napkitörések számának és a kiszabadult energia nagyságának a megnövekedése.

Maga a Föld mágneses viselkedése is módosult. Bolygónk e nagy mennyiségű energiát nem passzívan fogadja, hanem mágneses impulzusokat kelt, és a Nap kinyílt erőterével együtt egy közös mágneses hengert alkot. Mindennek nagymértékű hatása van az időjárásra, az egész Föld élővilágára, és magára az emberre is. Az időjárás különös hatására egyes emberek érzékenyen reagálnak. A jelenben, illetve az elkövetkező időszakban a Nap által közvetített és a Föld által befogadott nagyfokú kozmikus energiaözön minden ember központi idegrendszerére hatással van. Ez az elkövetkező évek során egyre jobban fokozódni fog. Mindez egy mutációs típusú változást indított el magán a Földön belül, és az emberen, az emberiségen belül is.

Az emberiségen belüli változások során megváltoznak magának az emberi fajnak a tulajdonságai – az egész központi idegrendszer, valamint az agy tevékenysége is módosulni fog. Sőt a DNS mutációja is végbemegy. Ezzel függ össze magának a Földnek és az embernek magasabb energiaszintre emelkedése. Vagyis elindult a FÉNYTEST kialakulásának a folyamata. E témával kapcsolatosan ajánlom az érdeklődő olvasóknak Szabó Judit *Fénytest* és *Hazatérés* c. könyveit. A *Fénytest* c. könyv ebben a formájában már nem kapható. Az írónő kibővített formában, 2004 őszén „Az Egység hívása" címmel megjelentette új könyvét.

E változásokkal összefüggésben sokszor igen szélsőségesen, idegileg teljesen kiborulva, testileg letörten, betegen viseljük el a jelentkező tüneteket. Ariel arkangyal üzenetei alapján az influenzás időszakok valójában mutációs tünetek, vagyis a test magasabb energiaszintre történő átállásának lehetőségét jelzik. Általában ilyenkor oly letört állapotba kerül az ember, hogy szinte képtelen bármit is tenni. Nem ajánlott ilyenkor erőszakkal rákényszeríteni magunkat a mindennapi élet helytállásaira. Ha a végbemenő folyamatot segíteni akarjuk, akkor egyetlenegy dolgot tehetünk: megadjuk magunkat, és elvonulunk belső valóságunk világába. Így módot kapunk a belső lelki, szellemi munka elvégzésére és az előrelépésre. A belül lévő gátak, akadályok feloldódnak, a test, lélek, szellem egyensúlya létrejön, és mód nyílik a magasabb energiaszintre történő átlépésre.

A mutáció jelei lehetnek a különböző típusú fejfájások is. E fájdalmak jelentkezhetnek hátul, a nyaknál; a tarkónál, a vállban, a szemöldök között. Sőt a szemüreg körüli csontok és a szemgolyó erős fájdalmai is felléphetnek. Az utóbbiak a harmadik szem megnyílásával függenek össze. A koponyatetőn, a koronacsakra helyén, valamint a fej hátsó részén, a hipofízis területén is jelentkezhetnek kínzó fájdalmak. További mutációs tünetek a különböző rosszullétek, hányinger, hasmenés, látászavar, remegés, fájdalom a mellkas közepén, a szívcsakra és a napfonati csakra területén, valamint az ágyék táján és a csípőkben érzett fájdalom. Kéz- és láb bizsergése, zsibbadás, az egész testre átterjedő bizsergés, energiafeltöltődés is jelentkezhet. Az érzékelés területén is változások állhatnak be. Túl sok érzékszervi benyomás észlelése, hallászavar, különböző hangok hallása, például sípoló, doboló hang, madárcsicsergés, zúgásszerű hangok. Problémák lehetnek az emlékezettel. Megjelenhet a spirituális gőg és becsvágy. De spirituális depressziós időszakok is felléphetnek.

Az emlékezet kihagyására külön ki kell térnem. A fénytesti folyamat előrehaladásával, mikor valóságomat általában már az Örök Énem vezetésével, irányításával élem meg, előfordul, hogy az egész eddigi életem elveszti jelentőségét és úgy tűnik, hogy tudatom eddigi szintjét szinte elveszítem. Nem kell azonban aggódni ezért. Tudni kell ehhez azt, hogy a jelenlegi életünk során az agyunk befogadóképességének csak töredékét használjuk ki. Nos, először úgy tűnik, hogy ezt elveszítettem, de valójában csak ennek egy része esik ki, amelyre a továbbiakban nincs már szükségem, a többi rész fokozatosan visszatér, ahogy megtalálom megújult énemet. Ugyanakkor megkapom, teljes mértékben – fokozatosan, a fejlődésem függvényében – a tudás azon nagyobbik részének az ismeretét, amelyhez idáig képtelen voltam hozzáférni. Különleges képességek alakulnak ki: telepátia, jövőbe látás, megérzések, intuitív képességek, magas fokú empátiás érzék. Végül is kiderül, hogy egészen nagyszerű csere zajlott le. Mikor már csitulófélben van a nagy átváltozás hulláma, ráeszmélek, hogy minden a legnagyobb rendben zajlik. Ez nagyfokú belső szabadságot, biztonságot, örömet, beteljesülést jelent.

A mutációs tünetek megélése és a magasabb energiaszintre emelkedés következménye egy bizonyos ponton, hogy a táplálkozási szokásaink terén változások állhatnak be. Például a tápláléknak nem lesz táplálékíze, vagy fokozottabban, nagyobb mennyiségű ételt igényel a szervezet – illetve pont fordítva: egyre kevesebb ételt fogyaszt az egyén, és így is magas az energia szintje. Fontos, hogy megtanuljuk a testünk üzeneteit értelmezni. Testünk pontosan tudja, hogy mikor mire van szüksége. Jelzéseinek megfelelően beszabályozhatjuk és átalakíthatjuk táplálkozási szokásainkat. Az a fontos, hogy jól érezzük magunkat. Ha kiegyensúlyozott, nyugodt, magas energiaszinten lévő állapotban vagyunk, akkor minden rendben van. Mindenkor az egyén maga dönti el, hogy mikor mit egyen.

A mutáció során az alvási ritmusok szabálytalanná válása is előfordulhat. Van, hogy pár óra alvás is elegendő az egyén számára, de sűrűn előfordul, hogy 10-12 órai alvás után is fáradtnak érzi magát. Ez arra utal, hogy belül, az álom időszakában intenzív lelki-szellemi munka folyik. Ez akkor is így van, ha egyáltalán nem emlékszünk az álmainkra, vagy úgy gondoljuk, hogy nekünk nincsenek álmaink. Minden ember minden alkalommal álmodik, csak esetleg teljesen elfelejti. Mindez ne zavarjon meg minket. Tudatosítani kell magunkban, hogy mindaz, amit éjszakánként átélünk, bennünk elraktározódik, és adott helyzetben hasznosítani tudjuk. Tudom, ellentmond a megfontolt gondolkodásnak, hogy olyat fogadjunk el, amit tudatosan, a racionális elme által nem éltünk át. De ebben a folyamatban a racionális gondolkodásnak, az egónak nincs szerepe, illetve csupán akadékoskodó, hátramozdító erőként hat, ha nem adja meg magát a belső világ indíttatásának. Viszont ha a belső és külső világ együttműködése létrejön, akkor az átalakulás felgyorsul és örömteli, csodálatos élet lehetősége tárul ki előttünk. Ekkor az Örök Én és az ego egységbe kerül. Ilyenkor már tudatosan megvalósulhat a fény, az életenergia befogadása. Nem csupán ténylegesen a Nap fényéről van szó. Maga a fényenergia – a prána, Isten szeretetenergiája – mindenben benne van. Egy virágpompába borult napraforgótábla; az erdő hűs lehelete; a vihar ereje; a mennydörgés hangja; a villám energiája; egy fa meghitt közelsége; egy ember tekintete, mosolya, üzenete mind-mind a szeretet fényének energiáját hordozza magában. Elsajátítható ennek a befogadása.

Erősítsd meg kapcsolatodat Istennel, és kérd ezzel kapcsolatosan a segítségét!

A kegyelem időszakát éljük jelenleg. Ha befogadod a kegyelmet, akkor életed könnyebbé, kiegyensúlyozottabbá válik.

A világmindenségben, a Napban és a Földön lejátszódó események mindenképpen hatással vannak ránk, attól függetlenül, hogy erről tudunk vagy nem, illetve ezt megértjük, elfogadjuk, vagy pont elutasítjuk.

„Amint fent, úgy lent!"

Mindazt, ami a Napban végbement és végbemegy, követnünk kell. Mágneses tere megnyílt, és a mindenségből jövő energiát befogadja, önmagával kölcsönhatásba hozza, hozzáadja önmagát, saját sugárzó energiáját, majd kisugározza azt. Nekünk is meg kell nyílnunk, kifelé kell fordulnunk a környezetünk, a világ felé. Be kell fogadni az energiát, az ismereteket, az információkat, az impulzusokat, amelyeket az adott helyzetben képesek vagyunk felfogni, megérteni, elfogadni. Ezeket önmagunkkal kölcsönhatásba hozva, feldolgozva hozzáadjuk saját valóságunkat, majd kisugározva, átadva minden és mindenki javát szolgáljuk. Tehát meg kell nyílnunk, be kell fogadnunk a fényt. Bensőnkben a fény hatására újjá kell válnunk, majd ezt követően ki kell sugároznunk maradéktalanul a fényt, amelyben már mi magunk, az újjászületett valóságunk is jelen van.

Mindenkinél más és más időpontban érkezik el a változás, az újjászületés helyzete. Sőt állandó jelleggel változásban vagyunk, csak később, utólag tudjuk felismerni, hogy mi is történt valójában, és hol tartunk jelenleg. Maga a Fénytest-folyamat során is állandóan változó helyzetben vagyunk. A végbemenő átalakulás az egyéneknél eltérő helyzetben, időben és módon nyilvánulhat meg. Valaki már túl van az újjászületésen, a másik még csak most indul el az önmagára találás útján, a harmadik pedig még küszködik önmagával és az élettel. Már csak ezért sem mérvadó a 2012-es időpont. Ez csak egy megközelítő támpont, de valójában a fordulás, a változás már most jelen van mindannyiunk életében, akár tudomásul vesszük ezt, akár nem. Természetesen tudatosan elfogadva és segítve a folyamatot, felgyorsulhat az átalakulás. Nagyon fontos, hogy ne másokhoz viszonyítva szemléljük a bennünk zajló folyamatot. Ha másokhoz viszonyítjuk magunkat, akkor téves következtetéseket vonhatunk le. Mindenképpen azt kell szemünk előtt tartani, hogy önmagunkhoz viszonyítva milyen irányban és milyen mértékben változunk. Sőt még az átalakulás tempója is különböző – akár még az adott egyénen belül is. Továbbá fontos az is, hogy a másokban zajló folyamatot tekintve ne kritizálóan, becsmérelve nyilvánuljak meg. Mindenki máshol tart; ha saját magamhoz viszonyítom a másik egyént, akkor ezzel neki és magamnak is ártok.

Mindennapjaink során szinte állandó jelleggel érzékeljük a Bibliában megjövendölt „Végső Idők" jeleit: árvizek, földrengések, természeti csapások állandósult jelenléte, háborúk sora, az ember által előidézett katasztrófák, az ózonlyuk jelenléte, a légszennyezés fokozódása, a természet végső kiszipolyozása. Az egyéni életünkben pedig kiéleződtek és állandósultak az ellentmondások. A felgyorsult idő feszültsége, a tehetetlenség érzése, a belső káosz állapota, a kilátástalan helyzetek megélése, elviselése mind-mind kemény megpróbáltatásokat jelentenek a számunkra. Mindezek a már elindult nagy fordulat előjeleiként jelentkeznek az életünkben.

A teremtés kozmikus kilégzésből és belégzésből áll. A kilégzés folyamatában a teremtett világ eltávolodik a Teremtőtől, és egyre sűrűbb állapotba kerül. Végül anyaggá válik. Az anyag a fény legsűrűbb megnyilvánulása. Ez a táguló világegyetem időszaka. Ez az anyagi világ a mélypont. Ekkor vagyunk a legtávolabb a Mindenhatótól. Ezt követően indul meg a belégzés szakasza. Ennek során fordított irányban a szellemi, lelki valóságunk kiemelkedik az anyagból és elindul visszafelé a Teremtőhöz, közben magasabb rezgésszintre emeli fizikai testét, környezetét, és magát a Földet is. E folyamat elindulása zajlik napjainkban. Ebben döntő szerepe van a már említett Fotonövbe való belépésünknek, a nagymértékű fényözönnek, a Nap és Föld hengerszerű energetikai rendszerének kialakulásának, az egyéb kozmikus, Égi Világból származó hatásoknak. Ezek egy széleskörű, gyors, intenzív változást, fejlődést indítottak be a Földön belül. A Föld, mint élő bolygó, földi és égi segítséggel most megszabadul minden terhétől, ami akadályozza a megtisztulásának és hazatérésének folyamatát. Az erős fényintenzitás hatására felerősödnek a kontrasztok. A belső árnyékvilágunk, az ellentmondások, az ellentétes pólusok kiéleződése előtérbe kerül. Mindez az életünk minden területén – úgy a magánélet, mint közösségi téren és az egész emberiség vonatkozásában – jelentkezik.

A gazdasági élet terén például a fényűző gazdagság és a kisemmizett embertömegek ellentmondásos helyzete egyre elviselhetetlenebbé válik a többség számára. Állandó jellegű kisebb-nagyobb háborúk, konfliktusok robbannak ki a világ különböző pontjain. A természet teljes kizsigerelése már a környezetünk, a Föld megsemmisülésével fenyeget. A bűnözés, drogfogyasztás, gyógyíthatatlan betegségek megnövekedése lesújtóan hat mindenkire. A technika nagy szerepe, a tudomány hatalmas lendülete és azon helyzet, hogy ezek általában nem az ember magasabb rendű céljait, érdekeit szolgálják, mind rémisztő hatással vannak ránk. Saját mindennapi életünkben is ugyanígy érezhetőek az ellentétes pólusok kiéleződésének szituációi. Mindezek a jelek korunkban törvényszerűen végbemenő folyamatokhoz tartoznak. Minél erősebben van valami megvilágítva, annál élesebben jelentkezik az árnyéka. Bármennyire nehezen viseljük is e helyzetet, ezt meg kell élnünk, és fel kell tudnunk dolgozni. Csakis a fény szüntetheti meg a sötétséget. Ha van bátorságunk szembesülni a bensőnkben eddig elnyomott, és így nem látott dolgainkkal, akkor azok a felszínre kerülve láthatóvá, felfoghatóvá, beazonosíthatóvá válnak. Vagyis belépnek a fénybe, és ily' módon megszűnik az ellentmondásos helyzet. Semmi mást nem tehetünk, csakis önmagunkon belül felvállalhatjuk a szembesülést. Jelen korunk átalakulási folyamata nem tömegméretű mozgalmakban vagy nyílt harcokon keresztül fog végbemenni, hanem látszólag egymástól független, ugyanakkor láthatatlanul egymáshoz kapcsolódó, sok-sok emberben lezajló belső fejlődés, átalakulás, átváltozás következtében.

Jelenleg a Föld és az egész emberiség átmenetben van a harmadik dimenzióból (fizikai sík) a negyedik dimenzióba (asztrális sík), majd a lelki síkba való fellépés terén. A harmadik dimenzióban a test és a lélek tárul fel. Ha ezek között megteremtettük az egységet, akkor már átléptünk a negyedik dimenzióba. A negyedik dimenzióban a fizikai, a lelki és a szellemi valóságunk kapcsolata tárul fel. Ha e területeken az egységet megteremtettük, akkor átléptünk az ötödik dimenzióba, a lélektest, fénytest szintjére, a spirituális, szellemi valóságunk síkjára. A harmadik és negyedik dimenzióbeli létünk során az elkülönültség illúziójában vagyunk.

Az egyén másoktól, saját belső valóságától, Igazi Önmagától és Istentől is elválasztva érzi magát. Ezért nehéz, nagy kihívással járó helyzet az egyéni tudatosságra ébredésünk. Jelenleg lehetőségünk nyílik – egyénileg, és az egész emberiség számára is –, hogy felismerjük: spirituális lények vagyunk, így képessé válhatunk „emberi" valóságunk teljes megélésére, amilyenné Isten teremtett minket. Sokan úgy érzékelik életüket, mintha álmodnának. Sohasem lehetünk biztosak abban, hogy mikor vagyunk ébren és mikor álmodunk. A folytonosság megtörik, az IDŐ érzékelése megváltozik. Ahogy a folyamat továbbhalad, úgy már mindez kevésbé zavaró, és maguk az álombeli állapotok is megváltoznak. Tudatos álmok jelentkeznek, illetve az álom, az ébrenlét, a meditáció szintje összemosódik. Nem tudjuk elkülöníteni már ezeket. Tudatossá válik a különböző realitások között az ide-oda mozgás lehetősége, és minden realitást valódinak érzékelünk. Nem lesz már az a látszat, hogy csak egyetlen realitás létezik.

Az ötödik dimenzió a fénytesti dimenzió. Ekkor már tudatában vagyunk valódi lényünknek, egyesültünk Örök Énünkkel. Felismertük, hogy mindannyian mesterek és többdimenziós lények vagyunk. E dimenzióban már teljesen szellemi irányultságúak vagyunk. Az egyén az Örök Én által a Mindenség szolgálatára szenteli magát. Az ötödik síkon csoportidentitásként tapasztaljuk meg önmagunkat. Nem korlátozza létünket a lineáris idő. E síkon az IDŐ megszűnik számunkra létezni, mintegy kiléptünk a lineáris idősíkból. Az itt élő lények fizikai formát ölthetnek magukra, ha így döntenek, de nem szükségszerű a fizikai testben való megjelenés.

A különböző dimenzióbeli létünket úgy lehet elképzelni, mintha életünk mindennapjai során ugrálnánk az adott dimenziók között. Egy-egy helyzet során akár az ötödik dimenzióbeli létünkből is információkhoz, üzenetekhez juthatunk, de más esetben teljesen belesüllyedünk a régi, megszokott háromdimenziós, fizikai valóságunkba. Isteni valóságunk – akinek Isten teremtett minket – és a tehetetlen bábfigura között ugrálunk minduntalan. Életünk jelenlegi állapotában általában a harmadik és negyedik dimenzió egyidejűségét érzékeljük. E dimenzióbeli állapotok valójában egyszerre vannak jelen lényünkben, csak a földi viszonyok világában az idő belépésével, érzékelésével különállónak éljük meg.

A FÉNYTEST átalakulási folyamata és a fotonmezőbe való belépésünk szoros kapcsolatban van egymással. A Fotonöv valójában a FÉNYLÉNYEK lakhelye. Minél beljebb kerül az egész Naprendszer ezen övbe, annál intenzívebb fényenergia ér minket. Szervezetünk csakis akkor bírja e fényözönt elviselni, ha menet közben fokról fokra átalakul, magasabb rezgésszintre lép, összhangba, szinkronba kerül a fénymező rezgésszintjével. Ehhez elengedhetetlenül fontos a belső, lelki, szellemi szinten végbemenő átalakulási folyamat lejátszódása. Ezáltal végül teljes szinkronba kerülünk a fény intenzitásával. Így valóságosan érzékelhető lesz a Hazatérés az Égi Otthonba a FÉNYLÉNYEK, Valódi Valóságunk hazájába.

Mivel jelenleg a harmadik dimenzióból – a fizikai síkról – megindult az átlépés a negyedik dimenzióba, az asztrálsíkra, ezáltal a gondolataink, cselekedeteink gyorsabban valósulnak meg. Ez nagyszerűen is hathat ránk, de ugyanakkor bizonyos esetekben ajánlatos figyelnünk úgy a gondolatainkra, mint a cselekedeteinkre, mivel ez a felgyorsult megvalósulás a „negatív" hozzáállásainkra is vonatkozik.

A magasabb rezgésszintre való lépésünk következménye az idő felgyorsulása. Szinte már semmire sincs időnk. Ez sokszor kétségbeejtő a számunkra. Ugyanakkor, végsősoron, ennek eredményeképpen a belső önfejlődés hatására képessé válunk arra, hogy kilépjünk az idő lineáris érzékelési síkjából. Belépünk a ciklikus idősíkba, és ezzel mintegy az IDŐ megszűnik számunkra létezni. Ez már a magasabb tudatállapot jellemzője.

Mivel az asztrálsíkra való felemelkedés időszaka elkezdődött, ezért jelenleg a Föld belsejéből magasabb szintű rezgések áramlanak a felszín felé. Magán az emberi csakrarendszeren belül is átalakulások várhatók. A csakrák egyesülésének folyamata várható a szívcsakra, mint központ körül. Ehhez kapcsolódóan a szív és a tudatos gondolkodás egymáshoz való közeledése is megindult. A tudat érezni, a szív gondolkodni kezd. Komoly feladatok állnak előttünk, ha életünket fenn kívánjuk tartani. Fel kell adnunk belső félelmeinket, aggodalmainkat. Fel kell oldanunk a bennünk lévő gátakat, akadályokat. Meg kell találnunk az egyensúlyt, az együttműködést az egónk és a Valódi Önmagunk, a belső lényünk között. Meg kell tanulnunk önzetlenül fordulni a környezetünk felé. Fel kell fedeznünk szívünk tiszta valóságát. Meg kell tapasztalnunk mindennel és mindenkivel való egységünket.

Mindezek belül, bennünk mennek végbe. Ennek következtében általunk, rajtunk keresztül a környezetünk és maga a Föld is tisztul, gyógyul, magasabb szintre emelkedik. Tehát egyénenként mindannyian felelősek vagyunk azért, hogy az előttünk álló átalakulási folyamat hogyan megy végbe. Ha saját magunkon belül véghezvisszük a változás, az újjászületés folyamatát, akkor Örök Énünkkel kapcsolatba kerülve teljességgel átadjuk magunkat a belső vezetésnek. Ennek következtében már pontosan tudni fogjuk, hogy mikor mit kell tennünk azért, hogy küldetésünket teljesíthessük. Így nem csupán mi magunk, hanem közvetlen környezetünk, valamint a Föld, vele együtt mindenki magasabb rezgésszintre lép, és előbb-utóbb elindul a hazavezető úton.

Itt kell még beszélnem a symbolon jelentőségéről. A „symbolon" görög eredetű szó és „egybeszerkesztettet" jelent. A symbolon lényege az, hogy egy adott egység, két darabra törik szét. Az egyik elkerül messzire. Az egyik fél passzív, helyben marad, míg a másik fél aktív, eltávozik a világba, és közben tapasztalatokat gyűjt össze. A törésvonal mentén csakis e két fél illik pontosan egymáshoz. A töréssel egy seb keletkezik, és a két rész elkezd vágyódni a kiegészítő fele után, hogy a seb begyógyuljon. Jól érzékelhető ez a nemek kapcsolatában, két „teljes értékű", egymásnak teremtett ember összetartozása révén. De ez megnyilvánul Isten és az ember kapcsolatában is. Tehát a Hazatéréssel az egység a Teremtő és ember között helyreáll, beteljesedik, sőt ezáltal egy magasabb szintű egység jön létre.

MÁSODIK FEJEZET

Életproblémák megoldása önerőből

Életünk mindennapjai során igen fontos, hogy milyen módon tudjuk a belső feszültségeinket, a bennünk lévő gátakat, akadályokat feloldani. Hogyan találjuk meg a helyünket, a biztonságunkat, a nyugalmunkat a nehéz, sokszor kilátástalannak tűnő helyzetekben. Eközben a felmerülő problémákat felvállaljuk-e, és szembesülve ezekkel sikerül-e a feloldást meglelni. Vagy – struccpolitikát folytatva – pont elmenekülünk a gondok elől, és nemlétezőnek tekintjük azokat. Végső soron elindulunk-e az önmagunkra találás útján, és miképpen vesszük az előálló akadályokat. Ezek mindegyike igen fontos a számunkra, hiszen a megélésük módjától függ, hogy életünk milyen formában alakul, hogyan folytatódik tovább. Mindenki saját sorsának a kovácsa. Ezért, ha úgymond „rosszra" fordul a sorsom, azért egyedül csak önmagamat hibáztathatom, illetve azon csak én magam segíthetek. A „rossz" szót idézőjelbe tettem, mert ez is épp úgy viszonylagos, mint a „negatív" szó. Életem során számtalanszor megtapasztaltam, hogy az ember képes a rossz, negatív hatásokat átváltani, és ezáltal a negatívumokból pozitívan profitálni.

A következő fejezetekben az önmagamra találásomnak folyamatát tárom fel. Sorra veszem azon helyzeteket, amelyekkel az életutam során szembesültem. Régebben lejegyzett élettapasztalataimat közlöm most. Úgy gondolom, a saját életem során megszerzett tudásom, tapasztalataim átadásával segítségére lehetek mindazoknak, akik az útkeresés helyzetében vannak, és nyitottak az üzenetek befogadására.

Kimerült, ideges, fáradt, nyugtalan voltam. Valójában ezért utaztam fel Budapestre. Abban reménykedtem, hogy ez az iszonyatos belső feszültség Géza által majd feloldódik bennem. Azonban semmi sem történt, de valami mégis megváltozott. Csütörtök este, mikor a házak között sétálva beszélgettünk, borzalmas sejtésem támadt: „Nem hisz nekem, nem bízik bennem."

Szavaiból rájöttem, hogy valóban ez a helyzet. Úgy éreztem, én magam vagyok ennek a helyzetnek az okozója. Bennem van valami, ami miatt nem hisz nekem. Hiába töprengtem egész este, erre a választ nem kaptam meg. Aztán másnap, mielőtt hazautaztam volna, bementem egy könyvesboltba. Pár fontos könyvet vásároltam, és közben kezembe akadt egy könyv. Dr. Eugene T. Gendlin: Életproblémák megoldása önerőből. Mindig is érdekeltek a pszichológiai témájú könyvek, de akkor úgy éreztem, erre a könyvre feltétlenül szükségem van. Úgy gondoltam, hogy ebből útmutatót kapok a bennem dúló feszültség levezetéséhez. Egész úton ezt a könyvet olvastam. Nem a legolvashatóbb formában íródott, így nagyon oda kellett figyelnem arra, amit olvasok, hogy megérthessem, mit akar az író valójában mondani. A lényeg az, bárki önerőből képes arra, hogy az önmagában lévő feszültséget, ellentmondást, gátlást feloldja. Ezáltal még akkor is megkönnyebbül, ha tudatában lesz annak, hogy a helyzete kilátástalan. Sőt a kivezető utat is meglelheti, ha a könyvben leírt módszert tudatosan alkalmazza az élete mindennapjaiban felmerülő bonyodalmak megoldása során. Ezt a bizonyos módszert, a szerző a „fókuszálás" szóval jelöli.

A könyvet olvasva valamire rájöttem kettőnkkel kapcsolatosan: egyszerűen eddig megfeledkeztem önmagamról. Csak rá összpontosítottam. Én egyáltalán nem léteztem, pedig azt hiszem, valójában mindenben benne voltam, én magam, az én zilált, belső lelkivilágom egésze, csak ez nem tudatosodott bennem. Azt hittem, mindent csakis érte, miatta teszek. De ez csak az egyik oldal, a másik – és lehet, hogy ez az erősebb – az, hogy önmagam kivetítődése volt az egész. Tehát e szerint önmagamért tettem. Ez persze nem jelenti azt, hogy az iránta való érzéseim csökkentek ezáltal. Ugyanúgy érzek iránta, mint eddig, de tisztázódott bennem az, hogy mindez érte és önmagamért, tehát kettőnkért van.

Azon az estén teljesen zilált állapotba kerültem, és még most is tisztázatlan, kusza előttem sok minden. Több kérdés vetődött fel bennem. A legfontosabbak, amelyek a legjobban gyötörnek, a következők:

» Miért van bennem ez a belső feszültség, nyugtalanság?
» Miért vagyok kimerült, fáradt, elkeseredett?
» Miért kapaszkodom ily' görcsösen belé?
» Mi okozza kapcsolatunk látszólag ellentmondó jellegét?

E kérdések közül kiválasztottam az első kérdést, és este kipróbáltam magamon azt a bizonyos „fókuszálás" módszert. Azért az első kérdést választottam ki, mert ez már hosszú ideje bennem volt. Úgy éreztem, valójában ebből eredt a többi, hiszen ezt a nyugtalanító érzést már a találkozásunk előtt is éreztem. Talán május körül kezdtem felfedezni először magamon a nyugtalanság jeleit. Később ez egyre fokozódott, majd a tetőfokára hágott bennem a feszültség. Ezt csak fokozták a munkakörömmel kapcsolatos gondok, problémák. Teljesen értelmetlennek láttam mindazt, amit végeztem. Kitehettem a lelkemet is, mégis minden a régi maradt. Ezeken a gyerekeken senki és semmi sem változtathatott már.

A Gyermek- és Ifjúságvédő Intézetnél, gyermekfelügyelőként dolgozom. A kollégiumban elhelyezett, állami gondozott fiatalok tartoznak hozzám, valamint a végzett fiatalok életbe indítása a feladatom. Mintegy az anyát pótolom a számukra. E fiatalok az életük javát intézetben töltötték, így helyzetüknél fogva sok bonyodalom és kellemetlenség merül fel velük kapcsolatosan az iskola, a kollégium, a munkahely vonatkozásában. Kimaradt az életükből mindaz, amit csak a család nyújthat. Sajnálom őket, hiszen nem ők tehetnek minderről, de ugyanakkor nagyon nyomasztó érzésként nehezedik rám, hogy nem tudok nekik segíteni.

Úgy éreztem, hogy egy mély hullámvölgybe kerültem, és nem találom a kiutat. Ezeket végiggondolva a következő álláspontra jutottam. Három lehetőségem van, de ezek közül csak egyet választhatok, és végül is nem tudom, hogy véghez tudom-e vinni.

» Feladom az egészet, és más munkahelyet választok. Ez nem a megfelelő megoldás, mivel egyrészt megfutamodás, másrészt szeretem a munkámat és ezeket a gyermekeket. Nehéz szívvel hagynám ott őket. Harmadszor pedig, a mai nehéz helyzetben bizony nagyon meggondolandó egy munkahelyváltoztatás.

» Ha ez így folytatódik, akkor előbb-utóbb összeroppanok. Ezt nem tehetem, hiszen itt van a három saját gyermekem. Ők csak rám számíthatnak. Fel kell őket nevelnem, tehát talpon kell maradnom.

» Meg kell változnom! De hogyan, mi módon, milyen irányban? Megtalálom a helyes utat? Lesz elég erőm?

Mindehhez még hozzájárult az a tény, hogy alaptermészetemnél fogva nem tudom hosszú távon elviselni az önmagamon belüli ellentmondást. Mivel most már ez a helyzet régóta tartott, és ez volt az eredendő, így elhatároztam, hogy először ezzel kezdem. Kiválasztottam e gondomhoz kapcsolódó kérdést, és kipróbáltam a megadott módszert.

„Miért van bennem ez a belső feszültség, nyugtalanság?"

Minden lépéssor után gyorsan, röviden, vázlatszerűen lejegyeztem a tapasztalataimat. Ellazulva feküdtem az ágyon, és gondolkodtam. Ekkor jutott eszembe az előbb felsorolt kérdéscsoport, majd az első kérdésre figyelve átfogóan, kívülről nézve próbáltam felfogni ezt. Közben a szívemre összpontosítottam, mivel ott szoktam a nyugtalanság idején a legnagyobb nyomást érezni. Minél mélyebben koncentráltam, a fájdalom annál erősebb lett, majd egy szó merült fel bennem: „hiányérzet".

Feltettem magamnak a kérdést, mivel éreztem, hogy ez így túlságosan általánosan hangzik.

„Mi hiányzik?"

Távolról, újra csak a maga egészében próbáltam felfogni ezt a hiányt, összpontosítva a szívemre. A fájdalom újra belém mart, de rövid idő alatt megérkezett a válasz: „érzelmi tükröződés".

Ezt megelőzően több szó merült fel bennem, amelyek hasonló jelentéssel bírtak: „érzelmi visszhang", „érzelmi eggyé válás", de ezek nem fejezték ki pontosan, amit éreztem. Sírás fojtogatta a torkom, majd mély sóhajtás következett. Tovább kutattam önmagamban.

„Miért okoz ez az érzelmi tükröződés hiánya ilyen elviselhetetlen érzést?"

Újra távolról, a maga egészében kezdtem vizsgálni a feltett kérdést, ismét a szívemre figyelve. A fájdalom meghozta a hatását. Újabb sóhaj keretében tört fel belőlem a belső hang: „személyes orientáció, a társ hiánya."

„Miért hiányzik a társ ennyire számomra?"

Ismét távolság, majd összpontosítás következett. Mélyen kerestem magamban a feltett kérdésre a választ. A szívemet erős fájdalom szorította össze, majd rövid idő múlva felszakadt belőlem a válasz: „lelki kitárulkozás a társ felé." „Megértés, átérzés, empátia a társtól."

Még mindig nem jutottam a gondolatsor végére. A feszültség teljesen nem oldódott fel bennem. Feltettem magamnak az újabb kérdést: „Számomra miért fontos ez a lelki kitárulkozás, és ennek megértése a társ részéről?"

Újabb távolság, újabb összpontosítás a szívemre. Ekkor a fájdalom az elviselhetetlen határáig fokozódott bennem, és a belső válasz feltört: „feloldódás".

„Hogyan oldódhatom fel?"

Feltettem magamnak a kérdést, majd távolból nézve, átfogóan felfogva az egészet, figyeltem a szívem körüli fájdalomra.

„Lelki azonosulás által." „A társ képes legyen lelkileg azonosulni velem, átérezve mindazt, ami bennem dúl."

Idáig eljutva feltört belőlem a sírás. Ez lenne hát az, amit benne keresek? Ezért kapaszkodom görcsösen belé? Ez okból tárulkozok így ki előtte? Emiatt vagyok jelenleg még nyugtalan? Hiszen ezeket még nem találtam meg benne, pedig valóban erre lenne szükségem. Elhitettem magammal, hogy bízhatom benne, hogy nem él vissza az egyenes, nyílt, őszinte, közvetlen megnyilvánulásommal. Hinni akartam abban, hogy ő az, akit keresek oly régóta már. Most pedig nyugtalan vagyok, mert nem tudom, hogy mindezt valóban megtalálom-e benne. Ugyanakkor tisztában vagyok azzal a ténnyel is, hogy a hozzá fűződő érzéseimet már nem tudom megváltoztatni. Így ha nem találom meg általa a belső békét, akkor egy iszonyú csapdába esek, és kiszolgáltatva érzem magam. Csupán benne létezem már, és ha benne nem találom meg önmagam, akkor végleg elvesztem.

E ponton megálltam, nem folytattam tovább a gondolatsort. Eléggé elfáradtam, és úgy éreztem, hogy elakadtam. Pár nap múlva – mivel nem hagyott nyugodni a megelőző kérdéssor – folytattam a belső gondolatmenetet. Időközben rájöttem arra, hogy az utolsó kérdésnél azért nem sikerült megnyugodnom, mert valójában nem a legelején kezdtem el az egészet. Az előzőek során mindjárt a fókuszálás végén lévő kérdéseket tettem fel. Valószínű egészen az utolsó kérdésig szinkronba voltam önmagammal, hiszen egészen addig eljutottam a megkönnyebbülésig. Lehet, hogy a könyv olvasása közben öntudatlanul lejátszódtak bennem a megelőző lépéssorok. De ennél az utolsó kérdésnél az összhang nem állt fenn. A soron lévő kérdés nem az volt, hogy hogyan oldódhatom fel, hanem mi a benne lévő ok. A „feloldódás hiányát jelentő gondomnak" mi a testileg érzett jelentése. Ezért a kezdeti kiindulást kellett vennem.

„A feloldódás hiánya milyen minőségű érzés?"

Távolról, összességében néztem a problémát. Ugyanazt az elviselhetetlen fájdalmat éreztem a szívem körül, mint előzően, majd a mélyből feltört egy szókapcsolat: „kínzó-gyötrő".

Megnéztem, hogy a „kínzó-gyötrő" jelző összhangban van-e a feloldódás hiányát jelentő gondommal. Úgy éreztem, az összhang tökéletes. Most újra távolról, az egészet együtt ragadtam meg, és feltettem a kérdést: „Miért ilyen kínzó, gyötrő a feloldódás hiánya a számomra?" „Mi teszi ilyen kínzóvá, gyötrővé ezt a problémát?" „Miért? Miért? Miért?" „Kínzó-gyötrő" – „feloldódás hiánya". „Miért? Miért? Miért?"

Mintha egy centrifugában lettem volna. Körbe-körbe forogtam, de nem körpályán, hanem mintha spirális pályán haladtam volna, ám ez a spirál nem vezetett sem a magasba, sem a mélybe. Önmagamon belül maradva, és mégis csigavonalban haladva, egyre előbbre és előbbre jutottam. Végül már úgy éreztem magam, hogy már nem is létezem, csak ez az érzés létezik bennem. Ekkor egy szó jött elő a bensőmből, mint a robbanás során felszabaduló energia.

„Iszonyat!"

Hát ez az! Ezért van ez a feszültség bennem. Különös érzés volt. Maga a szó is borzalommal kellett volna, hogy eltöltsön, és én mégis mosolyogtam. Boldognak éreztem magam. Hát megvan, amit kerestem! Habár éreztem, hogy ezzel még nincs vége. Bizonyos fokú félelemérzés vett erőt rajtam. Éreztem, hogy e szó mögött is rejlik valami a bensőmben, de folytatni nem mertem. Mintha attól féltem volna, hogy valami bennem meglévő, a legbelső lényemben rejlő „borzalmas" dolgot fedezek fel, ha tovább folytatom. A lényeg az, hogy idáig eljutva már jobban éreztem magam. Majd folytatom, ha szükséges lesz.

Két nap telt el, és újra éreztem a belső feszültséget. Újra belemerültem a fókuszálás gondolatsorába. Felidéztem a fogalmakat, és a szókapcsolatok által tovább fokozódott bennem az átélt értelem, érzet jelentése.

„Feloldódás hiánya" – „kínzó-gyötrő" – „miért?" – „iszonyat."

A szívem körüli nyomás és feszítés egyre erőteljesebben jelentkezett, és a mélyből feltört a szó: „félelmetes".

Lüktetve keringtek bennem a szavak, a szívemen a szorítás egyre fokozódott: „félelmetes" – „feloldódás hiánya" – „kínzó-gyötrő" – „iszonyat" – „félelmetes".

Már csak a fájdalom létezett, majd feltört belülről a végső válasz: „Vége! Ezzel vége, mindennek vége!"

Hangosan tört fel belőlem a sírás, de szinte pillanatokon belül megnyugodtam.

„Vége! Tehát vége, ezzel mindennek vége van! Vége a sornak is. Hát jó, legalább most tudom, mivel kell szembenéznem."

Igen, tisztában vagyok azzal, hogy ez az egész érzéssor már a találkozásunk előtt bennem volt. Világos a számomra, miért jelent ő mindent nekem. Ez az iszonyatos feszültség általa feloldódott bennem, mivel úgy éreztem, lelkileg tökéletesen eggyé válunk. Megszűnt az én, megszűnt a tudat, csak az érzés létezett és kapcsolt egymásba minket. Ezért vágyódom hát újra és újra azon meghitt, varázslatos percek után. Emiatt kapaszkodom ily' görcsösen belé, mivel azon reményt jelenti a számomra, hogy elkerülhetem általa e szörnyű vég bekövetkezését. Nélküle vége, mindennek vége, hiszen akkor a belső feszültséget magamnak kell újra és újra feloldanom. De ez a feszültség szinte állandóan bennem van. Képes leszek újból és újból végigjárni a gondolatmenetet, míg eljutok a megkönnyebbülésig? Szembe kell néznem önmagammal. Fent kell maradnom, élnem kell tovább.

Később a „fókuszálás" módszerét munkahelyi gondjaimmal és életem problémáival kapcsolatosan is kipróbáltam. Minden esetben sikeresen alkalmaztam. Az itt lejegyzett bonyodalom és a többi nehéz helyzet is feloldódott. Mivel más szemmel láttam ezeket, így már nem jelentettek számomra akadályt. Kezdtem kijönni a lelki hullámvölgyből.

Másfél év telt el közben, és ma már tudom, hogy e fókuszálási gondolatsorral a jövőmbe nyertem bepillantást. Az élet időközben igazolta az átélt lelki élményeket: valóban egy spirális pályán haladva mind előbbre jutottam önmagamon belül, és bekövetkezett az „iszonyatos" vég is. „Vége. Mindennek vége lett." Ő már nincs mellettem, és mégis velem van.

Közben rájöttem, hogy az adott szónak két jelentése van. Vagyis egyrészt „mindennek vége" van, másrészt „mind ennek", ami eddig volt, vagyis a múltnak vége van. De ezzel elkezdődött valami új is, amelyben ő már mindenképpen örökre jelen van, mert sikerült megváltoznom, és magamba ötvöznöm valamit, ami az ő személyiségéből származik. Mi ez a „valami"? Képtelenség megfogalmazni. Úgy érzem, hogy ez maga „az örök csoda", amely a lényéből megfogott, és még most is bilincsben tart.

CSAK ÁLOM VOLT

Csak álom volt a találkozásunk, a kapcsolatunk.
De minden pillanat elevenen él most is bennem.
Magamba zártalak, bennem és általam létezel.
Magadba zártál, benned és általad megszülettem.
Átáramolva egymásba eggyé ötvöződtünk.
Átélve ezt álmom beteljesült, valósággá vált.
Elmentél, kapcsolatunknak vége.
Mind ennek vége.
De az átélt álom, valóságként, most is bennem él.

Ezen időszak alatt teljesen átformálódtam, megtaláltam önmagam. Közben vallási témájú könyveket is olvastam, és a Bibliát is tanulmányozni kezdtem. Ezekből próbáltam erőt, kitartást meríteni a további utamhoz. Különös módon, ha bármi gondom volt vagy bizonyos téren bizonytalannak éreztem magam, akkor elegendő volt, hogy kezembe vettem a Bibliát. Mindig ott nyílt ki, ahol rövid időn belül választ kaptam az engem érdeklő, izgató kérdésekre. Mind jobban tudatosodott bennem, hogy Isten vezéreli utamat, és az adott időben, mindenkor megkapom az útbaigazítást. Ebben az életszemléletben megközelítően tíz éve spontánul, ösztönösen éltem, de ekkor már mindez tudatosodott bennem, és figyelni kezdtem a belső, önmagamból érkező jelzésekre.

Belon Gellért a *Jézus lelkülete* c. könyvében azt írja, hogy emberlétünk szempontjából fontos Krisztus követése. Hinnünk kell Jézusban, követnünk kell Őt, de a legfontosabb, hogy életünk során az Ő tanításának a szellemében éljünk, és törekedjünk az önzetlen szeretetre. Ez az önzetlen érzés, amelyről a Bibliában Szent Pál a Szeretet Himnuszában beszél. Azt, hogy ezt miként valósíthatjuk meg életünk mindennapjaiban, megtudhatjuk Jézus Krisztus életéből. Példaként kell, hogy előttünk álljon, hiszen benne a tökéletes ember jelent meg. Ennek szellemében újjá kell születnünk, új emberré kell válnunk.

Megpróbálom most összegezni ezen új emberré válással kapcsolatos filozófiámat. Van egy sajátos elképzelésem ezzel kapcsolatosan az ember fejlődéséről, újjászületéséről, és a tökéletes átalakulásához vezető útról. Amikor a mennyiségi változások minőségi változásokba csapnak át, akkor az adott társadalomban gyökeres változás történik. Ez a mennyiségi és minőségi változások közti kölcsönhatás nem csupán a társadalmi változások során nyilvánul meg, hanem magára az emberre és az egész emberiségre is érvényes. Meggyőződésem, hogy korunk az a kor, amikor az emberi faj életében egy olyan minőségi változás csírái alakulnak ki, amelyek gyökereiben változtatják meg az egyéneket, és együttvéve az egész világot. Mindez az elkövetkező jövő alapjait fogja alkotni. Ugyanakkor egyéniségünkből, illetve közös ősi gyökereinkből mindazt meg kell őriznünk, amelyekre a további életünkben is szükségünk lesz. Ezek, újjáválásunk során, a jövő megvalósulását segítik.

Először is azt akarom tisztázni, hogy miért ez a kor az, amelyben ez a sorsdöntő fordulat bekövetkezik. A nagy változások mindig akkor történtek, amikor az ellentmondások a végsőkig kiéleződtek, amikor az emberi viszonyokon belüli feszültségek a legélesebben jelentkeztek. A mi korunk az, amelyben az ember szinte már teljesen elveszítette a méltóságát. Megindult a visszafejlődés. Mindennap tapasztaljuk, hogy az egyén mint süllyed le sokszor még az állatnál is alacsonyabb színvonalra. A személyek, a csoportok közötti ellentmondás és a kapcsolatokon belüli feszültségek oly élesen jelentkeznek, hogy ennek következtében az emberek nagy mértékű ellentmondásba kerülnek önmagukkal. Szinte képtelenné válnak az életük kiegyensúlyozott továbbvitelére. Így nem tudnak már az eddigi módon élni, jelenlegi életükkel elégedetlenek, boldogtalannak érzik magukat. Azonban képtelenek felfogni, hogy mi módon változtathatnák meg az életüket. Úgy érzik, kicsúszik a talaj a lábuk alól, nincs, amibe belekapaszkodjanak. Nem találnak útmutatót, vezetőt, aki ezen az új úton vezethetné őket. Pedig az útmutató és a vezető is kétezer éve ott van előttük, de képtelenek észrevenni, megérteni tanítását és követni Őt.

Az útmutató Jézus tanítása. a vezető pedig Jézus Krisztus. Ha megértjük és magunkévá tesszük Jézus tanítását, ha példaként követjük az „Ő" tökéletes emberi lényét, akkor elindulhatunk az „új emberré" válás útvonalán. Elérkezett tehát az a kor, amikor nekünk kell minőségileg megújulnunk. Hiszem azt, hogy kialakulóban van ezen új, másfajta embertípus. Ezt az új embertípust én pszicho-homo sapiensnek nevezem. Itt a lényeg a „pszicho" szón van. Ez jelenti azt az új minőséget, amely igazán emberré teszi majd az embert. Tisztában vagyok azzal, hogy Jézus tökéletes lényét elérni nem tudjuk, mivel Ő, Isten Fia, mentes minden bűntől. De vallom azt, kötelességünk törekedni arra életünk mindennapjai során, hogy mindjobban magunkévá tegyük Jézus Krisztus tanítását. Ezt pedig nem szavakkal, hanem tettekkel, cselekedetekkel, egész életünkkel érhetjük el. Ha nem is tudjuk minden pillanatban az „Ő" tantételeit valóra váltani, hiszen korlátolt mivoltunk ezt lehetetlenné teszi, mégis törekedni kell arra, hogy a lehetőségekhez képest eleget tegyünk Jézus tanításának. Kerüljük el, hogy szándékosan rosszat tegyünk. Ha ösztönösen, akaratlanul mégis ártunk másoknak és azt felismerjük, akkor kötelességünk azt jóvátenni, kiigazítani. Így ha nem is érhetjük el a tökéletes ember valóságát, de csírájában ki tudjuk alakítani önmagunkban ezt az új, másfajta embert, a pszicho-homo sapienst, az érző és gondolkodó lényt. Azért helyezem a „pszicho" szóra a hangsúlyt, mert az új valóságunkban az érzéseinknek, a lelki világunknak kell dominálnia. Képesek legyünk önmagunkat és másokat is megérteni. Mintegy átlépve a másik ember világába, tudjunk az ő szemével is látni, hallani, érezni, az ő gondolkodásával is átgondolni a helyzeteket. Úgy formáljuk önmagunkat, hogy az összhang önmagunk és a környezetünk között újra és újra megteremtődjön. Ez nem megy egyik napról a másikra. Lehet, hogy évszázadokra, évezredekre lesz szükségünk majd ahhoz, hogy mindez egy új emberiségen belül tökéletesen megvalósuljon. De csírából hajt ki az új növény. Maga a mag a homo sapiens, amely Jézus Krisztus útmutatását követve most csírázásnak indult, és ebből hajt ki az új növény, amely képes lesz elérni majd az új világot, Isten Országát.

Tudom, korunk nem kedvez életfilozófiámnak. Életem során örökös botladozások, kudarcok, gáncsoskodások, bukások, fájdalmak fognak érni. De mindez nem érdekel. A lényeg az, hogy a jövő a mienk. Lehet, hogy én és gyermekeim ezt a jövőt nem éljük meg. De ha képes vagyok arra, hogy életfelfogásomat a mindennapok során megéljem és továbbadjam, akkor megtettem a magamét. Bízom abban, hogy majd az utánam jövők is képesek lesznek továbbadni ezt. Így egyre többen és többen leszünk. Egyébként bizonyos vagyok abban, hogy nem egyedül vagyok, aki ilyen életszemlélettel nézi az életet és éli meg mindennapjait. Egymástól függetlenül, de mégis összekapcsolódva – ismeretlenül is – sokan vagyunk, akik az eljövendőért tevékenykedünk.

A jövő a mienk, hiszen csak ennek az életnek van létjogosultsága, a másik út a mélybe, az állati sorba való visszafejlődéshez vezet. Van egy harmadik út, de az a lehetőség az egyhelyben való topogás.

„Vallom, elfogadom az Igét, de nem teszek semmit, nem cselekedek. Csak várom, hogy majd történik valami. Mindenért, amit rosszként élek meg, másokat, a környezetemet hibáztatom."

Így valójában nem lépünk előre, sőt még jobban belebonyolódunk az önmagunkon belüli ellentmondásainkba. Az élet mindig kemény próbák elé állított. Megtanultam, hogy mindenért meg kell küzdeni, és csak annyit kapok meg az élettől, amennyit képes vagyok kiharcolni. Ezt a harcot nem úgy értem, hogy mások rovására érem el a célom. Ellenkezőleg: tekintettel vagyok másokra, sokszor még önmagam rovására is. A harcot én úgy értelmezem, hogy felismerjem és megragadjam a lehetőségeket, ne féljek az újtól. Úgy gondolom, az ember addig él igazán, amíg képes mindig újjá válni, újjászületni, megőrizve régi önmagából, mindazt, ami jó és nemes, amire az új helyzetben ugyanúgy szüksége van. Fontos az egyén számára a megújulás, az újjászületés, a változás. Nem szabad egyhelyben topogni, hiszen akkor nem történik semmi sem, nem haladok előre, csak önmagamon belül mind mélyebbre, a káoszba kerülök. Tenni, cselekedni kell, még akkor is, ha a jövő teljesen kilátástalannak tűnik. Jézus Krisztus mindannyiunkban benne él, csak nem látjuk a lehetőségeket, amellyel ezt önmagunkból a felszínre hozhatjuk. Nem látjuk, vagy nem merjük a belső embert előtérbe állítani a külső emberrel szemben. Félünk a kudarcoktól, a kigúnyolástól, a gáncsoskodásoktól, a csapdáktól, a bukásoktól. Nincs mitől félnünk, ha tudjuk, hogy csakis ez az egyetlen út, amely az ÉLET teljességét adja meg a számunkra. Történjen velünk bármi; bántalmazhatnak, megalázhatnak, eltiporhatnak, mégis fennmaradunk, mert a lélekben maga Jézus Krisztus él. Tehát a vezető Jézus Krisztus, az útmutató pedig az „Ő" tanítása.

Hátravan még egy kérdés. Hogyan kerülhetünk oly közel embertársainkhoz, hogy képesek legyünk egy újfajta, empátiás viszonyban átélni mindazt, ami bennük megy végbe? Erre az új lelki képesség kifejlesztésére csak akkor van mód, ha arra törekedünk, hogy mindjobban megismerve önmagunkat fejlesszük, átformáljuk külső énünket, és a belső én vezetésére bízzuk magunkat. Ehhez pedig feltétlenül szükséges a tudatosan felvállalt változás, újjászületés.

Ezt követően fokozódó figyelemmel fordultam lelki kérdések felé. Régen is érdekelt a pszichológia. A gimnáziumban nem tudtam egyértelműen eldönteni, hogy pedagógus vagy pszichológus legyek. Az érettségi után azonban a pszichológiai képzésre csak Szegeden lett volna lehetőség, ezért lemondtam e szándékomról. Így a pécsi tanárképző főiskola matematika-fizika szakára jelentkeztem. Később, a harmadik gyermekem megszületése után, újra felébredt bennem a vágy, hogy a GYES évei alatt elvégezzem esti vagy levelező tagozaton a pszichológiát. De három gyerekes anyaként, egy pici csecsemő mellett, ezt nem tudtam vállalni. A lelki kérdések azonban továbbra is érdekeltek, és szívesen olvastam ilyen témájú könyveket.

Most, hogy a lelki válságomból való kivezető utat kerestem, egyre több olyan könyv került a kezembe, amelyek fokról fokra mind előrébb vittek. Többek között José Silva: Agykontroll c. könyvét is elolvastam. Közben rájöttem, hogy az agykontrollt spontánul az életem során többször alkalmaztam. Bizonyos szituációkban beépítettem a különböző élethelyzeteimbe.

Visszaemlékeztem, hogy annak idején, középiskolás koromban esténként nem tudtam addig elaludni, amíg a másnapi tantárgyak anyagát fel nem mondtam magamnak. Ilyenkor szinte képszerűen láttam magam előtt a könyvet vagy a füzetet, a benne lévő ismeretanyaggal. Előre reprodukáltam a felelést, elképzelve mit mondok, hogyan fejezem ki a gondolataim. Csak akkor tudtam nyugodtan elaludni, ha ez a képsor már lepergett előttem.

Aztán később ezt a módszert a munkám során, a tanításban is hasznosítottam. Elképzelve a másnapi iskolai feladataimat, az órákat, a foglalkozásokat. Rájöttem arra is, hogy az a bizonyos „fókuszálás", amelyet nemrég sajátítottam el, szintén agykontrollként fogható fel. Így eljutottam odáig, hogy nem volt szükségem a Silva módszerben ismertetett számolásos technikára. Elegendőnek bizonyult, hogy ellazult állapotban a mély lélegzetvételre és önmagamra, a belső világomra koncentráljak. Ezáltal eljutottam lényem belső zugaiba, és így lehetővé vált számomra, hogy olyan dolgok terén, ahol egyébként nem találtam megoldást, most ezzel feloldást, előrelépést nyerhettem.

Különös módon álmaim is segítségemre siettek. Partneremmel való kapcsolatomban a teljes lelki feloldódást még nem találtam meg. Az adott akadály megoldódott, mivel más szemmel láttam a helyzetemet, de a kettőnk között meglévő felemás viszony nem változott. Két álom volt, amely ekkor megnyugvást, biztonságot, belső harmóniát adott a számomra.

Az első álom egy állomáson játszódott le. A síneken keresztül-kasul robogtak a vonatok. Én hason csúszva, rendkívül gyenge állapotban – a sínek között lévő éles, apró köveken – vergődtem előre. A sínpárok között húzódó drótkerítésbe kapaszkodtam, mivel minduntalan attól rettegtem, hogy a robogó vonat által keltett erős légáramlat a kerekek alá sodor. Látásom teljesen elhomályosult, szinte semmit sem láttam. Tapogatva jutottam mind előbbre. Közben lassan – először térdre, majd két lábra állva, görnyedten, meg-megcsukló lábakkal – támolyogtam előre. Az állomás képe ekkor már kitisztult, és egy betonozott részre értem. A vonatok még mindig egymás után robogtak el mellettem, de már a kép nem volt oly ijesztően kusza és mozgalmas.

Ekkor jelent meg a képben Géza és egy másik férfi, akiben barátját véltem felfedezni. Kedvesem arca, alakja nem a mostani valójában volt előttem, hanem jóval fiatalabb korában, amelyben még nem is ismertem őt. Saját magamat is sokkal fiatalabbnak láttam. Tudtam, hogy át kell jutnom a túloldalra, de elindulni nem mertem, mivel a vonatok még mindig elég gyorsan rohantak mellettem, és nagyon gyenge voltam. A látásom még mindig homályos volt, de már kezdtem tisztábban látni. Géza és barátja felajánlották, hogy átsegítenek a túloldalra. Átjutva továbbra is mellettem maradtak. Én a kedves karjába kapaszkodva lépkedtem, meg-megcsukló lábakkal. Barátja a hátam mögött jött, és ő is próbált a segítségemre lenni, de én tolakodónak véltem, és mereven visszautasítottam. Ezt követően eltűnt az álomtérből. Ketten maradva továbbhaladtunk egy enyhén lejtős kis úton, amely egy utcába vezetett. Ide érve bementünk az előttünk lévő ház kapuján. Ekkor már biztosan lépkedtem, látásom teljesen kitisztult, de még gyengének éreztem magam. A ház bejáratához érve Géza megállt és közölte velem: „Most el kell mennem."

„Magamra hagysz?" – kérdeztem ijedten.

„Mindjárt visszajövök" – válaszolta, majd beszólt a házba, hogy legyenek a segítségemre, és elsietett.

A házból kijött egy idősebb, ősz hajú hölgy. Kedves, meleg hangon szólt, és besegített a házba. Bent többen voltak, de emlékezetemben csupán az idős hölgy maradt meg, illetve a melegség, a közvetlenség, a szeretet, ami lényéből áradt. Teljesen megnyugodtam, és úgy éreztem, hazataláltam. Az álom idáig tartott, valójában ennek során az életem játszódott le.

Vergődve, éles akadályok között haladva csúsztam, vonszoltam magam, majd bizonytalan léptekkel haladtam az élet forgatagában. Mire kedvesemmel megismerkedtem, már kezdtem tisztábban látni, tudtam lassan lépkedve előrehaladni, de a járásom még bizonytalan volt. Azt hiszem, a barátjának feltűnése az álomképben érthető a számomra, hiszen e pillanatban ketten tűntek fel az életemben, de én Géza segítő kezének oltalmát fogadtam el, a barátját pedig mereven visszautasítottam. Így jutottunk el ahhoz a kis házhoz, amely valójában önmagamat jelenti. Vagyis ez azt jelenti, hogy megtalálom önmagamat. Ekkor hagyott magamra, de tudtam, éreztem, hogy visszatér. Együtt megtaláljuk majd az összhangot, az egyetértést testi-lelki és szellemi téren. Most még lelki és szellemi téren az összhang csak akkor tökéletes, amikor az érzelem és az érzések hatására feloldódva, spontánul fordul felém. Különös az, hogy ilyenkor szavak nélkül adjuk át mindazt, ami a tökéletes harmóniát jelenti a számunkra. De mihelyt nála az érzésvilág blokk alá kerül, azonnal érzékelem hideg, merev, visszautasító magatartását. Szerencsére ez ritkán fordul elő, de az a baj, hogy ekkor én megtorpanok, és igen sok idő kell ahhoz, hogy legyőzve belső gátjaimat, képes legyek feldolgozni mindezt, és ezáltal feloldódni, hogy újra lépni, cselekedni tudjak. Álmomban, mikor Géza elment, a házból kijött a kedves, idős hölgy és bevezetett a házba. Igen, hazataláltam, megtaláltam önmagam, önön házam. Először felébredve az volt a benyomásom, hogy bizonyára a ház kedvesem otthonát jelenti, és az idős hölgy az édesanyja. De később, mivel azon érzésem, hogy haza „önmagamba" találtam, mind erőteljesebben jelentkezett, így meggyőződésem, hogy a ház „önmagamat", a személyiségközpontomat jelenti, és az idős hölgy én vagyok – illetve az, akivé válni szeretnék. A cél, ami felé törekszem, azzal a tudattal, hogy e célt teljességgel elérni sohasem fogom, hiszen a tökéletességet az ember elérni nem tudja.

A második álmomban is kedvesemmel találkoztam. Otthonomban látogatott meg. Az álomtérben tökéletes, szinte kézzelfogható, élethű valójában volt jelen. Éreztem teste melegét, szíve dobbanását, ahogy egymáshoz simultunk. Csak álltunk szorosan egymás mellett. Arcunk oly közel volt egymáshoz, hogy a szánk már majdnem teljesen összeért, de akkor mintha az idő megállt volna. Csupán a lélegzetünk volt hallható, és szinte egymásból táplálkozva szívtuk a levegőt. Eggyé válva léteztünk már, mint szemtől-szembe összenőve, egy sziámi ikerpár. Nem volt semmiféle szexualitás, sem csók, sem ölelés, semmi. Csak álltunk összetapadva, és tudatában voltunk annak, hogy mi ketten együtt létezünk.

Felébredve azonnal megértettem, hogy ezen álom a kettőnk kapcsolatát jelképezte. Igen, pontosan ezt jelenti ő nekem: általa létezem, benne válok valóra. Ő pedig bennem él, bennem válik valóra. Soha senki nem láthatta igazi arcát, hiszen azon a merev, láthatatlan burkon, amit maga köré font, senki sem láthatott át. De én már azon belül vagyok, és így tökéletes valójában tárul ki előttem igazi lénye. Nem érdekel már a külső, kemény, sündisznótüskékkel körülvett külső lénye, mivel tudom, hogy az igazi arca a legcsodálatosabb fényben ég. Ezt érzem minden percben, minden pillanatban, mivel ha nincs is valóságosan jelen, akkor is bennem él. Valójában a belső énünk kapcsolódott egymásba, eggyé válva létezünk már.

Mindezek hatására a lelki hullámvölgyből kijutottam, és közben egy új, ismeretlen világ kapuja tárult ki előttem. Nem tudtam, hogy ez az új világ mit rejteget a számomra, de azt tudtam, hogy életem további útvonala e titokzatos, különös és rendkívül érdekes, vonzó, új birodalmon keresztül vezet. Tudtam, hogy olyan világba kerültem, amelyben nagyon könnyen elveszhetek, elbukhatok. Visszaút már nincsen, hiszen mindig is ide vágytam, ide igyekeztem egész életem során. Akkor pedig a visszafordulás értelmetlen lenne. Meg kell ismernem ennek az új birodalomnak a törvényszerűségeit, helyzeteit, körülményeit, és akkor majd biztos léptekkel járhatom az utamat.

Elhatároztam, hogy minden lehetőséget megragadok a lélek birodalmában való előrejutás terén. Közben módom nyílt egy jógameditációs tanfolyam elvégzésére. Ez a tanfolyam rendkívüli hatással volt rám. Régóta bennem élő érzésekre, gondolatokra adott választ, amelyek az életemben való előrelépésemet elősegítették.

Már maga a környezet is újszerű, érdekes és megnyugtató volt a számomra. Szerdai napokon, az esti órákban találkoztunk a tanfolyam vezetőjénél, aki indiai módszereken alapuló természetgyógyászattal foglalkozott. Halk, lágy zeneszó hallatszott. Középen gyertya égett, és a kellemes füstölőszer illata körbefont minket. Párnákon ülve kényelmesen elhelyezkedtünk, majd vezetőnk meleg, kedves hangja, a tudat ellazításával a teljes feloldódás felé vezérelt minket. A zene hatására, valamint a külső és belső irányítás által átéltük a lélek elválását a testtől, és megtapasztaltuk a lélek birodalmában a tér és az idő megszűnését. Ezen időszakban három csodálatos élményben volt részem. Érdekes hanghatású zene szólt ezen az estén. Mikor beléptem a szobába, feltűnt, hogy a hangszórók a szoba két különböző, egymással átlósan szemben lévő sarkában voltak elhelyezve. A bevezető zene a szokásos lágy, nyugtató hangulatot árasztotta. Mivel ekkor már megszokott volt a számunkra a környezet és a zene, így mire elkezdődött a meditáció, én már ellazult állapotban voltam. Átadtam magam a dallamok által keltett érzéseknek, és a feltörő belső képek magukkal ragadtak. Fogalmam sincs, hogy egyáltalán élőszóban történt-e a vezetés. Sejtettem, hogy ezen az estén egy szó sem hangzott el, vagyis belső vezetés volt.

A zene időközben különös hanghatásúvá vált. Mintha egy barlangban lettem volna. Hallottam a barlang mennyezetéről lecsöppenő víz hangját, majd mikor leérkezett, a csepp halk csobbanását. Éreztem, ahogy a mennyezeten – ugyanakkor lent is – minden egyes csepp hatására növekedik a cseppkő. Egyszerre voltam fent és lent. Én magam voltam a cseppkő, a víz, a barlang, a hang, a zene. Aztán mintha bennem, egy üregben, felgyülemlett volna az a sok víz, amely addig összegyűlt. Közben a meder egyre csak tágult, és mind több és több vizet gyűjtött magába. A két hangszóróból ellentétes hanghatás hallatszott. Az egyikből – a tőlem balra levőből – úgy érzékeltem, hogy egy nagy, bő vizű forrásból hullámozva tör fel és indul útjára a víz. A másikból – amely tőlem jobbra volt – mintha valamiféle szívó hatás magába szippantotta volna az oda eljutott forrásvizet. S közben ez a sok víz rajtam áramlott át, de ugyanakkor én voltam a forrás is, és a másik is, amely magába szippantotta, elnyelte az éltető vizet. Mintegy megtisztultam ennek hatására. Ekkor már tudtam, hogy ez maga az ÉLET VIZE, amely bennem összegyűlt. Egyre jobban feltelítődtem, feltöltődtem, majd mikor a zene a tetőfokára ért, már az egész barlang megtelt vízzel. Ezt követően egy vékony erecske kezdett csordogálni kifelé a barlangból. Éreztem, amint folyt ki mind erőteljesebben bensőmből az élet vize. Átadtam magam az érzésnek és a zene ritmusának. Mikor a zene halkulni kezdett, érzékeltem, hogy apadófélben van a bent lévő víztároló. Minden erőmmel igyekeztem az utolsó csepp vizet is, a kis erecskén át, kijuttatni a barlangból. Mire a zene végleg elhalkult, az utolsó csepp vízzel én magam is kijutottam. Kint fehér fény – amely egyáltalán nem bántotta a szememet – árasztott el mindent. A teljes beteljesedés érzése kerített hatalmába. Mintha egy virágos réten lettem volna, és különös, sohasem észlelt, tömjénes illatot éreztem, de tudtam, hogy ez csupán érzés, és földi értelemben nem nevezhető virágos rétnek. Sőt szavakba foglalni e csodát képtelenség. Csak gyér hasonlatnak számítható a *virágos rét* megnevezés.

Még azon az estén a következő következtetésre jutottam ezen élményemmel kapcsolatosan. A fehér fény által Isten adott biztató jelet és feladatot a számomra. Előzményként meg kell említenem, hogy megközelítően 36 éves koromban tértem vissza Istenhez. Valójában sohasem szakadtam el teljesen Tőle, de az iskolai tanulmányok, a környezeti hatások mintegy meghasonlott állapotba kényszeríttetek. A természetet, az egész világmindenséget azonosítottam a Mindenhatóval. Ilyen formában úgy éreztem, hogy természettudományos meggyőződésemnek és belső hitemnek is eleget teszek. Valójában magamtól tértem vissza a Teremtőhöz. Sohasem felejtem el azt az éjszakát. Ekkor fogtam fel, hogy Isten a természetet, a világmindenséget, mindent és mindenkit magába foglaló, ugyanakkor felette álló, irányító, szellemi létező. Azután bensőmben meghallottam egy halk hangot, amely az emberi fül számára nem hallható, ezt csak a belső lélek képes érzékelni. Rögtön tudtam, hogy a Teremtő feladatot adott nekem, amit végre kell hajtanom. Egész eddigi, viszontagságos életem azért volt, hogy magamtól jussak el Hozzá, és rájöjjek arra, hogy küldetésem van ezen a Földön. Megkérdeztem ekkor: „Mi az én küldetésem? Milyen feladatot kell végrehajtanom?"

„Majd ha eljön az ideje, akkor tudtodra adom, hogy mit kell tenned, hogy mi a feladatod."

Most, annyi év után, megkaptam a választ. A feladatom a következő: „Fel kell telítődnöm, fel kell készülnöm, és utána a bennem felgyülemlett érzéseket, gondolatokat önzetlen szeretettel át kell adnom – az utolsó cseppig – az embereknek."

Mindezt hogyan, mi módon valósíthatom meg? Még nem tudom. De Isten mindenkor megmutatja nekem a helyes utat, csak nyitott szemmel kell járnom a világban, és figyelnem a belső hangra.

A második élményem során vallásos zene szólt. Vezetőnk fokról fokra juttatott minket ellazult állapotba, majd irányításával a lélek emelkedni kezdett. Ettől kezdve már szabadon szárnyalva jártam be utamat, és átadtam magam a bensőmből feltörő érzéseknek. Úgy éreztem, hogy kijutottam a végtelen világűrbe, a csend, a nyugalom, a béke honába. Teljesen egyedül voltam, mégsem fogott el az egyedüllét nyomasztó érzése. Különös módon ebben az állapotban átéreztem az egész világgal való egységemet is, és ez teljes megnyugvást, biztonságot adott. Tökéletesen boldognak éreztem magam. Ekkor mintha az egész világűr egy nagy templom lett volna. Én a templom ajtaja előtt álltam, amely nyitva volt. Tudtam, hogy nyugodtan beléphetnék ebbe a csodálatos világba, de azt is tudtam, hogy ha ez megtörténik, akkor nincs visszaút. Örökre ott is maradnák. Nem volt bennem félelem. Bentről különös, varázslatos zene szólt, és hívó hangot hallottam. Valaki hívott, hogy lépjek be nyugodtan, már várnak bent. Nagyon vonzott ez a világ, ugyanakkor tudtam, hogy nem érkezett még el az ideje, hogy ide belépjek. A hívó hangra feltört bensőmből a válasz: „Nem vagyok még méltó, hogy belépjek a templomba. Feladatom van még itt a Földön. Lélekben és szellemben fejlődnöm kell, és tudásomat, érzéseimet át kell adnom másoknak."

Mindez nagy hatással volt rám.

Visszaemlékezve, egyszer már volt hasonló élményem – megközelítőleg abban az időszakban, amikor visszataláltam Istenhez. Ekkor engedtek haza a kórházból egy súlyos műtétet követően. Mindazt, ami történt, megmagyarázni a mai napig sem tudom. Egyik éjszaka felébredtem, és zaklatottan forgolódtam az ágyamban. Magam sem értettem, mi történt velem, hiszen semmi különösebb okom nem volt az izgatottságomra.

Habár akkor már hónapok óta olyan érzésem volt, mintha valami megpattant volna férjem és köztem. Ő megváltozott, és ezzel együtt a kapcsolatunk is átalakult. Gondolataim összekuszálódva keringtek bennem. Olyan érzésem volt, mintha a világ, a Föld és a földi élet kialakulását, keletkezését éltem volna át, de mindezek csak halvány érzetekként maradtak meg bennem. Érzékeltem, hogy a földi ősóceánba belép a világmindenségből érkező Fénysugár, mintegy megtermékenyítve ezzel a Földet. Ennek hatására az élet fejlődése elindult. Végigéltem az egész földi élet fejlődésének vonulatát. Majd mintegy villanásszerűen peregni kezdett előttem jelen életem. Rájöttem ezáltal arra, hogy a férjemet azért szerettem meg, mert benne megtaláltam azt az önzetlen szeretetet, amelyet annak idején, a főiskolán, a „plátói szerelmemtől" kaptam. Elgondolkodtam azon, hogy kettőjük lelke mennyiben hasonlít egymásra. Ahogy gondolat gondolatot követett, egyszer csak bensőmben lévő villanásként jutott el a tudatomig, hogy az emberben két lény van. Az egyik, akit mi ismerünk, az a külső, amelyben itt a Földön létezünk. De bennünk él mintegy szimbiózisban egy másik, „Földön Kívüli Lény" is: ez a belső lényünk. Ennek a két lénynek tökéletesen összhangban kell élnie egymással. A meghatározó a Felsőbbrendű Lény, aki ott belül van. Ennek nincs fizikai teste, egyszerűen megfoghatatlan, csak érezni tudom, ahogy alávetem magam mindannak, amit Ő sugall nekem. Ezért éreztem annak idején a plátói szerelmemnél és a férjemnél is azt a megfoghatatlan érzelmi szálat, amellyel kimondatlan szavak nélkül is mindent el tudtunk mondani egymásnak. Az én belső lényem kommunikált az ő belső lényükkel. Azon az éjszakán úgy éreztem, hogy ez a különös, megmagyarázhatatlan kötés lazult meg köztem és férjem között. Ő mássá vált, megváltozott. Akkor mintha szólt volna valaki, de valójában önön belsőmből hallottam ezt a hangot.

„Valóban így van, ő más lett. Engem pedig most hívnak. Vissza kell térnem. El kell őt hagynom. Nélkülem ő semmivé válik. Élni fog, de mégis halott lesz. A teste tovább éli majd a maga életét, de ez már csak létezés lesz, és nem valódi élet."

Szomorú voltam, és akkor ez a hang hívott magával: „Felhatalmazást kaptam arra, hogy magammal vihetlek abba a másik világba, ahol mi élünk. A test ott már nem létezik, ott csak a lélek él. Nincs nő, nincs férfi, csak a szeretet. Így nem kellene egymástól elszakadnunk, ott továbbra is együtt lehetnénk."

Tanácstalan, mégis boldog voltam. Túl csábítóan hangzott ez a hívás, és én mintha felemelkedtem volna, lebegve, mintegy kívülről szemlélve önmagamat, hirtelen feleszméltem.

„De mi lesz a gyerekekkel, ha én most elmegyek veled?"

„Ne félj, őket is magunkkal vihetjük!"

„De a férjemmel mi lesz?"

„Őrajta már úgysem segíthetsz! Neki így lesz jó! Ő már nem az, aki volt."

Éreztem, hogy egyre magasabbra emelkedünk. Tudtam, hogy Ő és a gyerekek ott vannak mellettem. Mind távolabb és távolabb kerültünk a Földtől. Ekkor feleszméltem.

„Ne haragudj, nem mehetek Veled. Itt kell maradnom. A férjemnek szüksége van rám. Nem hagyhatom őt cserben. Nekem még feladatom van itt a Földön."

„Nem haragszom, megértelek, de ne feledd, amit most mondok. Ő már nem az, aki volt. Bármit teszel is, nem leszel vele már boldog. Semmiképpen sem tudsz rajta segíteni. Eljön majd az idő, amikor ezt megérted, és rájössz, hogy nem tudsz már tovább élni vele. Akkor majd önmagad döntesz úgy, hogy elhagyod őt. De most tedd azt, amit a lelkiismereted diktál!"

„Köszönöm, hogy megértettél, és ne haragudj! Remélem, azért még találkozni fogunk az életben! Visszajössz még a Földre?"

„Ezt nem tudom. Ha nem térhetek már vissza, akkor majd eljön az idő és ott, az én világomban újra találkozunk."

Tudatom, racionális elmém szinte teljesen kikapcsolt állapotban volt közben. Minden csak a bensőmben játszódott le. Lassan tértem magamhoz, majd azon törtem rövid ideig a fejemet, hogy mindez valóság vagy álom volt. Nem lehetett álom, hiszen tudatában voltam mindvégig annak, hogy ébren vagyok. Erről többször meg is győződtem: körülnézve a szobában a sötétben is érzékeltem a körülöttem lévő tárgyakat. Teljesen magamhoz térve felugrottam az ágyról, és ijedten átrohantam a másik szobába. A gyerekek csendesen aludtak. Férjem is mélyen aludt, hangosan horkolt. Megnyugodtam; nem történt semmi baj. Jóval később, több hónap elteltével jöttem rá, hogy azon az éjszakán belőle valóban eltávozott az a földöntúli, belső lény, és szinte a valódi énje ellenkezője lett. Mintha teljesen kicserélték volna. Minden, ami jó és nemes volt benne, az megszűnt, és helyébe tátongó üresség lépett. Öt évig küzdöttem érte, hogy visszatérjenek a régi szép napok, de közben ő egyre távolabb került tőlem és a gyerekektől. Tíz év harmóniában, megértésben, boldogságban telt el, így nehezen adtam fel. Nem akartam, hogy igaza legyen annak a jóslatszerű hangnak. De végül is beigazolódott a jövendölés: eljött az idő, amikor rádöbbentem arra, hogy nem tudok így tovább élni vele, és minden már a gyerekek rovására megy. Őket teszem tönkre, ha továbbra is vele maradok. Így aztán döntöttem, és elváltam a férjemtől. Sajnálom, hogy így történt, de valójában én is más voltam akkor, mint aki most vagyok. Tudom jól, a történtekhez én ugyanúgy hozzájárultam, mint ő, és így éppolyan hibás vagyok én is – annak ellenére, hogy a mai napig sem tudom, hogy a hibát hol követtem el. Talán ha akkor ily' világosan láttam volna a lelkünk mélyén lejátszódó eseményeket és ezekről beszélni tudtam volna vele, akkor biztosan meg tudtam volna menteni, és nem távozott volna el a valódi lénye.

A jógameditációs tanfolyam élménysorozatában a harmadik alkalommal szintén kettős hanghatású zene volt hallható. Az egyik hangszóróból lágy, kedves, dallamos, de határozott hangerejű zene szólt – ezt azonnal önmagammal azonosítottam. A másik hangszóróból magasabb tónusban, hullámozva, rövid időintervallumokban szólalt meg a zene – mintegy kedvesem válaszaként. Hosszú ideig mint valami párbeszédet élveztem a zene lüktető ritmusát. Átadtam magam a hullámzó, vibráló hanghatásoknak, és teljes valómban átéltem az élményt, amely során kettőnk lénye meghitten teremtette meg a belső békét, az összhangot, a boldogságot. Egy idő után a hanghatások megfordultak. Az első hangszóróból szóló zene, amelyből az én lényem szólt, háttérbe került. Ez lett a válaszadó. A másik – kedvesem hangja – előtérbe kerülve, hosszabb ideig tartó hanghatásként, mind határozottabban, biztosabban, erősebben szólalt meg. Ellazulva, kábultan adtam meg magam, és boldogan engedelmeskedtem kedvesem hangjának. Ez a lüktető, biztos hang vezetett, oltalmazott. Úgy éreztem, hogy belekapaszkodva teljes biztonságban vagyok. Ő mindentől és mindenkitől megvéd. Ekkor együtt emelkedni kezdtünk. A két hangszóróból szóló zene összeolvadva, boldog, mámorító összhangban szólalt meg. Egyre feljebb emelkedtünk. Lent mintha az ÉLET lüktetése vadul korbácsolta volna az óceán hullámait. Egyre ijesztőbb, erőszakosabb, durvább hangok törtek fel a magasba, de ezek minket már nem érhettek el. Túl magasan voltunk már, és a harmónia hanghatásának védelme alatt összeolvadtunk. Ekkor úgy éreztem, mintha együtt léptünk volna ki a világűrbe, de a különös az volt, hogy már nem külön-külön, egymásba kapcsolódva, hanem eggyé válva, együtt léteztünk mi ketten.

A zene már rég elhallgatott, de én még mindig a „lélek", a „szellem" birodalmában tartózkodtam. Felkapcsolták a villanyt. Már mindenki visszatért a külső tudati állapotba. Mindezt érzékeltem, de teljesen elszakadni a belső világomtól nem tudtam, és nem is akartam. Egyszerűen nem akartam visszatérni. Féltem, hogy ha visszajövök, akkor az a csodás érzés – a tökéletes boldogság állapota – megszűnik. Éreztem, hogy vezetőnk mélyen összpontosít, vissza akar hozni, de én ellenálltam.

„Hagyj most, kérlek! Kezdjétek el nélkülem a megbeszélést! Én most itt akarok maradni!" – E gondolatrezgéseket küldtem vissza válaszként.

Fogalmam sincs, mennyi idő telt közben el, hiszen ilyenkor a tér és az idő megszűnik, képtelenség érzékelni. Végül egy kis bogár hozott vissza társaim közé. Nem tudom miként, csak azt vettem észre, hogy ott mászik a szőnyegpadlón, és valaki közülünk meg akarja fogni. Ekkor döntöttem és visszatértem. Boldogan tapasztaltam, hogy az átélt harmónia érzése velem maradt. Ezen az estén csak annyit mondtam, mikor rám került a sor az élmények megosztása terén: „Olyan csodálatos volt mindaz, amit átéltem, hogy képtelen vagyok beszélni róla. Egyszerűen nem tudom elmondani."

Senki sem faggatott. Megértették, hogy van, amit szavakba foglalni nem lehet. Hiszen a legszebb szavak sem adhatják vissza az élményt, amelyre nincs szó, nincs fogalom. Csak egy idő után voltam képes mindezt így leírni, de valójában mindez nem adja vissza, nem tükrözi hűen az átélteket.

A megélt lelki élményeim és a hónapok alatt bennem végbemenő belső változásom következtében mély nyugalom, béke és biztonság vett körül. Ez a társsal kapcsolatos hozzáállásomra nagy hatással volt. Megéreztem, hogy bármilyen körülmények között is, a belső világomban a párkapcsolat terén előbb-utóbb meglelem az összhangot. Ugyanakkor az önmegvalósítási folyamatomban nagy lépésekkel kezdtem előre haladni.

HARMADIK FEJEZET

A bennünk rejlő ellentmondásokkal való szembesülés és feloldásuk

Életemet döntően befolyásolta a továbbiakban a véletlenek összjátéka, a belső megérzésre való hagyatkozásom, és az irracionális világra való ráhangolódásom.

A jógameditációs tanfolyam után került kezembe Varga Zoltán *Légy önmagad* c. könyve. Neves emberek önvallomását, életfelfogását jegyezte le az író. Ebben a könyvben olvastam Ranschburg Ágnes és Fehér József András, az Életfa Egyesület megalapítóinak hitvallását. Közben úgy éreztem, hogy saját érzéseim, gondolataim visszhangoznak a sorok között. Azonnal írni kezdtem egy levelet és arra kértem őket, tájékoztassanak arról, miként kapcsolódhatok be az Életfa Egyesület tevékenységébe. Levelemre úgy másfél hónap múlva érkezett válasz. Ezt követően elkezdtem egy pszichológiai tanfolyamot, melyet Fehér József András vezetett.

A tanfolyam C. G. Jung pszichológiájára épült. Sok érdekes témával foglalkoztunk: a tudat és tudattalan viszonya, a szerepszemélyiség és az árnyék szerepe az életünkben, az ego és a Selbst (személyiségközpont) kapcsolata, az animus és anima, vagyis a férfi és női lélek összefüggése, az álom hatása mindennapjainkban, a családi tudattalan szerepe életünkben, a személyiség és a felnőtté válás gondolatvilága... mind-mind rendkívül érdekes volt. Hatásukra az eltelt másfél év alatt egy belső lelki utat jártam be.

Most visszatekintve úgy érzem, hogy ezáltal önnön labirintusom kálváriáját megjártam. Így egy olyan pontra jutottam el, ahol sokkal biztosabban érzem magam. A tanfolyam ideje alatt több érdekes álmom volt, amelyeket sikerült tudatosan megfejtenem, illetve ösztönösen rájátszottam a mindennapjaim során a bennem lévő feszültségek feloldására. Így végül is az álmaim – és velük együtt az élethelyzeteim – pozitívan feloldódtak. Jung sokat foglalkozott az álmok világával, és általa igen fontos, érdekes ismereteket kaptam ezzel kapcsolatosan. Fontos, hogy az álmok sorozatát vizsgáljuk, és ne kiragadva magát az adott álmot. Az álomképek egyes mozzanatai valamilyen formában mindaddig visszatérnek, amíg a végső megoldást tudatosan vagy ösztönösen meg nem leljük. Az álmok kódolt formában jelentkeznek. Nem egy az egyben kopírozódik le a valóság. A múlt, a jelen és a jövő egybeötvöződve, összemosódva jelenhet meg. A megfejtés során fontos, hogy ébredezve, mikor még az ébrenlét és az álom határán vagyok, akkor visszapergessem az átélt álomképeket, ezzel mintegy rögzítem azokat. Ekkor mindannak, ami eszembe jut, felidéződik, köze van az álomhoz. Célszerű kéznél tartani jegyzetfüzetet és íróeszközt. Felébredve ajánlatos lejegyezni mindazt, amit átéltünk, valamint a visszaidézés során kapott információkat. Majd az álmot, annak eseményeit, a belső üzeneteket, és az eszembe jutott gondolatokat kombinálom, feldolgozom. Beazonosítom az adott valóságba, és az élethelyzeteimben felhasználom. Ha a megfejtés során a helyes úton vagyok, akkor a vissza-visszatérő álomsorozatban az álomtér tisztul. Ezáltal visszajelzést kapok arra nézve, hogy a feldolgozásban hol is tartok. Így szükség estén változtatni tudok az álomképek értelmezése terén. Ha tudatosan vagy ösztönösen rájöttem a helyes megoldásra az álomsorozattal kapcsolatos problémám terén, akkor e sorozat véget ér. Ezt követően újabb álomsorozat lép a régi helyébe, amely már egy másik konfliktus, gond megoldására derít fényt. Ily módon folyamatában, állandó jelleggel kapcsolatba léphetek belső valóságommal. A lélek így, a jelen mindennapi életem terén sorban egymásután szembesít az eddig elnyomott, fontos gondjaimmal, belső konfliktusaimmal, ellentmondásaimmal. Egy adott időszakban többféle – két, három – álomsorozat is lejátszódhat, amelyek mind egy-egy adott, de különböző jellegű, az egyén számára igen fontos problémával kapcsolatosak.

Az álombeli képek sűrítmények, különböző képeket összedolgoz az agy, mint fényképezés során, mikor egy filmkockára két vagy több kép kerül. A feldolgozásnál az ellenkezőjét végezzük. Szétválasztjuk a képeket és beazonosítjuk az élet egy-egy adott mozzanatával, a valósággal. Fontos ebben a művészet, a játék, a fiatalság megőrzése, és ezek felhasználása a feldolgozás során. Ezáltal feloldódik a tudat a tudattalanban. Az egyén analizálja, elemzi az életszituációkat. Saját élete útvesztőjében jár ekkor, és keresi a kivezető utat. Így a tudattalanban, a belső világban lejátszódó események felfoghatók a tudatban. A tudattalanban ezzel egy lassú vagy gyors individuális folyamat zajlik le. Ha szembehelyezkedünk a tudattalannal, ha visszautasítjuk a mélyből feltört képeket, akkor a tudattalan bosszút áll. Negatív hatást vált ki a tudatra; gátak, akadályok alakulnak ki köztük, és az egyén fejlődése megakad. Nem szabad félni az álmainktól. Még a legborzalmasabb álomnak is pozitív szerepe van. Az álom során a tudattalanból feltörő képek kompenzálják, kiegyenlítik a tudatot. Zaklatott hétköznapjaink feszültségei az álom által feloldást nyernek. Ha leküzdjük félelmeink gátjait, akkor a tudattalan és a tudat közti párbeszéd megindul. Így sok hasznos segítséget, útmutatót kapunk bensőnkből. Álmaink kódolt formában jelentkeznek. Meg kell fejteni ezeket, vagyis meg kell találni a megfelelő kulcsokat. Az álomképek vonatkozásában vannak az emberiség közös képrendszeréből származó jelzések, így a benyomások feldolgozása során fontos figyelembe venni a közös jelképeket. Például ha álmom során egy házban bolyongok, akkor a ház önmagam jelképeként jelenik meg. A pince területe a tudattalant jelenti. A földszint, valamint az emeletek a tudatot képviselik. A padlás a magasabb tudatossági szintünket testesíti meg. Ugyanígy az autó is az adott egyén valóságát tükrözi. Ha a volán mellett ülve, biztonságosan kormányozva látom önmagam, akkor azt jelenti, hogy kézben tartom, jól vezetem az életem. A víz a tudattalan, valamint az érzésvilágunk megjelenítését foglalja magába. A barlang és minden mély terület a belső világunkat, a tudattalant jelképezi. Ha erdőben bolyongok, akkor önmagam életútjának tükröződéseként jelenik meg az erdő képe. Az élet labirintusának kuszaságát jelképezi az erdőben való eltévedés, a helyes út keresése. Az álom során előfordulhat, hogy több alakban is jelen vagyok. Például látom önmagamat, de jelen van a lányom, sőt az édesanyám is. Közben olyan érzésem van, hogy e három alak valamilyen szempontból kapcsolatban van egymással, egyek vagyunk. Ebben az esetben általában a lány a belső gyermeki valóságomat, az anya alakja a jövőbeli énemet, a saját magam képe pedig a jelenbeli valóságomat tükrözi. Ez azonban nem ilyen egyértelmű, ugyanis az is előfordulhat, hogy a lány a belső lélek valóságát, az anya az ego, a tudat viszonyulását tükrözi. Mindenkor az álmodó személy képzettársítása a döntő az adott álomképekre vonatkozóan. Ezek az archaikus képek – az emberiség ősi jelképei – megjelenhetnek az imagináció (képzelet, képzelőerő) és a meditáció (elmélkedés) során is. Itt is hasonlóan járunk el a feldolgozás során, mint az álmok megfejtése terén. Még a meditáció alatt, illetve az imagináció során kell megfejtenem a képek kódjait, azok jelentését. Ha valami nem világos a számomra, akkor a következő álom, illetve az imagináció, a meditáció során, koncentrálva, mintegy beprogramozva magamat, erre vissza tudok térni. Így pontosíthatók a kapott képek.

Így az álmainkat programozhatjuk is. Ha egy adott gond megoldását keresem, akkor lefekvés után, mikor már az ébrenlét és az álom határán vagyok, a következőkre összpontosítok: „A felmerülő problémával kapcsolatosan fogok álmodni, megoldást találok rá, felébredve emlékezni fogok az álmomra, és rájövök jelentésére, üzenetére."

Ezt többször elismétlem magamban, felidézve pontosan az adott gondomat.

Felébredve – az ébrenlét és az álom határán – visszapergetem az álomképeket, majd elgondolkozom ezeken. Mit mond mindez nekem? Összefüggéseket keresek az álomképek és a mindennapi valóságomban lezajló események között. Ami ekkor felmerül bennem, annak köze van az álomhoz. A következő estén már erre koncentrálok. Arra a részre, amely nem volt teljesen világos a számomra. Így az álomsorozat által lépésről lépésre előrébb juthatok. E programozási folyamat nem mindenkor hoz azonnali eredményt, de kitartó, hosszabb időn keresztül folytatott programozással elérhető, hogy végül is az álmaink nagyszerű segítséget adjanak a mindennapi életünk gondjainak megoldásában.

Egy ilyen álomsorozat volt, amely során különböző veszélyhelyzetekből gyerekeket mentettem meg, de a végén döbbenten néztem körül. Saját gyermekeim (lányom és kisebbik fiam) nem voltak sehol. Borzalmas érzés volt, hogy elvesztettem a gyerekeimet. Őket képtelen voltam megmenteni. Felébredve még az álom hatása alatt visszapergettem az adott álmot. Minden alkalommal arra a következtetésre jutottam, hogy több gondot kell fordítanom a gyerekeimre, jobban oda kell figyelnem rájuk, mielőtt a valódi veszély bekövetkezne. Az érdekes az egészben az volt, hogy a nagyobbik fiam sohasem szerepelt az álomtérben, de ez akkor nem tűnt fel. Több hónap telt el, de az igazi megoldást nem találtam meg; az álmok különböző változatban tovább folytatódtak.

Megközelítően egy év telt el közben, és életünkben több változás történt. Évi leérettségizett, és felment Budapestre dolgozni. Elég nehezen egyeztem bele a döntésébe, de végül is meggyőzött. A fiú, akivel már hosszú ideje komoly kapcsolata volt, Szentendrén lakott. Ekkor vonult be katonának. Úgy tervezték, hogy a leszerelés után összeházasodnak. Lányom érvei logikusan hangzottak. Az egy év alatt könnyebben megszokja az új életkörülményeket, a munkahelyet, az embereket, mintha asszonyként kellene szembenéznie új élethelyzetével.

Évi elválása a családtól nagyon megviselte Balázst. Pici korától kezdve nagyon ragaszkodott a nővéréhez. Az ő hiánya következtében dupla szállal kezdett hozzám kötődni. Az anya-gyermek kapcsolatra most egy másik szál is fonódott: az, amely eddig nővéréhez kapcsolta őt. Állandóan a segítségemet, a véleményemet kérte. Szinte már semmit sem tudott önállóan eldönteni, elvégezni, holott ezt megelőzően határozott, magabiztos volt. Tudtam, hogy 13 éves korban ez az erős kötődés az anyához nem természetes. Változtatnom kell rajta, mert különben később, a felnőtté válása során, gondok lesznek. Szándékosan irányítottam bátyja felé. Természetesen mindezt a nagyobbik fiammal megbeszéltem, és arra kértem őt, hogy adott helyzetben segítsen öccsének. A váláskor a nagyobbik fiam 14 éves volt. Mindez őt viselte meg a legjobban. Hallgatag, visszahúzódó lett. Fél év telt el, mire feldolgozta a tényeket. Mindig is határozott, magabiztos, erős egyéniség volt. A saját elképzelését tűzön-vízen keresztülvitte. Ezen megváltozott élethelyzetünkben tudatosan vállalta a családfő, a példakép szerepét. Mindenkor felnőtt férfi módjára állta meg a helyét az adott élethelyzetekben. Mindez a mai napig is érvényes rá. Vállalja a felelősséget önmagáért, a cselekedeteiért, családjáért. Büszkeség tölti be anyai szívemet, mikor csak rá gondolok. Egyébként lelkileg nagyon hasonlóak vagyunk. Az erős akarat, a kitartás, a mély együttérzés, a másikra való ráhangolódás, az állandó, meggondolt, tettre kész hozzáállás és ennek megfelelő cselekvés személyisége részét képezi. Mindez pontosan a válást követően szilárdult meg benne.

Kisebb korukban a két fiú között mindig is távolság volt – ez valószínű a közöttük lévő öt év korkülönbségből adódik. Örökösen kakaskodtak. Sőt ezt Zoltán valósággal kiprovokálta; egészen addig hergelte öccsét, amíg neki nem ugrott. Ebben az időszakban pedig a férfiszerep tartotta távol őket: Balázs még túl gyerek volt hozzá képest. Az eltelt négy év alatt azonban megváltozott a helyzet. Balázs is a serdülőkorba lépett, Zoltánban pedig, ha vállalta is a felnőttszerepet, valójában a felnőtté válás folyamata még nem zajlott le teljesen. Így aztán adott szituációban, ha Balázs a segítségemet, a véleményemet kérte, akkor azt válaszoltam: „Most nem érek rá, de szerintem ebben a kérdésben Zoltán tájékozottabb, fordulj hozzá!"

Természetesen erre akkor került sor, amikor az adott témában a bátyja valóban segíteni tudott neki. Amikor egy feladattal nem boldogult, de biztosan tudtam, hogy valójában képes megoldani, akkor így érveltem: „Ha végeztem a munkámmal, akkor majd átnézzük, de addig nézd meg, mi a fő gondod e feladattal kapcsolatosan!"

Általában mire végeztem az adott munkámmal, addigra már nagyszerűen megoldotta a problémáját. Természetesen mindezt csakis akkor alkalmaztam, ha biztos voltam benne, hogy egyedül is boldogul, vagy az adott helyzetben bátyja segíteni tud neki. Ha egy problémánál valóban az én segítségemre, tanácsomra volt szüksége, akkor elbeszélgettem vele és megadtam a szükséges tájékoztatást, segítséget. Így rákényszerült arra, hogy újra és újra átgondolja az adott témát. Így általában mire eljött az alkalmas időpont, már nem volt szüksége az én információimra, segítségemre, mert boldogul egyedül is. Végül már csak akkor szólt, ha valóban segítségre szorult.

Bátyjával való kapcsolata is pozitívan alakult. Zoltán szívesen tájékoztatta, irányította, segítette őt, így Évi miatti hiányérzete fokról fokra csökkent. Rám nem volt már oly mértékben szüksége. A két fiú közötti érzelmi szál megerősödött, és végül is Balázs önállósága nagymértékben megnőtt.

Ebben az időszakban kezdem el a pszichológiai tanfolyamot, így Évivel általában hetente találkoztam. Ilyenkor késő éjszakáig beszélgettünk. Ezzel mind a ketten egész jól megoldottuk az elszakadás problémáját. Fiaimat nagyon érdekelte, hogy milyen új dolgokkal ismerkedtem meg, így sokszor beszélgettünk lelki kérdésekről, és az információkat igyekeztem a nekik megfelelő szinten átadni. Zoltán ekkor kezdett olvasni önmegvalósítással kapcsolatos könyveket. Ez a már benne megindult felnőtté válás folyamatát felgyorsította. Balázs igen fogékony volt a misztériumok terén, így vele kapcsolatosan kimondottan ügyelnem kellett arra, hogy milyen formában, és mennyi információt adok át. Azonban mindenképpen hasznára vált mindez, mivel így a velem való kapcsolata – egy más formában – pozitívan megerősödött. Mintegy ezzel kompenzálódott a sorozatos visszautasításaim hatása. Egy nagyon kedves emlékem van vele kapcsolatosan. December eleje volt. A karácsonyi hangulat már érezhető volt. Titokban az ajándékozásra készült a család. Véletlenül takarítás közben felfedeztem a gyerekszoba polcán egy cserép boszorkányt, a hátán egy kismacskával. Megjegyeztem, hogy milyen aranyos. Így Balázs már nem rejtette el, hanem látható helyen, féltve őrzött kőzetgyűjteménye között várta a karácsony eljövetelét. Sejtettem, hogy ez a nekem szánt ajándéka. Egyik este faggatni kezdtek az előadáson elhangzottakról. Pont a pszichológiai típusokról volt ekkor szó. Röviden tájékoztattam őket az adott témával kapcsolatosan, majd kiveséztük a családot, hogy ki milyen típushoz tartozik. A beszélgetés végén elmondtam egy tanmesét.

„Egy boszorkának három fia van. Az egyik iskolába jár, a másik bocskort készít, a harmadik furulyál. Valójában mind a négy pszichikus funkció megtalálható a boszorka családjában."

Ezt követően könnyedén rájöttek, hogy az iskolás fiú a gondolkodást birtokolja, a bocskort készítő fiú a tapasztalat síkján tevékenykedik, a furulyázó fiú pedig az érzésvilágot jelképezi. Ekkor Zoltán megszólalt: „De hol van az intuíció?"

Balázs rejtélyesen mosolygott.

„Fogadjunk, tudom, hogy miért mosolyogsz" – jegyeztem meg.

„Anya, ha ezt megfejted, akkor elismerem, hogy intuitív vagy."

„Arról a tárgyról van szó, amelyet kezdetben elrejtettél, de most már itt van a kőzetgyűjteményed között. Arra gondoltál, hogy jól eltaláltad anyád karácsonyi ajándékát."

„De anya, ezt honnan tudod?"

„Hát nem én vagyok a boszorka?"

„De igen, jóságos anyaboszorka."

„A hátán a kismacska pedig te vagy. De vigyázz, el ne veszítsd a fejedet!"

A történethez hozzátartozik, hogy időközben addig nézegette a nekem szánt ajándékot, hogy közben leejtette, és a kismacska feje letörött. Addigra már pillanatragasztóval megragasztottuk. Végül is mindezen jót nevettünk. Azóta, mikor csak a boszorkára nézek, átjárja szívemet a boldogság.

Ekkor jött az álomsorozat utolsó álma. Ennek során egy megközelítően huszonöt fős gyerekcsoport vezetője voltam. Beláthatatlan, sűrű őserdő rengetegében bolyongtunk. Magas hegyláncokon keltünk át. Ismeretlen veszélyek fenyegettek minket. Végre megközelítően kétezer méter magasságból leereszkedtünk, és egy kisváros széléhez értünk. Körülnéztem, és megszámoltam a gyerekeket. Döbbenten tapasztaltam, hogy a legkisebb fiam nincs köztük. Tudtam, hogy több gyerekcsoport indult el és abban reménykedtem, hogy útközben egy másik csoporthoz csatlakozott. A közelben lévő játszótéren már sok gyermek boldogan játszott. Örömmel fedeztem fel, hogy ő is köztük van. Rohanva indultam felé, és ujjongva kiabáltam: „Balázs, Balázs, végre, hogy megvagy!"

Ő felém intett, és csak annyit mondott:

„Jól van, anya, de most hagyj focizni!"

Ezzel ébredtem fel. Ekkor értettem meg igazán ezen álmaimat. Lányom és nagyobbik fiam nem szerepelt ebben az álmomban, ugyanis ösztönös hozzáállásom következtében ők már végleg leváltak rólam és bebizonyították, hogy az életben felnőttként megállják a helyüket. Tehát az álmaim pontosan gyermekeim felnőtté válásának elindulását, elérkezését jelezték.

„Jól van anya, de most hagyj focizni!" – visszhangzottak fülembe szavai. Az anyja vagyok, de már nem csüng kicsiny gyermekként rajtam. Adott helyzetben a barátok között jobban feltalálja magát, mint az én szoknyámba kapaszkodva. Tehát ebben a helyzetben a feladatom pontosan az, hogy továbbra is – ahogy ösztönösen eddig tettem – elősegítsem gyermekeim felnőtté válását. De ezt most már nemcsak spontánul kell végeznem, hanem tudatosan is.

Nagyon fontos ebben a korban, hogy a szülői akaratot ne kényszerítsük rá a gyerekeinkre. Adott szituációban, ha képesek egyedül dönteni, akkor adjuk meg ennek a lehetőségét, ugyanakkor tudatosítani kell bennük a felelősségvállalást is. Természetesen ha tanácsra, biztatásra, segítségre van valóban szükségük, akkor a tényleges útbaigazítást, segítségnyújtást meg kell adnunk. Mindezt fokozatosan, az egyéniségüknek, életkoruknak figyelembevételével kell kialakítani. Szerintem ha egy szülő – úgy az anya, mint az apa – nem képes időben, fokozatosan elengedni gyermeke kezét, hinni benne, erőt, biztatást adni neki, hogy az elébe kerülő akadályokat képes leküzdeni, akkor súlyos hibát követ el: megakadályozza gyermeke felnőtté válását. Kiskorúságban tartja felnőttként is. Így megromlik a kapcsolat a szülő és a gyerek között, illetve az egyén képtelen lesz teljes értékű életet élni. A szülő önző szeretetével gúzsba köti gyermekét, és végső soron a gyermekének és önmagának is árt. Ezt felismerve ezen álmaim megszűntek. Mindebben segítségemre volt, hogy a tanfolyamon hallottakat feldolgozva beépítettem az életembe.

Az álmaink feldolgozása közben a tudat és a tudattalan kapcsolata, kölcsönhatása nyilvánul meg. Egymáshoz való viszonyuk igen fontos, mivel erre épül a belső és külső valóságunk kapcsolata. A tudat és a tudattalan – vagyis az ember – egy jéghegyhez hasonlítható. A jéghegy az óceánban, a kollektív tudattalanban úszik. A víz alatti része – ez a nagyobbik része a jéghegynek – a tudattalan. A víz feletti része a tudat. A jéghegy csúcsa az „én-tudat" vagyis az „ego". A jéghegy is vízből van, mint az óceán maga. Így az óceán vízrészecskéi beépülhetnek a jéghegybe. Vagyis a kollektív tudattalan részeit az egyén képes beépíteni, hasznosítani.

A tudattalan több részből, rétegből áll:

> » egyéni, individuális tudattalan
> » kollektív tudattalan
> » kozmikus tudattalan

A kozmikus tudattalan valójában a legmélyebb réteg. Ezen keresztül kerülünk kapcsolatba Istennel, mindennel és mindenkivel, valamint Örök Énünkkel. Minél mélyebbre hatolok a tudattalan birodalmába, annál mélyebb rétegekből juthatnak fel a képek a tudat felszínére. Ezek a tudat fénykévéjébe kerülve felfoghatók, megérthetők, és ezáltal beépíthetők a mindennapi életünkbe.

A tudat a lámpa szerepét tölti be. A lámpa fénykévéje mindig csak a valóság egy részét világítja meg. Csak azt láthatjuk, amit a tudatunk felismer és elismer. A többi a sötétségben, homályban marad. A lámpa mozgatásával – vagyis a tudat irányításával, tágításával – a valóság (a belső és külső valóság együttesen) mind nagyobb része kerül feldolgozásra. Nagyon fontos a tudat és a tudattalan megfelelő viszonya, összhangja. Ha a tudat elnyomja a tudattalant, ha egyszerűen nem veszünk tudomást a mélyben lejátszódó valóságról, ha félünk szembenézni önmagunk belső valóságával, akkor a tudattalanból nem a valóságnak megfelelő képek jönnek fel a tudat szintjére. Így kényszerképzetek, félelmek, gátlások formájában jelentkezik a tudattalan bosszúállása. Amint nézünk a tudattalanra, a tudattalan ugyanúgy néz vissza a tudatra, ránk.

A tudattalannak csak a felületi rétege tárható fel közvetlenül, vagyis az egyéni tudattalan egy része. A mélyebb rétegeket álomelemzéssel, imaginációval, meditációval lehet megközelíteni – vagyis az egyéni tudattalan mélyebben fekvő, elnyomott részeit, valamint a kollektív tudattalant. Az emberi lélek mélyén vannak az egész emberiséggel közös tudattartalmak, ezek az archetípusú élmények. Az archetípusú élmények az emberiség előrehaladásában és az egyén előrehaladásában is nagy jelentőséget töltenek be. Az önanalízis javuló szakaszában, amikor álmainkat fokról fokra feldolgozzuk, feloldjuk belső gátjainkat, felfedezzük önmagunkat, szimbólumainkat megfejtjük, akkor egy centrális mag körül – körkörösen vagy spirálisan – rajzolódó színes vagy fekete-fehér vonalak, körök, háromszögek, négyszögek alakulnak ki; ezek a mandalák. Mandalaszerű álmok, képek jelenhetnek meg. Az álomtér fokozatosan kitisztul. A sötét háttér világosodni kezd. Ezáltal fokozatosan kiderül, hogy mi történik a valóságban, és az egyén maga mit asszociál, hasznosít ebből.

Ilyen mandalaszerű élményt éltem át – melyet már az előzőekben lejegyeztem – azon a bizonyos fókuszálás során, amikor úgy éreztem magam, mintha egy centrifugában lettem volna. Egy spirális pályán mind beljebb jutottam, önmagamon belül maradva. Ekkor a jövő vetült ki az adott jelenbe. Később ezt a belső utat valóban bejártam.

Gyakori eset, hogy az álomképekben vagy az imaginációban a múlt, a jelen és a jövő összemosódik. Ezen időszakban a tér és az idő elveszíti a jelentőségét, megszűnik létezni. Fontos a tudattalan feldolgozása a tudatban, és a tudat visszahatása a tudattalanra. A tudattalanból felmerülő képeket a tudat beazonosítja a valóságba, így a tudattalan képek felfoghatók, és feloldódnak a tudatban. Az egyén elemzi az adott szituációkat. Kölcsönhatás, összhang alakul ki a tudat és tudattalan között. Ez az öszszhang nagyon fontos, mert különben az egyén elveszhet a tudattalan labirintusában. Tévútra léphet. Ekkor siklik ki az útja a vallásos fanatizmus, a pusztán irracionális dogmák, a brutális faji előítéletek, a nacionalizmus vonalára.

A tudattalanban egy individuális folyamat zajlik. Nagyon fontos, hogy az ember ne legyen más, mint aki valójában, aki ott legbelül él, és ennek elérése irányában haladjon életútján.

„Légy önmagad!"

Fontos az is, hogy ne maradjunk gyerekek, hanem felnőttként érezve, gondolkodva váljunk gyermeki lélekké. Az életünk valójában a tudattalan megvalósulásának a folyamata. A tudattalan az elsődleges, a tudat valójában a tudattalan állapotából emelkedett ki. A korai gyermekkorban tudattalan állapotban vagyunk. Az ösztönfunkciók ugyanis tudattalanok, így a tudat valójában a tudattalanból származik. Olyan állapot, amely erőfeszítést követel az egyéntől. Tehát a tudatosság fárasztó, és kimerülünk tőle. Életünk nagy részét – néha talán felét is, sőt egyes egyéneknél előfordul, hogy életük egészét – tudattalan állapotban élik, éljük le. Minden éjjel elmerülünk a tudattalanban, és csak a felébredés és az elalvás közötti időben birtokoljuk többé-kevésbé a tiszta tudatosságot. Bizonyos mértékig még az is vitatható, hogy mennyire tiszta ez a tudatosság. Előfordul, hogy azt hisszük, most már felnőtt fejjel, tudatosan gondolkodunk, de valójában a tudattalan kényszerzubbonyában sínylődünk, és nincs tudomásunk minderről. Mikor válunk igazán felnőtté? Ez nagy titok. Nincs tökéletes pont arra, hogy teljesen megtapasztaltuk az „ÉN"-t, vagy sem.

A tudat és tudattalan lényegében ellentétpárt alkot. A tudatos beállítottság egyoldalú álláspontjáról nézve a tudattalan árnyékként jelentkezik. Ezt az egyén a személyisége egy alacsonyabb értékű részének tekinti, ezért erős ellenállással elnyomja. De az elnyomott résznek tudatossá kell válnia, hogy az ellentétek közti feszültség létrejöhessen és feloldódjon. Enélkül minden fejlődés lehetetlen. Minden, ami a magasban van, a mélybe vágyik, a mélyben levő pedig felfelé törekszik. Így a tudat is – esetleg előfordul, hogy nem is tud róla – ellentéte után, a tudattalan után kutat, mert különben stagnál, elsivatagosodik és elfásul. Az élet az ellentétektől elválaszthatatlan. A tudat egészséges beállítottsága esetén felismeri a tudattalan ellentétpárjában lévő hatalmas lehetőséget. Igyekszik feltárni az önön belsejében végbemenő pszichés folyamatokat. Törekszik a tudat és tudattalan kölcsönhatásával újra és újra megteremteni a külső és belső összhangot. Mindezek következtében az egyén belső fejlődése felgyorsul.

MAGAM VAGYOK

Magam vagyok magamnak.
Magam vagyok mindenkinek.
Én vagyok a pont és az ellenpont.
Semmi és minden.
Fény és árnyék.
Tűz és víz.
Jó és rossz.
S mindez bent és kint egyformán jelen van.
Így élem át a tér és idő börtönébe zárva a
„Mindenség" titkát és csodáját.

Mindezen ismeretanyag számomra érdekes volt, és új utakat nyitott meg előttem. Ebben az időszakban több érdekes álmom volt. A gyerekeimmel kapcsolatos álomsorozat mellett – amelyről már az előzőekben írtam – egy másik álomsorozat is zajlott bennem. Megközelítően ezt is egy év alatt dolgoztam fel. Ez az álomsorozat végeredményben a tudat és tudattalan harcát, viszonyát, ellentmondását, formálódását, átváltozását jelentette.

Közben előkerültek mindazon témák, amelyekkel az előadásokon és a megbeszéléseken részletesen foglalkoztunk. Az információkat, az ismereteket úgy kaptam meg, hogy azt azonnal, egy az egyben be tudtam építeni a mindennapi életembe. Az átélt és feldolgozott álmaim sokat segítettek a bennem dúló ellentmondások feloldásában.

Az első álmomban a tudat és tudattalan viszonya jelent meg. Az álmom során önmagamat akartam eltemetni. Egy nagy kofferban egy tetemet cipeltem. Az volt az érzésem, hogy a halott én magam vagyok, és ráadásul én vagyok a gyilkos is, mivel saját magamat öltem meg. A tetemet el akartam temetni. Éjszaka volt, de már közeledett a hajnal. Egy szoba nagyságú mélyedés volt előttem, ezt kezdtem még tovább mélyíteni. Lementem az aljára, és csak ástam, ástam. Ekkor megijedtem. Ráeszméltem, hogy ez a sír olyan nagy és mély, hogy a végén nem tudok majd kimászni belőle, és ott ragadok. Az egyik sarokban egy vasláda volt. Üresen kongott. Tudtam, hogy minden akadály nélkül ki tudnám nyitni, de úgy éreztem, ez felesleges, pedig sejtettem, hogy valójában nem is üres. Arra is gondoltam, hogy egyszerűen a tetemet a vasládába teszem, és így rejtem el. De mikor kimásztam a sírból, rájöttem, hogy időközben kivilágosodott. Most már nem folytathatom a temetésemet, mert akkor észreveszenek, fény derül a tettemre. Közben úgy éreztem, időzavarban vagyok. Valamiről lekéstem, de valamit még el kell végeznem, azonban elfelejtettem, hogy mit. Azt azonban tudtam, hogy nem maga a temetés ez. Éreztem, ha eszembe jut, amit még tennem kell és megteszem, akkor semmissé tudom nyilvánítani a késésemet és a temetésem.

Erre ébredtem fel. Elgondolkodtam ezen a furcsa és ijesztő álmon. A különös az volt, hogy nem éreztem félelmet. Összegeztem magamban a tényeket. Megöltem magam; temetésre készültem; a vasláda szerepe; időzavarban vagyok; lekéstem valamiről; valamit meg kell tennem, de elfelejtettem, hogy mit. Ha rájövök és megteszem, akkor semmissé tudom nyilvánítani a késésem és a temetésem. Képtelen voltam rájönni.

„Miről késtem le?" „Mit kell megtennem?"

A következő estén lefekvés után, az álom és az ébrenlét határán összpontosítottam e két kérdésre. Tudtam, hogy az álom folytatódni fog. Ha nem is ugyanúgy, de a halál valamilyen formában elő fog jönni, és a kérdéseimre választ kapok. Az álmomra emlékezni fogok, és meg tudom fejteni.

A második álmom során egy színpadon laza, könnyed, finom mozdulatokkal táncoltam. Hátulról, egy tüllfüggöny mögül egy nagy lámpa élesen világított meg. Hirtelen eszméltem fel. „Nincs árnyékom!" A hátsó megvilágítás miatt az árnyékomnak pont előttem kellett volna lennie, de nem láttam sehol. Ekkor a kép megmerevedett, majd eltűnt. Helyette egy fehér, merev, ijesztő, halottszerű álarc jelent meg.

Megrémülve ébredtem fel. Félelem kerített hatalmába. Rögtön tudtam, hogy az előző álmom halálmotívuma most ebben a halotti maszkban öntött formát. Az is világos volt a számomra, hogy ez én vagyok, vagyis a külsőm, ahogyan a külvilág felé fordulok. Ugyanakkor az árnyék hiánya is megijesztett. E két tény valamiképpen egymáshoz kapcsolódott. Ha ezt megoldom, vagyis rájövök a kettő kapcsolatára és az árnyékomat feltárom, feldolgozom – hiszen mindennek és mindenkinek van árnyéka –, akkor választ kapok arra is, hogy miről késtem le, és korrigálni tudom. Arra is rájöttem, hogy a táncoló alak a belső valóságom, a valódi lényem, akivé válni szeretnék, a halotti maszk pedig a szerepszemélyiségem, az arcom, amelyet a külvilág felé tárok. Tehát nincs meg az összhang a szerepszemélyiségem és az árnyékom, valamint a Valódi Énem között.

A szerepszemélyiség (persona) a psziché, a lélek legkülső burkolata, amellyel a külvilág felé fordul, vagyis az egyén külső valósága. Olyan funkciók összessége, amely az élethelyzetek megélése során alakul ki, de nem azonos az „ÉN"-nel, a Valódi Önmagunkkal. Természetes védőburkolat, amelyre szükség van, mivel a viselkedést teszi lehetővé. Azonban a persona veszélyessé is válhat. Előfordul, hogy a szerepszemélyiség túlhangsúlyozottá válik. Az egyén túlságosan azonosul a szereppel, elveszíti a kapcsolatát a „ÉN"-nel, így elnyomja a Valódi Énjét. A másik véglet esetén a szerepszemélyiség megmerevedik, ránő az egyénre, elmeszesedik, becsontosodik, így megmásítja az „ÉN"-t. Ezt jelezte számomra az álom során a merev, ijesztő halotti maszk. A legjobb szerepeink is fallá válhatnak, ha nem tudunk módosítani, változtatni. Az ember valójában nincs öszszenőve a szereppel, változtathat rajta, de a sűrű váltogatás is hibás lépés lehet. A külvilághoz jól alkalmazkodó egyéneknél a szerepszemélyiség természetes védőburkot alkot. Az egyénnek képessé kell válnia arra, hogy felbontsa, átalakítsa, formálja szerepeit, mindezt a Valódi Énnel összhangban. Ez a játék sohasem egypólusú; valójában egy másik ember, emberek, a környezet áll szemben az egyénnel. Reciprok összefüggés áll fenn az egyén és környezete között. A környezet tükröt tart az ember elé. Hatalmas szélsőségek is kialakulhatnak. Ezek a családban, a közösségekben ütköznek egymással. Mindez könnyen válhat a fejlődés akadályává is.

Ha a tudattalan és tudat közt jó a viszony, akkor a szerepszemélyiség és az árnyék között a kölcsönhatás megindul, összhang alakul ki közöttük. Képessé válik a személy elfogadni, feldolgozni az árnyékában lévő eddig elnyomott tudattartalmakat. Az árnyékban nagyon sok pozitív, jó képesség lehet rejtett, nyers formában. Így ezek kibontakozása megindulhat. Ugyanakkor az árnyékban lévő negatívumok tudatosodásával mód nyílhat ezek feldolgozására, korrigálására, kiküszöbölésére. Így a szerepszemélyiség is változik. Feszessége, merevsége oldódik. Az egyén lazábban, könnyebben tud környezetéhez alkalmazkodni. Ezáltal környezete másságát, a másokban lévő árnyékot is jobban el tudja fogadni.

Az álarc (szerep) már az állatvilágban megjelenik, de az állat nem tud olyan könnyen és gyorsan álarcot, szerepet váltani. Az állatok jól alkalmazkodnak, magabiztosak, mindez ösztönösen alakul ki. Az embernél az elvárás belülről és kívülről is jön, ezért nehéz az alkalmazkodás. Így hatalmas ellentmondásokba kerülünk. Nálunk az alkalmazkodás már nem olyan magabiztos formában jelentkezik, mint az állatoknál. Az egyénnél a belső elvárásai és a külvilág hatásai alakítják a szerepeit. Az egymásra való hatásunknak nagy jelentősége van ebből a szempontból. A szerepszemélyiség tehát a külső forma, mindaz, amit vállalunk önmagunkból.

Az árnyék, amit háttérbe szorítunk, elfedünk, letagadunk – néha még önmagunk előtt is. Árnyéktalan ember éppen úgy nem létezik, mint súlytalan test. Az árnyékot fel kell dolgozni. Nagyon sok nyersanyag és energia van benne. Egymás árnyékát nagyon jól látjuk, sokszor túlzott mértékben is. Ha valakiben valamit nem tudok elfogadni, akkor ez azt jelentheti, hogy bennem, az árnyékomban van valami, ami miatt irritálva érzem magam. Ezt megvizsgálva fényt deríthetek arra, hogy magamban ezzel kapcsolatosan mit nyomok el. A másik egyén tükröt tart elém. Minél jobban elfogadom a saját árnyékomat, annál jobban elviselem a mások árnyékát.

Ehhez kapcsolódva érdekes megjegyzés hangzott el. Felhívta a tanfolyam vezetője a figyelmünket arra, hogy vizsgáljuk meg, mely előadások maradnak ki egy-egy egyénnél, illetve önmagunk esetében. Valamint ha valaki végleg úgy dönt, hogy abbahagyja a tanfolyamot, akkor ez mely témánál következik be. Kiderült, hogy mikor az anyagban egy olyan témához érkezünk, amellyel nem akarunk szembesülni, azt az előadást az egyén egyszerűen kihagyja, illetve ha egy olyan ponthoz érkezik, ahol belső önfejlődésében elakad és képtelen az előrelépésre, akkor végleg kimarad a csoportból. Érdekes, én az első, „árnyék" témánál hiányoztam. Később az álmaim során bebizonyosodott, hogy valóban itt van gond.

A pozitív és negatív kölcsönhatások az árnyékkal kapcsolatosak. Bizonyos mértékig ránehezedünk egymásra. Saját árnyékunkat kivetítjük, ugyanakkor mások árnyéka ránk vetül. Van egy diszkrét, elfogadható, elviselhető nyomás, de ez természetesen relatív. Életképtelen az ember, ha nem látja önmaga vagy mások árnyékát. Ugyanakkor az is életképtelen, aki csak az árnyékot látja akár önmaga, akár a környezete vonatkozásában. Fontos a jó arány megtalálása, fenntartása. Valójában a kreativitás, a megújulás is ezen múlik, mivel mindenkor az árnyék torlaszolja el az utat. Az árnyékot újra és újra fel kell tárni, fel kell dolgozni. A feldolgozott árnyékok helyébe újabbak lépnek, de az egyén mindenképpen előrelép ezáltal. Minél pozitívabb egy egyéniség, annál kevesebb negatív kivetítésre van szüksége, így az önazonosság fenntartása önmagában biztosított.

Létezik fehér árnyék is. Ilyenkor az egyén önmaga szintje alatt él, elnyomja Valódi Énjét. Van a fehér és a fekete árnyék közti átmenet is, ebben az esetben a személy elszürkül, semmitmondó személyiséget választ. Van konformista árnyéktípus, ekkor mindenben a könnyebbséget keresi az ember. Vannak nonkonformista, lázadó típusok is.

Az árnyék kivetítése és mások árnyékának ránk vetülése kölcsönhatásban van. Ha vállalom az árnyékom, tudatosítom, feloldom, visszavonom, akkor nem lép fel betegség. Ekkor nincs bűnbakkeresés, nem másokat okolok az adott helyzetemért, hanem megkeresem azt a negatív pontot az árnyékomban, amelyet eddig nem tudtam felfogni, feldolgozni. Ezáltal a negatív szituációk feloldására magamon belül megtalálom a lehetőséget. Ennek hatására megváltozik a helyzet. Más szemmel látom önmagamat, a környezetemet, a helyzetemet. Így képes vagyok mások negatívumait is elfogadni. Ha nem vállalom az árnyékom, nem vonom vissza, kivetítem, ránehezítem a környezetemre, ekkor van bűnbakképzés. Mindazt, amit képtelen vagyok önmagamban elfogadni, feltárni, felismerni, feloldani, kivetítem, és másokban keresem az okot a negatív helyzetért, körülményért. Ekkor konfliktusok lépnek fel az egyénen belül, valamint az egyén és környezete között. Így mind kevésbé képes elviselni mások árnyékát, míg az előző esetben a mások árnyékának az elfogadása nem jelent különösebb gondot. A rosszat, a negatívumot az ember először saját magában keresse. Akkor a továbbiakban nem ijed meg saját árnyékától, és a másétól sem. Ez nagy bátorságot kíván az egyéntől. Szembe kell néznie a valósággal, önmagával, de ez csak nyersanyag, nem szabad itt ragadni, előre kell lépni.

Az árnyék-kivetítés következtében a gyenge árnyék kellemetlen lehet, míg az erős árnyék sértő, torz, ártó formában jelentkezhet. A változó árnyék által mindig más-más részek kerülnek árnyékba az adott egyénnél. Ez biztosítja a környezethez való alkalmazkodást, a megújulást, az egyensúly kialakítását. Az önmagunkra vetett árnyék is veszélyes lehet, vagyis mikor képtelenek vagyunk önmagunkat elfogadni. Problémát jelent, ha az árnyékot nem meri vagy nem tudja kivetíteni, magába fojtja az egyén. Az is előfordulhat, hogy nem engedi valaki – illetve a környezete –, hogy kivetítse az árnyékát. Ilyenkor az erősebb a gyengébbet sakkban tartja. A kivetítetlen árnyék öndestruktív hatású. Lehet ezt finoman is tenni, de a külső árnyékvetés olyan erős is lehet – például szeretetmegvonás formájában –, hogy az egyén, akire az árnyék vetül, belebetegedhet.

Az árnyék a bajba jutás, a csapdába esés veszélyét rejti magában, ez pedig betegség kialakulását okozhatja, mivel az egyén nem tudja megemészteni a konfliktust. Így az árnyék, a bajba jutás következménye lehet a lelki, majd a szomatikus betegség. Komplexusok, neurotikus pontok alakulnak ki. Mindenkinek vannak komplexusai. Ahhoz, hogy összekapcsolódjanak a különböző folyamatok, szükségesek a komplexusok. Akkor kóros ez, ha negatív hatással van az adott személyre és a belső fejlődésére. A normális lelki zavar a férfiaknál a becsvágy, pénz, siker, erotika. A nők esetében szabályos komplexusnak tekinthető az erotika, a család, lakás, terhesség. A komplexusok energiacsomókban sűrűsödnek egy gyenge pont körül. Ehhez társul egy adott körülmény, a külső akadály. Így kellemetlen impulzust jelent az egyén számára. Ha hasonló helyzetbe kerül, akkor ez a szituáció megismétlődik. Minél többször ismétlődik ez, annál jobban rögzül a lelki zavar, és itt, a csomópontban a pszichés energia elnyelődik, az adott személy nem tud továbblépni. Ettől az én beszűkül és komplexusfüggővé válik. Ha a belső ellentmondásokat tudatosítjuk, akkor az előrelépés, a továbbfejlődés lehetősége biztosított.

Tehát a bajba jutott ember még túl tudja tenni magát, azonban ha sokasodnak a hullámok, mindjobban a mélybe süllyed, neurotikussá válik. A neurotikusnál belül is és kívül is baj van. Szorongás, félelem lép fel nála. Egy olyan belső félelem, amelynek valójában nincs alapja a reális valóságban. Így az egyén elveszíti az ítélőképességét. Rossz lesz a közérzete, szomorúvá válik.

Minden neurózis egyéni, sajátos. Bizonyos tárgyakkal, egyénekkel, helyzetekkel kapcsolatos, és e gyenge pontokon keresztül támad. Az ember ilyenkor múltbeli és jövőbeli árnyékokkal vetekedik. Ezek azonban kitalált, képzelt árnyékok. Nagyon nehéz tényleges árnyékvetőt találni, de néha megvan, ha a környezetből valaki elfojtja, elnyomja az egyént. A neurózis magja egy gyenge pont, amelyet ha negatív hatás ér, akkor erre az egyén neurotikusan válaszol. Ha ezt a környezeti hatás megerősíti, akkor rögzül. Az egyén megpróbálja elhárítani, nem vallja be, hogy beteg. Öndestruktív módon önmagára vetít árnyékot. Ezzel a neurózis fokozódik, és szomatikus megbetegedéssé válik. Így a neurózis a szomatikus, testi megbetegedést rejti magában. A lelki betegségből ily' módon testi betegség válik, vagyis a lelki betegség egy-egy szervre kivetítődik. Különböző fokozatai vannak. Először csak működési zavarok lépnek fel. A tényleges tünetek bujkálnak az egyes szervek között, majd később állandósulnak, konkretizálódnak, amelyek már komoly árnyékképpel járó, nehezen viselhető testi fájdalmak. Ahhoz, hogy ezt adott esetben gyógyítani lehessen, optimális pszichológiai feltételek szükségesek. Elsősorban fontos egy jó beteg-orvos (pszichológus) viszony kialakulása. A neurotikus beteg neurotikusan hat az orvosra. Annak ezt ki kell bírnia, sőt pozitívan, lelkileg erősítően kell visszahatnia. Az orvos erre csak akkor képes, ha ő maga is elszenvedte ezt, de kigyógyult – vagy elviselt olyan betegeket, akik kínzó hatással voltak rá. Fontos, hogy empátia révén átérezze a beteg szenvedését. Ebben fontos szerepet játszik az imaginatív képzelőerő. Az orvosnak tehát lelki téren is immunissá kell válnia. A beteg hozzáállása nagymértékben befolyásolja a gyógyulását. Ha ő maga nem akar meggyógyulni, nem akarja tudatosítani, elfogadni, feldolgozni, feloldani a belső világában lévő gátakat, akadályokat, akkor az orvos semmit sem tehet. Hiába alkalmazza a pszichológus a legmegfelelőbb gyógymódot, a beteg mégsem gyógyul meg. Ilyenkor igazzá válik a mondás: „A műtét sikerült, a páciens mégis meghalt." Ebben az esetben a beteg képtelen, vagyis nem akar meggyógyulni. Így az életét a maga valóságában nem tudja megélni, mélyebb értelemben valóban halott, hiszen egy vélt árnyékvilágban él. Felmerül a kérdés: Az adott személy miért vállalja fel a betegséget? Miért nem akar meggyógyulni? Egyszerűen kényelmesebb számára a már ismert állapot. A gyógyulásának folyamatában szembesülnie kell önmagával, önnön belső világával. Ez pedig egy igen nehéz, küzdelmes helyzet. Komoly erőfeszítést igényel tőle. Ezt ösztönösen vagy tudatosan érzékeli. Az orvos segítségére lehet, de a megfelelő lépéseket neki kell megtennie. Ilyen értelemben csakis ő maga gyógyítja meg önmagát, elfogadva, hasznosítva a környezetének segítségét. Senki más nem teheti meg helyette mindazt, amit meg kell tennie önmaga mélyebb valóságának megvalósulása érdekében. Ennek felvállalása nagy kihívást jelent az adott személy számára. A kényelmes, konformista, alkalmazkodó szemléletmódja megakadályozhatja a gyógyulását, ha nem képes megtenni a megfelelő lépéseket. Ilyenkor inkább vállalja a betegséget, a kiszolgáltatott helyzetet. Így a környezetének odafigyelését, szeretetét, gondoskodását maximálisan élvezheti anélkül, hogy saját magának különösebb erőfeszítéseket kellene tennie. Mindebből következik, hogy egy beteg gyógyulásában a legnagyobb szerep magáé a betegé. Ilyen értelemben minden gyógyulás öngyógyítás.

Ezen információkat magamban feldolgozva rájöttem, hogy az életem során a szerepszemélyiségem megmerevedett, maszkként, álarcként rám nőtt, ezzel a Valódi Énemet megmásítottam, meghasonlottam önmagammal. Ugyanakkor az árnyékom annyira háttérbe szorult, hogy már nem is látom. Tehát fel kell ismernem, fel kell tárnom, fel kell dolgoznom saját árnyékomat. Így a maszkot levéve helyreállíthatom az egyensúlyt a szerepszemélyiségem és az árnyékom között. Megújulhatok, és új arcom közelebb kerül Örök Énemhez. Ezek alapján a harmadik álomnál magára az árnyékomra összpontosítottam, vagyis arra, hogy mi van az árnyékomban oly mélyen elrejtve, hogy szinte nem is tudok róla.

Az álmomban egy ismeretlen férfival találkoztam. Kedves, rokonszenves volt. Vonzódtam hozzá. A férfi azt állította, hogy mi valójában régóta ismerjük egymást, valamikor mi ketten öszszetartoztunk. Tudtam, hogy igazat mond, hittem neki – annak ellenére, hogy hiába kutattam az emlékezetemben, a múltból képtelen voltam felidézni az emléket. Egyszerűen éreztem, hogy régen én hozzá tartoztam, de a tudatom képtelen volt beazonosítani a személyét. A férfinak a találkozásunk előtt kapcsolata volt egy nővel, de a megjelenésemmel a nő eltűnt az álomtérből. Ezt követően közelebb kerültünk egymáshoz, megkérte a kezemet, bemutatott az anyjának. Az anyja szeretettel, kedvesen fogadott, mintha már várt volna, és egy ékszerekkel teli díszdobozt nyújtott át. Ez valójában az enyém, nekem volt eltéve oly sok éven át. Közben a férfival szemben merev, visszautasító lett a magatartásom. Megkérdezte: „De hát hol van a te önzetlen szereteted?"

„Ha kettesben leszünk, akkor mindent elmondok."

Közben már kialakult bennem az elhatározás: „Egyenrangú társa akarok lenni, nem az alattvalója."

Tudtam, hogy ezt elmondom neki, ha eljön az adott pillanat. De az álom itt megszakadt.

Felébredve nem tudtam szabadulni az ismeretlen férfi képétől. Hiába gondolkodtam, képtelen voltam beazonosítani. Annyi világos volt előttem, hogy a férfinak az árnyékomhoz van valami köze. Vagyis a fő gond az animus – anima, tehát a férfi – nő kapcsolat terén van. Végül is arra a következtetésre jutottam, hogy az álombeli férfialak az akkori kapcsolatom terén a kedvesemet jelképezi. E kapcsolat már lazulófélben volt. Éreztem, hogy hamarosan eljön a szakítás perce, de még hittem abban, hogy van kiút, és megtaláljuk az egymás felé vezető utat. Úgy gondoltam, ha magamon belül feltárom a férfi – nő kapcsolat terén a belső ellentmondásaimat és ezeket feldolgozom, akkor képes leszek őt megtartani. Felismertem, hogy az animus – anima problémakörre kell összpontosítanom. E téren kell előrelépnem.

Nagy érdeklődéssel hallgattam az előadót, mikor a tanfolyam témája ehhez a témakörhöz érkezett. A férfi és nő kapcsolata, vagyis az animus és anima viszonya is valójában benne van a tudat és tudattalan kölcsönös helyzetében. Minél jobban megtalálom saját tudatom és tudattalanom közti összhangot, annál jobb, meghittebb, tartalmasabb, erősebb lesz a párkapcsolatom is. Különös, de biztosan tudom, hogy e belső konfliktustól – vagyis az egyénen belüli animus – anima viszonytól – nagymértékben függ, hogy miként állja meg a helyét a különböző élethelyzetekben, legyen az a szűk családi élet, a munkahelyi légkör vagy a társadalmi szerep. Ha nincs meg e téren az összhang önmagán belül, akkor ez kihat a többi területre is.

Csírájában mindannyiunkban ott él az ellenkező nem lelki része. Amilyen mértékben elfogadom saját nemem lelkivilágát és az ebből fakadó élethelyzeteket, olyan fokon viszonyulok az ellenkező nemű lélekrészemhez, vagyis a partneremhez. Ezáltal alakítom ki életideálomat, és ennek megfelelően alakul a férfi – nő kapcsolatom. Minden férfinak és minden nőnek van animusa és animája. Ezek a lélek belső képei, egymást kiegészítik. A lélek alapformái velünk születnek, de ugyanakkor a közvetlen családtagok, majd később a partnerek és a tágabb környezet is hatással van ránk. A férfi számára a női képben az anyakép az első, majd a leánytestvérek, barátnők, partnerek, házastárs, női ideálok játszanak szerepet. A nő számára a férfikép kialakulásában az apa, fiútestvérek, partnerek, házastárs, férfiideálok vannak hatással.

A belső lélekképpel kapcsolatosan nem csupán az anya illetve apa személye a döntő, hanem a többi meghatározó elem is, ugyanakkor ehhez hozzájárul még a velünk született belső lélekkép. A nőknél az animus (belső férfi kép) fix ideák alapja lehet, az irracionális képhez való ragaszkodás formájában jelenik meg, amelyek mögött tekintélyes, mértékadó személyiségek állnak az adott egyénnél meghatározóan, de nem mindig van így. A nő egy férfiban keresi az összest, vagyis azon belső férfiképet, amelyet számára az összes felmerülő férfialak együttesen jelképez. A férfi viszont sok nőben keresi az egyet, azon belső női képet, amelyet személyisége a környezeti hatások során megformál. Ha a férfinál az anima (belső női kép) túl erős, akkor veszélyessé válhat. Mindkettőnek – vagyis a férfinek és a nőnek is – engednie kell, hogy létrejöjjön az egység, amely azonban nem biztos, állandóan változik, megbomlik, majd újra kialakul. Mindez nagy problémákat okozhat. A lélek valójában férfi, női, és gyermekszerűen „nemtelen" is.

A férfi és a nő kapcsolata valójában benne van a tudat és a tudattalan kapcsolatában. A nő esetében a tudatban az anima (nőkép) uralkodik, ez nyilvánul meg a szerepszemélyiségében. A tudattalanban pedig az animus (férfikép) jelenik meg. Ezt vetíti ki környezetére, párkapcsolatára.

FÉRFI	NŐ
Tudat–animus	Tudat–anima
Tudattalan – anima	Tudattalan – animus

A férfinél fordított a helyzet. A tudatban van az animus (férfikép), a tudattalanban pedig az anima (nőkép) uralkodik és vetítődik ki a környezetére. Ugyanakkor mindkettő, a férfi és a nő is, tartalmazza a gyermeki lélek elemeit. Nagyon fontos, hogy felnőtté válva ne veszítsük el kapcsolatunkat önnön lelkünk gyermeki mivoltával, vagyis felnőtt fejjel gondolkodva váljunk gyermeki lélekké.

Őrizzük meg magunkban a gyermeket!

A tudat és tudattalan ellentéte megjelenik az animus – anima viszonyában is. Ezek az ellentétpárok bennünk rejlenek. Szükséges, hogy a tudat és tudattalan között feszültség legyen. Így a férfi és a nő közti feszültség szükségszerű. Ha azonban a taszítás erősebb, mint a vonzás, akkor nem lesz semmi sem a kapcsolatból. Ha a vonzás az erősebb, akkor kialakulhat valami, ebben azonban mindkét szerepszemélyiségnek nagy szerepe van. Tehát az animus és anima kivetítése során nagy feszültségek léphetnek fel, ezért problematikus a férfi és nő kapcsolata. A kivetítés mindig reciprok és önellentmondásos. Részben önként vállalt, részben önkéntelen. Jó és rossz érzés is. Van egy szadista és egy mazochista oldala is ezen kivetítésnek. Ezek változáson mennek át; tisztulhatnak, finomodhatnak, de ellenkező irányú változás is bekövetkezhet. Rendkívül fontos az is, hogy az egyén milyen viszonyban van saját tudattalanjával. A nőknél a természettel és a tudattalannal való kapcsolat általában jobb, mint a férfiaknál.

Ahhoz, hogy egy kapcsolat bensőségesen fejlődjön, hosszú folyamat kell. Áldozatokra is szükség van. Amikor egy kapcsolat javul, kiegyensúlyozottá válik, akkor egy komplett egység jelenik meg, amit a pár és a születendő gyermek, illetve lelki gyermek – a „MI" valósága – szimbolizál. Ha egy nőnek az animusa (a belső férfiképe) túlzottan felerősödik, ez hajthatatlanná teszi őt, elférfiasodik. Ez a vezető típusú nőkre jellemző. Ilyenkor gond merül fel a férfiakkal való kapcsolataiban. Ha egy férfi nem tud megbirkózni az animájával (belső nőképével), akkor elnőiesedik, gond merül fel a nőkkel való kapcsolataiban. Így a párkapcsolat során mindkét fél szerepszemélyisége döntő fontosságú. Mindig a két adott egyén egyénisége és egymásra hatásuk játszik szerepet. Ha az adott egyének belső önfejlődésének következtében a magasabb szinten újból megvalósul az összhang, akkor fejlődik a kapcsolat. Fontos, hogy ebben kölcsönösen segítsék egymást. Olyan szerepszemélyiséget, kapcsolatot alakítsunk ki, amely során mindkét félnek módja van a pszichikus funkcióit fejleszteni. Természetesen ezt úgy a nőnek, mint a férfinak egyformán akarnia kell. Semmiképpen nem erőltetheti rá magát a másikra egyik sem, ugyanakkor nem gátolhatják egymást a belső önfejlődés terén. Ez egy tojástánc, amely során a párnak úgy kell táncolnia, hogy ne törjön össze az egység. Aki azt a szerepet tölti be, ami rá van szabva, minden körülmények között megleli önmagán belül a harmóniát, és végül is így nagyobb az esélye, hogy megtalálja a hozzá tartozó, vele mindenképpen szinkronban lévő partnert.

Az animus – anima kép a pici gyermekkorban csíraként van csupán jelen. Minél éretlenebb, annál jobban kivetül arra a női lényre, illetve férfira, aki a gyermek közelében van. A mellette lévő érett nő a maga belső férfiképét vetíti a gyermekre. Ez kölcsönösen erős kivetítési kapcsolat, és igen nagy hatással van a gyermekre, illetve későbbi életére. Ha e kapcsolat nem megfelelő, akkor a gyermekben az ősbizalmatlanság erősödhet meg. A kapcsolat lehet zavartalan, de zavart is. Mindaz megzavarhatja, ami elválasztja az anyát a gyermektől. Mindez egy adott helyzet érzelmi szituációjától függ. Ezt meg kell érezni, rá kell találni. Az apa közbelépésével az anya hatását semlegesíti, az anyát felváltja. Kipiheni a gyermek az apa mellett az anya negatív hatásait, és viszont; az anya mellett az apa negatív hatásai közömbösítődnek. A gyermeknek mindkét szülőre szüksége van. Ebben a helyzetben a felek kölcsönösen kiegészítik egymást. Függő animus – anima projekciók alakulnak ki. A gyermek függ, csüng szülein. Nagyon fontos, hogy a helyzetek játékosak, harmonikusak legyenek. A gyermeknek mindegyik szerepet ki kell próbálnia: hol az apához, hol az anyához kötődik erősebben. Van továbbfejlődési, illetve megrekedési helyzet is, de ezt nem lehet mereven nézni. A gyermek beépíti mindkét szülőt magába, majd rájuk támaszkodva meghaladja szülei fokát. Megrekedés esetén nem indul el a fejlődés. Továbbra is az anyuka kislánya, kisfia, illetve az apuka kisfia, kislánya marad az egyén.

A serdülőkorban szembesülünk a harmónia megbomlásával. Változás következik be, vagyis befelé fordulás, titkolózás, illetve kifelé fordulás – van közlés, de nincs köszönet benne. A serdülő túlzottan kritikusan szemléli környezetét, és ez határozza meg a külvilággal való kapcsolatát. Bekövetkezik az elfordulás a szülőktől, de ez még nem végleges. Romboló hatású mindez a szülő-gyermek kapcsolat terén. Belép a tagadás, az állandó ellentmondás, de ez is olyan, mint az előbbi: nem végleges. Bekövetkezik a másik nem felé fordulás. A fiatalok keresik és megtalálják egymást. Mindezek valójában egy szabályos, a fejlődéssel járó állapot jellemzői.

A serdülőknek a szülőképüket, a szülőknek a gyermekképüket kell megváltoztatni ebben az időszakban. A gyermek nem gyermek többé, hanem fiatal leányka, legényke. Elindult a felnőtté válás útján. A szülők nem tökéletes tekintélyek már, hanem hétköznapi emberek. Mindez ingadozó animus – anima kivetítésre utal. Az anya helyére a fiúk egy ismeretlen leányt, női ideált helyettesítenek be. A lányoknál a férfi ideálkép jelenik meg, és hatással van a belső fejlődésre. A család helyét a kortárskapcsolatok, a barátok foglalják el. Ha nagyon erősek a szülők, akkor megpróbálják visszaszerezni a gyereket, de ez nem jó. Bölcsnek kell lenni, mert különben a gyermek továbbfejlődését megakadályozzuk. Ugyanis ebben a korban fennáll a lehetőség a továbbfejlődésre és a megrekedésre is. Felnőttnek tekinthető az, akinek kifejlett férfi és női képe van, vagyis nem rekedt meg. Ez pedig nem a kortól függ, hanem a belső önfejlődéstől és ennek az állapotától. Felnőttként képes az egyén ugyanazon személyre vetíteni a benne lévő ellenkező nemű ősképet, lélekrészt. E folyamat nem problémamentes. Időközben az adott személy fokozatosan leválik szüleiről, de ez a leválás már nem ingadozó, mint a serdülőkori el-elfordulás, hanem állandósul, és önállósulásra törekszik. Ez attól függ, hogy milyen a saját női, illetve férfiideálja. Mindez kapcsolódik a felnőtt szerepszemélyisége és Belső Énje közti helyes kapcsolat megteremtéséhez.

Női ideálképek:

» Beste: boszorkányos típus. A testi vonzás nagyon domináló, a lelki funkciók közül pedig az intuíciónak van nagy jelentősége.
» Madonna: kedves, szeretetre méltó, jó lélek. Emberség, szeretet, jó anya szerep, lelki vonzás, érzelem, empátia jellemzi. Az érzés válik erőssé az egyénben.
» Médium: inspiráló, felemelő, tiszteletre méltó, kreatív egyén. Inspirálja a férfit nagy dolgok megtételére, támogatja a törekvéseit.

Jung szerint ezek fejlődési szakaszok, mindháromra szükségünk lenne az életünk kiegyensúlyozott megélése során. Nem mindegy, hogy ki melyikkel kezdi, az idő előrehaladtával mindenki észreveszi – ha figyel rá –, hogy mi hiányzik belőle, hol kell még fejlődnie. Ebben az időben olvastam dr. Toni Grant: *A nőies nő* c. könyvét. Rendkívül érdekesnek találtam. Nagyon sokat tanultam e könyv elolvasása közben. Minden nőnek bátran ajánlom, mivel egy modern női ideálképet közvetít. Az írónő a nőket négy alaptípusba sorolja:

» Amazon: az intellektus, a gondolkodás határozza meg. Vezető típus, az animusa túlzottan felerősödik, törekvő, magabiztos.
» Anya: a céltudatos, önálló gondolkodási készség felerősödik az egyénben. Megváltozik a viszonya önmagához és környezetéhez. Külső és belső összhangra való törekvés jellemzi. Ezt spontánul vagy tudatos önfejlesztéssel éri el. A másokhoz fűződő kötöttségei éltetik. Nemcsak a saját gyermekeiről gondoskodik, hanem egyéb rokonairól, barátnőiről, valamint az életében szerepet játszó férfiról.
» Madonna: a nőnek az a sajátossága, mely normákat, értékeket és ideálokat közvetít. A Madonna visszatükröző típus. A türelem, a hallgatás, a hűség hordozója. A természethez és saját lelkéhez is pozitív viszonyt alakított ki. Nem arra törekszik, hogy önmagát naggyá tegye, ehelyett a férfit ösztönözi nagy dolgok megtételére, feltétlenül támogatva törekvéseit a teljesítményre és a sikerre.
» Kurtizán: személyes viszonyban van a férfival intellektuális, érzelmi és szexuális téren. A testi-lelki-szellemi eggyé válás a fontos a számára. Harmóniát nyújt a férfinak, de semmiképpen nem annak kiszolgálójaként. Célja a harmonikus társkapcsolat kialakítása.

Természetesen e négy alaptípus a valóságban nem jelenik meg tisztán, hanem egymáshoz kapcsolódva. Így a következő párosítások lehetnek:

» Madonna – Kurtizán
» Amazon – Kurtizán
» Amazon – Anya
» Amazon – Madonna
» Anya – Kurtizán
» Anya – Madonna

Az írónő megjegyzi, hogy életünk során be kell építenünk a személyiségünkbe és át kell élnünk mind a négy női jelleget. Természetesen hosszú ideig eltart a felszínre hozni mindazt, amivé lehetünk. Minden nőnek magába kell néznie, hogy felfedezze, személyiségének mely részei igényelnek még fejlesztést. Nekem pont e gondolat tetszett a legjobban. Ezzel a nézőponttal teljes mértékben azonosulni tudtam. Kezdtem önmagamat belsőleg vizsgálni, hogy melyik az a pont, amely hiányos még, ahol fejlődnöm kell.

Tovább tanulmányoztam Jung animus – anima problémakörét. Ha a személyiség fejlődésében a megakadás a gyermekkorban bekövetkezik, akkor az egyén gyermek marad, felnőttként is megmarad az önszeretetben, képtelen gyermeki önmagát megváltoztatni, nem önállósul, ellenérzéseit negatív kivetítésekben fejezi ki a másik nemmel kapcsolatosan. Neki sem indul az akadályoknak. Fél a kudarctól. Regresszív visszakozás figyelhető meg a szülőkhöz. Ha megragadás a serdülőkorban következik be, akkor az egyén bizonytalan keresővé válik. Ez később is bekövetkezhet, például válást követően. Elvált nő vagy elvált férfi is eljuthat, kerülhet ilyen helyzetbe. A belemenő, rámenős serdülő az ellenkező zsákutcába juthat. A serdülőkori ingadozásból formál erényt, életstílussá teszi ezt. Állandó partnercsere, negatív vonalú életút alakul ki. Fontos, hogy az egyén képes legyen saját kamaszképét feladni, majd továbblépni, hogy biztos kapcsolatot tudjon kialakítani a másik nemmel. Így a nagyobb, durvább megrázkódtatásoktól megkíméli magát.

Hosszú hónapok teltek el, és én csak vívódtam önmagamban. Múlt, jelen és jövő képei közt cikáztam ide-oda. Az álom, a képzelet és a valóság összemosódott. A kuszaság egy-egy pillanatra kitisztult, majd ismét összekeveredett minden. Álmaim is a bennem dúló feszültségről tanúskodtak.

A következő álmom során az álomtérben kettős alakban voltam jelen. Mintha kettéváltam volna, ugyanakkor érzékeltem, hogy az egyik alak a jelent, a másik pedig a jövőt jelképezi. Két ismeretlen férfi magával akart vinni. Magas, erős, tekintélyes egyének voltak, de azonnal tudtam, hogy nem földi személyek. Úgy tűnt, mintha angyalok vagy démonok lennének. Nem tudtam eldönteni, hogy a segítségemre siettek, vagy pont ártani akarnak nekem. Széles, patakszerű, de mély, bűzös kanális volt előttünk. Két oldalról megragadtak, és a büdös víz mélyére akartak vinni. Éreztem, hogy velük együtt én is képes vagyok átmenni ezen az undorító víztömegen anélkül, hogy megfulladnék. Ugyanakkor tudtam, hogy a vízen túl, valamiféle túlsó parton, biztonságban leszek. Mégis borzalmasan éreztem magam, féltem. A kanálisba egy fürdőkád lefolyó csöve vezetett. Én ebbe a csőbe kapaszkodva próbáltam a felszínen maradni. Ekkor az álomtér felső részében láttam önmagam másik valóságát, amint egy nagyobb embercsoport közepén játszi könnyedséggel feltalálom magamat. Simán, gördülékenyen megoldok mindent. Az emberek figyelnek rám, hallgatják szavam. Ezzel a két férfi eltűnt az álomtérből, és maga az álom is véget ért.

Felébredve, az ébrenlét és álom határán, megpróbáltam öszszegezni az álombeli képeket. A két férfi magával akart vinni, nem földi személyek voltak. Le kell merülnöm a kanálisba, a tudattalanba. A két férfialak külső figyelmeztetés, nem földi, hanem égi jel. Kapaszkodom a lefolyócsőbe, a külső tudatomba, ez jelképezi az egóm ellenállását. Nem akarok, félek alámerülni. A másik énem lazán, könnyedén feltalálja magát. Összhangot, harmóniát jelez. Ez a Selbst (a személyiségközpontom), amely felé törekszem. Tehát ha legyőzöm a félelmem, akkor közelebb kerülhetek a Valódi Énemhez, a személyiségközpontomhoz. Ez az álom az ego – Selbst ellentétpárra hívta fel a figyelmemet.

A Selbst az individuális folyamat csúcsa, a teljesség képe az emberben. A jungi elgondolás nagyon közel áll az Istenhez. Szerinte a lélek természeténél fogva keresztény. Az emberiségnek el kellene jutnia egy „Közös Énhez". Az ego – Selbst közti ellentét is a tudat és tudattalan viszonyától függ. A köztük lévő jó viszony kialakulásával az ego negatívumai kezdenek háttérbe szorulni, ugyanakkor közelebb kerülünk a személyiségközpontunkhoz. Ez a „Magna Mater" és az „Öreg Bölcs" feltűnésével – az álomtérben, illetve az imaginatív képekben – jelentkezik. Nők esetében a „Magna Mater", „Ősanya", „Földanya", „Szűz Mária" jelenti a tökéletes eszményképet, amelyet el szeretne érni. A férfi számára Jézus Krisztus vagy az „Öreg Bölcs" és a „Guru" jelenti mindezt. Az önön lelkét kereső és felfedező ember életútja három lépcsőfokon, állomáson keresztül vezet:

» szerepszemélyiség és árnyék konfliktusa
» animus és anima ellentéte
» ego és Selbst ellentmondása

Ezek ellentétpárok. A tudat és tudattalan belső harcán keresztül próbálja az egyén az összhangot megteremteni közöttük. Az első kettőben benne rejlik az ego – Selbst ellentét is, csak legvégül kiteljesedettebb formában valósul meg az ezen ellentétpáron belüli összeütközés, és ennek feloldása útján az összhang megteremtése. Nem mindegy, hogy az ember mikor és milyen szinten talál magára. Ebben az ellentétben rejlő feszültség az individuális fejlődés alapját képezi. Az ego kicsinyességének fokról fokra történő feladásával mind közelebb kerülünk a személyiségközpontunkhoz, vagyis az individuális folyamat csúcsához. Ez természetesen egy életre szóló program, mivel az élet különböző helyzeteiben újból és újból szembesülnünk kell önmagunkkal.

A Selbst – centrum és totalitás (teljesség) – magába foglalja a középpontot, de az ember teljes egyéniségét is, a belső és külső lényét, vagyis a tudattalant és a tudatot is. Ezt már az ész és az akarat nem képes teljesen kontrollálni. Ennek mitológiai jelentősége is van. Isten alakokban és mandalákban is megnyilvánulhat. Ebben az ellentétpárban nagyon fontos a tudat és tudattalan helyes viszonyának a megtalálása. Előfordulhat, hogy az ego uralkodik a Selbst felett, vagyis elfojtjuk Valódi Önmagunkat. A személyiségközpont a konfliktusok, a nehéz helyzetek forrása, ugyanakkor ebből származhat az előrehaladás lehetősége. Ha nem ijedünk meg önmagunktól és a problémamegoldásokat kutatjuk, akkor eljuthatunk a nézeteltérések feloldásához. Igaz, hogy a feloldott konfliktusok helyébe újabbak lépnek, de ha vállaljuk a harcot és bátran megvívjuk az egyes csatákat, akkor bizonyos idő elteltével már gördülékenyebben megy minden a maga útján. Ekkor érünk el ahhoz a ponthoz, ahol már biztosan rábízhatjuk magunkat a belső vezetésre, a Selbstre. Mindez semmiképpen sem lehetséges az ellentétpárok kikapcsolásával, megkerülésével, elfojtásával. Az ellentétpárokat meg kell vizsgálni, fel kell dolgozni, a bennük lévő ellentmondást fel kell oldani. A modern embernek erős és hangsúlyozott énje, egója van. Kimondja: „Gondolkodom, tehát vagyok!" Akarata felerősödik, és másokra is rákényszeríti azt. Így az emberi kapcsolatokban fellépő feszültségek egyre csak nőnek. Jung szerint az akarat későbbi szerzeménye az embernek. A gyermekben is a dackorszakban jelentkezik először, majd a serdülőkorban felerősödik.

A kis én, az ego csak a kis gondolatok, akarások centruma, de nem központja a Valódi Énnek. A Valódi Én, a Selbst a közösségi akarásoknak, gondolatoknak a centruma és az egyén Valódi Énjének is központja, de magába foglalja az egész egyéniséget is. Központ és kiterjedés, amely határtalan is egyszerre. Teljes egészében sohasem ismerheti meg az egyén, hiszen mindig újabb és újabb területei kerülnek előtérbe az adott helyzetnek megfelelően. Ez az a pont, amelyen keresztül megérzem mindennel és mindenkivel való egységemet. Felfogom, hogy nem függetleníthetem magam. Érzéseim, gondolataim, szavaim, tetteim, mulasztásaim hatással vannak a környezetemre, és áttételesen mindenre és mindenkire. Idáig eljutva fogom fel Istennel való kapcsolatom mélységét, teljességét. Isten a világmindenség felett álló, mindent és mindenkit magába foglaló szellemi létező. Mindenütt, mindenkiben jelen van, függetlenül attól, hogy elfogadjuk Őt vagy nem, tudunk Róla vagy nem. Ha megtapasztalom Isten jelenlétét életemben és alávetem magam az „Ő" akaratának, és ezzel együtt a belső „ÉN" parancsának, sugallatának, akkor az ÉLET teljességében feltárul előttem.

Aki magát nem szereti, az nem tud mást sem szeretni. A kis én, az ego, csak önmaga körül forog, míg az „ÉN", a Selbst önmagán keresztül a közösség, az emberiség irányában mozog. A Biblia egy közös „ÉN"-képet közvetít. Jézus Krisztus személyisége egy eszmei és mégis valóságos embereszmény-képet közvetíti felénk. E cél felé kell haladnunk, így jutunk közelebb a személyiségközpontunkhoz. Nem az a baj, hogy van egónk, hanem, hogy túlhangsúlyozzuk. Az embercsoportok esetében pedig nem az a baj, hogy van nacionalizmus, hanem, hogy ez túlzottan felerősödik. Másnak nem engedünk teret, mással nem törődünk, csak önmagunkkal. A Selbst nincs ellentétben önmagával és a másik emberrel, valamint a közösséggel sem, így fejlődést eredményezhet. Ez az önmegvalósítás területe, összhangban önmagával és a környezetével. Nem a tudat szüli a gondolatokat, hanem ebben a tudattalannak is szerepe van, és mindezt a személyiségközpont irányítja. Az ego csak a szubjektív önállítások tárháza. A Selbst felé vezető úton egy tendencia nyilvánul meg, amely során az ember arra törekszik, hogy mindjobban megvalósítsa önmagát, és így eljusson az örökletes szolgaságból a belső autonómiába.

Ez a folyamat rövidebb-hosszabb belső harc árán valósul meg. A harc során egy belső labirintus kilátástalan útvesztőjében bolyongunk, amely tele van csapdákkal, gátakkal, akadályokkal. Veszélyes ez az út, hiszen a tudattalan rejtekében megbújva démonok, sárkányok, ördögök, boszorkányok, kísérteties alakok leselkednek ránk. Ezek a kollektív tudattalan óceánjából bújnak elő, és az individuális tudattalan rémképei, félelmei, gátjai, aggodalmai, kétségei formájában jelennek meg. Ezektől nem szabad megijedni. Bátran nézzünk szembe velük, hiszen a tudat fényével megvilágítva már nem is olyan ijesztőek. Képesek vagyunk beazonosítani, közömbösíteni, magasabb szintű céljaink szolgálatába állítani őket. Így a tudat és tudattalan összhangját újra és újra megteremtve a labirintusban tájékozódni tudunk, és a szörnyek átváltoznak. Kezdjük azt érezni, hogy Isten szerető keze irányítja az életünket. A félelmek démonai háttérbe szorulnak; egy szelíd, halk, szerető hang kezd belülről irányítani minket. A sárkányok rémképei eltűnnek, hiszen egy bátor kis hős – mi magunk – legyőzte őket. Az ördögök megsemmisülnek az angyali erők feltörésével. A titkok titka, az örök csoda mindenkiben jelen van, ott él belül, csak nem tudunk róla. A csoda valóra válhat, ha önmagunk gátjait lebontjuk, és hagyjuk, hogy az angyali erők a felszínre törjenek. A boszorkányok jóságos tündérekké változnak, a kísérteties alakok elűzetnek az aggodalmaink, kétségeink feloldásával. Idáig eljutva felfogjuk, hogy egész életünk során önnön útvesztőnk kálváriáját járjuk, és csak életünk végén jutunk ki a labirintusból a fénybe, vagyis a halálból az ÉLET teljes valóságába. De ekkor már nincs félelem bennünk. Tudjuk, hogy a szelíd, belső hang, a SZENTLÉLEK hangja – a Selbst, a személyiségközpont – irányítja életünket. Jézus Krisztus tanítását követve pedig megleljük a helyes utat, és a sötétség ekkor már oszladozni kezd, mivel mindenkor magunk előtt látjuk Istent, azon fényt, amely a labirintus végén vár minket. Érdemes megvívni e belső harcot, bármilyen nehéznek és kilátástalannak tűnik is, mert erre a pontra eljutva már biztosan járunk az úton, és további sorsunk gördülékenyebb lesz. Türelmesen, nyugodtan várnunk kell mindenkor a percre, és rábízni magunkat a belső énünkre.

A kis én tudatos és nem tudatos is egyszerre, a genetikus ösztönök megnyilvánulásának a tere. Az „ÉN", a Selbst az emberi személyiség egészét jelenti. Érvényesülnek a kreatív adottságok, a belső hit. Az akarás aktusai nyugodt, komoly, türelmes formában nyilvánulnak meg. Ha a kis én dominál, akkor az egyén szétdarabolódik, önnön megszállottsága alá kerül. Kezdetben ez jó, az egyénre pozitívan hathat, elősegítheti a fejlődést, de később akadályozóvá válik. Az ilyen egyének nyugtalan, bizonytalan, magányos lázongók. Fontos az egyén önnön felszabadítása, a kiteljesedett „ÉN" kialakítása. Sokan élnek tudatlanságban saját Igazi Énjük terén. Előfordulhat, hogy az egyén csak a halál időpontjában ismeri fel Valódi Énjét. De még ezen utolsó pillanat is meghozhatja a számára az üdvösséget, ha képes önmagát, a múltját, mindent és mindenkit elfogadni. Önmaga és mindenki felé szeretettel, megbocsátással fordulni, és teljes lelkéből átadni magát Isten akaratának. Valójában e lehetőség nemcsak a halál pillanatában, hanem életünk minden percében adott a számunkra. Ha korábban képesek vagyunk átadni magunkat Isten irányításának, akkor az ÉLET teljességéből már itt, a Földön kóstolót kapunk. Megtapasztaljuk azt a megfoghatatlan, megmagyarázhatatlan boldogságot, amely minden kudarc ellenére is a harmónia bűvkörével véd minket. Harmincöt-negyven év körül végső választás elé kerül az ember, marad-e az ego kereteiben, vagy továbbfejlődik. Természetesen ha az egyén ezen a ponton megreked, akkor a választás továbbra is tétként ott áll előtte, és további élete során bármikor elérkezhet a döntő pillanat. Így az előrelépés lehetősége az egész élet folyamán biztosított.

A gyermek ősképe formájában, mindannyiunkban benne rejlik a Selbst. Az őskép maga Jézus Krisztus. Sokszor csodálkozva és irigykedve nézzük a gyermekek nyitott, őszinte, közvetlen megnyilvánulásait. Ők még teljes összhangban vannak önmagukkal és a környezetükkel. A kisgyermeket az első évei során úgy kell nézni, mint méhen kívüli embrionális állapotban lévő lényt. Jellemzője ennek a gyermeki lénynek a függőség, amely ilyen fokon csak az embernél található meg. Az embernek a természet egy kis haladékot adott az önállósulás terén. Ez a formálhatóság lehetőségét foglalja magába. Fontos, hogy az anya és a gyermek között kölcsönhatás alakuljon ki. Az ellentétpárok ebben a szakaszban még nem jelennek meg. Az anya sárkányként őrzi gyermekét. Kölcsönhatás van az anya és a gyermek között. Ezt a kapcsolatot a Selbst irányítja. Szinkron alakul ki, amely mindenkor megbomlik, majd újra kialakul, így biztosított a kölcsönhatás és az összhang. Erősebb minden kapcsolatnál, mert ebben az állapotban nincs ellentmondás. Magában rejti a későbbi férfi-nő kapcsolatot is. Az anya az első, aki közvetíti a gyermek felé a női ideálképet.

KI VAGYOK ÉN VALÓJÁBAN?

Bensőmből kígyózva törnek elő a szavak.
Valaki diktál.
Le kell, hogy jegyezzek mindent!
Ki az, aki ott belül így hatalmában tart?
Ki vagyok én valójában?
Én, én vagyok. Tényleg? Nem valaki más?
Aki testem börtönébe zárva
Megbúvik ott a mélyben,
És a pillanatra vár,
Hogy beteljesítse küldetését.
Mindkettő én vagyok, a külső máz
És a láthatatlan belső sugallat.
E kettő összjátékától függ,
Hogy hogyan állom meg helyem az
ÉLET színpadán.

A férfi számára fontos, hogy akit szeret, abban az anyát is megtalálja, ezért a fiúgyermek számára meghatározó, hogy az anya milyen női ideálképet közvetít. A kislány számára pedig az egészséges nőkép, a női szerep kialakításában nagyon fontos a jó anya-gyermek kapcsolat megélése. A mindenhatóság állapotában van ekkor a gyermek. E kapcsolat csak akkor optimális, ha az anya elégségesen jó, azaz mindig elérhető a gyermek számára. Ha az anya nem érhető el mindig, akkor ez a gyereket korai érésre serkenti, az ego fejlődése jobban előtérbe kerül. Az anyjának a keze mindenkibe beivódik. Ha rossz az anya-gyermek kapcsolat, akkor testi-lelki zavarok lépnek fel. Biológiai és pszichológiai kapcsolat van az anya és gyermek között, így nagyon fontos az anya jelenléte, viselkedése. Idővel ellentétek is indukálódnak az anya és gyermek között, ilyenkor fontos a többi családtag segítsége. Harmónia, ellentét, probléma – ezek megoldása, majd ismét az összhang állapota. Ezek körforgásban vannak. Az anyának gyengéden a leválás irányában is dolgoznia kell, mindezt az életkor megfelelő szintjéhez igazodva kell megoldania. Ha jó a viszony az anya és a gyermek között, akkor az anya a „Magna Máter" szerepét tölti be a gyermek számára. A kis én megbízik a nagy énben, és így a gyermek a biztonság állapotába kerül, ősbizalom alakul ki. Kialakul az ego – Selbst tengely, vagyis a gyermekben jó viszony alakul ki az ego és a személyiségközpont között. A Selbst már az élet kezdetén létezik, belőle alakul ki az ego. Ha zavart az anya-gyermek kapcsolat, akkor „ego-zavar" keletkezik. Komplexusok alakulnak ki. Jó kapcsolat esetén kialakul az ősbizalom. A kreatív szituációkban ez erősödik. Szeretve vagyok, így képes vagyok én is szeretni. Nem szeretnek, beteg leszek. Mindez tudattalanul zajlik le. Meggyógyulok, mert szeretnek. Ez a másik pólus. Mindenkinek keresnie kell és meg kell találnia saját útját, amely a Selbst közelségébe vezeti, ezáltal feltárul előtte önön belső valóságának örök titka.

A TITKOK TITKA

Titok villan, megbűvöl, rabul ejt.
Ködfátyolként borul reám.
Csodálkozó szemem sejtés-szerűen
Fogja fel e megfoghatatlan talányt.
Különös rejtély, mely magába zár.
Lebilincselően hat reám.
Egész lényem e hatás alatt áll.
Feladom, nem kutatom tovább,
Csak megélem a Titkok Titkát.

NEGYEDIK FEJEZET

Az önismeret és az önmegvalósítás folyamata

Lelki traumák feloldása

Ebben az időszakban mély belső változás zajlott le bennem. Egész eddig képtelen voltam elviselni hosszú időn keresztül az önmagamon belüli ellentmondásokat. Ezek rendkívül zavartak, és nagy feszültséget jelentettek a számomra. Most tudatosan keresni kezdtem az ellentéteket, konfliktusos helyzeteket. Tudatosult bennem, hogy ezek feloldása által olyan belső energiához jutok, amely nagy fordulatot hoz az életembe. Így az önmegvalósításom útján biztosabban haladhatok előre.

Öt hónap telt el a tanfolyam megkezdése óta. Az első éves anyag felénél tartottunk. Ekkor már több témával megismerkedtünk. Közben elolvastam Jung két könyvét. Az egyik a pszichológiai típusokról szólt. Rendkívül érdekelt ez a gondolatkör. Ennek megfelelően megpróbáltam önmagamat és szűk környezetemet elemezni, beazonosítani, de a legjelentősebb az önmagamon belül végbement folyamat volt. Saját magamat életem keresztmetszetében vizsgáltam, így eljutottam a múltból a jelenbe. Ennek hatására érdekes következtetésekre jutottam. Világosan tárult fel jelenkori egyéniségem, és vele együtt a belső lelki világom kinyílt. Azonban mindennek a feldolgozása még a jövő feladata. A következő könyv, a „Bevezetés a tudattalan pszichológiájába" nagyon mély hatással volt rám. E mű már komoly, tudományos gondolatokat, következtetéseket tartalmazott. Lépésről lépésről haladhattam csak, mivel a belső tartalom megemésztése igen sok időt vett igénybe. Megközelítően a könyv felénél tartottam, mikor egy olyan részhez értem, amely képtelenségnek tűnt a számomra.

Jung az extraverzió (kifelé fordulás) és intraverzió (befelé fordulás) két ellentétes megnyilvánulásáról ír. Látszólagos ellentétben állnak, de valójában együtt harmonikus egymásutániságban az élet lényegét adják meg a számunkra. Ahhoz, hogy ezt megéljük, vagy teljesen tudatlanoknak kellene lennünk (spontán létezés) vagy a tudatosság magasabb fokára kellene felemelkednünk, hogy ezen két ellentétes áramlatot, az élet igenlését és tagadását képesek legyünk szabad akarattal és teljes szándékkal átélni.

Számomra teljesen elképzelhetetlen volt, hogy mint lehet az élet teljes igenlését és tagadását szabad akarattal és teljes szándékkal átélni. Nem értettem, de szerettem volna felfogni, megsejteni, hogy mit jelent mindez. Ekkor jött egy csodálatos álom. Álmomban szülőfalumban jártam. Nagybátyámékhoz indultam, akik két házsorral laktak feljebb, mint nagyszüleim. Kilépve a kert kapuján észrevettem, hogy vihar közeledik, mégis elindultam. Nagyon széles kocsiút volt a két házsor között. Megközelítően az út felénél tartottam, mikor a vihar tetőfokára hágott. Régen halott nagyanyám mellettem volt, egymásba kapaszkodtunk. Sűrű, fekete felhők tornyosultak fejünk felett. Vad villámok csapkodtak körülöttünk, de az eső nem esett. Sistergés, mennydörgés töltötte meg a levegőt. Megtorpantam, a földre hasaltam, magammal rántva nagyanyámat is. Éreztem, nem mehetek tovább, mert ha egy lépést is teszek, akkor biztos, hogy belém csap a villám. A különös az egészben az volt, hogy ugyanakkor szinte kívántam már e villámcsapást. Ekkor már nagyanyám alakja egybemosódott, eggyé vált az én alakommal. Képtelen voltam eldönteni, hogy ha továbbmegyek vagy ha ott maradok, akkor következik-e be a félve várt esemény, a villámcsapás. A feszültség egyre növekedett. Delejtől vibrált a levegő. Tömjénes illatot éreztem, és a csoda bekövetkezett. Szorosan simultam a földhöz, szinte már beleolvadtam, és ekkor érezni kezdtem, hogy a Föld meleg, lüktet, él, és engem magába foglal. E pillanatban a villámcsapás bekövetkezett. Fehér fény árasztott el. Istenhez fohászkodtam bűnbocsánatért. Kis idő múlva feleszméltem. Túléltem a villámcsapást, és a beteljesülés érzése úrrá lett rajtam.

Felébredve azonnal tudtam, hogy a Föld a „Földanyát" a Magna Matert jelenti a számomra. A Földanyával való eggyé válásom a villámcsapás megélésével együtt következett be. A villám a mitológiában az Istent jelképezi, a görögöknél pedig Zeuszt jelenti. Ez a pszichológiában a személyiségközponttal analóg. Ugyanakkor a villám a férfit is szimbolizálja. Tehát önmagam személyiségközpontját, a Magna Matert csakis a férfival való helyes viszonyom megtalálásával érhetem el. Így a beteljesülést is elérhetem, mivel ez a személyiségem teljes kibontakozását teszi lehetővé. Ugyanakkor éreztem, hogy az animus és anima terén valami gát, akadály van belül bennem. Ezáltal felfogtam Jung elképzelését az élet igenléséről és tagadásáról. Álmomban féltem a villámcsapástól, mivel tudtam, hogy a halált jelenti a számomra. A különös az volt, hogy ennek ellenére szinte már vártam, hogy ez bekövetkezzen. Tehát egyszerre, szabad akarattal és teljes szándékkal átélni kívántam az életet és a halált. Ekkor következett be a csoda. Ébrenlétemben álmom világossá vált. Félünk a haláltól, tudatos ellenállással tiltakozunk, ugyanakkor szinte minden pillanatunkban kénytelenek vagyunk bizonyos szinten átélni az életet és a halált egyszerre, illetve egymást követően. Amikor egy-egy helyzet, szituáció feloldására, az összhang megteremtésére törekszünk, akkor mindig feladunk magunkból valamit, hogy utat nyithassunk az új lehetőségek felé. Ilyenkor mindig meghalunk egy kicsinykét, ugyanakkor újjá is születünk, és egy szebb, boldogabb élet lehetősége nyílik meg a számunkra. Sok-sok apró meghalásunk a csodát, az előrelépés esélyét rejti magában. Igen, ezt kell tudatosan akarnunk, kívánnunk és átélnünk minden lehetséges esetben. Így lehetővé válik, hogy szabad akarattal és teljes szándékkal átéljük az élet igenlését és tagadását.

Valóban csak ez az út van nyitva előttünk, mivel ha ezt megtagadjuk, akkor elveszítjük az ÉLETET magát is. Ekkor egyhelyben topogunk önmagunk zsákutcájában. Csak létezünk, de nem

élünk. Rosszabb esetben teljesen feladjuk és elindulunk vissza-
felé, az ösztönök világa irányába. Világos tehát, hogy az ÉLET
csak akkor lesz a mienk, ha képesek vagyunk saját „halálunk",
a belső átalakulásunk által új életet adni önmagunknak. Mi-
vel mindez tudatosodott bennem, így elindulhatott a feldolgo-
zás folyamata.

Ezzel kapcsolatosan szólnom kell még a belső pszichés fo-
lyamatok rendszeréről, menetéről és a feldolgozás folyamatáról.
Minden folyamat átmegy önmaga ellentétébe, majd vissza-
csatolódik – nyílt rendszert alkot –, közben erőspirálok működ-
nek. Ebből fakad az önszabályozás lehetősége. Ha az egyénen
belül az önszabályozás nem teljesül, akkor léphetnek fel a komp-
lexusok. A pszichikus energia mozgásához, áramlásához poten-
ciálkülönbség, feszültség szükséges. Ezért a fellépő konfliktusok
szükségszerű velejárói az életünknek. Az előrelépés, a felemel-
kedés lehetőségét rejtik magukba. Ezekkel szembesülve, feldol-
gozva majd feloldva lehetővé válik az önmagunk belső valósá-
gának a feltárása. A pszichikus energia nemcsak mennyiségi,
hanem minőségi is egyszerre. Két irányban mozoghat:

» Belülről kifelé – centrifugálisan –, az alanytól, az egyéntől
a tárgyi világ felé. Ezt nevezzük progressziónak. De ez ma-
gában csak olyan, mint a folyók áradása: nem biztos, hogy
fejlődést eredményez. Ez a dagály állapota.

» Kívülről befelé – centripetálisan –, a tárgyi valóságból az
alanyig, az egyénig vezet. Mindez azonban magában nem
eredményez visszafejlődést. Ez a regresszió, apály jelensége.

Ezek biztosítják az egyén számára valamennyire a külvilághoz
és a lélek bensőjéhez vezető egyensúlyt. Egymagukban csak le-
hetőségek, az egyénen belüli feldolgozásuktól függ az előrelé-
pés. A tudatos működés során a progresszió a tetőpontban meg-
áll, majd visszafelé indul el a folyamat, a regresszió irányába, a
tudattalan működés felé. Így összeköti a tudatos és a nem tu-
datos részeket, kapcsolatot teremt közöttük. Kialakul a libikó-
ka jelensége. Fontos itt, hogy a mérleg nyelve ne billenjen ki, az

egyensúly, az előrelépés csak így jöhet létre. Mint ahogy a szél formálja a természetet, ugyanúgy a regresszió és a progresszió összhangja is formálja az egyént. Fontos a dolgok szétválasztása, majd ismételt összerakása, ebből születik a struktúra, az alkotóelemek meghatározó egysége, összefüggése. Az ellentétstruktúra a komplexusok összességére épül. Jung szerint a komplexusok általános, normális jelenségek. Nem létezhet senki sem ezek nélkül. Nélküle megszűnne a psziché aktivitása. A komplexusok egy-egy belső gyenge pont körüli energiacsomókban sűrűsödnek, amelyek külső akadály esetén kellemetlen impulzust jelentenek. Ha hasonló helyzetbe kerülünk, akkor ez a szituáció megismétlődik. Itt a csomópontokban az egyén elnyeli a pszichikus energiát. Megakad, nem tud továbblépni. Ennek fokozatai vannak. A normális komplexusok csak kicsit lassítják a folyamatot, és csak elnyelődik az energia. Parazitává, élősködővé válik az egyén. Ettől az én beszűkül, és komplexusfüggővé válik. Minden komplexus több ösztönt foglal magába. Ezek már a gyermekkorban rögződtek bennünk.

Az önszabályozás a viszonylagos emberi szabadság alapja. A lélek egyes erői között belül többség van jelen. Például a tudattalan és tudat ellentmondása magában rejti a szerepszemélyiség és árnyék, az animus és anima, valamint az ego és a Selbst közötti ellentmondást is. Ennek mentén kialakulhat a dinamikus egyensúly. A regresszió és progresszió váltakozásával az ellentétpárok összhangja létrejön. Megtörténik az egyik kiteljesedése a másikkal. Ha tudatosítjuk az ösztön két pólusa közötti belső ellentmondásokat, akkor az emelkedés, a fejlődés lehetősége biztosított. A pszichében erőörvények vannak, amelyek spirálisan áramlanak. Ha erre odafigyelünk és felhasználjuk ezeket, akkor kormányozhatjuk önmagunkat, az életünket. Nagy fejlődést eredményezhet, ha az ellentétpárok belső összhangját megteremtjük. Hatalmas mennyiségű lelki energia szabadul fel ennek hatására bensőnkből. Képessé válunk az életünk kreatív megélésére. A szimbólumoknak nagy szerepe van az életünkben, ugyanis az ellentéteket áthidalják. Ebben az álomnak, a játéknak, gyermeki mivoltunk felfedezésének, megélésének nagy szerepe van. A szimbólumok, jelképek felgyorsítják a pszichikus energia áramlását, a belső folyamatok végbemenetelét. Fontos, hogy a kötött energiát fel tudjuk szabadítani. Ez az oldás folyamata. Ugyanakkor az is fontos, hogy a szabad energiát le tudjuk foglalni. Ez a kötés véghezvitele. Így a komplexusok és a szimbólumok összefüggenek egymással. Az oldás és kötés körforgásában valósul meg az egyén egészségének és fejlődésének a függvénye. Ebben mind a két pólusnak – a tudatosnak és tudattalannak is – meg kell jelennie. Az egyik erő akadályozhatja a másik erőt, de ki is egészíthetik egymást, ha közös célt találnak. Ezen belül igen fontos önmagunk és a másik egyén, egyének viszonya, kapcsolata. Ebben nagy szerepet játszik az okkeresés, amelyben fontos, hogy az egyénen belül és önmagán kívül is megnyilvánuljon. Lényeges, hogy a külső ok – ami zavar minket a külvilágban, a másik személyben – valójában önmagunk elnyomott vagy el nem fogadott valóságára világít rá. Ezt felismerve, feldolgozva mód nyílik a továbblépésre. Az is fontos, hogy az ember célt is tűzzön ki, és erre koncentrálva haladjon előre. Mindez a tudaton és tudattalanon belül zajlik le. A tudattalanból ismeretek jönnek fel a tudatba, a tudatból pedig bizonyos tartalmak lesüllyednek a tudattalanba. Ez metamorfózist, átalakulóképességet jelent. Ha ez a folyamat akadályozva van, akkor a fejlődés egyoldalúan megakad. Önmagunk gazdái vagyunk. Mindez tudatos, ugyanakkor tudattalan is. Ez az ambivalencia, kettősség állapota. Kezdetben senki sem fogadja el önmagát; van, ami mindig rejtve marad önmaga előtt. Sőt mindig van egy rész, ami háttérben van, ugyanakkor mindig új és új dolgok tárulnak fel. A belső valóságnak csak egy részét láthatjuk, ezzel azonosulunk, a többit elfojtjuk. Ha mindig ugyanazt fojtjuk el és kísérletet sem teszünk annak feltárására, feldolgozására, akkor a fejlődés megakad. Súlyos esetben előfordulhat, hogy valamit oly mértékben elfojtok, hogy szinte már nemlétezőnek tekintem, egyszerűen a tudat nem látja azt, látszólag megsemmisítette, eltemette a tudattalan mélyebb rétegeibe, kényszerítette. Mindez már oly negatív pszichés hatás, hogy az egyén meghasonulásához, lelki megbetegedéséhez vezethet, ha be nem következik a feloldás. Bizonyos időpontban a mélyben eltemetett, elfojtott képek fel kívánnak törni a tudatba. Mindez a belső feszültségeket, ellentmondásokat az elviselhetetlenség határáig megnövelheti. Ha ekkor az egyén megretten, akkor az elnyomott, tudattalanba kényszerített valóság nem képes a tudatot elérni, a megrekedés továbbra is fenn áll. Amennyiben az adott személy a veszély ellenére képes szembenézni önmaga legbelső világával, akkor a gát, az akadály fokozatosan lebomlik, a fejlődés elindulhat. Minél egyoldalúbb egy ember, annál több dolgot fojt el magában, hiszen ilyenkor csak egy minimális része tárul fel a belső valóságnak. Amit másban kritizálunk, irritálóan hat ránk, amit állandóan felemlegetünk, arra is fényt deríthet, hogy mi magunkban mit nyomunk el.

A pszichikus energiát (libidót) kiterjeszthetjük a társadalmi kérdések területére is. Ez az energia egyenetlenül oszlik el. Egy része lekötött az egyes egyénekben, egy része pedig szabadon áramlik. A nem kapcsolódó pontok, egyének sok libidót kötnek le. Ha ezek a pontok túlzott formában megnövekednek, akkor aránytalanság lép fel. Az egyes személyeknél és a népcsoportoknál is nagyon fontos a helyes kapcsolat megteremtése a külvilággal. A jó társadalomban kinyílik az ember, felismeri, hogy segítenie kell másoknak. A rossz társadalomban becsukódik az egyén, elszigetelődik. Ahogy a száradó levél, egyre jobban elveszíti kapcsolatát a fával, a becsukódó ember is ugyanúgy egyre jobban elveszíti kapcsolatát a környezetével, a többi emberrel, önmagával, a társadalommal.

Egy társadalomban minél több a nyitott ember, annál jobb lesz maga a társadalom, és minél több a becsukódó egyén, annál rosszabb maga a társadalom. Az egyes emberek és a társadalom között kölcsönhatás van. Tőlünk is függ tehát, hogy milyen lesz maga a társadalom, amelyben élünk. Először az egyénnek saját magával kell szembenéznie, ki kell nyílnia, mint a rügyből kinyíló virágnak, levélnek, és ezt követően be kell kapcsolódnia tevékenyen a környezete, a társadalom életébe. Minden kultúra, minden civilizáció eltéríti a libidót a maga természetes útjáról, ha rendszeresen nem kapcsolódunk vissza a természetes formához.

Ez érvényes az egyes emberekre is. Minden egyén eltéríti – a tudatával – a libidót a maga természetes útjáról, ha rendszeresen nem kapcsolódik vissza a természetes valóságához, a tudattalanhoz. A tudat és a tudattalan kölcsönhatása, helyes kapcsolatuknak a megteremtése döntő az egyén számára. Minél jobban összhangban van az ember önmagával, annál egészségesebb lesz. Az összhangot a helyzetek, szituációk változásával újra és újra meg kell teremtenünk, ez a fejlődésünk egyedüli lehetséges útja. Az ember belső önfejlődésében a szimbólumoknak nagy szerepe van. A szimbólumok olyan jelképek, amelyek önmagukon túlmenően más jelentéssel is rendelkeznek. Az ember szimbólumokat képes alkotni, és azokkal dolgozni is tud. A szimbólumoknak van pozitív és negatív arculata is: a feldolgozástól, az értelmezéstől függ, hogy melyik kerül az egyénnél előtérbe. A szimbólumok hidakként kötik össze a dolgokat, ezáltal az egyén képes lehet az ellentéteket áthidalni, feldolgozni, feloldani. Az ember a tapasztalatait is szimbólumok segítségével adja át. Így az ember megalkotja saját maga és a valóság képét, belső képét, alteregóját. A szimbólumok, illetve az ellentétek feldolgozásával át tudjuk a dolgokat alakítani. Az embernek van játékos, művészi és vallási igénye. Mindezek összefüggésben vannak a szimbólumokkal és a vallásos élettel. Aki a szimbólumokkal önmagán belül és kívül foglalkozik, az előbb-utóbb pozitívan megváltozik. Ez lehet csak felületes, de ha átterjed az álomtérre és az imaginációra is, akkor mélyebbé válik. Az egyén ekkor már képes az álom, a képzelet és a valóság közti összhangot megteremteni. Az ember keresi a saját szimbólumait. Az individuális tudattalanban vannak az egyéni emlékképek, az egyéni szimbólumok. A kollektív tudattalanban az archaikus szimbólumok jelennek meg, ezek sok ember számára jelentenek valamit. Az autonóm belső kép egyaránt aktiválódhat belülről és kívülről is. Az archetípusoknak vannak biológiai, pszichológiai és szellemi vonásai is. Fontos az önmegvalósításnak és a szimbólumoknak az összekapcsolása. Aki realizál (megvalósít, végrehajt), az az én. Ez kezdetben az egót jelenti, amely nem központja az „ÉN"-nek, csakis a tudatos gondolkodásnak. Ha ez kiterjed az álmokra, valamint az álmok és a valóság kapcsolatára is, ha ezek között kölcsönhatás alakul ki, akkor jó úton haladunk. Amit realizálok, jó esetben a Selbst. Az önreláció szimbólumokkal és archetípusokkal történik. A szimbólumokat saját álmainkból, emlékeinkből, gondolatainkból vesszük. A játéknak is nagy jelentősége van. Ennek során az egyén rátalál önmagára.

A valóságnak négy aspektusa (nézőpontja) van: gondolkodás, érzés, tapasztalat és intuíció (megérzés), amelyek egymást váltva hullámhegyek és hullámvölgyek formájában mozognak. Ezek extrovertált (kifelé forduló) és introvertált (befelé forduló) módon szemlélhetők, illetve az adott egyénnél e módokon jelennek meg. Így a valóság nyolc lehetséges módon tárulhat fel. Extrovertált gondolkodás, érzés, tapasztalat, intuíció, valamint introvertált gondolkodás, érzés, tapasztalat és intuíció formájában. A teljes valóságot nem látjuk egészében, mindig háttérbe szorítunk valamit. Nem mindegy, hogy mikor mit, illetve milyen fokon szorítjuk háttérbe. Ha mindig ugyanazt – például az érzésvilágunkat –, vagy egy másik egyén a gondolkodását szorítja háttérbe, és ezek mindenkor az árnyékban maradnak, akkor az adott egyén túlzott mértékben egyoldalú személyiséggé válik. Cél, hogy az emberben minél több pszichikai funkció fejlődjön ki. Nem mindegy, hogy mit keresek másokban, a világban és önmagamban. Fontos az embernél az élet panorámaszerű kitárulása, vagyis, hogy minél szélesebb körben táruljon fel előttünk a valóság önmagunkon belül és önmagunkon kívül is. Mindez kifelé és befelé fordulóan nyilvánulhat meg.

Az introvertált, belső mozgásirány esetében a megismerés folyamata a külső környezetből a belső felé irányul. Az extrovertált, külső mozgásirány az egyénből a külső világ, a környezet felé irányul. Mindkettő mozgásirányra szükségünk van. Fontos lenne, hogy felváltva alkalmazzuk az extraverziót és az introverziót. Így az élet újfajta lehetősége tárulhatna ki előttünk, de mindezt csak tudatos belső önformálással lehet megvalósítani. A jövő embere számára egyre fontosabb lesz a sokoldalú képességeinek a kialakítása, belső képességeinek felszabadítása, kibontakoztatása.

Individuális folyamat fázisai:

I. Fő funkció a gondolkodás. Ekkor az érzés a tudattalanban van elfojtva. Ilyenkor a fejlődés két irányban indulhat el.

» A gondolkodás főfunkcióbeli szerepe mellett az intuíciónak segédfunkcióként való kifejlesztésével, majd megerősítésével elérhető az érzés, ezt követően pedig a tapasztalat (érzékelés) kialakítása.

» A gondolkodás, mint fő funkció mellett a tapasztalat (érzékelés) kifejlődik, mint segédfunkció. Ennek megerősítésével elérhető az érzés, majd az intuíció kialakulása.

II. Fő funkció az érzés. Ilyenkor a gondolkodás a tudattalanban elnyomva van. A fejlődés ebben az esetben is két irányban indulhat el.

» Az érzés, mint fő funkció mellett kialakíthatjuk az érzékelést (tapasztalatot), mint segédfunkciót. Ezt megerősítve haladhatunk a gondolkodás, majd az intuíció felé.

» Az érzés mellett az intuíciót fejlesztjük ki segédfunkcióként, majd ennek megerősítésével haladunk tovább a gondolkodás, ezt követően pedig az érzékelés, tapasztalat felé.

III. Ebben az esetben a fő funkció az intuíció. Az érzékelés, vagyis a tapasztalati sík a tudattalanban van elnyomva. A fejlődés két iránya itt a következő.

» Az intuíció, mint fő funkció mellett segédfunkcióként kialakulhat a gondolkodás, majd ennek megerősítésével haladhatunk a tapasztalat (érzékelés), majd az érzés felé.

» Az intuíció fő funkcióbeli szerepe mellett segédfunkcióként az érzést alakítjuk ki. Ennek felerősítésével érjük el az érzékelés, a tapasztalat síkját, majd a gondolkodás kifejlesztését.

IV. Itt a fő funkció az érzékelés, vagyis a tapasztalat. Az intuíció a tudattalanban van elnyomva. A fejlődés irányai ebben az esetben a következők lehetnek.

» A tapasztalat (érzékelés), mint fő funkció mellett segédfunkcióként kialakul az érzés. Ennek megerősítésével haladunk tovább az intuícióhoz, majd a gondolkodás kifejlődéséhez.

» A tapasztalat fő funkcióbeli szerepe mellett segédfunkcióként kialakul a gondolkodás. Ennek megerősítésével kifejleszthető az intuíció, majd az érzés.

A gyermekkorban kialakul az ego – Selbst tengely. Ennek az élet folyamán különböző fokozatai vannak. Közben az egyén a funkciótlan ego-állapotából a Selbst-közelségig juthat el. Az első feladat ezzel kapcsolatosan, hogy legyen egy fő funkció. Ez legkésőbb huszonöt éves korra ki kellene, hogy alakuljon. Domináló ebben a környezeti hatás, de az is, hogy az egyén miként reagál e hatásokra. Minél több funkció alakul ki az adott személyben, annál jobb az összhang önmaga külső és belső világa között. Az ellentmondásokat mind jobban képes feloldani, és így az összeütközéseket elkerülni.

0 funkciós személyiség:

Ez a funkció nélküli ego állapota, sodródó, nagyon kiszolgáltatott állapot. Függőségi viszony jelentkezik ebben az esetben. Az egyén teljes mértékben a környezetétől függ. Könnyen befolyásolható, kiskorúságban marad. Nem tud önállóan lépni. Ekkor a negatív hatások legyőzését kell először elérni.

1 funkciós személyiség:

Az egyén már egy pszichikus funkciót kialakított magában. Ez a spontán környezeti hatás következtében már a gyermekkorban kialakulhat. Azonban ekkor még az egyén korlátolt, egyoldalú. Úgy érzi magát, mintha benne lenne egy csőben vagy csapdában. A kérdés az, hogy ott marad-e? Vagyis végleges ez az állapot, vagy van fejlődési lehetőség. Szembekerül a legközelebbi hozzátartozóival, párjával, gyerekeivel, szüleivel. Sok negatív képet vetít ki, vagyis az árnyék-kivetítése erős.

2 funkciós személyiség:

Ez egy félig zárt rendszer. Már van egy fő funkció és egy segédfunkció. Ha két pszichikus funkciót kifejlesztett az ember, akkor úgy érzi, hogy félig magára talált. Ez félautonóm állapot. Azonban vannak még rendszeres csapdába esések, ellentmondások a szerepszemélyiség és árnyék között, és ehhez kapcsolódva a tudat és tudattalan között még nagy feszültségek, ellentmondások lépnek fel. Azonban ezzel a helyzettel már lehet valamit ellensúlyozni, de még így is komoly zavarok léphetnek fel.

3 funkciós személyiség:

Ebben a helyzetben a domináns fő funkció mellett már két segédfunkciót fejlesztett ki az egyén. Ha már három pszichikus funkció kifejlődött, akkor az adott személyben felébred, hogy nem kellene-e pályát módosítania. Halad előre, de még mindig nagyon sok küzdelmébe kerül az előrelépés. Háromnegyedes magára találás alakul ki. Ekkor már képes önmagát kihúzni a csapdából, de nagy erőfeszítésekre van szüksége ahhoz, hogy jól menjen minden. Dialektika van ezen állapotban, de még küzd benne az ego – hol belülről, hol kívülről.

A 0. 1. 2. funkciós állapotok a közvetlen környezeti hatások, a nevelés során alakulnak ki. A háromfunkciós személyiség kialakulásánál azonban nagy szerepe van az önismeretnek, az önnevelésnek, az önfejlesztésnek. A gondolkodás és az érzés, valamint a tapasztalat és az intuíció egymással ellentétes funkciók, így ezek spontánul nem kapcsolódhatnak össze. Tudatosan azonban elősegíthetjük, hogy a gondolkodás (fő funkció) és az intuíció (segédfunkció) mellett kialakuljon például az érzés második segédfunkcióként. Az intuíció megerősítésével ugyanis elérhetjük, hogy az érzés is belépjen segédfunkcióként. Természetesen más fő funkció és segédfunkció esetében is hasonló a helyzet, vagyis a mindenkori segédfunkció megerősítésével elérhető a továbblépés, a második segédfunkció kialakításának irányában.

4 funkciós személyiség:

Selbst-közelségben van ekkor már az egyén. Mind a négy pszichikus funkció kifejlődött benne. Az ego háttérbe szorul, a személyiségközpont vezető szerepe érvényesül. Jól boldogul az egyén, úgy érzi, hogy végleg magára talált. Ez már teljes autonóm állapot. Ekkor is vannak problémák, feszültségek, ellentmondások, de az adott személy már gyakorlatot szerzett ezek feloldásában.

Belső önmegvalósításunk útján mindenkor szembe kell nézni önmagunkkal és a valósággal. De ez csak nyersanyag, lehetőség; nem szabad itt megragadni, előre kell lépni. Meg kell teremteni újra és újra az egyensúlyt. Ezáltal visszaáll a természetes állapot. Közben saját magunk apjává, anyjává kell válnunk. Ez szükséges ahhoz, hogy saját gyermekeink viszonylatában is jó szülőkké váljunk. Így egy belső katarzison keresztül – melynek fokozatai vannak – bekövetkezik a megtisztulás, a felemelkedés. Az úton közben többször kerülünk csapdába. A csapdából a következőképpen juthatunk ki. Először is időt kell nyerni, nem szabad elsietni a dolgokat. Majd tanulmányozni, elemezni kell magát a csapdát, vagyis az adott helyzetet, gondot, problémát. Milyen gyenge ponttal rendelkezem, amire ez a csapda épül? Mire világít rá ez a helyzet? Mit nyomok el magamban ezzel kapcsolatosan? Mi az, amit nem akarok felismerni? Miért nem akarok szembesülni belső önmagammal? Az önvizsgálatnak nagy jelentősége van. Ezt követően tágítani kell a kört. Nem szabad beszűkíteni, mert akkor a kijutás lehetőségét veszítem el. Tágítva a kört felfedezem életem folyamatában a már megélt hasonló helyzeteket. Felmérhetem, akkor miként viselkedtem, és ennek milyen következményei voltak. A régi szituáció milyen üzeneteket rejt magában jelen helyzetemmel kapcsolatosan? Ha akkor sikerült feloldani a belső ellentmondásokat és kijutottam a csapdámból, akkor ezt miként értem el? Jelen helyzetemben próbáljak hasonló kiutat találni. Ha régen nem oldottam fel az ellentmondást, és csupán struccpolitikát folytatva megkerültem, letagadtam, elnyomtam azt, akkor is segíthet a következetes elemzés. Vegyünk számba minden akkori mozzanatot, majd keressünk jelen helyzetünkben más, esetleg pont ellenkező lépéseket. Bátran próbáljuk ki, használjuk – ha már kialakult – belső intuíciónkat. Majd az adott lehetőséget meglépve azonosítsuk be a valóságban végbement változásokat. Ha szükséges, akkor lépésről lépésre korrigálhatom, módosíthatom a helyzeteket. Ily' módon tágítva a kört megtalálhatjuk az ellentmondások feloldásának a lehetőségét, és az így megszerzett tapasztalatainkat a jövőben fel tudjuk hasonló helyzetekben használni.

Nem mindegy azonban, hogy az ember mikorra éri el a teljes autonóm állapotot, mivel az emberi életkor véges. Ez lehetne az, amely megalapozza a távoli jövőt, hogy erre egyre több és több ember legyen képes. Erre épülve egy új emberi öntudat születne. Az ember minél többoldalúan kifejleszti önmagát, annál kevésbé fog függeni a környezetétől, a többi embertől. Ugyanakkor ezáltal mindig jobban átérzi, átéli a mindennel és mindenkivel való egységét. Így az emberi összetartozás egyetemesen megerősödne.

Mindezt felfogni, megoldani ma még nehéz, elérhetetlen állapotnak tűnik, mégis ez a cél, mivel ez biztosítja az egyes ember és az egész emberiség továbbfejlődését. Jung szerint mindaddig, amíg az emberiség lélektanilag nem jut előre, mindannyian puskaporos hordón ülünk. Ezt a jelen korunkban „végveszélyként" érzékeljük mindennapjaink során. Egyszerűen jelenleg nem tudhatjuk, mikor követ el önmaga ellen és a Föld ellen végzetes merényletet az ember, vagyis az egész emberiség.

Az ember életének hossza függ a belső önfejlődésétől. Attól, hogy jól be tudja osztani az életét, mindezt nemcsak mennyiségileg, hanem minőségileg is kell értenünk. Az emberi élet fejlődésének három fő szakasza ismert:

» testi fejlődés szakasza
» lelki fejlődés szakasza
» szellemi fejlődés szakasza

A fejlődéshez jó válaszsorozatokat kell adnunk az élet megannyi helyzetére. E téren döntő, hogy milyen dialógusban vagyunk a környezetünkkel és önmagunkkal. Nemcsak a tudatot, hanem a tudattalant is analizálni kell. Ebben nagy jelentősége van az álmok feldolgozásának, a belső, imaginatív és meditatív képeknek. Így a tudat és tudattalan egymásra hatása, kölcsönhatása megvalósul. Kialakul közöttük az összhang. Az emberek a környezet kihívásaira több módon reagálhatnak. Van, aki struccpolitikával, ráklépéssel válaszol. Mindez nem az előrehaladás irányába mutat. Az önelemzés során az álmok fontos adatokat közölhetnek. Ezeknek a feldolgozása meggyorsíthatja a folyamatot. Kialakulhat a jövőbelátás az álomképek, imaginatív képek és a meditáció formájában. Fontos, hogy az egyénnek a személyes fölénybehelyezése helyett az együttműködése jusson előtérbe a tudat és tudattalan között, illetve adott esetben a terapeuta és a páciens között. Döntő, hogy a terapeuta, illetve az önelemzést végző egyén jól válassza meg azt az időt, amikor sor kerülhet az adott egyén szerepeinek, életstílusának a korrigálására. Igen fontos, hogy az önvizsgálatot végző személy esetében kölcsönös, folyamatos és állandó elfogadás alakuljon ki a tudat és tudattalan terén.

A villámcsapással kapcsolatos álmomat követően behatóan kezdtem önmagamat vizsgálni. Az eddigiekből kiderült, hogy van legbelül valami, amit eltemettem magamban. Ezt jelezte az önmagam temetését bemutató álom. Valamiről lekéstem, és valamit elfelejtettem. Ha eszembe jut, amit elfelejtettem és megteszem, akkor semmissé tudom nyilvánítani a késésem és a temetésem. Tehát amit önmagamban, mélyen a tudattalanban eltemettem, azt fel kell hoznom a tudat fényébe, és a helyére kell tennem. Ez az eltemetett, árnyékba kényszerített tudattartalom megmásította a szerepszemélyiségemet. Ennek következtében a tudattalan destruktív, romboló hatása felerősödött. A szerepszemélyiségem szinte maszkként, álarcként rám nőtt, és az árnyékomat, már úgy tűnik, nem is látom. Hiszen döbbenten tapasztaltam az álmomban, hogy a hátulról megvilágított táncoló figurának – aki én magam voltam – nem volt árnyéka. Ugyanakkor mindez negatívan alakította bennem az animus – anima kapcsolatot. Az ismeretlen férfival való találkozásom, majd a villámcsapás túlélése is erre hívta fel a figyelmemet. Mindez feltörni készül a mélyből, a tudattalanból. Félek ettől, mint a villámcsapástól, mégis akarom, mert csak így juthatok előre. Kutatni kezdtem a múltamban. Olyan pontot kerestem, amely törést okozott a helyes animus – anima viszony kialakulásában. E ténnyel már régóta tisztában voltam, de azt hittem, hogy azt a borzalmas eseményt, amely gyermekkorom végén lelkemet összetörte, már rég a helyére tettem. Most viszont kiderült, hogy valamilyen téren még mindig hatással van rám.

Azon a nyáron töltöttem be a tizenkettedik életévemet. Gyermeki szemem áhítattal fogadta be az élet megannyi apró jelét, és raktározta el a lélek belső zugaiba. Tombolt a vénasszonyok nyara. Ezen a napon nem kellett tanulnom, mivel másnap kirándulni mentünk Siklósra. Egész délután a réten ugráltam, játszottam társaimmal. Esteledett már, de még világos volt. Édesanyám elküldött a boltba vásárolni, hogy másnapra csomagolni tudjon nekünk útravalót. A sortnadrág tetejére egy szoknyát kaptam fel, és már rohantam is le a faluba, mivel már csak ott volt nyitva a bolt. Gyorsan bevásároltam és sietve indultam vissza, mert már sötétedni kezdett. Egy rövidebb utat választottam, hogy hamarabb hazaérjek. Az út közepe felé jártam, mikor sietős lépéseket hallottam magam mögött. Félelem fogott el. Magam sem értettem, hiszen így még sohasem féltem. Gyorsabban kezdtem szedni a lábaimat, de a lépések mind erőteljesebben hangzottak mögöttem. A végén már szinte futva rohantam. Már majdnem teljesen hazaértem, mikor hátulról egy erőteljes kéz megragadott. Rám vetette magát, és vad viaskodás kezdődött. Rúgtam, haraptam, karmoltam. Kiabáltam, ahogy a torkomon kifért. De hangom senki sem hallotta, mert a házak még távol voltak, és egy teremtett lélek sem járt akkor arra. Nagy tusakodás után végre valahogy kiszabadultam karmai közül. Lélekszakadva rohanni kezdtem hazafelé. Valójában nem történt semmi sem. A tíz körmömmel védtem meg magam, de lelkemben mindez mély nyomot hagyott. Lelkileg beteg lettem. Attól kezdve szótlan, hallgatag voltam. Az iskolában hiába hívtak ki felelni, én csak álltam, megszólalni nem tudtam. Szüleim szeretettel, megértéssel vettek körül, de nem oldódtam fel. Végül is kórházba kerültem kivizsgálásra, mivel állandó jelleggel görcsös gyomorpanaszaim voltak. Az orvosok feltárták a valódi okot és úgy vélekedtek, hogy abba kell hagynom az iskolát. Legalább egy évet pihennem kell, és talán később folytathatom. Erre szüleim azt válaszolták, hogy ez lehetetlen, mivel számomra a tanulás nagyon fontos, ugyanis tovább akarok tanulni és tanítónő akarok lenni. Ekkor a pszichológusnő azt mondta:

„Örüljenek, ha egyáltalán ember lesz belőle, és arról végképp mondjanak le, hogy tanítónő legyen!"

E beszélgetést én kihallottam a folyosóra, ahol szüleimre várakoztam. Ekkor valami különös megérzés kerített hatalmába. Gyermeki gondolkodásommal felfogtam, hogy „csak azért is" elérem célomat. Tanítani fogom majd a gyerekeket, és a pszichológiához is jobban fogok érteni, mint az, aki rólam így vélekedett. Valójában a *pszichológia* szó jelentését nem tudtam teljesen felfogni, csak sejtéseim voltak ezzel kapcsolatosan.

Ezt követően hamarosan kiengedtek a kórházból. Szüleim és osztályfőnököm – csak ők tudtak ezekről, a dolgokról – megértő segítségével lassan-lassan feloldódtam. Már tudtam a társaimmal beszélgetni. Az órákon sem féltem. Tanáraim rájöttek arra, hogy a helyemen ülve mindent tudok, de ha felszólítanak és felelni hívnak, akkor egy szót sem tudok kinyögni. Így kivételesen engem, számomra észrevétlenül, ülve feleltettek. Újra megtaláltam magamat.

A gimnáziumi évek a tanulás, az életcélra való felkészülés jegyében teltek el. A külvilág semmit sem vett észre a lelkem mélyén lévő seb következményeiből. Olyannak fogadtak el, amilyen voltam. Különös, csendes, barátságos, de visszahúzódó kislánynak tartottak. Nem akartam szerelmes lenni, mert tudtam, hogy a szerelmet és a szexualitást elválasztani nem lehet, és a kettőt együtt elfogadni nem tudtam. A szerelmet egy határtalan, varázslatos, megfoghatatlan csodának tartottam, amely mentes a testiségtől. Két ember tökéletes lelki egységeként képzeltem el, amikor szavak nélkül, az érzések által képesek egymásba látni, átérezni egymás örömét, bánatát, és átvenni kölcsönösen a másik gondolatait. A fiúkat igyekeztem távol tartani magamtól, de végül harmadikos koromban már nagyon zavart, hogy mindenki kislányként kezelt. Ekkor kezdtem – csupán baráti alapon – a fiúkkal randevúzni. Így ismerkedtem a másik nemmel, és jól éreztem magam a társaságukban. A tisztes távolságot azonban fenntartottam. Ha észrevettem, hogy valamelyik már mélyebb vonzalommal fordul felém, akkor őszintén megmondtam, hogy érzéseit viszonozni nem tudom, és csendesen szakítottunk. Közben eltelt egy év, közeledett az érettségi. Tavasszal és ősszel szokásommá vált, hogy a parkban le-föl sétáltam, vagy leültem egy padra, és ott folytattam a tanulást. Semmire sem figyeltem, csak az előttem lévő tananyagra. Lakott az utcánkban egy fiú. Ilyenkor mindig odajött hozzám, pár szót váltottunk, majd elment, nem zavart tovább. Előfordult, hogy sétálni hívott, de én a tanulásra hivatkozva kitértem. Megígértem neki, hogy az érettségi és a felvételi után majd találkozhatunk. Magam sem tudom, de megszerettem őt. Jó volt vele sétálni, beszélgetni. A nyáron többször találkoztunk, és én minden alkalommal jól éreztem magam vele. Tudtam, hogy ez már nem egyszerű baráti kapcsolat, több annál, mégsem szakítottam vele. Az egyik délután szerelmet vallott. Hirtelen nem tudtam, hogy mit is válaszoljak. Boldog voltam: ő volt az első, aki ily' módon feltárta irántam érzett érzéseit előttem. Mikor mellettem volt, úgy éreztem, hogy szeretem őt, de mikor egyedül voltam, akkor előfordult, hogy eszembe sem jutott. Néha olyan érzésem volt, hogy részemről hazugság ez a szerelem, valójában nem is szeretem őt. Magam sem tudtam eldönteni, hogy mit érzek iránta. Közben eltelt a nyár, közeledett a tanévkezdés. Sikeresen felvételiztem, így szeptemberben elkezdtem a főiskolai tanulmányaimat.

„Emlékszem, gimnazista koromban hogy vártam a főiskolás éveket. Nemcsak azért, mert akkor már egyenes úton haladhatok a célom felé, hanem valami mást is vártam ezektől az évektől. Úgy éreztem, a főiskolán megtalálom majd az »igazit«. Sokszor úgy gondoltam, hogy az első percben, mikor meglátom, megérzem, hogy »ő« az, akit évek óta keresek. Magam sem értettem e helyzetet, hiszen Andrást szeretem, és jól érzem magam vele. Mégsem tudtam szabadulni a gondolattól; mintha földöntúli erő irányítana, elhatalmasodott rajtam egy furcsa, megfoghatatlan sejtés.

»Itt, ezen ódon falak között az ÉLET rejtőzködik.«

Egy új birodalomba léptem, ez lesz életem legszebb éveinek a középpontja. Különös érzés kerített hatalmába, miközben a zsúfolásig megtelt díszteremben álltam, leendő csoporttársaim, iskolatársaim között. Nem figyeltem az ünnepi beszédre. Gondolataim a jövőben jártak. Érzékeltem, hogy ez a hely ezernyi csodát rejteget a számomra. Az ÉLET kapuja tárult ki most előttem. Tudtam, hogy ez az út, amelyen elindultam társaimmal együtt, nem lesz könnyű. Sok-sok akadályt kell legyőznünk, de erős akarattal, kitartással elérjük célunkat. Éreztem, hogy e falak közt társakra találok, és megtalálom »ŐT«, akit egész életemben vártam.

»Egy lesz a gondolatunk, az életünk, a célunk.«

Óvatosan körülnéztem. Az arcokat figyeltem. Hirtelen önmagam gondolatainak, érzéseinek tükörképét láttam magam előtt egy különös, fénylő szempárban. Lehetséges, hogy egy adott időpillanatban két különböző ember egy gondolat birtokosa legyen? Mindez megfoghatatlan volt a számomra.

Csak álltam, és úgy éreztem, mintha egy delejes fénygömb közepében lennék.

Hirtelen feleszméltem; az ünnepély véget ért. Lassan, szorosan egymás mellett lépkedve mentünk ki a teremből. Izgatottan kerestem a csillogó szempár tulajdonosát, de az arc elmosódott, agyam csak a tekintetet fogta fel.

Türelmetlenül vártam az első tanítási napot. Már vagy félóra eltelt, de a tanár még nem érkezett meg. Csendesen beszélgettünk, ismerkedtünk egymással. Hamarosan kiderült, hogy miért kezdődött később a mi óránk. Csoportunkat mechanikusan két részre osztották. A névsort egyszerűen megfelezték. Úgy alakult a helyzet, hogy mind a két csoportbizalmi a másik csoportba került. A mi csoportunkból valakinek helyet kellett cserélnie M. Erikával, mivel ennek a csoportnak ő volt a kijelölt megbízottja. A tanár közölte ezt velünk, és önként jelentkezőre várt, de senki sem jelentkezett. Néma csendben ültünk. Körülnéztem és feltettem a kezem. Ekkor vettem csak észre a tegnapi csillogó szemű fiút, de most haragvó, vádló tekintettel nézett rám.

»Miért, miért pont te vállalod? – kérdezte tekintetével.«"

(Ezen utóbbi részt 1964. 09. 16-án jegyeztem le naplómba.)

KÜLÖNÖS TALÁLKOZÁS

Tükörként álltál előttem,
S pillantásod szinte belém hatolt.
Egész lényem teljes valója
Tárult fel e pillanat alatt.
Múlt, jelen és jövő
Egybeötvöződve gomolygott előttünk.
S mi érthetetlenül,
Csodálkozva néztünk, zavartan egymásra.
Különös sejtés kerített hatalmába:
„Sorsom beteljesült!"
Az eljövendő életünk valóra vált
Egy futó perc alatt.

Ott, a főiskolán megtaláltam azt a különös, megfoghatatlan érzést, a szerelmet, ahogy akkor a képzeletemben élt, vagyis elválasztva mindenfajta testi kapcsolattól. Csak az érzések, a gondolatok tökéletes egysége kötött össze minket. Különös egyéniségem volt a biztosítéka, hogy a puszta racionális valóság nem léphetett be a mi világunkba. Kerestük, kutattuk egymás tekintetét. Mosolya biztató kedvességgel áradt felém. Hangja gyengéden szólt, ha ritkán szóltunk egymáshoz. Rajtam eligazodni azonban nem tudott. Mindenkivel kedves, barátságos voltam. Vele szemben azonban mindenkor félénken, visszahúzódóan viselkedtem. Amit egy-egy pillantásommal, mosolyommal adtam, azt a következő pillanatban kamatostul visszavettem a gátlásos félénkségemből eredően.

Egy este a Nevelők Házában táncest volt. Otthon megbeszéltem szüleimmel, hogy bent maradok a lányoknál a kollégiumban, mivel a táncmulatságnak későn lesz vége, és ekkor már nem lesz buszom hazafelé. Ezen az estén sikerült feloldódnom. Viktor többször felkért, és boldog, önfeledt érzés töltött el tánc közben. A zene, a hangulatvilágítás, és az a csoda, amit átéltem mellette, lenyűgözött. A karjaiban tartott, és engem az érzések vibráló játéka öntött el, miközben a zene lágy ritmusára táncoltunk. A zene minden gátat feloldott bennem. A mulatság végén a többiekkel együtt elindultunk a kollégiumba. Mikor útközben belém karolt, mintha megrázott volna valami, nem bírtam ki. Kihúztam a kezem a karjaiból, és barátnőmmel mentem tovább. Egész testemben reszkettem, remegtem. Soha nem tapasztalt érzés volt ez. A forróság égetett, és én mégis remegtem. Felfogtam, hogy miatta van mindez, és ha mellette maradok, akkor ezt ő is észreveszi.

„Mit gondol akkor rólam?" – villant át rajtam. „Olyan lánynak tartana, akinek elég egy kis zene, hangulatvilágítás, tánc, hogy tűzbe jöjjön. Nem tudhatja, hogy ez számomra soha sem tapasztalt, különös és csodálatos érzés. Megvetne, elítélne" – okoskodtam magamban.

Ezt nem akartam, ezért nem maradhattam mellette – vagyis akkor ezt én így éltem meg. Ő nem értette a viselkedésem, és ezt követően nem közeledett felém.

Fél év telt el közben, és én már nagyon megbántam, hogy azon az estén úgy viselkedtem. Rájöttem, hogy mellette kellett volna maradnom, mikor belém karolt. Nem értette volna félre a helyzetet.

Közben elkezdődött a második év. A szüreti bálra készülődtünk. Egy népi táncot tanítottam be a lányoknak. Ezzel akartunk a szüreti mulatságon fellépni. Viktor tangóharmonikával kísért minket. Az utolsó próbán elhatároztam, hogy mindenképpen beszélek vele. El szerettem volna mondani neki életem történetét, hogy megérthesse viselkedésem, hogy mi játszódott le akkor, azon az estén bennem, és miért történt így minden. Késő este volt már. Úgy gondoltam, megkérem, hogy kísérjen el a távolsági buszállomásra. Valóban féltem már ilyenkor egyedül csatangolni a kietlen utcákon, a helyi járatot pedig hiába vártam volna, mivel ekkor már oly ritkán közlekedett, hogy semmiképpen sem értem volna el a távolsági buszt. Így módom lett volna mindent elmondani.

Azonban minden másképpen történt. A próba után ő azonnal elment. Mire a barátjával üzentem neki, addigra már mélyen aludt. Így végül is János kísért el. Az volt az érzésem, hogy sejt valamit a kettőnk különös kapcsolatából, de minderről nem beszéltem neki. Másnap a bálon barátja állandóan táncoltatott. Szeretek táncolni, így igazán jól éreztem magam, attól függetlenül, hogy Viktor egyszer sem kért fel. Mintha megszállt volna a kisördög. Féltékennyé akartam tenni. Így akartam megtudni, hogy mit érez irántam. János vette a lapot, mintha tudta volna, hogy mire megy ki a játék. Túlságosan jól sikerült a színjáték: azt értem el vele, hogy ezt követően hosszú időn keresztül felém sem nézett. Kerülte a velem való találkozást. Úgy tűnt, hogy barátjával való kapcsolata is megromlott, de ez hamarosan rendbe jött. Velem viszont több mint egy évig hidegen, elutasítóan viselkedett.

Nagyon bántott mindez, aztán később úgy gondoltam, hogy minden csak az én képzeletem szüleménye, hiszen semmi konkrét, valóságos tény nem volt a birtokomban, amiből arra következtethettem volna, hogy valóban viszonzásra leltek érzéseim általa. Akkori közönyös magatartása mély lelki fájdalommal töltött el. Sokszor már kibírhatatlannak éreztem a viszonzatlan szerelmi vágyat. Ekkor már megváltozott a szerelemmel kapcsolatos felfogásom. Már kívántam, vágyódtam bizonyos szinten a testi, valóságos kapcsolat iránt. Kevés volt számomra a plátói síkon megélt szerelem, főképp, hogy mindez csak bennem, az ábrándjaim, a képzeletem terén játszódott le. Végül már menekülni szerettem volna e kínzó gyötrelem elől, de nem láttam kiutat. Közben közeledett a félévi vizsgaidőszak, és én a könyveimbe temetkeztem. Ebben az időszakban K. Marcsi nálunk lakott, együtt készültünk a vizsgákra. Egyik hétvégén édesanyám már nagyon dühös volt rám, hiszen a tanulás úgy elvette az eszemet, hogy még az evésről is megfeledkeztem. Teljesen sápadt, öszszetört voltam. Rám parancsolt, hogy most pedig abbahagyom a magolást, és akár tetszik, akár nem, ki kell, hogy mozduljak a négy fal közül. Marcsi erre rákontrázott, mert neki már nagyon elege volt az egészből. Arra akart rávenni, hogy este menjünk el táncolni.

„De most nem akarok megismerkedni senkivel sem, nekem a tanulás fontosabb" – érveltem.

Magyarázni kezdték, hogy egy táncos este még nem jelenti azt, hogy ha valakit megismerek, akkor ahhoz oly mértékben kötődöm, hogy az a tanulás rovására megy.

Éreztem, hogy ha engedek, és valóban elmegyek táncolni, akkor az életemben valami döntő fordulat következik be.

Valóban így történt. Ezen az estén ismerkedtem meg azzal a fiúval, aki később a férjem lett. István kedves, megértő, figyelmes volt, ugyanakkor azt a varázslatos érzést is éreztem, amit a szerelem jelenléte jelzett. A plátói szerelmem iránti érzés kezdett háttérbe kerülni, habár mikor találkoztunk, akkor újból és újból éreztem, hogy még mindig szeretem őt. Valamiféle kettősségbe kerültem. Mind a kettőjük iránt szinte egyformán éreztem, és ez nagyon furcsa volt a számomra. Egyedül megnyugvást az adott, hogy mikor István mellettem volt, akkor teljesen feledni tudtam Viktor iránt érzett érzéseimet. Minél közelebb kerültünk egymáshoz, annál jobban megnyugodtam. A valóság csodálatosabb volt, mint a képzelet. Mindazt, amit régen Viktortól vártam, azt a valóságban István megadta nekem. Neki tudtam először elmondani mindazt a borzalmat, amely gyermeki lelkemet összetörte, és az ő gyengédsége gyógyítóan hatott rám. Egy év telt el, és komoly, mély kapcsolat alakult ki közöttünk. Megkérte a kezemet, és én boldogan igent mondtam. A lelkem mélyén azonban érzékeltem, hogy meghasonlottságom miatt nem biztos, hogy egy férfit nőként, feleségként boldoggá tudok tenni. De tudtam, hogy a mély lelki traumámból ki kell jönnöm, ha életben akarok maradni. Mindez öntudatlanul zajlott le bennem, tudatosan fogalmam sem volt erről.

Ugyanakkor bennem valamiféle menekülési reakció is volt, de ez csak sejtésként jutott el a tudatomig. Azt, hogy valójában mitől féltem, és mi elől akartam elmenekülni, nem tudtam.

De hamarosan kiderült, hogy önmagam elől akartam elmenekülni. A félévi vizsgaidőszak után, az első napon, keményen szembesültem önmagammal. Borzalmas volt. Emlékszem, milyen boldogan adtam körbe az esküvői képeimet. Aztán Viktor ott állt mellettem, és a képeket látva megdöbbenve nézett rám. Úgy éreztem, hogy szinte kérdőre von.

„Férjhez mentél? De hát miért ilyen hirtelen?"

Iszonyúan dühös voltam, és ezt válaszoltam: „Talán engedélyt kellett volna kérnem tőled?"

(Most visszagondolva képtelen vagyok eldönteni, hogy mindez szóban is elhangzott, vagy csak telepatikusan játszódott le.)

„Hát most jelez, mikor már késő? Miért nem adta előbb világosan a tudtomra, hogy mit érez irántam? Akkor sohasem következett volna be mindez."

E gondolatok suhantak át rajtam. Arca azonban mindent elárult. Akkor jöttem rá, hogy mit tettem, hogy még mindig szeretem őt, és most megbocsáthatatlan fájdalmat okoztam neki. Közben elkezdődött az óra, de én egyáltalán nem tudtam odafigyelni. Kavarogtak bennem a gondolatok. Dühöm már lecsitult, és a fájdalom teljesen magával ragadott. Mit tegyek? Valójában a férjemet és Viktort is szeretem. Nem értettem az egészet, teljesen összezavarodtam. Csak egyet tudtam: az óra végén azonnal beszélnem kell vele. A szünetben ijedten vettem észre, hogy eltűnt. A saját érzéseimmel voltam elfoglalva, és észre sem vettem, amikor távozott. Félelem fogott el. Tudtam, miattam ment el. Olyan lelkiállapotba került, hogy képtelen volt ottmaradni az órán. Ahogy múltak a napok, és ő nem jött az előadásokra, egyre nyugtalanabb lettem. Nagyon féltettem; féltem, hogy valami őrültséget tesz. Egy hét után nem bírtam tovább. Sejtettem, hogy János tud valamit a mi titkos kapcsolatunkról, így hát vele beszéltem. Tőle érdeklődtem, hogy mi van Viktorral, és egyáltalán nem titkoltam el aggodalmamat. Tudtam, ha valóban helytállóak a megérzéseim, akkor mindezt elmondja neki, és ha nincs komolyabb baj, akkor másnap ő újra ott lesz az órán. Így is volt. Mikor megláttam, megörültem és hozzásiettem, hogy valóban megbizonyosodjon őszinte aggodalmamról. Mosolyogva nyugtatott meg.

„Semmi gond, csupán lazítottam kicsit."

Az önmagam elől való menekülésemnek volt egy másik vonzata is. Fogalmam sem volt arról, hogy saját magam által készített csapdába esem. Valójában lelkileg nem voltam felkészülve a házasságra. Mégis siettettem ezt, mert úgy éreztem, szükségem van Istvánra. Azt akartam, hogy mindenkor magam mellett tudhassam, hiszen mellette biztonságban éreztem magam. De a női szerepet, a feleség szerepét nem tudtam betölteni. Olyan érzésem volt, mintha kettészakadtam volna. Ez a testi kapcsolat terén mutatkozott meg. Az egyik pillanatban önfeledten adtam át magam férjem szerető ölelésének és boldog önkívületben élveztem a szerelem örömeit, míg a következő percben mindezt bűnnek, szennyes erotikának éreztem, és kiszolgáltatottnak véltem magam. Ilyenkor hideg jégcsapként fordultam el tőle. Mindez általában egyik pillanatról a másikra zajlott le. A belső konfliktusomról nem mertem beszélni neki; féltem, hogy végleg elveszítem őt. Mindezt súlyosbította a szexualitásról alkotott rögeszmém. A testi kapcsolatot alantas, lealacsonyító, borzalmas dolognak tekintettem, amelyet egy nőnek el kell viselnie, hogy férjét boldoggá tegye. Ha eközben az ösztönök csábításának engedve boldog mer lenni, akkor maga is aljassá, becstelenné válik. Így vélekedtem akkor én, és ezek hatására a teljes kettészakítottság állapotába kerültem. Szerettem a férjemet, de valóban boldoggá nem tudtam őt tenni. Ezt csak fokozta, hogy a Viktor és köztem lévő különös, plátói szerelem ismét egyre jobban előtérbe került az életemben. A szerelmet végképp elválasztottam a testi, házastársi kapcsolattól. Ráadásul megérzéseimmel felfogva a felőle érkező jelzéseket, majd érzéseimet kisugározva ezernyi apró jellel adtuk egymás tudtára érzéseinket. Azonban sohasem mertük a valóság világába beazonosítani képzeletünk, érzéseink játékát. Sokszor úgy tűnt a számomra, hogy e különös kapcsolat csupán saját gondolataimnak a szüleménye, mégis, mindez valamilyen érthetetlen módon közömbösítette házasságom gyötrelmeit. A szexuális kapcsolatunk terén mutatkozó konfliktusok később kivetítődtek az életünk más területeire is. Egyre többet veszekedtünk, de rövidebb-hosszabb időn belül ekkor még megtaláltuk az utat egymás felé.

Aztán befejeződött a főiskola, és ezt követően az életem hamarosan zátonyra futott. A belső feszültségeimet, kínlódásaimat már nem közömbösítette a lelkemben valóságként megélt plátói szerelem. A SORS különös rejtélye következtében egyszer még teljesen önfeledten – és utólagos belső vádaskodás nélkül – boldog pillanatokat éltem át férjemmel. Ekkor fogant meg a kislányunk. Ezt követően azonban kapcsolatunk végleg megromlott, és ő elhagyott engem.

Az első perctől kezdve tudtam, hogy gyermekünket a bensőmbe fogadtam. Nagyon ragaszkodtam hozzá. Valójában az életemet kockáztattam mikor vállaltam őt. Méhem gyenge volt, a gyerek élete is veszélyben volt. Rengeteg injekciót kaptam. Hét hónapig szinte felkelni sem tudtam, és ápolásra szorultam. Ha szüleim nem gondoskodtak volna rólam, akkor nem maradok életben, és a kislányunk sem születik meg.

Férjem távozása nagyon megviselt. Azon tény, hogy elhagyott, pont akkor, mikor a legnagyobb szükségem lett volna rá, mély fájdalommal töltött el. Mentségére szolgál, hogy sejtettük, de biztosan ekkor még egyikünk sem tudta, hogy gyermeket várok. A közben eltelt hónapok alatt annyira kiborultam, hogy már a találkozás gondolatától is sírógörcsöt kaptam. Ez volt a második trauma az életemben, amely a gyermekkori lelki törést megerősítette. Nagyon vágytam arra, hogy visszajöjjön hozzám, de önmagától és azért, mert még mindig szeret. De erről senkinek sem beszélhettem. Szüleim eredetileg is ellenezték a házasságkötésünket, illetve azt hangoztatták, hogy várjunk még. Az akkori helyzetben pedig – hogy pont ilyen állapotban elhagyott – végleg ellene fordultak. Ezt nem tudták neki megbocsátani. Ilyen körülmények közepette képtelen voltam feldolgozni, megemészteni a történteket. Pszichésen teljesen kiborultam. Ekkor egy radikális lépésre szántam el magamat. A kislány pár hónapos lehetett. Egyedül voltam otthon a gyerekkel. Összeszedtem minden levelet, képeslapot, amelyet ő írt nekem. Előkerestem az összes fényképet és emléket, amely hozzá kapcsolt, és ezeket elégettem. Mikor minden hamuvá lett, úgy éreztem, hogy ezzel lezártam a múltat, és mindent, ami összekötött minket, kizártam magamból. Egyedül a kislány maradt meg a számomra, és eleven valóságként tükrözte kettőnk összetartozását.

Évi kétéves volt, mikor megismerkedtem Zoltánnal, második férjemmel. Megértettük egymást minden téren, és a kislányomat is nagyon megszerette. Mindenkor előzékeny, figyelmes, kedves volt, és őszinte szeretettel fordult felém. Így aztán egy év múlva összeházasodtunk. Tíz boldog évet töltöttünk együtt. Két fiunk született: Zoltán és Balázs. Férjem Évit hatéves korában örökbe fogadta, és saját gyermekeként szerette. Nagyon ügyelt arra, hogy ne kerüljön hátrányba a két fiú mellett. Közben az eltelt évek alatt a házasságunk megromlott. Számára csak a barátok és az ital volt fontos. A családdal már nem törődött. Öt évig próbálkoztam és reménykedtem. Bíztam abban, hogy még helyrehozhatjuk a kapcsolatunkat. Végül is rájöttem, hogy ehhez én egyedül kevés vagyok. Ha ő ezt nem akarja, akkor nem tehetek semmit sem. Közben szinte már mindannyian felőrlődtünk. Döntenem kellett.

„Ha ez továbbra is így folytatódik, akkor előbb-utóbb én öszszeroppanok." Ehhez akkor már elég közel álltam. „Ebben az esetben a gyerekek nemcsak az apjukat, hanem az anyjukat is elveszítenék. Ez nem történhet meg. Tehát nincs más hátra, el kell válnunk" – így gondoltam át akkor a helyzetünket.

Nem volt könnyű tizenöt év után a válás mellett dönteni, de így megmenthettem magamat és a gyerekeket. Továbbá így az első tíz boldog év emlékét a mindennapi pokol már nem szenynyezhette tovább. Sokszor gondolkodtam azon, hogy mi okozhatta egy eredetileg boldog, kiegyensúlyozott házasság válságát, és végül is a kudarcát. Rá kellett döbbennem, hogy Zoltán bennem a kislányt, a gyereket szerette meg. Valóban gyerek voltam mellette azon első tíz év alatt.

A gyermekkori tragédia személyiségem fejlődésére is kihatással volt. A lelki sokkhatás az eredeti szerepszemélyiségemet megváltoztatta. Gyermekkorom első tizenkét évéből csak foszlányszerű emlékeim vannak. Így csak sejtem, hogy eredetileg egy nyitott, élénk kislány voltam. Az a borzalmas esemény hirtelen változtatta meg az egyéniségemet. Befelé forduló, túlzottan visszahúzódó, zárkózott, félénk lettem. Az eltelt évek során ez némiképp oldódott bennem, de gyermeki, függő helyzetem még felnőtt koromban is eléggé behatárolt. Önmagamat felvállalni valójában nem tudtam. Ebben az időszakban – úgy harminchat éves koromig – az introvertált személyiségemen belül az intuíció volt a domináns fő funkcióm. Ez mellett az introvertált gondolkodás, mint segédfunkció játszott szerepet az életemben. Mindenkor a befelé forduló ráérzéseim hatására kialakult saját belső gondolataim, rögeszméim által kiokoskodott módon fogtam fel a körülöttem lévő világot, és ennek hatása alatt cselekedtem. Így képtelen voltam a mindenkori reális valóság felfogására, feldolgozására. A környezetben való helytállásom, beilleszkedésem a saját meglátásom szerint mindenkor problémát okozott. Emlékszem, hogy irigyeltem azokat a lányokat, akik határozottan, magabiztosan feltalálták magukat a különböző helyzetekben, és semmi gondot nem okozott a számukra az emberekkel való kapcsolatteremtés. Saját bőrömben nagyon rosszul éreztem magam. Szerettem volna kibújni belőle, ledobni magamról, holott tudtam, hogy ez lehetetlen.

Ebből sejtettem, hogy életem első tizenkét évében valószínűleg ellenkező szerepszemélyiségem lehetett, hiszen korai gyermekkorom derűs, kiegyensúlyozott élénksége paradicsomi állapotnak tűnt fel előttem. Mindennek a kialakulásában azon a bizonyos tragédián túl még a neveltetésem is közrejátszott. A lelki törést követően szüleim féltő gondoskodása, szerető aggodalma kísért végig az életem során. Mindezt teljesen őszinte jóakarattal tették. Ezt csak tetőzte az első házasságom kudarca, és az ebből fakadó újbóli lelki trauma. Ezek hatására túl félénk, visszahúzódó és zárkózott lettem.

Ezt a visszahúzódó, csendes kislányt szerette meg bennem Zoltán annak idején, huszonhat éves koromban. Sejtette, hogy valójában más vagyok, és szerette volna a felszínre hozni valódi énem. Túlságosan is jól sikerült ez. Ő maga sem sejtette, hogy pont az ellenkezője vagyok mindannak, akit ő megismert és megszeretett.

Fokozatosan alakult ki az új szerepszemélyiségem. Gyengédsége, kedvessége, szeretete feledtette a gyermekkori tragédiát és az első házasságommal kapcsolatos lelki sokkot. Feloldódtam, és boldogan, lelki konfliktusok nélkül vállaltam női mivoltomat. Majd kezdtem kifelé fordulóvá válni. Megtaláltam felnőtt női valóságom. De ő a felnőtt nőt képtelen volt elfogadni. Mivel már nélküle, az ő biztató, segítő oltalma nélkül is feltaláltam magamat, így ő kezdte feleslegesnek érezni magát. Valamiféle kisebbségi érzés is kialakult benne, mivel már nem ő egyedül volt az irányadó. Ekkor kezdett elmaradozni a barátokkal, és az italozó életmód kialakulása megindult nála. Az öt évig tartó erőfeszítésem megerősítette bennem az új személyiségjegyeket. Már nem önmagammal, hanem vele, a gyerekekkel és közvetlen környezetemmel kellett elsősorban foglalkoznom. A mérlegelés, a gondolkodás, a kiút keresése a külvilág szempontjainak a figyelembe vételével, döntő jelentőségű lett a számomra. Végül is kialakult és megszilárdult jelenlegi egyéniségem, amelyre már az extrovertált, kifelé forduló magatartás is jellemző. Így adott helyzetekben kifelé és befelé fordulóan is tekintetbe veszem a feltáruló valóságot, és ennek megfelelően cselekszem. Ezáltal megtaláltam a harmóniát belső valóságommal, az eredeti gyermeki lényemmel.

Ekkor tértem vissza Istenhez. Valójában teljesen sohasem szakadtam el „Tőle", de akkor régen meghasonlottam önmagammal. Úgy gondolkoztam: „Ha valóban létezik Isten, akkor miért engedi, hogy én szenvedjek azon aljas ember bűnéért?"

Ugyanakkor természettudományos érdeklődésem arra a következtetésre juttatott, hogy Istent a természettel, a világmindenséggel azonosítottam. Ennek szellemében éltem egész harminchat éves koromig. Erről már az előzőekben részletesen írtam.

Közben házasságunk válsága mind jobban kiéleződött. Magam is kezdtem eltávolodni férjemtől. Akkor még nem láttam ennyire világosan a bennünk lejátszódó dolgokat, így nem értettem, hogy mi is történik valójában. Csak most visszatekintve látom ilyen tisztán a helyzetet. Akkor egyre jobban megerősödött bennem egy különös sejtés. Első férjemmel kötött házasságunk Isten által szentesítve volt. Ebben az időszakban úgy éreztem, hogy a második házasságom valójában az ég törvényei szerint paráznaság, amiért bűnhődnöm kell. Házasságom akkori poklát e büntetésnek véltem. Végül is teljesen eltávolodtunk mindketten egymástól.

Isten útjai kifürkészhetetlenek, felfoghatatlanok az ember számára. Nem tudhatjuk pontosan, hogy mi miért történik. Esetleg csak megérezhetünk, megsejthetünk valamit, ha megpróbáljuk ott belül felfogni mindazt, amit „Ő" jelez nekünk. Ha az a gyermekkori tragédia nincs az életemben, akkor nem járom végig ezt a belső kálváriát, amely végül is elindított egy pozitív folyamatot személyiségem teljesebbé válása irányába. Ezáltal Isten a javamra fordította a megélt pszichés traumát.

A küldetésről, a feladatról, melyet Isten szánt nekem, jelenleg csak sejtéseim vannak. Jó úton haladok, de még nem vagyok teljesen felkészülve a feladatra, így pontosan ma még nem tudom, hogy mit kell tennem. Ám egy nagyon fontos dolgot már megtanultam: nem szabad siettetni a dolgokat, nyugodtan, türelmesen ki kell várni a megfelelő helyzetet. Ha eljön az idő, akkor tudom már teljes bizonyossággal, amit tudnom kell. Bármi gond, probléma jön is az életemben, megtalálom a kiutat. Ha nem aggodalmaskodom, ha képes vagyok nyugodtan várakozni, amikor eljön az ideje, minden megoldódik. De nem amikor azt én akarom, és nem biztos, hogy úgy, ahogy azt én esetleg elképzelném. Nagyon különösen hangzik mindez, de az eltelt tíz év alatt számtalanszor megbizonyosodtam erről.

Összegezve az eddigieket, a következő ellentmondások voltak, illetve vannak még jelenleg is önmagamban:

» A tudat és tudattalan közti ellentmondás. Feladatom ezzel kapcsolatosan a tudattalan tartalmak felhozatala a tudatba. Ezeket beazonosítani a jelenlegi valóságomba, és így feldolgozni, feloldani az ellentmondást.

» A szerepszemélyiségem és az árnyékom közötti ellentmondás terén feladatom az árnyék felhozatala a tudatba. Ennek felismerése, feldolgozása. Ez csak a szerepszemélyiségem, önmagam tudatos továbbfejlesztésével lehetséges.

» Az animus – anima közti ellentmondás terén meg kell tennem ezen ellentmondás teljes feltárását és feloldását.

Mindez akkor még nem volt teljesen világos a számomra. Úgy éreztem az animus – anima kérdése a második házasságomban a helyére került. Ekkor már feloldódtak bennem a gyermekkori traumából eredő gátak, és férjemmel szexuális téren is megtaláltuk az összhangot mindaddig, amíg egyéb téren a konfliktus nem jelentkezett. De ezek szerint e téren még mindig van valamilyen ellentmondás önmagamon belül. Ezt jelzi azon tény, hogy végül a második házasságom is kudarcba fulladt, és az utóbbi partnerkapcsolatom is már fél éve végérvényesen megszakadt. Igaz, álomképekben még jelentkezik, azonban valójában e képek a bennem élő férfi képét szimbolizálják.

Tovább vizsgáltam önmagamat és az álmaimat. Az álomtér ekkor már tisztulni kezdett, de még mindig előfordult, hogy feszült, nyugtalan, kusza álom jelentkezett. Most röviden lejegyzem az ebben az időszakban átélt álmaimat és a feldolgozásukat.

Az első álom során egy száguldó autóban láttam magam. Nagyon nagy sebességgel rohantunk. Az autót kedvesem vezette, én közvetlenül mellette voltam, hátul pedig a három gyermekem ült. Mintha még két nő is jelen lett volna az álomtérben, de az alakjuk és a szerepük homályban maradt. Álomkór szállt meg mindenkit. Rajtam kívül mindenki aludt. Fel akartam ébreszteni Gézát, de képtelenség volt: mintha teljesen öntudatlan állapotba került volna. Az autó pedig csak rohant előre egy egyenes úton. Közben az út megváltozott, és egy meredek hegyről rohantunk le. Megpróbáltam a kormányt elkapni és valahogy kormányozni, azonban fogalmam sem volt arról, mit is tegyek. Végül is leértünk a hegyről. Egy csodálatos, zöld rét volt előttem. Tavasz kezdete lehetett, mert még láttam az olvadó jég nyomait, de a Nap melege már érezhető volt. Ekkor már egyedül voltam az álomtérben. Eltűnt az autó, nem láttam a gyerekeket, és Géza is kilépett az álomból.

Felébredve átgondoltam az átélt képeket. Géza öntudatlan állapotban a kormány mellett alszik. Ekkor már teljesen megszakadt a kapcsolatunk. Világossá vált a számomra, hogy rá egyáltalán nem számíthatok, tehát nekem kell kezembe vennem a kormányt – azonban, hogy hogyan kormányozzam a további életem, azt nem tudtam. De az üde, zöld rétre biztonsággal megérkeztem. A tavasz, a meleg napsugár békés nyugalommal töltött el. Jó úton haladok.

A következő álmomban a Mecsekben barangoltam. Egy szülés előtt álló nő segítségre szorult. Életveszélyben volt. Szirénázó mentőautó jött érte. Segítettem neki, hogy időben feljusson a meredek ösvényen, de közben fent az úton a mentő már továbbrobogott. Ezzel egyidőben a szülés megindult. Végül is én vezettem le a szülést. Nem tudtam eldönteni, hogy én magam vagyok a szülő nő, vagy csak a szülést levezető személy. Mintha mindkettő én lettem volna. Közben érzékeltem, hogy két gyermek – mindkettő fiú – készül a világra jönni, de az életképtelen ikertestvér meghalt. Ugyanakkor az életben maradt gyerekről tudtam, hogy férfi, és életképes.

Ébren visszapergettem a képeket és próbáltam összegezni ezeket. Maga a szülés ténye, valamint, hogy valószínűleg én magam vagyok a szülő nő és a szülést levezető személy is, továbbá az életképtelen ikertestvér, majd az életképes gyermek „férfi" megjelenése megértette velem, hogy az animus és anima viszony terén a férfikép átalakítására van szükségem. Az életképtelen férfikép helyett meg kell találnom az életképes férfiképet.

Az újabb álmom során egy ismeretlen városban jártam. Valakit kerestem, majd megtaláltam leánygyermekemet, akiben mintha önmagamra ismertem volna. E környezetben, amely új volt a számára, láthatóan jól érezte magát. Fesztelen, könnyed, barátságos volt. Együtt, egymás mellett haladva indultunk tovább, majd olyan érzésem volt, hogy alakunk egybemosódott, de ekkor elhalványult az álomtér, és erre bizonytalanul emlékszem. Közben valami fal, akadály volt útközben, amelyre fel kellett másznom, de itt az álom megszakadt, véget ért.

Ébrenlétemben átgondoltam mindezt, és a következő következtetéseket vontam le. Az új környezetben, ahol megtaláltam a leánygyermekemet – aki én magam vagyok – remekül érzem magam. Megtaláltam a helyem, és ezzel együtt felnőtt fejjel gondolkodva rátaláltam gyermeki önmagamra, arra, aki voltam egykor gyermekkoromban. Ugyanakkor újabb akadályok következnek. De ezen átélt, feldolgozott képek biztonságot, megnyugvást jelentettek a számomra, és erőt adtak a további úthoz.

A negyedik álmomban egyedül voltam egy ismeretlen városban. Nem volt nyugtalanság bennem, csak figyelmesen, körülnézve haladtam. Látszólag céltalanul, de mégis mintha egy cél irányában azt figyeltem volna, hogy merre kell mennem. E kitisztult, nyugodt álmom megerősítette belső hitemet. Tudtam, hogy érdemes továbbmennem, bármilyen nehéz is lesz a további út. Mindenképpen a cél felé haladok, ha nem is látom jelenleg még ezt a célt, és maga a környezet is ismeretlen a számomra.

Közben a tanfolyamon újabb témák kerültek elő, amelyek igen nagy segítségemre voltak. Szó került az aktív imaginációról és a víz ősképéről. Ez nagyon érdekelt, mivel már sok imaginatív képet éltem át, és szerettem volna ezeket a helyükre tenni.

A tudat és tudattalan közti kapcsolatteremtésnél nagy szerepe van az álmoknak és az imaginációs képeknek. Az imagináció a psziché spontán tevékenysége. Mindenütt felbukkan, amikor a tudat tevékenysége kihagy, leáll; például a fantázia, az ábrándozás, az álomképek során. Ha a lélek beteg, akkor az imagináció is torz lesz, fantomképek jelennek meg. Az imagináció a jungi pszichológia szerint a négy pszichikus funkciót – a gondolkodást, az érzést, az intuíciót és a tapasztalatot – egyesítő folyamat. Ha maga az imagináció vagy annak megvilágosodása, feldolgozása hiányos, akkor a gondolkodással van baj. Ha az emocionális kérdéseknél van a gond, akkor az imagináció halott, használhatatlan lesz. A tapasztalattal kapcsolatos, hogy az adott imagináció mennyire reális, megfogható, mennyire hozható a valósággal összhangba. Az intuícióval kapcsolatosan az imagináció fényt derít arra, hogy túlmutat-e önmagán, van-e magasabb szintű mondanivalója.

Ha az egyén mind a négy funkciót kifejlesztette éber állapotában, akkor az imagináció során egy erőközpontot érint. Maguk a belső képek fel- és lemerülnek a tudat, illetve tudattalan között. Mindez e kettő viszonyától függ, és sohasem problémamentes. Ha jó a viszony, akkor a képek világosan jelentkeznek. A tudat és tudattalan közötti viszony javulásával egyre tisztább képek jelennek meg. Ha a viszony nem jó, akkor először meg kell nyugodni, és csak ezt követően lehet elkezdeni az imaginációt, majd a meditálást.

A tudat és a tudattalan között dialógus alakul ki. Minden jó ötlet és a kreativitás a képzeletből ered. Az imagináció dinamikus éltetője a játék. Egy ember legnagyobb lehetőségei rejlenek ebben. Ahhoz, hogy ez a felszínre kerüljön, fejleszteni kell magát az imaginációt, a fantáziát és a játékot. Van passzív és aktív imagináció.

A passzív imaginációt nem az erőfeszítés, hanem inkább az ellazulás jellemzi. Például az álom során mintha sok kis részből állna össze a kép. Semmi lényeges, csupán hangulat, benyomás az egész. A psziché relatíve disszociált állapotban van, a tudat kihagy, mintegy elszenvedi a képek sorát. Előfordulhat, hogy közben egy-egy kép betörésszerűen kiemelkedik, vagy a képek nem normális jellegűek. A passzív imagináció során a belső képek felmerülése után ezek tudatosítása külső képek segítségével, a valóságba történő beazonosítással történik. A pszichiátriában különböző teszteket használnak e célból. Ezeket úgy kell felhasználni, hogy a belső képekből, a tudattalanból kijöjjön valami, ami a külső valósághoz kapcsolódik. Például kész képek elhelyezése különböző szempontok szerint, vagy félig elkezdett, megrajzolt képek befejezése, illetve homályosan elhelyezett pontokból mit lát az illető. Ezek konkrét, kipróbált módszerek. Mindig az orvos vagy a pszichológus adja ezek segítségével a meditáció, imagináció alapját. Ha nem megfelelő az orvos és páciens kapcsolata, akkor ez problémaként jelentkezik. Előhívó képek lehetnek például mező, hegy, patak, ház, ideális személy, különböző állatok, mocsár, barlangbeli személy vagy alakzat, vulkánkitörés, régi könyv... Érdekes dolog kipróbálva önmagunkon, hogy e hívóképek közül melyik mit hív elő önmagunkból. A képeknek van egy jelző, mutató hatása, hogy ki melyik képről imaginál, kit melyik kép ragad meg. Hátrányként jelentkezik, ha a páciens egy konkrét képet kap; nem biztos, hogy az ő esetében a jelen lelkiállapotának az adott kép megfelel. A nem megfelelő képek nem adnak reális helyzetet a pszichéről, merevvé válnak. Döntő fontosságúak az egyénben kialakuló hiteles, megbízható képek, de ezeknek spontánnak kell lenniük. Minél jobban konkretizáljuk az imaginációt, annál jobban tudatközelivé válik, de így annál inkább eltávolodunk a tudattalantól. A passzív imaginációs képeket a tudattal felül kell vizsgálni, fontos az összhang megteremtése. A tudattal tehát elemezni, értelmezni kell a felmerült képeket, be kell azonosítani a mindenkori valóságba.

Az aktív imaginációnál a megismerő alany aktív. Ehhez az intuícióra és a többi funkcióra is szükség van, és ezeket az intuíció kormányozza. Egy olyan beállítottság szükséges, hogy az egyén venni tudja, ha valami beugrik. Szükséges a tudat összefogottsága. Először a tudat szétszórt, és ebből válik összeszedetté. Fontos a tudat és tudattalan helyes viszonyának a megtalálása. A tudat a társszerző szerepét tölti be, ugyanakkor együttműködő jellegű. A kiemelkedő képek világosak, tagoltak, összefogottak. Néha csak pici képek, melyek az imagináció során a tudat segítségével felerősödnek. Az aktív imaginációban a belső képek tudatosítása belső eszközökkel, különböző jósmódszerek, játékos elemek, ősképek felhasználásával történik. A spontán felmerülő képekből kiindulva, ezekre építve lehet továbbhaladni. A kiindulópont belül, bennünk van. Ezek a képek nem jelzésszerűen mutató mérőeszközök, hanem átalakulást, alkotást eredményeznek. Kialakul egy saját belső hívókép, amely a psziché hullámzását hozza létre. Hívó hatást gyakorol a többi képre, a beteg előrehaladását, lelki átalakulását biztosítja. Hátránya, hogy nem formalizálható nem lehet megadott formákba, sémákba besorolni – ha mégis, akkor paradox helyzet áll elő. Véletlenszerű, nehezen kezelhető, téves utakra is juthat az értelmezés során az ember, ha rosszul magyarázza a képeket. Fontos, hogy a megszabott irány mellett hogyan tudjuk biztosítani a spontán, véletlenszerű behatásokat. Itt merül fel a jóshelyzet lehetősége, a jóslás szerepe, és a valósággal való kapcsolata.

Úgy a passzív, mint az aktív imaginációt hasznosíthatjuk az önmegvalósítási folyamatunk során az önanalízis és öngyógyítás terén. Az imaginációnak van latens (rejtett) és manifeszt (nyilvánvaló) jelentése. A manifeszt kép azonnal látható, felismerhető. A latens képeket csak beljebb haladva lehet látni, felfogni. Felmerül, hogy mire vezet, milyen célra irányul. A befelé figyelés által képes az ember az imaginatív képeket felfogni, felismerni, feldolgozni, tehát beépíteni az életébe. Maga az imagináció spontánul, magától fakad fel a pszichéből, akár a forrás, mint a víz ősképe.

A víznek, mint ősképnek nagy jelentősége van az ember életében, kezdve magával a magzati élettel. A magzat a magzatvízben, mint ősóceánban, biztonságban van. Aztán a víz hullámzása, lüktetése, vészjósló viharos csapkodása, a vihar utáni csend, nyugodt víztükör, a víz ereje, egy kis patak könnyed futása mind-mind benne van a lelkünk mélyén megbúvó érzelmeinkben. A víz az érzéseket szimbolizálja az ember számára. Az imaginációban ezek az érzések kerülnek fel a felszínre, a tudatba, és így képessé válik az ember arra, hogy önmaga egyensúlyát megteremtse.

Az imaginációval és a víz ősképével kapcsolatosan most újra áttekintem azon imaginatív képsorokat, amelyeket a jógameditációs tanfolyam barlangbeli eseménysora alatt éltem át.

» Egyszerre voltam fent és lent. Én magam voltam a cseppkő, a víz, a barlang, a zene. Ezt egy függőleges irányú mozgásként éltem meg.

» Mintha egy üregben felgyülemlett volna a víz, és a meder egyre csak tágult, és mind több és több vizet gyűjtött magába. Úgy érzékeltem, mintha a barlang közepén ülve táguló, koncentrikus körök formájában, gömbszerűen, egyre jobban feltelítődtem volna vízzel.

» Én voltam a forrás és az a másik is, aki magába szippantja, elnyeli az éltető vizet. Mintegy megtisztultam ennek hatására. Ekkor már tudtam, hogy ez maga az élet vize, amely bennem összegyűlt. A koncentrikus köröket átszelő vízszintesként érzékeltem mindezt. Az egyik szélén a forrás volt, a másikon a vizet elnyelő kürtő, én pedig középen helyezkedtem el.

» Egy kis erecskén át kijut a barlangból a víz. Az utolsó cseppel én magam is kijutok a barlangból. Kint fehér fény – amely egyáltalán nem bántotta a szememet – árasztott el mindent. A teljes beteljesedés érzése kerített hatalmába. Ekkor már eltűnt a forrás és a kürtő. Én a koncentrikus körök közepén voltam, és innen indultam el az utolsó csepp vízzel kifelé.

Mindezeket egy képbe összehozva egy mandala képe alakul ki. A mandala megoldott labirintusnak tekinthető. Egyszerre voltam fent és lent, ugyanakkor én voltam a forrás, a kürtő, az erecske. Ebben a mandalaszerű képben megjelent a Selbst is – a központban, de magában az egész képben is, hiszen én magam voltam a cseppkő, a víz, a barlang, a hang, a zene, a forrás, a kürtő és az erecske is.

Az életnek és a világnak nagyon jelentős alapjai az ősképek. Ez álmokban, imaginációban nyilvánulhat meg, és az archetípusokkal kapcsolatos. Az őskép külső megjelenését nem szabad öszszetéveszteni a jelennel, a valóságos eseményekkel. Nem egy az egyben a valóság lekopírozásaként, kombinálásaként jelentkeznek. Szimbólumokban jelennek meg, amelyeket fel kell dolgozni. A progresszió (fejlődés, haladás) és a regresszió (visszaesés, hanyatlás) egymás utáni többszöri ismétlődése piciny eltéréssel nyilvánul meg benne. Vagyis életünk során újra és újra visszakapjuk pici módosításokkal azon helyzeteinket, amelyek terén még nem oldottuk fel a belső gátakat, akadályokat. Ez mindaddig ismétlődik, amíg a teljes feldolgozás meg nem történik. Csak ekkor nyílik mód az előrelépésre. A lélek nemcsak folyik, hanem hullámzik is. Ez lehet egyéni ok miatt, de előfordulhat az egyénen túlmutató jelenségként is. Az emberi pszichében, az ősi tudattalanban az archaikus képek jelen vannak, de megtalálható a mélyben az állati fejlődés, sőt még a növényi, ásványi lét, valamint a Föld kialakulásával kapcsolatos képek is. Ezek egy-egy alkalommal feltörhetnek a lélek mélyéből, és jelzéseket adnak a mélyebb valóságunkból.

Az ember nem befejezett lény. Mint individuum, egyéni életében is, de mint az emberiség tagja, így a közösségi életében is történhetnek mélyreható változások. Jung szerint ezek az ősképek nem passzív elemek az álomban és imaginatív képekben, hanem ezekkel lehet valamit kezdeni. Ahogy kifelé halad az emberiség, illetve az egyén, úgy halad befelé is. Az egyén életében mind az embrionális fejlődés, mind a gyermekkor, valamint az ember felnőtt életszakaszai is a jungi értelmezés szerint új jelentést, lehetőséget kapnak. Vagyis a véges-végtelenség lehetősége adott. Megjelennek az egyéni élet mitikus aspektusai (nézőpontjai), amelyek során piciny pontok is nagy jelentőségűek lehetnek. Ugyanakkor megjelennek az egyén ellenállásai is ezen a téren.

A korlátlan lehetőség nem földi embernek való, így szükségünk van a biztonságos határokra, hogy ezeken túllépve előre tudjunk jutni. Általában az emberek – azok is, akik megállnak a saját lábukon – elnyomják az archaikus képeket. Ugyanakkor vigyáznunk is kell ezekkel, mert elmerülhet az egyén az archaikus tudattalanban. Fontos a tudattal való kontrollálás, a mindennapi valóságba való beazonosítás, és az összhang megteremtése a valósággal.

Minden felmerülő képnek dinamizáló hatása van. A képek érzelmeket keltenek. A tudattalan hullámzásban van, ennek során különböző képek jelennek meg. Sötét és világos képek sokasága. Ezek egy része lehet árnyékfigura, szörnykép, de tartozhat a női vagy férfi nemhez is. Az ősképek ebben a tudattalan képek sokaságában teremtenek egységet. Azonosak, ugyanakkor nem azonosak e képekkel. Vagyis jelképek, szimbólumok. Fontos a helyes értelmezésük, és a beépítésük a valóságba. Ahhoz, hogy egy nő jó pszichológus, emberismerő legyen, jó viszonyban kell lennie a férfiakkal úgy önmagán belül, mint kívül. Ez igaz a férfi esetében is. A férfi akkor jó lélek – illetve emberismerő –, ha jó viszonyban van a nőkkel, úgy önmagán belül önnön női lélekrészével, mint önmagán kívül a kapcsolataiban. Minden egyén esetében a saját lelkén keresztül vezet az út önmagához, a belső énjéhez.

Az ismeretlen nő alakjával Jung sokat foglalkozott, vagyis magával a „nő" fogalmával. Ez jelen kell, hogy legyen a pszichológusban, az egyénben, hogy ezt a beteg, a környezete is érezze. Ennek során fontosak a következők:

» El kell fogadni a tudattalan képeket, és magát a nőt, külső és belső valóságában.
» Az animával együtt is kell működni, úgy kint, mint bent.
» Kölcsönhatás, dialógus alakuljon ki önmagán belül és kívül. Mindennek következménye az eggyéválás.

Mindezek nem csupán a férfi pszichológusra jellemző tények, hanem általában a férfira is érvényesek. Csakis ennek figyelembevételével képes a férfi a nővel helyes viszonyt kialakítani. Minden nő, illetve minden férfi hordoz magában egy titkot úgy bent, mint kint. Ez az ellentétes nemmel való kölcsönhatás során teljesedik ki, válik valósággá. Ebben az álmoknak nagy jelentőségük van. Minden nőnek és minden férfinak át kell esnie e belső önfejlődésen, hogy a Selbsthez eljusson, vagyis megtalálja belső önmagát. A tudattalan magában rejti a nőben a férfit, az animust, a férfiban a nőt, az animát. Az animus – anima viszony szexuális paradoxonként jelentkezik. A nőből vetül ki a férfira, illetve a férfiból a nőre. Nagy ellentmondások, paradox helyzetek alakulhatnak ki. A biológiai oldal, a testi vonatkozások, a vágy, az erekció, a férfiasság szükséges, de nem elégséges feltétele az igazi együttlétnek, kapcsolatnak. Nálunk a férfiak túlbecsülik a biológiai férfiasságukat, illetve ennek igen nagy jelentőséget tulajdonítanak. A minőség háttérbe szorul. Sajnos a nők is hozzájárultak ehhez. Valójában a nő belső adottságainál fogva sokkal jobban igényli a belső egységet, a lelki együttlét kölcsönös megnyilvánulását. Ezt azonban nem meri felvállalni, a férfi tudtára adni. Nem követeli meg a minőséget az együttlétben. Ez azon helyzetből is adódik, hogy általában a nők háttérbe szorítják, vagy ellenkezőleg, túlzásba viszik egyéniségük szexuális vonzatait, és a helyes viszonyt önmagukhoz, a férfihoz nem tudják kialakítani.

Megszületve a leánygyermek esetében döntő, hogy kik veszik körül. A nő életében első férfikép az apa. Az apaképnek döntő jelentősége van a leánygyermek számára. Azonban a közbülső láncszemek is sokat számítanak, például a fiútestvérek, majd az udvarlók, partnerek, és végül a férj szerepe jelentős. A fiúgyermek esetében a helyes nőkép kialakulása szempontjából fontos, hogy milyen nő az anyja, vagyis az anya milyen női képet közvetít. Majd később, hogy milyen nők veszik körül; a leánytestvérek, partnerek, és végül a feleség játszik ebben döntő szerepet.

Amilyen kép él a nőben a férfiról, illetve amilyen kép él a férfiban a nőről, annak következtében kölcsönhatás áll fenn köztük. A nők nem fejezik ki világosan az igényeiket, a férfiak viszont önfejűek, nem hagynak hatni magukra. Nem számítanak a nő tudattalan elvárásaira. Minden családban él egy kép a nőről, illetve a férfiról. Ezt általában az anya és az apa szimbolizálja. A férfi és a nő kapcsolata megnyilvánul a biológiai, testi szférában, valamint lelki és szellemi téren. A biológiai kapcsolat csupán a felszíni viszony a nő és a férfi között. Fontos, hogy mennyit ér a partner lelki téren, vagyis döntő a lelki összhang megteremtése. Ezt követően pedig a szellemi oldal jelentkezik, hogy a kapcsolat túlmutat-e önmagán. Akarnak-e együtt fejlődni? Az összhang megteremtésével megszületik a gyermek – valóságos, illetve belső, lelki gyermek által. Ha nincs meg a lelki, szellemi kapcsolat, akkor a forró szerelem kialszik.

Minden animus kivetítés kellemetlen a férfi számára, mert nem akar változni. Azonban minden nő más formában vetíti ki az animust a férfira, így minden nő egy kicsit eltérő képet közvetít a férfi számára. Ezt a férfi vagy elfogadja, vagy nem. Ahol a kölcsönös elfogadás megtörténik, ott a kapcsolat jó. Ez attól függ, hogy a férfi ez alól mennyire igyekszik kibújni. Szembesülve ezzel, kölcsönhatás révén elfogadja a nőt, vagy visszautasítja. A nemek harcát az is meghatározza, hogy ki definiál kit, és ki változik. Szinkronhatásnak, kölcsönhatásnak kell megvalósulnia a jó kapcsolatban. Az egy családhoz tartozó generációknál vannak hasonlóságok anya és lánya, apa és fia között. Nem azt jelenti, hogy az egyik olyan lesz, mint a másik, csak hasonlóságot mutatnak egymáshoz. A férfinak jó apává kell válnia, de ehhez fontos, hogy a nő jó anya legyen. Tehát kölcsönösen jó szülőkké kell válniuk. A szülő-gyermek kapcsolat hatással van a férfi-nő kapcsolatra. Idős korra „Öreg Bölccsé", „Magna Materré" kell válniuk.

A gyermekre nagy hatással van az anya képe. Pozitív elvárások, félelmek, szorongások, csapdák átadása is megtörténik, vagyis sors-átadás. A nő, az anya a gyermek tudattalanjára hat, azt formálja. A jövő szempontjából domináló a nő kapcsolata a gyermekkel, illetve a férfival.

Ezen tanfolyami témák után egy animus–anima álomsorozat indult el bennem. Ezek feldolgozásának hatására az animus, a férfikép helyére került.

Az első álom során az álomtérben egy szobában ismeretlen, fiatal párt láttam. Konfliktushelyzet lehetett közöttük, érezni lehetett a feszültséget. Valószínűleg előtte veszekedtek. Én láthatatlan voltam a számukra. Valahová készülődtek. A nő csinosította magát, majd kihívóan fordult a férfi felé. A férfi vádlón kérdőre vonta viselkedése miatt, mire a nő így válaszolt: „Nem, egyáltalán nem szégyellem magam." Ezt követően egy öblös fotelba vetette magát, lábát felhúzva, miniszoknyája mellére borult, és feltárult szétvetett lába közt izgató szeméremteste. A férfi azonnal felé fordult és ráborult, mint egy illatos virágra szálló méh. Csábított a látvány, mégis zavartan elfordítottam a fejem. Közben a kép megváltozott. A nő eltűnt a színről. A férfi felém fordult, észrevett, láthatóvá váltam a számára. Izgatottan fogadtam közeledését, mely meghitt, kedves, ugyanakkor erotikus is volt. Mielőtt az együttlét bekövetkezett volna, megkérdeztem: „Ismerjük mi egymást régebbről is? Volt valaha valamilyen kapcsolat köztünk? Van-e vagy volt-e valami közünk egymáshoz?"

A férfi zavartan nézett rám, és mélyen hallgatott. Zavar, bizonytalanság és düh kavargott bennem.

„Akkor mit akarsz tőlem?"

A meghitt légkör egyszeriben megszűnt, és a férfi hallgatva távozott.

Felébredve az első, amely ezen álommal kapcsolatosan eszembe jutott: „Megint az ismeretlen férfi!"

Még mindig nem tudtam beazonosítani a valóságba, pedig egyre jobban izgatott e kérdés. Végül is úgy gondoltam, hogy általában a férfiképet jelentheti, vagy a jövő kivetítődése, vagyis majd a jövőben találkozom vele.

Egyik alkalommal, mikor a tanfolyam után lányomnál maradtam, késő éjszakáig beszélgettünk. Évi elmondta, hogy régóta foglalkoztatja a gondolat, hogy találkozni szeretne az édesapjával, azonban fogalma sincs, hogyan is oldhatná ezt meg. Gondolt arra, hogy egyszerűen csak felkeresi, hiszen tudja, hol lakik. Illetve talán jobb lenne, ha levelet írna előbb neki. Azonban attól tartott, hogy rossz néven venné, ha megbolygatná az életét. Lányom a véleményemre volt kíváncsi.

„Ha te úgy érzed, hogy fel kell keresned vagy írnod kell neki, akkor cselekedj aszerint. Aztán, hogy hogyan fogadja, az már az ő lelkiismereti kérdése."

Valójában azt hiszem, lányom az én reakciómra volt kíváncsi. Szavaim megnyugtatóak voltak a számára, mert ezt követően írt neki. A válasz hamarosan megérkezett, és rövid idő múlva személyesen is találkoztak.

Akkor még nem is sejtettem, hogy mindez énrám milyen hatással lesz. Egy belső vívódási folyamat indult el bennem, amely kezdetben csak a felszínt érintette, de később mind mélyebbé vált. Az animus – anima álomsorozat továbbfolytatódott. Volt kedvesem alakja többször megjelent álmaimban, de már inkább a férfikép jelképeként tűnt fel a számomra.

A következő álmom során kedvesemmel egy társaságban voltam. Én a háttérben maradtam. Az asztal szélénél lévő kisszéken ültem, ő pedig távolabb volt tőlem. Mellette egy üres szék volt fenntartva egy nő számára, aki még nem érkezett meg. Kedvesem határozott, magabiztos volt. Alakja, egyénisége élesen kirajzolódott az álomtérben, míg az én alakom, szerepem háttérben maradt.

Az álom feldolgozása során számomra döntővé vált kedvesem határozottsága, magabiztossága, valamint egyéniségének éles képe. Ezek azok a tulajdonságok, amelyek az új férfiképemben helyet kaptak. Ugyanakkor az én alakom a háttérbe szorult, tehát a türelmes várakozás álláspontján kell maradnom. Nem szabad siettetnem az eseményeket. Minden a maga idejében megoldódik, de fogalmam sem volt arról, hogy mi az, aminek a megoldódását várom. Csak annyit sejtettem, hogy a bennem lévő animus – anima konfliktus feldolgozásával megtalálom azon férfit, aki a társam lesz a további életem során.

Az újabb álmom során rokonoknál voltunk. Lányom is ott volt. Kedvesem és köztem konfliktus volt, a szakítás helyzete állt fenn. Egy nőnek telefonált. Feltűnően kedves, mézédes volt a hangja, mintha engem akarna provokálni. Lányom gúnyosan felkacagott. Éreztem, hogy kedvesem csak megjátssza magát, a reakciómra kíváncsi. Odamentem hozzá és közöltem vele, hogy beszélnünk kell egymással. Ő azt hitte, hogy a nő ellen van kifogásom.

„Miért nem tetszik neked? Szerinted milyen nőre van nekem szükségem?”

„Nem erről van szó” – válaszoltam kérdésére.

„Akkor meg mit akarsz?”

„Ez csak kettőnkre tartozik, nem vagyok hajlandó mások előtt erről beszélni. Lényegében önmagamról van szó.”

„Jó, rendben van, de akkor békülésképpen kérek egy csókot.”

Átfutott rajtam a gondolat. Tehát vette a lapot; rájött, hogy valójában mindkettőnkről szó van, békülni akar. „Rendben van. Kapsz csókot, de olyat, hogy biztosan azonnal repetát kérsz" – gondoltam magamban. Ezzel a képsor megszakadt.

Az álommal kapcsolatosan csupán kedvesem békülési szándéka maradt meg nyomatékosan bennem, és ahogy én ezt fogadtam. Tehát a csókom, a szeretetem lesz az, amely mellettem, tartja.

A következő álom nem kimondottan animus – anima álom volt, de a férfikép, a férfiszerep itt is domináló volt. Barlangban jártam. Távolról követett kisebbik fiam egy vezetővel, aki hol fiatal férfiként, hol idősebb, tapasztalt személyként jelent meg. Egy nagyobb, teremszerű részhez értem, és itt egy szűk barlangjáratra bukkantam. Mintha ajtó zárta volna el, de könnyedén kinyitható volt. A járat tele volt szikrázó, fénylő kincsnek tűnő kövekkel, kőzetekkel. Izgatottan hívtam fiamat, aki a vezetővel együtt távolabb volt tőlem; siettettem, hogy ők is minél előbb láthassák az érdekes leletet. A vezető – holott a távolból nem látta mindezt, mégis – megerősítette szavaimat. Valóban ősi kincsekre bukkantam. Előresietett, fiam lemaradva követte. Ekkor egy nyílás támadt a járat alján, és a vezető férfi – aki ekkor középkorúnak tűnt fel – hirtelen zuhanással eltűnt a mélyben. Lentről ijesztő, vérfagyasztó hangzavar hallatszott. Meggyőződésem volt, hogy sok-sok sárkány őrülten üvölt a mélyben, és a vezető oda, közéjük zuhant le. Fiamra ráparancsoltam, hogy ne jöjjön tovább, forduljon vissza. Közben a barlang teljes sötétségbe borult, mivel a lámpa a vezető kezében volt, így én nem mertem visszaindulni. Körülnéztem. Lassan felülről mintha halvány fény világította volna meg a barlangüreget. Elkezdtem mászni felfelé abban a reményben, hogy a mélyből feltörő sárkányok oda, a magasba már nem követhetnek. Biztos voltam abban, hogy fiam visszafordult, vagy ottmaradt megbújva, esetleg más utat választott. Gondoltam, hogy a sötétben valószínűleg nem indul el utánam, mivel akkor a nyíláson át ő is a mélybe zuhanhat. Egyre magasabbra másztam, és mintha egy régen megkövesedett fa gyökerein kúsztam volna felfelé. Mikor a legmagasabb pontra értem, a fa gyökérzete egy hatalmas póknak tűnt, és én a potrohán hasaltam. Ekkor saját testem melegétől a „pók" életre kelt, és a köves indák – a pók lábai, amelyeken előtte felkapaszkodtam – mozogni kezdtek, de még csak kicsiny mértékben. A különös az volt, hogy nem féltem az érdekes élőlénytől, sőt tőle vártam a menekülést. Olyan érzésem volt az álomtéren túl, mintegy a feldolgozás időszakában, hogy nem csupán számomra jelent ezen élőlény menedéket, hanem a fiam és a vezető segítségére is fog sietni. Lenézve a mélybe rengeteg sárkány üvöltött rettenetes hangon. Fentről egészen picinynek, szinte játékszerűnek tűntek volna, ha nem hallottam volna félelmetes hangjukat. Egyáltalán nem féltem.

Az álom feldolgozása során tudtam, hogy a barlang a tudattalan birodalmát jelenti. Megleltem a kincseket, de újabb veszedelem fenyegetett a sárkányok személyében. A vezető a „férfikép" jelképe, aki a fiam számára is a vezető szerepét tölti be. Eltűnésével minden sötétségbe borult, mert a lámpa nála volt. Közben mind magasabbra mászva a „pókszerű" élőlény menedéket nyújtott a számomra. Tehát tovább kell mennem a tudattalan birodalmában, mind feljebb és feljebb, vagyis mind beljebb és beljebb kell jutnom, akkor a pók menedéket jelent nemcsak a számomra, hanem a fiam és a vezető részére is.

Ezután az álmaim terén érdekes fordulat történt. Az álomképek jelentése, az álom feldolgozása már az álomtérben megindult, és félálomban folytatódott a gondolatmenet. Így gördülékenyebben azonosítottam be az adott álom szituációit a valóságba.

A következő animus – anima álom során kedvesem élve akart koporsóba zárni. Én egy másik alakban is jelen voltam, és láthatatlanul maradva néztem végig az egészet. Mikor le akarta szegezni a koporsót, akkor az ajtó kinyílt, és egy fiatal pár jelent meg. Mi voltunk fiatal korunkban, vagyis én és egy fiatal férfi, akit pontosan beazonosítani nem tudtam, de tudatában voltam annak, hogy összetartozunk, összetartoztunk. Én a koporsóban meg akartam szólalni: „Ezt nem teheted, hiszen még élek!"

Éppen ki akartam mondani, mikor érzékeltem, hogy láthatatlan énem figyelmeztetni akar, de a hangja nem volt hallható. Drukkolt, nehogy megszólaljak, hiszen akkor kedvesem lelepleződik, illetve megakadályozom őt ezzel valamiben. Ezáltal a fiatal pár előtt ő – vagy pont a pár – megsemmisül.

Az álmom feldolgozása során felfigyeltem arra, hogy az álomtérben három alakban voltam jelen, mintegy háromszöget alkotva. A láthatatlan alakom a belső énemet jelképezte. Érdekes volt, hogy figyelmeztetése nem volt hallható, pedig maga az álom volt az intés, csak azt nem tudtam még, hogy mindez mire hívja fel a figyelmemet. A fiatal pár nőalakja a múltat, ugyanakkor a jövőt jelképezte egyszerre. A koporsóbeli alak a jelenkori szerepszemélyiségem, amelyet kedvesem eltemetni készült. Tehát a szerepszemélyiségemen belül további változtatás szükséges. Milyen irányban? Erre kell választ kapnom a továbbiakban. Ugyanakkor ismét feltűnt az ismeretlen férfialak. Tudtam, hogy összetartozunk, illetve összetartoztunk, de megfejteni a talányt még mindig nem tudtam.

A következő álomban a szerepszemélyiségemmel kapcsolatos változtatás került előtérbe. Álmomban a fürdőszobai WC-tartály elzárócsapja meghibásodott. Nem tudtam elzárni, ömlött a víz. Mindent elárasztott, az egész fürdő úszott. A tartályból zuhogott rám a víz, mint egy nyári zápor. Tisztaság, fehérség, megnyugtató harmónia fogott körül. Mégis nyugtalan voltam, mert a vizet nem tudtam elzárni. Átrohantam a szomszéd szobába. Édesanyámat kerestem. Segítséget, tanácsot akartam tőle kérni. Mindenki mélyen aludt, éjszaka volt. A sötétben nehezen találtam meg édesanyámat, de ekkor rádöbbentem: „Nem ébreszthetem fel. Különben is, nekem kell e problémát megoldani" – futott át rajtam a gondolat. Az álom ezzel ért véget.

Az ébrenlét és álom határán átgondoltam, visszapergettem az álmot. Nyilvánvaló volt azonnal a számomra, hogy a rám zúduló víz az érzéseim feltörését, az érzést, mint funkciót jelképezi a számomra. Tehát nem tehetek mást, hagynom kell a belső érzéseket, hogy feltörjenek a mélyből, helyre kell ezeket tennem, és így az érzést, mint funkciót kifejleszthetem magamban. Így elérhetem a tisztaság, fehérség megnyugtató harmóniáját. Hiába akarnék tanácsot kérni, ezt egyedül én oldhatom meg. Ugyanakkor a víz a tudattalant is jelképezte. Mélyen a tudattalanban lévő, eddig elnyomott, árnyékba kényszeríttet dolgok feltörését jelezte a számomra az álmom. Ezek feldolgozásában továbbra is segítségemre voltak a tanfolyam témakörei. Az elkövetkező időszakban az apakomplexus, az anyakomplexus, az életközépúti forduló, a nevezetes számok és a családi tudattalan kapcsolata került terítékre.

Jung tanulmányozta az ősi keleti misztériumvilággal kapcsolatos dokumentumokat. Többek között a tibeti halottaskönyvet is. Ebben egy érdekes leírás található a születéssel kapcsolatosan. Fény és istenalakok – melyek között haragvó lények is vannak – kergetik a megszületendő lelket az anyaméh felé, majd megtörténik az újraszületés. Közben látja árnyként, emberalakok formájában leendő szüleit. Férfi lélek esetében vonzalom alakul ki az anya iránt, és ellenszenv az apa iránt. Női léleknél pedig vonzalom az apa iránt alakul ki, és ellenszenvet érez az anya iránt; önmagát éli át anyaként. Feladat a megszületendő lélek számára, hogy feladja a gyűlöletet, a haragot, az ellenszenvet, megteremtse az összhangot önmaga férfi és női része között, vagyis az anya és az apa iránti érzései között. Felismerje, megtalálja, megteremtse az ellentétes lélekrészei közti egységet. A kettősség, a dualitás önmagán belül ez által integrálódik. Mindez egy egész életre szóló program az ember számára.

Freud szerint a család egy mérleghez hasonlítható. Az apa és az anya a mérleg serpenyői, a gyerek pedig a mérleg nyelve. Szerinte a fejlődés, az előrehaladás alapja, hogy a szexuális töltésű pszichikus energia áramlása következtében hol az apa, hol az anya nyomja el a gyengébbet. A gyerekben pedig minden családi konfliktus lecsapódik. Harmonikus családban ez gördülékenyebben, nagyobb gondok nélkül zajlik le.

Az apakomplexust Oidipusz-komplexusnak is nevezik. Kisgyermekkorban az anya és a fiú jó kapcsolatban van, majd a gyermek felfedezi az apát, aki szintén szereti az anyát. Az apával szemben ellenszenv alakul ki, rivalizálás az apával. Ez a tetőfokát a serdülőkorban éri el. Engedetlenség, cinikus viselkedés jellemző erre a korra. A belső, közvetett kommunikáció megnyilvánul az anyának szóló kedveskedés formájában. Előbb tesz meg valamit, mint az apa. Jellemző erre a korra az apa ruháinak, használati tárgyainak az elvétele. Később függetlenedik az anyától és az apától is. Férfiassá válik, ez a párkeresés időszaka. Majd ezt követően a családalapítással kezdődik minden elölről, de most már ő az apa a feleségével szemben is.

Leánygyermeknél a rivalizálás az anyával csak kis mértékben jelentkezik. Serdülőkorban a nőt játssza, ekkor az apával pozitív viszony alakul ki. Felnőttkorban szereti az apját, de már levált róla. Férjhez megy, és kezdődik minden elölről, de most már ő az anya, gyermekei anyja, és a férjének is anyjává válik.

Az Oidipusz-komplexust jól és rosszul is lehet kezelni. Ha a családban az anya erős egyéniség és az apa gyenge személyiség, akkor az egyensúly felborul. Az anya nevel, az apa csak statisztál ehhez. A kiegyensúlyozás akkor alakul ki, ha egy erős férfiideál – nagybácsi, fiútestvér – van a közelben. Ha nincs apa, akkor az anyának kell mind a két szerepet betölteni, de ez nem megy tökéletesen. A gyerek átveheti az apa szerepét, vagyis egy kis apává válhat. Ha az apa túl erős, és az anya gyenge személyiség, akkor az egyensúly szintén felborul. Bizonytalanná válhat a fiú, áldozatként éli meg magát. Ekkor előfordulhat, hogy egy szadista, uralkodó partnert keres, vagy ő maga válik erőszakossá, uralkodóvá, és mazochista partnert keres. Az élet folyamán gond jelentkezik, ha a szülők és a gyerek ritkán találkoznak. Ez akkor is megnyilvánul, ha a szülők jelen vannak, de nincs meg a megfelelő lelki kapcsolatuk a gyermekkel, vagyis az önzetlen szülői szeretet terén hiányt szenved a gyermek. Ekkor krónikus anya- vagy apa-, illetve mindkét szülő hiánya jelentkezik a gyermekben. Laza kötés és hiányos apa- vagy anyakép alakul ki. Felléphet önkényes lázadás az apával – vagy anyával –, illetve mindkét szülővel szemben. Világgá ment fiúk, lányok, túl korai szexuális kapcsolatok, drogok fogyasztása léphet fel, vagyis negatív irányban indul el a gyermek. Ilyenkor a gurukomplexus is felléphet, és túl erős formában jelentkezhet. Példaképet, vezetőt keres maga számára a fiúgyermek. Ezek azonban az apa szerepét nem tölthetik be, nem szabad apapótlékká válniuk, mert ebben az esetben a guru szerepe túlzottan felerősödhet. A gyermek nem válik szabad emberré, függőségi helyzetben marad, ilyenkor szektákhoz csapódhat. Ezt a helyzetet a szekta vezetője kihasználja, a szekta tagjait kiskorúságban tartja, és ezáltal kialakul a teljes függőségi helyzet.

Adler elveti Freud Oidipusz-komplexusával kapcsolatos nézeteit. Az apakomplexust a nevelés következményének tekinti. Csupán csak az elrontott nevelés eredményének tartja. Szerinte a hatalmi harc következtében váltakozva éli meg a gyerek hol az apa, hol az anya fölényét. Mindkét szülőnek hatalma van a gyerek felett. Velünk született gyengeség ez, a méhen belüli fejlődésre vezethető vissza. A gyenge pontokon keresztül behatolnak a lelki kórokozók. Konfliktusok hatására e pontokon a pszichikus energia elnyelődik. Ha az apa egyoldalú követelésekkel áll a gyerek elé, ha leértékeli, cikizi, akkor fokozódik a gyermekben a rivalizálódási törekvés. A libidó, a pszichikus energia, ami szexuális is, az apáról átirányul az anyára, akinek a szerepe a szeretet átadása. Amikor a pszichikus energia túlságosan leszakad az apáról és az anyához kötődik, akkor gond merül fel. Adler ezt hatalmi, és nem szexuális kérdésként tekinti. Szerinte fontos, hogy hányadik gyermekként születik a családba az adott egyén. Az elsőszülöttnek kiváltságos helyzete van; ő a stafétabotot továbbvivője. Jó viszonyban van az apával, apaszerű helyzetbe kerül a többi gyermekhez viszonyítva. Bizonyos szituációkban át is veheti az apa szerepét. Az utolsó szülött – ha fiú – esetében az apa szerepe már lecsökken. Jelentkezik az elkényeztetés főleg az anya részéről, de az apa és a nagyobb testvérek hatására is. Túlkompenzálásra hajlamossá válhat, elanyátlanodhat, de művésszé vagy a család megmentőjévé is válhat. A középső gyermek – ha fiú – esetében se kicsi, se nagy az apa hatása. Mindkét szülő részéről kihívásnak, nyomásnak van kitéve. Ingataggá válhat, vagy nagyon is erős lesz. Az egyke gyermeket túlságosan féltik, még jobban elkényeztetik, mint más családban a legkisebbet. Az elsőszülött és az utolsóként született gyermek minden negatívumát magában foglalhatja, akár hipochonderré (képzelt beteggé) is válhat.

Jung nem bontotta szét külön-külön Freud és Adler nézeteit, hanem elfogadva ezeket bővítette a képet. Őszerinte az is fontos, hogy a család tagjai hol tartanak a saját individuális folyamatukban, az önmegismerésben, az önfejlődésben, az önmegvalósításban. Ha ezt nem vesszük figyelembe, akkor a szülőket okolnánk mindenért, így bűnbakká válnának a gyermek szemében. De szerencsére nem ez a helyzet, mivel egy adott családi közösség nem az első. Számtalan előző család volt már a nemzetségben az adott családfán belül, és még számtalan család követi a jelen családi közösséget. Nem lehet ezért az adott szülőket okolni minden negatív szituációért, hiszen ők is az őseik örökét hozták magukkal, vagyis hibákat és jó tulajdonságokat is. Ugyanígy a gyereket sem lehet bűnbakként kezelni, mivel ő is saját ősei örökségéből hozott magával hibákat, illetve jó tulajdonságokat. Itt kellene a tradíciókat, a hagyományokat továbbvinni, és a családi generációs problémákat feloldani. A régi hagyományok az ősök tiszteletére épültek. Az adott helyzetnek az ősök okai is voltak, de mégis előrevitték, továbbadták az ismereteket. Áldozathozatalra kényszeríttették, illetve megfelelő módon felkészítették erre a gyermeket. A beavatási szertartások ezt a célt szolgálták. A látható és nem látható elődök szexuális, hatalmi és individuális konfliktusait fel kell tárni, majd ezeket feldolgozva feloldani. Összhangba hozva a családfa vonatkozásában, globális egészébe behelyezve felfoghatók és feloldhatók a nemzedéki ellentétek. Jung a családot, mint archaikus egységet fogta fel, és a konkréttól a tágabb keretek felé terjesztette ki ezeket a képeket. Fontos a mitikus időrend, vagyis a generációk egymásutániságának a jelentősége. Destruktív (romboló), aki bántja az őseit, mivel megtöri a generációk egymásutániságának a rendjét. Az egyén számára döntő, hogy foglalkozzon olyan dolgokkal, amelyek az ősei hagyományához tartoznak. Mindez megmutatja a család tér- és idő-aspektusát (szemléletét, nézőpontját). Például a tradíció (hagyomány) felkutatása a családon belül. Ennek keretében meg kell vizsgálni az egyénnek önmagához, a családhoz, az ősökhöz, az emberiséghez való tartozását.

A matriarchális társadalom idején nőuralom volt. A nők válogatás nélkül éltek szexuális kapcsolatot a férfiakkal. Ez volt az amazonok időszaka. A család az anyatiszteletre épült. A Földet, az éjszakát elsődlegesnek, meghatározónak tekintették. A matriarchális társadalmat később felváltotta a patriarchális társadalom. Individuálisan az embereket elválasztotta egymástól. Szimbolikusan úgy tekinthetjük, mint átmenetet az éjszakából a nappalba. Az anyakomplexus kialakulásában döntő, hogy hogyan érez a lány az anyja iránt, illetve milyen kapcsolat alakul ki anya és lánya között. Kezdetben ez a kapcsolat harmonikus, később a serdülőkorban megindul a rivalizálás az apa szeretetéért. A leány túllicitálja az anyját. Felnőttkorra a leválás megtörténik. Ekvivalensnek, egyenrangúnak tekinti magát az anyjával, nőiessége beteljesedik, a másik nem felé fordul. A feminizmus felerősödésével nagyon kifejlődik az anyai ösztön. Ha ez a női egyenjogúság felé irányul, akkor kérdésessé válik a családon belüli összhang. Előfordulhat, hogy erős hatalomvággyal ragaszkodik az anya a gyerekeihez, gátolva ezzel felnőtté válásukat. Képtelen elviselni leszakadásukat. Minél kevésbé tudatos ez a nőben, annál erőszakosabb a hatalomvágya. A valóságban az anya és az apa viszonylatában a terhek közös viselése lenne az optimális, vagyis, hogy váltakozva valósuljon meg a hatalom a családban. Ha a leány azonosulást vállal fel az anyával, akkor a leány egyénisége megsínyli ezt. Az anya árnyékaként éli meg az életét. Az is előfordulhat, hogy az anya ezáltal elszívja a lány elől az életerőt. Sápadt, ifjú leány, akinek nincs önálló akarata. Negatív anyakomplexus is kialakulhat – ez valójában defenzív védekezés. Bárhogyan, csak nem úgy, ahogy a mama akarja. Nagyon érti a nem akarást, de azt nem tudja, hogy mit akar valójában. Gyakran olyan férjet választ, mint az anyja. Ekkor a férj és anyós közti komplexussal tetéződik a helyzet. Menstruációs zavarok, nehéz teherbe esés, viszontagságos terhesség jelentkezhet szomatikus panaszként. A fiú anyakomplexusa abban nyilvánul meg, hogy minden nőben az anyját keresi, vagyis anyát keres. A serdülőkorban az apával hadakozik. Fokozatosan felfedezi anyja nőiességét, ezt elfojtja, de kivetítődik más nőkre. Minden nőben saját anyját látja, a nőket anyjához viszonyítva értékeli. Mivel senki sem fogható ehhez az egyoldalúan kialakított „ideálképhez", így minden nőt – aki az életében bizonyos szinten fontos a számára – leértékel. Előfordulhat homoszexualitás is. Kialakulhat a nőkkel szembeni előítélet, nőgyűlölet, vagy egyszerűen lebecsüli a nőket. Férfiak társaságát keresi, az anyjával azonban továbbra is jó viszonyban marad. A barátságot esetleg többre értékeli, mint a szerelmet. Őszinte, önzetlen odaadással képtelen partnere felé fordulni. Valójában az ilyen egyén megreked a serdülőkorban. Probléma merül fel az egyén individuális fejlődésében akkor is, ha az apához alakul ki erős kötés. Tehát bármely szülőhöz való erős kötődés az egyén fejlődését behatárolja, gátolja. Az erős kötődés az apához az erős lányokat és a gyenge fiúkat veszélyezteti. Ezt az anyával való kompenzáció, illetve a jó női ideál, és annak megfelelő élő képviselője oldhatja fel. Az erős kötődés az anyához az erős fiúkat és a gyenge lányokat veszélyezteti. Ezt az apával való kompenzáció, a jó férfiideál, és annak élő képviselője egyenlítheti ki. Az egy családban élő gyermekek komplexusai eltérőek. Minden egyénnél más és más a helyzet. A nő helyes szerepének értelmezése, megtalálása, fenntartása nagyon fontos a család életében. A fejlődéshez a normál komplexusok hozzátartoznak. Fontos, hogy ezek változatos hullámzást, fejlődést biztosítsanak a családnak, a család tagjainak. A jelenkor a szimultán változások korszaka. Minden lehetséges, de lehet, hogy semmi sem lesz. A nő helyzete a férfi függvénye. Például a háztartásbeli nő egyértelműen a férjétől függ. Ha a nő dolgozni kezd, akkor a férfivezetőtől függ. Munkája terén anyagilag, erkölcsileg nincs úgy megbecsülve, mint a férfi. Erotika terén szintén a férfitól függ. Jung kimondja, hogy még mindig nincs igazán döntő tényezőként tekintve a nő személyisége az élet különböző területein. Ha ez mégis létrejön, akkor a nő férfiassá válik. A másik probléma, hogy a nő hagyja magára vetíteni a férfi érzéseit, illetve hagyja magára kényszeríteni a férfi akaratát. Azonban minél nagykorúbb egy nő, vagyis ha magára talál, akkor ez kevésbé hiba. Nem csupán naivitásból áll a nő, hanem együtt tud működni a tudattalanjával. A rivalizálás és passzivitás váltakozásával irányítani képes a férfit, vagyis képes a rabjává tenni, de ezzel ő maga is rabbá válik, csapdába esik. A férfinő kapcsolat árnyékos terület, de néha szükségesek a kontrasztok. A modern nő esetleg lemond nőiességének egy részéről azért, hogy érvényesüljön. De a vezető pozícióban lévő nők magányossá válnak, s mindezt problémaként élik meg. Aki férfi módra dolgozik, az el is férfiasodik. A probléma gyökere ott rejlik, hogy az animus és az anima mindenkiben más és más. Amikor azonban valaki természetes állapota ellenére él, ez zavart jelent a számára. A felelősség kölcsönös felvállalásával teljes kapcsolat, párhuzamos lelki energiaáramlás alakul ki a partnerek között, azonban ezen a téren a modern ember még tanácstalan. Jung szerint ahol a férfi árnyéka van, ott található a nő. A férfiak kivetítik a nőkre a vágyaikat. A lebecsülés és a túlbecsülés között ingadoznak. Az animus és az anima könnyen torzul, könnyen manipulálható. A férfi és a nő is átmeneti állapotban van, ezért nehéz a köztük lévő ellentétek feloldása. Jung véleménye szerint totális háború fenyeget férfi és nő között, ez pedig különböző szinteken nyilvánulhat meg. Magyarországon jelenleg eléggé masszív feudalizmus uralkodik a nő helyzetének elismerése terén. Az alattvalói tudatú nő képe az uralkodó, és e nők száma a több. A mai ember kénytelen a jövőt is építeni, és ugyanakkor építve rombolni. Azonban globálisan nézve ez nem vezet megoldásra. A nő számára konfliktust jelentő kérdéssé válik, hogy mibe fektesse be a lelki energiáját abban a helyzetben, ha nincs gyereke. Valami mást kell megvalósítania, különben önmagával kerül ellentétbe. Ez manapság elég sok nőt érint, főleg a vezető szerepet vállalók kerülnek ilyen helyzetbe. A nő az Erósz hordozója, a férfit pedig a Logosz határozza meg. A férfi nem szereti, ha a nő őt kizárólagosan akarja birtokolni, de ugyanakkor ő a nőt mindenkor kizárólagosan birtokolja, tulajdonának, tárgynak tekinti. Ez jelenleg a férfiak többségére jellemző. A nőt a lélek dolgai foglalkoztatják, született pszichológus, az érdekli, hogy mit érez a férfi, és miből erednek ezek az érzések. A szerelem a nőknél nemcsak érzelem, hanem élni akarás is. A férfinél az érzelem – sokszor ez nagyon mély is lehet – mellett még más is létezik. Más dolgok, más személyek iránt is érdeklődik. A párnak a köztük lévő kapcsolat terén meg kell találnia a közös nevezőt, partnerekké kell válniuk, képessé kell válni az újrakezdésre, a változásra. Megtalálni újra és újra egymást, közösen alkotni – ez az ember új útja –, vagyis a köztük lévő kapcsolatot saját maguknak kell feltalálni, megtalálni. A szellem és a szerelem összefüggenek egymással. A szerelem garanciája a szellem, és fordítva: a szellemet meghatározza a szerelem. Fontos, hogy a nő ne kövesse vakon az Erószt, hanem gondolkodjon is. Ne hagyja magát az Erósz szolgájává tenni. Tehát az érzések és a gondolkodás harmóniájának a megteremtésére kell törekedni, ez azonban spontánul nem alakulhat ki, csakis tudatos önfejlesztéssel érhető el. A férfit szerető, annak intellektuális értékeit nagyra becsülő nő, valamint a női lelket szerető és nagyra becsülő férfi a jövő ideálképe. Ha a férfi nem érti, nem szereti, nem becsüli a nő lelkét, belső lelki valóságát nem fogadja el, akkor a kapcsolat véget ér. Ugyanez a helyzet akkor is, ha a nő nem becsüli, nem értékeli, nem szereti a férfit, mint az intellektuális értékek hordozóját. A modern, gondolkodó emberhez a magány is hozzátartozik. Ez az időszak alkalmas a problémák elemzésére és feldolgozására, a feloldásuknak megtalálására. Minden probléma két dolgot jelent. Egyrészt a tudat tágítását, másrészt a tudattalan infantilis álláspontjának a feladását foglalja magába. Vagyis búcsúzást, meghalást, ugyanakkor találkozást, újjászületést is jelent. A pszichikus problémák esetén mindig olyan alapvető korlátok mutatkoznak meg, amelyekre előzetesen bezárkóztunk. Azonban nemcsak problémák jelentkeznek, hanem egyre újabb és újabb alternatívák, lehetőségek is. Amennyiben az egyén megoldást keres és talál saját problémáira, akkor máris önmagáért tett, előrelépett.

ÖTÖDIK FEJEZET

Az életközépi forduló hatása az életemre

A gyermekkorban, mint egy szigetvilágban élünk. A kapcsolatainkkal hidakat verünk. Építünk, de ezek csak bizonyos irányokban engedik meg a cselekvést. Mindez a tudatban is megnyilvánul, és korlátozza az egyént. Serdülőkorban a tudat kitágulása megindul. Problémák, ellentétek alakulnak ki a szülőkkel. Hálátlan korszak ez. A nagy változások ideje. Duális, meghasonlott állapot a szülőkkel, önmagunkkal, a világgal.

Az öregkor előtt, az élet közepén van még egy ilyen hasonló kitüntetett pont, ahol megmutatkozik, hogy átmegyünk egy másik térfelébe az életnek. Ez az időszak megközelítően harmincöt és negyvenöt éves kor körül következik be, vagy elhúzódhat, néha előre is jöhet, de később is jelentkezhet. Egyszerűen nincs teljes pontossággal meghatározható időpontja, mivel az adott egyén belső önfejlődésétől függ. Minden ember életében azonban ez az időszak előbb vagy utóbb elérkezik. Ekkor – hasonlóan, mint a serdülőkorban – nagyarányú átformálódáson megyünk keresztül. Akik életük során sokat küzdöttek a világgal valamint önmagukkal, és a tapasztalataikat felhasználva az önmegvalósításuk útján megtették a megfelelő lépéseket, azok előnyösebb helyzetbe kerülnek ebben az időszakban. Akik viszont könnyen alkalmazkodtak az első időszakban, vagy az adott helyzetekben vonakodtak megtenni a megfelelő lépést önfejlődésük érdekében, azok nehezebben boldogulnak, lassabban jutnak előre életük elkövetkező szakaszában. A forduló időszakában a legnehezebb helyzetben azon egyén van, aki egész életében az elodázást, a szőnyeg alá söprést, a struccpolitikát alkalmazta, és nem nézett igazából szembe az élethelyzeteivel, önmagával. Ez attól függetlenül így van, hogy mindezt esetleg úgy élte meg, mint a külvilággal és környezetével való kemény küzdelmet. Valójában ilyenkor önmagával, belső valóságával küzdött. Ebből a helyzetből kitörni nagyon nehéz – de nem reménytelen –, mivel kemény szembesülést igényel az elnyomott tudattalannal. Általában a legmélyebb pontra eljutva indul be a változás folyamata. Rövid- és hosszútávfutás ez, és az ember nem tudja, hogy meddig tart a futás.

A második életfélnek vannak neurotikus megnyilatkozásai is. Ilyenkor az egyén nem tudatosít magában valamilyen problémát. Tisztázni kell: „Mire nézve akarunk vagy nem akarunk fejlődni?" Ellenállás alakulhat ki az élet kis táguló indíttatásaival szemben. Meg akarja őrizni az egyén az árnyékába kényszerített, tudattalan képeket. Minél jobban közeledünk életünk délutánjához, annál jobban felfedezzük életünk lényegét, de nem figyelünk oda arra, hogy egyéniségünk egyoldalúan fejlődik. Az életút második felének van biológiai és pszichológiai feladata. Ez a tudatos önfejlesztés időszaka. Feltárva a tudattalanban rejlő pozitív lehetőségeket, formálhatjuk a személyiségünket. Így a kétfunkciós – félig magára talált állapotból – eljuthatunk a háromfunkciós, háromnegyedig magára talált állapotba, majd a négyfunkciós, kiteljesedett állapotba. Ezáltal az élet célja kitárul, az egyén élete kiteljesedik, az életútja továbbra is felfelé tart, és a lelki fejlődés, a szellemi gyarapodás kerül előtérbe. Így képes felkészülni az öregedés időszakára, majd az öregkort tartalmasan megélve felkészül a halálra. Azonban ez már számára egy átmenetet jelent a halálból egy másfajta, teljesebb életbe. Így a második életfélben felkészül erre a másfajta, túlvilági életre is, hiszen ebben az időszakban az anyagi dolgok helyett a lelki tényezők játsszák a döntő szerepet az életében. Szemléleti változásra lenne szükség, amely mindenkinek a rendelkezésére áll az élet közepén, csak attól függ, hogy az adott személy ezt miként használja ki. A második életfél titkaival való megismerkedés mintegy hasonlatos a beavatási szertartáshoz. Döntő a maradandóság, a hosszútávú értékek megalkotása. Ezek értelmet adnak a második életfélnek, és lehetővé teszik a túlélést a legnehezebb helyzetekben is. Az életközépi fordulat egy 180 fokos fordulat, a teljes élet, a dicsőség záloga.

Ha nem ismerjük fel az életközépi fordulóban rejlő nagy lehetőséget, ha mindezt nem használjuk ki pozitív irányú önformálásunkhoz, ha megrekedünk saját tudattalanunk labirintusában, akkor e fordulón úgy jutunk át, hogy egy negatív, lefelé ívelő út marad nyitva előttünk és elindulunk lefelé, az öregedés felé. Ekkor képtelenné válunk arra, hogy – felhasználva az új lehetőségeket – tartalommal töltsük meg életünket. Lélekben bezárulunk, testileg összetörünk. Az életnek azonban úgy van értelme, ha képesek vagyunk az utolsó pillanatig tartalmasan, örömmel megélni. Erre akkor vagyunk képesek, ha életünk delén, ezen fordulóban szembe merünk nézni önmagunkkal, lebontjuk önmagunk gátjait, akadályait, és így szabaddá téve az utat elindulunk a teljesebb élet felé. Ezáltal ez a forduló valóban az élet közepét jelentené, és a hátralévő, újabb életfelet jó egészségben, tartalmasan élhetnénk meg. Ezzel lelkileg és szellemileg frissek, fiatalok maradnánk. Így nem lenne lehetetlen az sem, hogy akár száz évnél magasabb életkort is tevékenyen, egészségben élhessünk meg. Távlati cél, de elérhető, tőlünk függ csupán.

Ezen előadást követően az előadó egy képet mutatott meg nekünk, majd megbeszéltük, hogy kiben mi maradt meg, mi volt szembetűnő a számára a képen. Gyorsan lejegyeztem a képpel kapcsolatosan mindazt, ami első látásra feltűnt nekem.

A kép egy széles utcát ábrázolt, kétoldalt házsorokkal. Az utca végén egy kupolás épület állt. A megbeszélés során kiderült, hogy ez egy pályaudvar, de már a kép szemlélése során én magam is erre gondoltam. A megérkezést, illetve az új vágányon való elindulást jelképezi, szimbolizálja. Maga az út az életutat ábrázolja. Sok tárgy volt szembetűnő káoszos összevisszaságban a kép első részében. Ezek közül a következők emelkedtek ki a számomra: egy szál rózsa – a szeretet jelképeként. Két kéz egymás felé fordulva – a szülőket, a szülői ház melegségét, biztonságát, inspirációját tükrözte, amelyek eddigi életem során nagy hatással voltak rám. Ételek, két üveg (az egyik fekete, a másik fehér) – az életem jelképes tárgyai. A fekete üveg az ital jelképeként mint-

164

egy az életemben környezetem általi, külső, negatív hatásként megélt valóságot tükrözte a számomra. A fehér üveg az „élet vizé-nek" jelképeként jelent meg. LOVE – négy kockán lévő betűkkel kirakva –, az emberi kapcsolatokat, a kommunikációt, a szerete-tet tükrözte. Az utca két oldalán a házak a környezetet jelentet-ték nekem, amelyben életem zajlik. Végül a kép fele táján tojás alakú, kőszerű alakzatok zárták le a sort. Ebből kettő egymás közelében volt, a harmadik távolabb, de mind a három egy vo-nalban. A kövekkel egy vonalban, de a tárgyaktól, az úttól kissé távolabb egy férfialak állt mintegy szemlélve, visszatekintve az útra, gondolkozva azon, hogy tovább menjen előre vagy itt ma-radjon, esetleg más irányba induljon el. Az út további része tisz-tább volt, csak egy mérlegszerű lámpaoszlop foglalta el a helyet, mintegy szimbolizálva a megmérettetést, amely még hátravan a pályaudvarra való megérkezés előtt. De maga a pályaudvar tu-data is újabb képzeletsort indított el bennem, hiszen a pályaud-varról a tér minden irányában indulnak vonatok. Tehát ez csak egy olyan megérkezés, amely magában rejti az újabb, sokfajta lehetőség felé való elindulás valóságát. Maga a kép az életközé-pi fordulót jelképezte. A három tojásszerű kő mintegy határkő-ként zárta le az eddigi utat. Szembetűnő volt a férfialak, aki e kövekkel egy vonalban állt az út mellett. Az ő szerepére teljes magyarázatot nem kaptam önmagamból, csak egy sejtés alakult ki bennem, amely azt jelezte, hogy a jövőben fog majd szerepet játszani. A megbeszélés után mindenki nyilatkozott, hogy saját magát hova helyezi a képen. Én úgy érzékeltem, hogy már túlju-tottam a fordulón, megközelítően a mérlegszerű lámpaoszlopnál, a megmérettetésnél tarthatok. Akkor még nem is sejtettem, hogy valójában e forduló legnehezebb csatáját vívom önmagammal.

A következő napokban egész héten át, különböző időpillana-tokban, váratlanul újra és újra egy számsor ugrott be a tudatom-ba. Ez a következő számokból állt: 0, 1, 2, 4, 8 és a végtelen jele. Érthetetlen volt a számomra, és nem találtam rá magyarázatot. Több alkalommal a legváratlanabb szituációkban jutott eszem-be. Végül elérkezett a következő előadás, amelyen a nevezetes számok és a családi tudattalan kapcsolatával foglalkoztunk.

A téma eredetileg később került volna sorra, de az előadó előrehozta. Sejtettem, hogy a bennem előbukkanó számsornak lesz valamilyen kapcsolata az adott témával. Egyébként már ezt megelőzően is felfigyeltem arra, hogy egy-egy témát megelőzően, előérzetként az álomképeim, illetve az imaginatív képeim előrevetítik a témával kapcsolatos belső dolgaimat. A számok, mint minőségek is nagyon fontosak. Arisztotelész és Aquinói Tamás is foglalkozott az idővel és a térrel. Az időt, mint mozgó számot, és a teret, mint álló számot vizsgálták, de még nem tudták a szoros összefüggést a kettő között. A számok szimbólumok is egyben. Az ötszög magában rejti az ötös számjegyet, szimbolikusan az embert jelképezi. A tízszög pedig, magában rejtve a tízes számot, az Isten szimbólumaként jelenik meg. „A mérték, az Atya, a szám, a Fiú Isten és a súly, a Szentlélek által rendeztél el mindent" – mondták az ókoriak Istenről.

A páratlan számok – 1, 3, 5, 7, 9 – Nap-számok. A páros számok – 2, 4, 6, 8 – pedig Hold-számok. A kettő kombinálása során alakul ki, hogy az ember Nap-években és Hold-hónapokban gondolkodott. Kezdetben a számokat nemcsak számolásra használták, hanem a minőség kifejezésére is. Az ember ősképe nem létezhetne bizonyos számarányok, szimbólumok nélkül. A számok a tudattalanban is jelen vannak.

» 0 – elveszi a semmit és a mindent. Indiai eredetű. Egyszerre a semmit és a mindent is magában foglalja. Saját farkába harapó kígyót jelképez. Mint kör, a teljességet is szimbolizálja.

» 1 – a Nap, mint csillagkép szimbóluma. EGY – Egységet jelent. Egy az Isten, a Nap és minden, ami nem ismétlődik. Az ember számára a személyiségének megfoghatatlan egységét jelenti, amely azonban a komplexusok és egyéb hatások folytán megbomlik, majd az egységet magasabb fokon újra meg kell teremteni. Az egyes szám (monál), mint az én egységének szimbóluma. Egyedül birkózás az egység és sokaság között. Ez normális állapot, de fel kell dolgozni. Nem szabad megragadni. Páratlan állapotot jelent, önmagunkhoz kötöttségként nyilvánul meg, de ugyanakkor nyitottnak kell lennie az egyénnek a külvilág felé.

» 2 – duál, kettős állapotot jelent. A Holddal van összefüggésben. Az ősi kettősség a jin-jang szimbólumban tükröződik. A kettő egyszerre jelent indulást és érkezést, belépést és kilépést, lent és fent, bent és kint, és folytathatnánk a sort így tovább. A test két szimmetrikus oldala, a jobb és bal agyfélteke, a jobb és bal kéz, illetve láb, az érzékszervek kettőssége jelképezi az ember számára a testi kettősséget. Ugyanakkor az énnek, mint egységnek át kell mennie a kettősségbe, majd az ellentétek, ellentmondások feldolgozása, feloldása által az adott egyén újra megtalálja önmagát, önmaga egységét magasabb fokon. A kettősség ugyanakkor kétséget is jelent. Nem lehetünk úgy kettősségben, hogy ne legyenek kétségeink. A szerepszemélyiség a párkapcsolattal átalakul, vagyis a kettősség állapotában a szerepszemélyiség változik. Haladottabb állapot, mint az egység és a sokaság közti ingadozás. A párkapcsolaton belül mint monogám kettősségen belüli egységet hoz létre. Létrejön a MI egysége. Ez kiegészítő jellegű és konfliktusos állapot. Ha hosszú időn keresztül a konfliktusos kettősség jellemző, akkor ez a kapcsolat rovására mehet, ha nem változtatunk rajta. A MI egységén belül az egyéniség, az egyén önmaga nem veszhet el. A párkapcsolatban a felek kohéziója, összetartozása is nagyon fontos, mert különben nem tudnak együttesen nevelni. A kohézió kölcsönös egymásra hatásban, egymás nevelésében, dinamikus együtt fejlődésben nyilvánul meg. A párkapcsolatot tojástáncként is szimbolizálhatjuk, vagy fogaskerekek egymásba kapcsolódásával, illetve kavicsok egymáshoz csiszolódásával is jelképezhető. A párkapcsolaton belül az ego és a Selbst együtt fejlődik, az ego háttérbe szorul, a Selbst előtérbe kerül.

» 3 – a Mars, mint csillagkép a szimbóluma. A kelta hármas keresztre vezethető vissza. A hármas szám a hármasságot jelenti. Például az egyiptomiaknál a Napisten, aki mint kelő, delelő és lenyugvó NAP jelenik meg. A babilóniai Holdistennek is három alakja van. Az indiai Brahma, Visnu, Siva istenség, majd a görögöknél a három grácia, a Bibliában a három királyok és az Atya – Fiú – Szentlélek is a hármas számot szimbolizálja. A mesékben is sűrűn szerepel a hármas szám. Az emberi testen belül a testrészek – fej, törzs, végtagok – jelképezik a hármas számot. Az emberen belül mint test, lélek, szellem egységeként jelentkezik. Az individuális önfejlődésen belül három lépcsőfokként nyilvánul meg. A szerepszemélyiség és az árnyék ellentmondásának a feloldásában. Az animus – anima ellentétének feldolgozásában. Az ego – Selbst egyensúly megteremtésében. A kettősségek túlhaladásával, a szélsőségek kettősségén túljutva az egyén a tudat és tudattalan dialógusa által újra harmóniában megteremti önmaga egységét. A családon belül, a férfi-nő párkapcsolatában megjelenik a kis harmadik, a gyerek, illetve lelki gyermek. A lelki gyermek – a pár közös teremtő egysége – is teljes értékűnek számít ilyen téren. A gyermek mint a szerelem jutalma és büntetése jelenik meg, és ez mind a két formában érvényes. Ilyen módon kettősség nyilvánul meg. A kapcsolat milyenségétől függ, hogy hogyan látjuk, jutalomnak vagy büntetésnek tekintjük. A tojástáncot a gyerek belépésével egyre nehezebb megoldani, de jó esetben ez megvalósítható a teljesség, a közös egység felé.

» 4 – ősi Nap-szimbólum. A négyes szám a teljesség szimbóluma. Ennek Jung pszichológiájában is nagy jelentősége van. A teljes kör bezárul. Mandalák formájában nyilvánulhat meg. A teljes személyiség kialakulásában a mandaláknak nagy jelentősége van. Az emberi test vonatkozásában a négy végtagot jelképezi. Az egyén számára a személyiség teljes kiteljesedését, a négy pszichikus funkció kifejlődését jelenti. Selbst és mandalajelkép is egyben. A család szempontjából a második gyermek születése, illetve valamilyen közös alkotás léphet a második gyermek helyébe. Az egyről a kettőre, a kettőről a háromra, a háromról a négyre egyre nehezebb eljutni. Az individuális fejlődés nehéz folyamat, de ez vezet a Selbsthez. Ez nyilvánul meg akkor is, ha a gyermek felnő és elmegy otthonról. A szülők ketten maradnak, és mégis tovább kell vinni az életet, sőt továbbhaladni, fejlődni szükségszerű és célszerű. Nyitva áll az út két reális szereplő, a férfi és a nő személyében, és két szimbolikus közös alkotás formájában. Két tudat és két tudattalan áll egymással szemben. Ha megvalósul a kölcsönhatás és a harmónia, akkor ez is a négyeség szimbólumaként tekinthető. Ahhoz, hogy a kölcsönhatás létrejöjjön és a harmónia megvalósuljon, szükséges, hogy a nő tudattalanja kapcsolatba lépjen a férfi tudatával, a férfi tudattalanja pedig a nő tudatával. Ez csak akkor jöhet létre, ha mindkét fél mind a négy pszichikus funkciót kialakítja magában. Ekkor kölcsönhatás lép fel a férfi és nő tudata illetve tudattalanja között, valamint a tudat-tudat és tudattalan-tudattalan viszonylatában is.

FÉRFI	NŐ
Tudat – animus	Tudat – anima
Tudattalan – anima	Tudattalan – animus

Azonban vigyázni kell arra, hogy a külvilággal való kapcsolatainkat ne veszítsük el. De arra is, hogy mit engedünk meg a másiknak. Tehát nyitottnak kell lenni a külvilággal szemben, mert különben beszűkül az egyén, a pár, a család, de ugyanakkor a családon belül meg kell őriznie az egyénnek önmagát.

Ha ezek a számok nem realizálódnak, akkor az egyénen belül, illetve a családon belül megrekedés áll be egy kezdetleges állapotban. Előfordulhat, hogy még a mono-állapot, az adott egyén személyiségének az egysége sem alakul ki. Ekkor az egyén megragad a papánál, a mamánál, felnőttként marad kiskorúságban. A megrekedés az ego szintjénél is bekövetkezhet. Ekkor nem jön létre a duál állapot, a személyiség beszűkül. A társadalmi környezet behatárolja a helyzeteket, néha bizony elég nehéz előre jutni. Ha a duál állapotban megragad a pár – például nincs gyermek –, akkor fellép az egymás vádolása vagy az önvád. Infantilis (gyerekes) megállapodásokat kötnek egymás között. Egymást dédelgetik gyermekként. A megrekedés bekövetkezhet a triál állapotban is. Ekkor a szülők a fiatalok helyett gürcölnek, így nem tudják a saját életüket élni. A fiatalok infantilis állapotban ragadnak, a szülők pedig belerokkannak, ugyanakkor nem tudnak lelkileg, szellemileg fejlődni. Az egyénben az életközépi fordulót követően felmerül a sokaság, a társadalomhoz való viszony kérdése.

A kollektív tudattalan felőli megközelítés során az időt, mint mozgó számot tekintjük. Az időt, mint mozgó számot mozgásban kell tartanunk mindaddig, amíg élünk. Ez a fejlődés, az előrelépés lehetőségét biztosítja a számunkra. A harmadik életharmadban, az életközépi fordulót követően, a játéknak nagyon nagy jelentősége van. A tér-idő relatíve mozdulatlan, de ugyanakkor mozog is. Ha a számok körét megmozgatjuk, akkor ez már a véletlent és a valószínűséget is ábrázolni tudja. Például a pörgettyűre felírva a számokat (0, 1, 2, 3, 4, 5...). A régiek a sakkot és a kockát is használták jóslásra. A kockajátékot a halottakkal való kapcsolatteremtésre is felhasználták. Az istenek megkérdezésekor is a kockát alkalmazták. Az ősi hiedelemvilág szerint az istenek és a halottak kockáznak. Mivel a kockajátékkal a számokat mozgásba hozzuk, így információkat kaphatunk a véletlen és a valószínűség birodalmából. A sakkozás, a kockázás segítségével az univerzális rendezőelvekkel kapcsolatba léphet az egyén, így jósolni is képes. Szinkronizáció, egybeesés léphet fel, például ilyen jóshelyzetben. Ekkor az egyén saját számkörével ráhangolódik a külvilágban lévő számkörre. Véletlennek tűnő, hihetetlen események következnek be, amelyet az egyén megérezhet, vagy csupán kívánságként él benne. Minél több ilyen véletlen válik valóra, annál erősebbé válik az egyén belső hite, és bizonyosságként tudja már, hogy mindez ekkor már nem véletlen, hanem a SORS valószínűsége, amelyet képes irányítani.

Ekkor kezdi azt érezni, hogy képessége van arra, hogy minden lehetetlennek hitt helyzetet feloldjon, és belső megérzéseire hagyatkozva hihetetlennek tűnő eseményeket idézzen elő. Még a tanfolyam előtt volt ezzel kapcsolatosan egy érdekes tapasztalatom. Lányomhoz kapcsolódva konfliktus helyzetbe kerültem szüleimmel. Kifogásolták nevelési elveimet, és a nézeteltérés odáig fajult, hogy szinte már meg sem hallgattak. Tehetetlennek éreztem magam. Ekkor már tudatosan gyakoroltam az agykontrollt életem nehéz helyzeteiben. Egyik este mély alfa-szinten voltam már, és csak töprengtem e problémámon. Ekkor sugallatként döbbentem rá, hogy Isten segítségét kell kérnem ebben az esetben. Istenhez fohászkodtam, és gondolatban megfogalmaztam kérésem. Kértem, legyen segítségemre e konfliktus feloldásában. Elmondtam Istennek mindazt, amit szüleimnek szerettem volna elmondani és kértem „Őt", hogy tegye lehetővé, hogy ők mindezt megértsék. Pár nap múlva meglátogattam szüleimet. Örömmel tapasztaltam, hogy a légkör oldottabb volt már. Beszélgetés közben édesanyám elmondta azon különös eseményt, amely őt mélyen elgondolkodtatta. Egyik nap a városban járt, és betért az egyik templomba imádkozni. Szűz Mária segítségét, oltalmát kérte, hogy vigyázzon ránk – rám és a gyerekeimre –, nehogy a vesztünkbe rohanjunk. Ekkor mintha Szűz Mária szólt volna hozzá, és édesanyám szóról-szóra elismételte mindazt, amit én azon a bizonyos estén gondoltam, mikor Isten segítségét kértem. Mindebből megértettem, hogy kérésem meghallgatásra talált, és ezt követően szüleim és a köztünk lévő konfliktus feloldódott. Egyébként több esetben voltam már hasonló helyzetben, amikor a reális valóság alapján képtelenségnek tűnt, hogy egy adott helyzet megoldódjon. Ilyenkor mindenkor alfa-szinten végiggondoltam az adott szituációt, és ezáltal teljesen megnyugodtam, bizonyossá vált számomra, hogy ha eljön az ideje, akkor az adott szituáció feloldódik. Ez minden alkalommal be is következett.

Visszatérve a tanfolyam témájához, az egész előadás alatt feszülten figyeltem és próbáltam megfejteni azt a bizonyos számsort (0, 1, 2, 4, 8, és a végtelen jele), amely akkor már több nap óta lépten-nyomon előjött a bensőmből, de végül is nem kaptam kielégítő választ rá. A gondot az jelentette a számomra, hogy a 8-as szám és a végtelen jele nem került elő az előadás során. Így fogalmam sem volt arról, hogyan kerültek ezek a többi szám közé. Végül is a megbeszélés, konzultáció során elmondtam e problémámat. Az érdekes a számomra az volt, hogy a csoportunkban lévő két férfi mondta el csupán ehhez kapcsolódó gondolatait. Az egyik a tanfolyamtársam volt, a másik maga az előadó. A csoporttársam a négyes számból kiindulva következtetett a nyolcra. A négyes szám jelképezi a négy pszichikus funkciót (gondolkodás, érzés, tapasztalat és intuíció). Azonban e funkciók extrovertált és introvertált formában is megnyilvánulhatnak. Így valójában kétszer négy, vagyis nyolc funkcióról van szó. Egyszerűen megdöbbentem, és úgy éreztem, mintha a társam belelátott volna a legbelső énembe. Kellemes, de ugyanakkor rendkívül kellemetlen érzés volt, hiszen mintegy leleplőződtem ezáltal. Ugyanakkor tudtam, hogy gond is van e téren belül bennem, hiszen különben nem foglalkoztatna a probléma ilyen behatóan.

Az előadó elmagyarázta és röviden felvázolta a táblára a férfi és nő tudatának és tudattalanjának a kapcsolatát, és elmagyarázta az összefüggéseket:

» A férfi tudata kapcsolódik, hat a nő tudatára.
» A nő tudata kapcsolódik, hat a férfi tudatára.
» A férfi tudattalanja kapcsolódik, hat a nő tudattalanjára.
» A nő tudattalanja kapcsolódik, hat a férfi tudattalanjára.
» A férfi tudata kapcsolódik, hat a nő tudattalanjára.
» A nő tudata kapcsolódik, hat a férfi tudattalanjára.
» A férfi tudattalanja kapcsolódik, hat a nő tudatára.
» A nő tudattalanja kapcsolódik, hat a férfi tudatára.

Ha mindez kölcsönösen megvalósul, akkor nyolc kapcsolódás lehetséges. Mintha villám vágott volna belém. Találva éreztem magam. Ezt követően csendben visszahúzódtam, és egy szót sem szóltam a további megbeszélés során. Agyam azonban továbbvitte a gondolatot. A kapcsolódási helyeket egy-egy ponttal jelöltem. Berajzoltam az oda-vissza mutató nyilakat. Ekkor a felismerés döbbenetes erővel hatott rám. Ha figyelembe veszem az adott egyéneken belül a saját tudatuk és tudattalanjuk közti kapcsolatot is, és ezt is nyilakkal berajzolom, akkor belép a 0, 8, és a végtelen jele is. Ha a külső nyilakat ívelt vonalakkal helyettesítem, akkor még szembetűnőbb a kép. Így már világosan látható a 0, 8 és a végtelen. A 4-es szám a két tudatot és a két tudattalant jelenti. A 2-es szám pedig maga a két egyén – a férfi és a nő –, illetve az adott egyéneken belül a tudat és tudattalan. Ha e rajzot kiegészítem a középpont bejelölésével, mintegy megjelölve a személyiségközpontot, a Selbst helyét, amely egyrészt az egyének teljessége külön-külön, valamint a pár közös egységét, teljességét is jelképezi, akkor egy mandalaképet kapok. Ez az én mandalaképem, amely a belső és külső világomat egyaránt tükrözi, illetve ennek irányában haladok. Azon célt jelöli számomra, amely felé tartok. Egyrészt személyiségem fejlesztésének az irányát mutatja, hogy a négy pszichikus funkció kifejlesztésével extra- és introvertált formában mind teljesebb egyéniséggé váljak. Másrészt mindez egy másik feladatot is adott a számomra. A párkapcsolat terén olyan társ keresését, megtalálását, akivel képesek leszünk – kölcsönösen hatva egymásra – az együtt fejlődésre, és mind magasabb szintekre eljutva megteremteni az összhangot, és ezáltal együtt haladni a magasabb szintű egység felé.

A megbeszélés végén gyorsan összepakoltam, és mintha puskából lőttek volna ki, eltűntem a színről. Általában kisebb csoportokban szoktunk távozni. Ilyenkor beszélgetünk, tovább szőjük a tanfolyam adott témáját, az életünk eseményeinek beépítésével. De akkor nem kívántam az eszmecserét tovább folytatni. Éreztem, hogy végül is egyedül maradva valamelyik férfi társammal az eredeti gondolatmenetet tovább folytattuk volna. Így akarva-akaratlan oly dolgokat is elárultam volna magamról, a bensőmből, amit később megbántam volna, hiszen így is túlságosan belém láttak.

Ezen az estén lányomhoz mentem. Késő éjszakáig beszélgettünk. Elmondta, hogy végül is írt az édesapjának egy levelet. Megmutatta az apja által írt választ. Örömmel olvastam a levelet, hiszen meleg, kedves sorai arról tanúskodtak, hogy jó szívvel fogadta Évi jelentkezését.

Az éjszaka különös álmom volt. Az volt az érzésem, hogy a tudatom és a tudattalanom vitatkozik, perlekedik egymással. Egy hang szólalt meg bennem, mintha egy nagymama figyelmeztetné a lányát, és így akarná unokáját védelmébe venni.

„Miért akarod tönkretenni ezt a szegény kislányt?"

Még az álomtérben tisztázódott bennem, hogy a nagymama, a lánya és a szegény kislány, az unoka is én vagyok. Ugyanakkor a valóságban a mondat így hangzik:

„Miért akarod tönkretenni ezt a szerencsétlen nőt?"

Tehát önmagamat akarom tönkretenni. Mivel? Miért? Felébredve a hármas felállás – nagymama, lánya, unokája – tűnt először a szemembe. Zaklatott voltam. Hazafelé, a vonaton egész idő alatt töprengtem. Számba vettem életemet, jelen helyzetemet, és a jövőbeli céljaimat. Minden összekuszálódott ezáltal bennem. Képtelenségnek tűnt, hogy a múltat, a jelent és a jövőt összhangba tudjam hozni. Aztán a következő éjszakai álmom során egy belső katarzis (erkölcsi megtisztulás) által szembesültem önmagammal.

Álmomban nagytakarítást rendeztem. A felesleges kacatokat, használhatatlan holmikat ki akartam dobálni, de mindez képtelenségnek tűnt. Már a gyerekeim is segítettek a takarításban, de a szemétkupac nem fogyott, hanem nőttön-nőtt. Csupa értéktelen vacak. Undor fogott el. Közben tágult az álomtér, mindig nagyobb lett a terep, amelyet ki kellett takarítanom. Már mások – ismerősök és idegenek – is segítettek nekem, de a káosz egyre nagyobb lett. Ismeretlen alakok, link csavargók tűntek fel. Elszabadult a pokol vad, állatias ösztönök, buja erotika formájában, és mindez magával akart rántani a mocsár és hínár közé. Gyermekeim újra feltűntek az álomtérben, segítettek nekem. Egy kerékpár vázát – amely teljesen roncsállapotban volt – ki akartam dobni, de ekkor felborítottam vele a víztárolót. Kiömlött az összes víz, és az egész berendezést magával sodorta. Ennek következtében összedőlt az energiatelep is. Átfutott rajtam a gondolat: „Vége. Minden összeomlik, és én e romhalmaz közepén maradok eltemetve."

De ekkor egy újabb hang szólalt meg bennem: „Hagyod, hogy minden, amit eddig felépítettél, most megsemmisüljön?"

Bensőmből megérkezett a válasz is: „Nem szabad hagynom, hogy minden romba dőljön, megsemmisüljön!"

Félálomban megsejtettem, hogy álmom kapcsolatban van az önmagamon belüli mániákus rendszeretetemmel, amely során a tudat és tudattalan közti összhangot igyekszem megvalósítani. Egyszer régebben kedvesemnek javasoltam, hogy tegyen rendet önmagában egy képzeletbeli nagytakarítással, és a felesleges, értéktelenné vált dolgokat, emlékképeket dobja ki. Az álmom során én magam szembesültem a ténnyel, hogy mindez milyen káoszt is jelent, és valójában képtelen voltam kidobni a kacatoknak tűnő dolgokat. Ráeszméltem, hogy az emlékeink, a múlt eseményei belénk ivódtak, lerakódtak bennünk. Ezeket megsemmisíteni, a szemétbe kidobni nem lehet. Ugyanakkor tudatára ébredtem, hogy félre sem rakhatom egy sarokba, mintegy nemlétezőként tekintve, elfelejtkezve róluk. Egyszerűen fel kell ezeket dolgozni. De hogyan? Ott volt a veszély, hogy a romhalmaz maga alá temet. Mindez félálomban, az álom folytatásaként zajlott le bennem.

Pánikszerű félelem ijesztő, nyomasztó érzésével ébredtem fel. Magam sem tudtam eldönteni, hogy maga az álom volt ijesztő számomra, vagy azon tény, hogy valamilyen módon szembesültem a múlttal, a jelennel és a jövővel. Tudtam, hogy meg kell találnom ezek közt az összhangot, ha nem akarok a romhalmaz közepén eltemetve maradni. De azt is sejtettem, hogy ehhez a tudattalanból fel kell hoznom olyan dolgokat, amelyekkel eddig nem akartam szembesülni. Ugyanakkor kénytelen leszek valamit feladni ahhoz, hogy a jövő lehetőségei kitárulhassanak.

Rádöbbentem, hogy ezek szerint az életközépi fordulatnak nincs még vége. Tudtam, hogy valójában most kell kihelyeznem a mérföldköveket – három volt azon a bizonyos képen –, de a jövő ismeretlen kilátástalansága lebéklyózott. Féltem, hogy nem tudom egyedül véghezvinni. „Félek, de mitől?" – merült fel bennem a gondolat, majd összegeztem az álmom lényegét.

» Az állatias ösztönök a test jelképe
» A víztartály az érzések, a lélek jelképe
» Az energiaközpont a szellem, a gondolkodás jelképe

A három mérföldkő – a test, a lélek és a szellem – harmóniájára hívta fel a figyelmemet, hiszen egy vonalban, egységben voltak a képen. Ezt követően feltettem magamnak a kérdést: „Hogyan leljem meg a harmóniát e három szférában?"
Erre kell választ kapnom, hogy a feloldáshoz eljuthassak. Az álmomat követően több hónapig tartó szembesülési időszak következett. Viaskodtam önmagammal. A külső tudat megpróbált újra és újra megakadályozni az előrehaladásban, de végül is sikerült megtalálnom a nyugalmat, a harmóniát és a belső békét. Az előadások témája egyre mélyebbé vált, és én mindezek hatására beljebb és beljebb jutottam önmagamon belül, és végül is megleltem az összhangot.
Az önvizsgálat, önanalízis terén egy adott szituációban felmerül a probléma, és megoldást keres rá az egyén. Itt az alanyt, a megfigyelőt és a tárgyat, a megfigyelt személyt nem lehet elkülöníteni, mert ez a kettő az adott egyénben ugyanaz, vagyis ő maga. Én vagyok, aki az önvizsgálatot végzem, és én vagyok az is, akit vizsgálok. Nem lehet megállni az önanalízisben, mert ha az ember leáll, akkor megakad, megmerevedik. „A jó pap is holtig tanul." Ha jól akarom ismerni önmagamat, akkor halálomig kell folytatnom az önvizsgálatot, az önanalízist. Így ismerem meg jobban a környezetemet és az embereket is. Ez a biztosítéka az előrehaladásnak. E téren fontos, hogy az egyén képes legyen az elképzelését a valósággal kontrollálni, felülvizsgálni, beazonosítani. Szükség esetén pedig módosítani, változtatni tudjon gondolkodásmódján, hozzáállásán. Nem mindegy, hogy salakká, sárrá vagy arannyá válik mindaz, ami belül van. Az átváltozási állapotok az ólomhoz, a rézhez, az ezüsthöz és az aranyhoz hasonlíthatók. A mondás szerint: „Megmérettél, és könnyűnek találtattál!"

De előfordul az is, hogy értékek, új lehetőségek tárulnak fel az egyénben. Mindannyiunkban van egy kis arany, ezüst, réz, ólom – sőt egy kicsi agyag is. Nem mindegy, hogy ez mikor, milyen arányban van bennünk. Az emlékrétegek egymásra épülnek, és fokozatosan feltárhatók. Az önvizsgálat eredményes módszerré fejleszthető, nem szabad megállni, tovább kell folytatni. Jó, ha az emlékeket írásban is rögzíti az ember. Mindez magunk után cipelt farok akkor válik csak hasznossá, ha az emlékekből leszűrjük a tapasztalatokat. A tudattalanba való lemerülés következtében az individuális és a kollektív tudattalanból is feltörhetnek az emlékképek, az ismeretek. Fontos ezek beazonosítása a mindennapi életünkben, feldolgozása a valóság felhasználásával. Így az ember olyan dolgokra taníthatja meg önmagát, amelyek nagyon nagy hatással lehetnek rá.

Azonban a tudattalanba való lemerülés veszélyekkel is jár: démoni erők is feltörhetnek, és ha az egyén nem képes helyre tenni őket, akkor negatív hatást fejtenek ki. Ezen ősi képekkel kapcsolatos veszélyekre Jung kidolgozott egy módszert. Fontos, hogy igyekezzen az egyén a reális élettel maximális kapcsolatban élni. Ha az adott személy nem veszíti el a kapcsolatát a mindennapi valósággal, és a belső világából feltáruló képeket beazonosítja az adott élethelyzeteibe, azokkal szinkronba hozza, akkor így elkerülhető e negatív hatás. Tehát a tudattalanból felmerült képeket a tudat fénykévéjében meg kell vizsgálni. Ezáltal a tudat beazonosítja a tudattalan képeket, a valósággal egységbe hozza, majd következtetései visszahatnak a tudattalanra. Fontos e kölcsönhatás a tudat és tudattalan között. Nem elég a felmerült képeket csupán csak megvizsgálni, hanem be kell azonosítani, realizálni kell az élet során. Így a tudattalanba tett pokoljárás pozitívan járul hozzá az egyén fejlődéséhez, és nem veszik el a belső világának útvesztőjében.

Önmagunkkal való szembesülésünk hatására, az önmegvalósítás felvállalásával belül elindul egy öngyógyítási folyamat. A vallás, a művészet, a pszichológia, a gyógyítás egy tőről fakad. Régen a sámán pszichológiailag lejátszotta a gyógyítást, ez kapcsolódott szomatikus, mitológiai és elméleti, szellemi elemekkel.

Az afrikai gyógymódok terén a gyógyítók különböző fokot értek el. Ismerjük a gyógyfüves kuruzslót, aki különböző javaslatokat adott a betegnek. A hagyományokat csak a gyógyfüvekkel kapcsolatosan adták tovább. Ők nem voltak beavatott személyek. A következő fokon a gyógyító már ismerte a szellemeket és a gyógyítás tudományát, valamint ezeket az adott helyen és módon alkalmazta. Ő már beavatott személy volt, de csak egy részterületen. Valóban beavatott személy a boszorkány, varázslódoktor volt. Ő már képes volt kiűzni a rossz szellemeket a betegből. A mai korban egyre nagyobb mértékben kerülnek előtérbe a régi, népi gyógymódok a természetgyógyászat különböző területein, a gyógyszerek közt pedig számos olyan készítmény van, amelyet az orvostudomány a népi gyógyszerekből vett át. Például a széntabletta elszenesített kávéként régi arab népi gyógyszer. A régi archaikus gyógyítókban az évtizedek alatt kialakultak olyan pszichikai adottságok, amelyek a gyógyításban segítségünkre voltak. Négyféle betegséget különböztettek meg.

A betegség a kórokozó behatolásával történik. Ekkor a megbetegedés az érzékeléssel, a tapasztalat síkjával függ össze. Idegen test, objektum hatol be az egyénbe. Ha eltávolítjuk ezt, akkor megszűnik a betegség. Ez a nézet a kőkorszak utolsó szakaszában jelenik meg, és főleg Európában fordult elő. A varázsló megvizsgálta a beteget, majd lokalizálta a betegséget. Ezután a vérrel teli csomót, illetve magát az idegen objektumot kivette a betegből. A jó orvos a kezével is lát, és a szemével is tud tapintani. Ma is vannak az ősi népek szintjén élő népcsoportokban olyan varázslódoktorok, akik képesek kézzel operálni anélkül, hogy az operációnak nyoma maradna. E gyógyítás során a cél az, hogy a beteg meggyógyuljon, majd váljon ő maga is gyógyítóvá, vagyis fejlődjön tovább.

„Gyógyulj meg, hogy gyógyíthass!"

Minden esetben a beteget a gyógyulásának a folyamatában szomatikus és pszichés hatás éri. Ezt követően azzal, hogy beszámol gyógyulásáról, hatással van a többi emberre.

A lélekvesztés, mint betegség az emocionális (érzelmi) szinttel, vagyis az érzésekkel van összefüggésben. Kapcsolódik az érzéshez, mint funkcióhoz, ugyanis valamilyen érzelmi okkal kapcsolatos. A késői kőkorszakban, főleg Szibéria területén alkalmazták e gyógymódot. A hiedelem alapján az álomban kimerülés, megrázkódtatás esetében a lélek elválik a testtől. Az álmodó úgy érzi, hogy magára van hagyva a teste, a lelke eltávozott a testtől. Ilyen esetekben a lélek eltévedhet, elkallódhat, nem talál vissza a testhez. Rossz szellemek csapdájába eshet, valamint a szellemek, démonok kiragadhatják a testből. A sámán képes a lelket visszahozni. Maga a sámán extázisba esik dobolás és tánc által. Elutazik a másvilágra, és képes az elveszett lelket megtalálni, visszahozni még a pokolból is. Mindez rizikóval járó vállalkozás, mivel a sámánnak tartania kell a rossz szellemektől. Azt vallották, hogy akinek elveszett a lelke, annak hosszú ideig aludnia kell.

A démonok általi megszállás már az intuícióval, mint funkcióval van kapcsolatban. Ebben az esetben a betegség oka külső, szellemi lény, aki elfoglalta a betegen belül a helyét. Ki kell zavarni a testből a démont, így megszűnik maga a betegség. A démont ütögetéssel, szagokkal, véreztetéssel próbálták kiűzni, vagy átirányították a démont egy másik – lehetőleg állati – testbe. Nyugat-Ázsiában és a mediterrán országokban igen gyakori volt e gyógymód alkalmazása. Akkor alkalmazták, ha a beteg teljes identitása veszélyben volt. A másik gyógymód, amelyet a sámán a gyógyítás során alkalmazott, a megszállás folyamatának az ellenkezője. A sámán és a beteg is egy szellemi lényhez fordul segítségét kérve. Ezzel a sámán a szellemi lény segítségével elviszi a beteget arra a helyre, ahol a megszállás történt. Próbálja kibeszélni belőle a démont, vagy áttéríteni igyekszik más hitre, vagyis a megszállást jóra igyekszik fordítani.

A tabusértés az intellektuális szinttel kapcsolatos, és a gondolkodással, mint pszichés funkcióval van összefüggésben. Az egyén valamilyen rituális ok, tabu megsértése által betegszik meg, ugyanis a tabusértés helyébe a betegség kerül. Így a törvényszegés és a betegség összekapcsolódik. Ha ismét szabályossá alakították a helyzetet, akkor megszüntették az okot, megszűnt a betegség is. A beteget ilyenkor előbb-utóbb nagykorúsítani kell, szembesíteni kell önmagával, mert így szembe tud nézni a betegségével, és saját erőit is mozgósítani tudja ez által. A gyógyítási módszerek terén a népi gyógymódok a betegséget hasonló okokra vezetik vissza, mint a komplex lélektan. A gyógyítónak, illetve magának az öngyógyítást végző egyénnek ismernie kell mind a négy területet, képessé kell válnia elmenni mind a négy világba. Szükséges, hogy kifejlessze magában a gondolkodás, az érzés, az érzékelés és az intuíció összhangját, harmonikus kapcsolatát. Ezáltal teljes értékű személyiséggé válik, meggyógyul. A zenének, a táncnak ebben kiemelkedő jelentősége van. A mai korban is felfigyeltek a zene gyógyító hatására. A gyógyításban nagyon fontos szerepe van a természet őserőinek. Ezek (föld, víz, tűz, levegő) a gyógyítás lehetőségeit rejtik magukban. Az őserők felhasználásához azonban őstehetség kell. Ezt a szerepet töltötték be az ősi gyógyítók. Az orvos, a pap, a művész, a sámán, a természetgyógyász kettős természet, ugyanis mindkét egyéniségét – belső és külső lényét is – tudja alkalmazni a gyógyítás érdekében. Természetesen ezek a jelenben nem alkalmazhatók egy az egyben. Ezeket speciálisan a jelen helyzetek igényeinek megfelelően ki kell kísérletezni, adaptálni kell a jelenkorra. Fontos lenne, hogy az egyén saját maga terén megtalálja az öngyógyításának menetét, folyamatát. Mindenki saját magáért tehet a legtöbbet, és másnak is csak olyan mértékben tud a segítségére lenni, amilyen mértékben saját magán belül előrelépett, amilyen fokon megtalálta önmagát. Mindenki úgy fordul a környezete és a másik ember felé, ahogyan önmagához viszonyul. Ugyanakkor amilyen fokon a gyógyítása folyamatában be tudja fogadni az orvos, a gyógyító terápiáját, amilyen mértékben hisz abban, annak mindenképpen függvénye lesz a gyógyulása. Mindebből kiderül, hogy végső soron önmagunk orvosává, gyógyítójává kell válnunk. Ehhez szükséges az önanalízis. A mai korban egyre elfogadottabb lesz a gondolat, miszerint a szomatikus betegségek zöme pszichés tényezőkön alapul. A pszichés okok feltárására sokkal több gondot kellene fordítani, majd ezt követően ezek gyógyítása lenne a fő feladat.

Az emberi kapcsolatok terén az érzelmek és az indulatok átvitelének nagy szerepe van. Kivetítjük érzéseinket, indulatainkat, és nagyon sokszor mindez tudattalanul történik. Nehéz ellenállni a külső környezeti hatásoknak. Az egyént a csoportos külső hatások sokszor öntudatlanul magukkal ragadják. Például egy meccs alkalmával a drukkoló tömeggel spontánul együtt üvölt, ordít az ember. Nagyon sok ember tudattalanul éljenezte, dicsőítette annak idején Hitlert, Sztálint, Rákosit. Az imádkozás ennek az ellenpólusa. Maga a templom csendje, a vallási közösség összetartozó ereje ugyanúgy magával ragadhatja az embert.

A társadalomban, a közösségben, a családban együtt élő egyének nagy hatást gyakorolnak egymásra. Aki e hatás alól kitér, azt a többiek kinézik, kiközösítik. Direkt és indirekt módon érzékelhetjük e hatásokat. A társadalomban az indulatátvitelek részben tudatosan, részben ösztönösen szabályozhatók. Például a reklám által a státuszszimbólumok szerepe (ház, kocsi, betétkönyv, nyaraló...) megnő ezek hatása. Azt, hogy milyenek vagyunk, hogyan viselkedünk, meghatározza, hogy milyen képet vetítenek ránk mások, tehát a környezet elvárásai. Ugyanakkor mi magunk is vetítünk ki képeket önmagunkból a környezetünk felé. A képek ránk vetítődnek, illetve saját kivetítésünk önmagunkból egymással összekapcsolódnak, kölcsönhatásban vannak egymással. Mindenki vetíti a maga filmjét, sőt játssza, rendezi, elemzi. Ki mivel és hogyan hat ránk, illetve mi mivel és hogyan tudunk hatni másokra, ezekkel már a családon belül a gyermekkorban, majd tágabb körben, a serdülőkorban elkezdünk kísérletezni. Az egyén képes önmagát formálni, igazi önmagává válni, de fordítva is lehet, vagyis képes arra is, hogy igazi önmaga negatív alakjává váljon.

A párkapcsolat során megtapasztaljuk, hogy ki hogyan hat ránk. Ehhez legalább egy év szükséges. A tavasz, nyár, ősz, tél váltakozásával az egyén négy különböző arca tárul elénk. Mindenkinek több arca van, sőt az élet során állandó változásban vagyunk. A jó kapcsolat érdekében érdemes mind a négy arcot szemügyre venni. Sőt abban az esetben, ha együtt él a pár, akkor ezek az arcok napról napra is változnak. Ugyanakkor a saját arcunk is folyamatosan változik. Az, hogy ki mivé alakítja a másikat illetve önmagát, az a kölcsönhatástól függ. A párok ezáltal csiszolódnak egymáshoz, és egymásba kapcsolódnak, mint a fogaskerekek. Így egy idő múlva kezdenek egymásra hasonlítani. A párok kötődnek egymáshoz, de az egyénnek bizonyos fokú szabadságra is szüksége van. Ennek érdekében vissza is kell tudni adni egymásnak a szabadságot. A szabadságnak ára van, és jelentkezhetnek a mellékhatásai. De ha nem tudjuk visszaadni a másiknak a szabadságát, ha túlzott kötődés lép fel, akkor ennek is megvannak a mellékhatásai, ezért is árat kell fizetni. Meg kell találnunk ezen a téren a helyes arányt.

Az érzések, művészi, vallási, imaginációs hatások egyben transzferek, átvitelek is. Ezek segítségével levethetjük álarcainkat, és az így nyert pozitívumokat beépíthetjük mindennapjainkba, az életünkbe. Amit képtelen vagyok a másikban elviselni, valójában bennem is megvan, az árnyékomban mélyen elnyomva található. Ha képes vagyok az árnyékomból az elnyomott tudattartalmakat felhozni, a tudatommal megvizsgálni, feldolgozni, majd ezt követően a tapasztalataimat beépíteni a mindennapi életembe, akkor egy nagy lépést tettem előre. Ekkor már a másik egyén kivetített, számomra kellemetlen arca megváltozik. Más szemmel látom őt, mivel önmagamat is másként látom; átváltoztam, így a rám vetített kép már nem zavar. Ugyanakkor ehhez azt is tudnom kell, hogy a másik ösztönösen vetíti rám a képeit. Nem tehet mindarról, ami rám negatívan hat, hiszen lehet, hogy pont az árnyképei, a tudattalanja nyilvánul így meg. Ha képessé válok arra, hogy a másikból felém irányuló negatívumokat ne vegyem át, hanem nyugodtan, higgadtan szemléljem az adott helyzetet, akkor képes vagyok arra is, hogy pozitív irányba formáljam életem, és a másikra is pozitív hatást sugározzak. Az egyén állandóan kivetíti a képeket, és ugyanakkor befogadja a kivetítést. Ez már a kicsiny gyermeknél is így van. Az analízis célja megérteni a gyermeket, az egyént. A köldökzsinór képletesen továbbra is megmarad, mivel a kivetítés és befogadás függőségeken keresztül vezet. A gyermekkorban ez fokozottabban jelentkezik, mivel a szülőktől való függőség ekkor még nagy. Az átvitel során a tudattalan tartalmak áramlása megindul. Maga az átvitel lehet pozitív és negatív is. Azonban a negatív hatás is eredményezhet jót. A szülő nem adhat mást csak azt, ami a lényege, amit saját élete során elsajátított, beépített önmagába, ugyanakkor az egyéntől függ, hogy miként fogadja a negatív hatást. Ha mindkettő csak a saját lényegét, valóságát adja, akkor jó a kapcsolat. Természetesen ez mindenfajta kapcsolat esetében fennáll. Ha az egyénen belül gond merül fel a kivetítés illetve a vetített képek befogadása terén, akkor előfordulhat, hogy mindez hosszú távon a személyiségében oly negatív változásokat eredményez, amelyeket már csak a pszichológus segítségével tud helyretenni. Ilyen szituációban a páciens többet vetít ki az orvosra a tudattalan tartalmaiból. Az orvos kevesebbet vetít ki a beteg felé, és jobban tudja kontrollálni, tudatosítani saját tudattalanjának üzeneteit. A beteg így úgy látja az orvost, mintha az anyja vagy apja, nagyanyja vagy nagyapja lenne, saját magát pedig kisgyermekként érzékeli. Ennek során mindazt kivetíti, ami élete során a külvilág által hatással volt rá. Az orvos tudatában van ennek, sőt adott helyzetben erre számít, illetve erre épít a beteg gyógyítása érdekében. Ennek következtében az orvos, az analitikus beállítottsága, szerepe döntő jelentőségű. Fontos, hogy olyan személy legyen, aki a saját individuális fejlődési folyamatában már sokkal előrébb jár, a Selbst közelében van. Ha az orvos-beteg kapcsolatában azt vesszük észre, hogy a terapeuta élvezi a helyzetet, akkor nagy ívben kerüljük el, mivel ebben az esetben neki nagyobb szüksége van ránk, mint nekünk őrá. Az orvosnak többet kell nyújtania, mint amennyit ő nyer ezzel a kapcsolattal, mivel lényegében a beteg javát kell szolgálnia. Valójában minden analízis borotvaélen táncol, mivel az orvos és beteg kölcsönhatásban van. Mindkettőjük fejlődését szolgálja, és az adott egyének fejlettségének a függvénye. Az orvos csak tanácsokkal láthatja el a beteget, de hogy konkrétan a páciens mit tegyen, azt neki magának kell eldöntenie. Kezdetben a beteg az orvosát boszorkány, mágus, démon formában látja, de e kép a megváltás szimbólumaként is jelentkezhet, ha a beteg nagymértékben gyógyul. A beteg gyógyulásával összefüggésben az orvos képe is mind reálisabb lesz.

A különböző életkorokban a kivetítés más és más. Húsz év alatt az egyén nem fogja fel magát az életet, nincs tudatában annak, hogy ő maga is befolyásolhatja az életét. Ennek felismerése nagy hatással van rá. Ha nincs erre felkészülve, akkor e hatás negatív irányúvá válhat. A serdülőt fel kell készíteni az élet reális meglátására és befogadására. Később az ember a felnőttkorba lépve kezdi észrevenni, hogy az élet olyan, mint egy színdarab, amelynek ő maga is része. A többi ember hatással van rá, és ő is hatással van a többi embere. Kölcsönhatás van közte és az emberek között. Fontos, hogy az adott helyzetekbe, szituációkba ne éljük túlságosan bele magunkat; mindig jöhetnek változások pozitív és negatív irányban is. Az egyénnek át kell mennie önmaga ellenkezőjébe, hogy újra önmaga lehessen. Elfogadóbb emberekké kell válnunk, hogy valóban elfogadjanak minket, vagyis nekünk kell előbb önmagunkat, másokat, a világot jobban elfogadnunk, ezt követően minket is jobban elfogadnak majd. Ahhoz, hogy a környezetemben valami, valaki változzon, előbb nekem, magamnak kell megváltoznom. Úgy tudok mások felé fordulni, szeretni másokat, ha előbb magam felé fordulok, elfogadom, szeretem magamat. Amilyen szemmel nézem a külvilágot, másokat, az ugyanolyan formában, szemmel néz vissza rám. A külvilág, a másik ember engem tükröz, én pedig tükröt tartok a másik elé, a környezetem elé. Az öregkor küszöbéhez érve az egyénben nagymértékű változások zajlanak le. Így előfordul, hogy néha türelmetlen apák, anyák türelmes, megértő nagyapákká, nagyanyákká válnak. Türelmetlenek pedig a szülők, a fiatalok lesznek.

Az emberi kapcsolatok terén a kivetítés során problémák, konfliktusok jelentkezhetnek. Jobban el tudjuk fogadni azt az egyént, aki hasonló, mint mi. Aki más, nem hasonló hozzám, azt kevésbé tudom elfogadni. Aki pedig nagyon különbözik tőlem, azt ellenségként tekintem. Ha az érzelmi kivetítésnek, libidónak nem állítunk akadályt, akkor az ösztönösen, automatikusan működik. Ebben az esetben előrelépés nem történik. Az emberi életnek magasabb rendű célja van: az ember lelki fejlődése, a magasabb rendű állapotba kerülése. Mindez az ember kiemelkedését célozta az állatvilágból, és a mai napig is a továbbfejlődés folyamatában van. Döntő a tudat szerepe, az öntudat kibontakozása. Az érzelmek kivetítése során a kapcsolatban mindkét félnek vannak előnyei, pozitívumai, és ezek vonzóan hatnak. De vannak negatív, taszító tényezők is. Fontos a másság legyőzése, elfogadása. Mindez ellenérzést vált ki az egyénekben. Ennek hatására az ellentétpárok tudatosításával magasabb szintre emelkedhetnek. Ekkor már a libidó csak részben ösztönös, részben pedig már tudatos. Ha az egyén tilalomba ütközik, akkor erkölcsi érzéke felébred. Ez az állapot már nem kaotikus (rendezetlen, zűrzavaros). Az egyén, az emberiség ezáltal kiemelkedik a természetből, irányítani tudja a libidó áramlását, így kozmikussá, rendezetté válik.

A múltra, a jelenre és a jövőre egyaránt szükség van. Az öregek szimbolizálják az ősöket, a fiatalok pedig a jövő nemzedéket jelképezik. Fontos a szexuális mértéktelenség és az agresszió korlátozása, valamint a magasabb öntudatra ébredés. Minden külső választáshoz egy belső választás is tartozik. Ahhoz, hogy valaki jól válasszon, le kell mondania a sokaságról és meg kell keresnie az egyest, önmagát, és az egységet önmagán belül és kívül. Ehhez az embernek magasabb szintre kell emelkednie. Fontos a magasabb tudatossági szinten is véghezvinni az öntudatra ébredést. Így az egyén az igazi lényéhez, a Selbsthez kerül közelebb. Ezzel egyre több korlátot vesz magára, önmagát korlátozza, így alakul ki az önszabályozás, ezáltal egyre kevesebb a kivetítése a külvilágra. Minél magasabb szintre emelkedik, annál nagyobb mértékben növekszik a lemondás, annál jobban elfogadja a környezetéből érkező kivetítéseket. Ellenkező helyzetben minél távolabb van az egyén a belső valóságától, a személyiségközpontjától, annál több projekcióra, kivetítésre van szüksége, és annál nehezebben tudja a környezetéből érkező, felé irányuló kivetítéseket elfogadni.

Ha az adott személynek a külvilággal való kapcsolata harmonikus, akkor Selbst-közelségben van. Ahhoz, hogy a tudattalanban lévő képek tudatossá váljanak, ki kell az adott egyénnek vetítenie. A felületes kapcsolat problémamentes és közömbös. Ha a férfi tudata és a nő tudata között kölcsönhatás van, akkor a következő szituációk következhetnek be. Ha a férfi anima képet vetít ki a nőre, de a nő nem olyan, mint a kép, akkor problémák jelentkezhetnek. De ugyanakkor a nő is vetít ki automatikusan animus képet, ha az sem azonos az adott férfival, akkor a problémák felerősödnek. Ha csupán felületes, testi kapcsolat van köztük, akkor ez előbb-utóbb megszakad. Ha képesek együtt továbblépni, akkor már a lelki kapcsolat, majd a szellemi kapcsolat is kialakulhat. A férfi és a nő közötti kapcsolatban maga a Selbst is benne van. Ha a kapcsolat testi, lelki és szellemi téren harmonikusan alakul, akkor a pár Selbst-közelben van. Egy adott kapcsolatban aki kevésbé szeret, az előnyösebb helyzetben van, aki pedig nagyon szeret, hátrányba kerül. Azonban ha a kapcsolatban csupán a hasonlóságokat keressük, akkor nem léphetünk be a teljességbe, a Selbst-közelségbe, a harmóniába. Csakis a különbségek, az ellentétek feloldása adhatja meg a teljes beteljesedett állapotot. De az ellentétek az újabb szituációkban újra és újra jelentkeznek, így újból és újból el kell jutni együtt a feloldásig, a harmóniáig. Így a két egyénből egy magasabb rendű egység jön létre. Ez a feladat társadalmi téren is. Az egyén fejlődése a társadalom fejlődésére is hat. A társadalom pedig visszahat az egyénre. A szexuális és a párkapcsolat így túlmutat önmagán. Ez éppoly nagy ugrás lesz, mint az emberré válás. A külső királyság megszűnésével egy belső királyság kialakítása a feladat. Tehát mi legyünk a tiszt és a paraszt is.

Maga az egyén magába foglalja a keletkezések, az apró létezések, az elmúlások összességét. Képes az időt tudatosan és tudattalanul is megélni. A tudatot a végesség jellemzi, a tudattalan pedig ennek kiegészítője, és utat nyit az ember számára a végtelen felé. Így az idő nem csupán lineáris, hanem ciklikus, hullámzó is. Ciklikus sejtéseket tartalmaz az élet újraszületéséről, a megújulásról. Az önön lelkét kereső ember önmagát kettősnek tapasztalja meg. Egyrészt a lineáris tudat jellemzi, másrészt a ciklikus tudattalan. Ezt a jin-jang szimbólummal jelképezhetjük. A kettőt össze kell kapcsolni. Ez az összekapcsolódás nem lehetetlen, mert tartalmazzák egymást, egymásba kapcsolódnak. A tudattalanból képek merülnek fel. Ezek a tudat fénykévéjébe kerülve felfoghatók. Ugyanakkor a tudatból bizonyos tudattartalmak a tudattalanba süllyednek. Így a tudat és tudattalan között ösztönösen összeköttetés van. Ezt kell tudatosítani, és tudatosan megerősíteni, kihasználni, összhangba hozni. A tudat és tudattalan kapcsolódásával párhuzamosan az időszemléletünk is tágul, ugyanakkor szűkül is. Ez a tágulás és szűkülés két irányban valósul meg: a múlt és a jövő irányában. Így az idő pulzálását érzékeljük. Tőlünk függ, hogy a múlton, a jelenen keresztül milyen kapcsolatba kerülünk a jövővel. Úgy érzékeljük, mintha úsznánk az időben. Eközben szükséges, hogy egy időre megfeledkezzünk a régi emlékek egy részéről, másrészt szükséges az is, hogy összekössük a múltat a jelennel, és így előrelépjünk a jövő felé. Ezáltal a pillanat megörökül. Álomképekben, imaginatív képekben a múlt, a jelen és a jövő egyszerre is megjelenhet. A helyes időszemlélet kialakításához szükséges, hogy ne csupán a külsővel foglalkozzon az egyén, hanem a belsővel is. Azonban fontos a helyes arány megtalálása. A serdülőkorban veszélyessé válhat csak a belsővel való foglalkozás, így az egyén elszakadhat a külvilágtól, a jelentől, és ugyanakkor elakad a fejlődése, a jövője. Az életközépi fordulót követően viszont nagyon fontossá válik a belsővel való foglalkozás, de itt is ellenőrizni kell a tudattal, a jelennel, a külvilággal.

Az idő lineáris mozgása és ciklikus pulzálása csírájában bennünk van, de később az ösztönös megnyilvánulást kézbe kell vennünk, és irányítanunk, fejlesztenünk kell. Az emlékek terén visszafelé menve nyomon követhetjük az eltűnt időt. Olyan érzésünk van, mintha élne bennünk valaki, aki tetszhalott állapotban van, és várna az újjáéledésre. Az indiai hitvilág szerint a harmadik szem megnyílása, a Biblia szerint az újjászületés, a pszichológia szerint pedig belső önmagunk megtalálása ez a tetszhalott állapotból való felébredés, újjászületés. Bármelyiket is nézem, mindegyik ugyanarról a tényről beszél, vagyis a személyiségközpont, a Selbst felé vezető útról, illetve ennek az állapotnak a bekövetkezéséről.

Az idő és az alkotó képzelet összefügg egymással. Az emlékezés egy passzív imagináció, így nem a legnagyobb teljesítménye a léleknek. Az alkotó képzelet, az aktív imagináció a jövő felé mutat, és így többet jelent, mint a passzív imagináció. A jövő felé fordulás, az aktív imagináció az élet második felében előtérbe kerül. A teljes életet élő ember, aki a teljes életerőt felhasználja, folyamatosan érzékeli, hogy hogyan lesz a nemlétezőből létező, vagy a létezőből nemlétező, majd újból létező. A ciklikus időszemlélet elfojtja a lineáris időfolyamatot, a lineáris pedig a ciklikus időszemléletet fojtja el. A ciklikus időszemlélet és a lineáris időfolyamat együttes szemlélése egy spirális folyamatot eredményez. E kettőben benne van az ellentmondás is, vagyis az ember végessége és végtelensége. Egyikben sem szabad elmerülni, a kettőt együtt kell nézni. Így a kezdetet és a véget is magunkba foglaljuk. A kettőt együtt megélve az élet művészete.

» kezdet & vég
» alfa & ómega
» gyermek & öreg bölcs, Magna Mater

Életünkben úgy érezzük, hogy döntő a megfelelő időpillanat megragadása. Valójában minden pillanat a megfelelő pillanat, ha a lineáris időfolyamaton túl a ciklikus időszemléletet is figyelembe vesszük. Ennek értelmében mindig fordulatban vagyunk, forgunk önmagunk középpontja körül, a tudatunk és a tudattalanunk körül. Az időnek így két arca van: az egyik fiatal, a másik öreg. Ezáltal túl van mindenen, az időnélküliséget foglalja magába.

Eddigi álmaim, amikor az álomtérben kettős, illetve hármas alakban is jelen voltam, új megvilágítást kaptak. Bizonyossá vált számomra, hogy ezáltal a múlt, a jelen és a jövő kapcsolata jelent meg a számomra. Továbbá érzékeltem Belső Énem Csiperózsika-álmából való ébredezését is. Híven tükrözi ezt a folyamatot a „Ki vagyok én valójában?" c. versem is.

„Mindkettő én vagyok, a külső máz
És a láthatatlan belső sugallat."

Álmaim szembesítettek önmagammal. Felfogtam a létezés és a nemlétezés kapcsolatát. Feloldottam a bennem dúló feszültségeket, majd ebben az időszakban az álomtér tisztulni kezdett. Az egyik álmom során egy nagyobb embercsoport közepén helyezkedtem el. Nem emlékeztem az egyénekre, a személyiségükre, a korukra. Csak annyi maradt meg, hogy e csoport egy bizonyos ideig együtt dolgozott. Halvány sejtésként éreztem, hogy én vezetőként voltam jelen. Csupán a végkövetkeztetés maradt meg bennem világosan, mint egy döbbenetes felismerés: „Felnőttebbé váltak, mégis megfiatalodtak."

Ezáltal az idő két arca jelent meg; egyrészt felnőttebbé válva elszállt felettük az idő, megöregedtek, de másrészt mégis megfiatalodtak. Ha képessé válunk a lineáris időfolyamaton túl az idő ciklikus voltát is megélni, akkor az idő kitárul a végtelen felé.

AZ IDŐ

Az idő néma kalodaként nehezedik rám.
Meggyötör, fáj, húsomba váj.
Lealacsonyít és megaláz.
Lágyan ringatva, csendesen
Megnyugtat, simogat.
Az élet vibrálva lüktet bennem.
Forr, erjed, újul minden.
Közben valami meghal, megszűnik.
Örök körforgásban, harmóniában.

Az idő kitárul, és utat nyit a végtelenbe.
Felemel, húz, lelkembe tör,
És a boldogság elönti szívemet.
Vadul hajt, üldöz,
Meggátol, tönkretesz.
Az élet vibrálva lüktet bennem.
Némán megy a perc tova.
Közben valami más lesz már megint.
Örök körforgásban, harmóniában.

Az álom és az aktív imagináció során az alapvető tér- és időirányok átmennek egymásba. Így a tér idővé, az idő pedig térré alakul. Vagyis e szituációkban a tér és az idő megszűnik, elveszíti jelentőségét. Előfordulhat, hogy minden egyszerre van, és ugyanakkor külön-külön is létezik. A múlt, a jelen, a jövő egybemosódik. Az aktív imagináció a kreativitás révén továbbfejleszthető, és eljuthatunk a katarzisig. Mint egy elfelejtett nyelvnek álomképek, imaginatív képek formájában való tudatosítása történik ez által. Ébren is lehet álmodni, ez az éber imagináció állapota. Az egyik előadáson házi feladatot kaptunk. A következő képsorok közül ki kellett egyet választani, és arról az imagináció során átélteket lejegyezni:

» Követni egy folyó folyását.
» Ellátogatni egy ismeretlen, képzeletbeli házba.
» Találkozás egy ideális személyiséggel.
» Találkozás egy elképzelt állattal.
» Szexualitáshoz kapcsolódó képek felidézése.
» Mocsári víztükör, a mocsár maga.
» Várakozás egy barlangból kijövő alakra.
» Vulkánkitörés átélése.
» Találkozás egy oroszlánnal.
» Régi, illusztrált könyv szemlélése.
» Megmászni egy hegyet.
» Barangolás a réten.

Én a „Várakozás egy barlangból kijövő alakra" témát választottam. Az alaphelyzet a következő volt. A sötétben egy fa alatt állok, és látok valakit kijönni a barlangból. Az imagináció előtt kísérőzeneként feltettem Csajkovszkij *Vonósszerenád* c. zeneszámát. A sötétben, félhomályban egy fa alatt álltam. Tekintetemmel körbejártam a körülöttem lévő tájat. Előttem egy tó volt látható, amelynek partvonulatai íveiten háromszöget alkottak. A part menti táj igen változatos volt. Tőlem balra meredek sziklák zárták le a látóhatárt. Túloldalt, tőlem kissé jobbra virágos rét látszott, szikrázó napsütésben. Valójában nem is rét volt, hanem talán búzatábla, millió pipaccsal teleszórva. A hátam mögött, a hegyek között meghúzódva egy kisváros terült el. A városon át kis patak sietett a tó felé. Velem szemben, a tavacska sarkaiban egy-egy patak volt látható. Én a város felőli oldal közepe körül álltam, egy fa alatt. A félhomályban szinte észrevétlenül húzódtam meg, ugyanis az egész látvány különlegességét az adta meg, hogy míg a pipacsoktól izzó búzatábla fölött a Nap szikrázva sütött, addig a hegyvonulatok között megbúvó kisváros fölött az éjszaka uralkodott, és felette a telihold fénylett. A kis tó és a partvonulat képezte az átmenetet a nappal és éjszaka között, mintegy a senkiföldjét, illetve tavát alkotva. A sziklasort sem a Nap, sem a Hold nem világította meg. Teljes sötétségbe borult ott minden. Szinte csak sejtésszerűen éreztem meg a barlangnyílás helyét a sziklasor közepén. Éreztem, hogy ott kell lennie, hiszen emlékeztem rá, hogy ott értem ki én is a felszínre. Képzeletben beazonosítottam a tájat. Egy képbe hoztam össze mindazt, ami környezetemben megfogott. A hegyek közt lévő város valójában a lakhelyem. Eszembe jutott az emlék, mikor Pécsváradra költöztünk. Este későn, kimerülten, fáradtan érkeztünk meg. Ekkor a nyolcadik életévemben jártam. A januári metsző, hideg szél az arcomba vágott. Jeges eső esett. Rendkívül nyűgös, elkeseredett voltam. Nem csoda, hiszen el kellett hagynom azt a Pest megyei kis falut, amely boldog gyermekkorom színtere volt, s itt ez a város a világ végét jelentette ténylegesen nekem. Gyermeki fejjel valóban úgy hittem akkor, hogy pont itt van vége a világnak. A környező hegyek teljesen lezárják a további utat. Most ez az emlék felébredt bennem, és képzeletem kisvárosa a körben lévő hegyekkel a földi világot jelképezte a számomra. A kis tavacska pedig a Dombay tó jelképeként tűnt fel. Sorban beazonosítottam a környezetemben lévőket a bensőmben megéltekkel. Csak a virágos rétet nem tudtam környezetemben beazonosítani, ám aztán a következő napokban, mikor Budapestre utaztam, a vonat egy zöldellő búzatábla előtt robogott el. A búzatáblában rengeteg pipacs vöröslött, és a Nap szikrázva sütött. Ekkor eszméltem fel, hogy ezt láttam képzeletemben. Miközben ezt szemléltem, a búzatábla felőli oldal közepe körül mozgalmas lett a kép. Egy négyszög alakú tutaj állt a parton. A négy sarkából dús virágfüzér futott fel a középen álló árbocrúdra. Fehér ruhás lányok könnyed tánclépéseket lejtettek, majd később a zene ütemesebb, gyorsabb lett. Ekkor fehér ruhás fiúk kapcsolódtak a lánykoszorúhoz, és boldog, vidám, önfeledt táncot roptak. Közben elindult a tutaj, és a szemközti sziklasor közepe felé tartott. Pont oda, ahol a barlang bejáratát sejtettem. Érdeklődésem egyre növekedett. „Miért mennek oda?" Sejtettem, hogy ők is pont arra a valakire várnak, akire én. Már egész közel értek a bejárathoz, ekkor egy férfi jött ki a barlangból, és felszállt a tutajra. Szintén fehér ruhában volt, derekán széles arany övvel. A tutajon boldog, örömteli lelkesedéssel fogadták őt. „Tehát valóban rá vártak." A férfi zavartan nézett körül; nem értette, miért ez a nagy lelkesedés, ünneplés. Körbefogták a lányok, és így táncoltak tovább. A fiúk a külső körben szintén vidáman táncoltak, majd párokban folytatták az örömtáncot. Ekkor kezdett csak az ismeretlen férfi magához térni. Egyik pártól a másikhoz menve szemrevételezte a lányokat, mintha keresne valakit. Egyre elkeseredettebben, kapkodva rohant egyiktől, a másikhoz, majd mint aki feladta – elhagyva a táncolókat –, a tutaj elejére ment és felnézett az égre, mintha tanácsot akart volna kérni. Körbehordozta a tekintetét az égen, ekkor fedezte fel a nappal és éjszaka együttes jelenlétét. Tekintete lassan visszatért a földre. A tutaj közvetlenül a közelembe ért már, és ő észrevett. Egy pillanat alatt a partra ugrott és hozzám sietett. Én a fa alatt állva mintha a földbe gyökereztem volna. Úgy éreztem, hogy képtelen vagyok megmozdulni. Igen, *ő* volt az, rá vártam egész életem során. Nem szóltunk egy szót sem, csak álltunk megmerevedve, majd kézen fogva vezetett egészen a tutajig. Felszálltunk, és a lágy zeneszó mellett mi is táncolni kezdtünk, de a körön kívül maradtunk. Teljesen egymásba feledkeztünk, észre sem vettük, hogy a többiek körbefogtak minket, és mi a kör közepére kerültünk. Mikor ennek tudatára ébredtünk, akkor egy óvatlan pillanatban elhagytuk a táncolókat és a tutaj elejére mentünk, ahol az előbb még ő állt egyedül. Ekkor már a sziklás partvidék messze a hátunk mögött volt. Előttünk ék alakban egyik oldalon a búzatábla – az égi világot jelképezve –, a másik oldalon a hegyvonulat – a földi világot jelképezve – vonult el előttünk. Boldogan, meghitt harmóniában szemléltük az elénk táruló látványt. Nem tudom, mennyi ideig álltunk így, hiszen az idő múlását nem érzékeltük. Később visszatértünk a táncolókhoz, és bekapcsolódtunk a fergeteges örömtáncba.

A barlanggal kapcsolatos imaginatív képek fontos szerepet játszottak az életemben. Kezdve a jógameditációs tanfolyamon átélt barlang-élménytől, majd folytatódva azon álmommal, melyben a vezető eltűnt a barlang mélyében. Később a belső szentélyem barlangjában átéltek, majd ezen imaginációs képsorok. A barlang a tudattalanba való lemerülést, elmerülést jelképezi. Ugyanakkor az egész életünk jelképe is, hiszen az életünk során saját barlangunk labirintusában járunk, és a halált követően lépünk ki a barlangunkból a fénybe, a másik világba. A vezető férfi elsüllyedt a barlang mélyén. Mindez a férfiképnek, egy férfialaknak a tudattalanomba való elsüllyedését jelképezi. De én várok rá, várok arra, hogy ő kijöjjön a barlangból, önmagam tudattalanjából. Én a fa alatt, félhomályban, észrevétlenül állok, és arra várok, hogy felfigyeljen rám.

A tudattalanomban kutatva kezdtem felismerni a valóság tényeit. Azon esemény, hogy lányom találkozott az édesapjával, rám is nagy hatással volt. Több mint huszonkettő évig eltemettem magamban a múltat, és egyszerűen nem akartam tudomást venni róla. Pedig mindaz, ami volt, megtörtént és nyomot hagyott bennem. Azon álmom során, amelyben a nagytakarításkor a szeméthalom csak nőttön-nőtt és én majdnem a romhalmaz közepén maradtam, szembesültem a valósággal. Rájöttem arra, hogy a múltat kitörölni magunkból nem tudjuk. Valójában, mikor régen elégettem férjemhez fűződő emlékeimet – a képeket, leveleket, mindent, ami hozzá kapcsolt –, akkor eltemettem mélyen magamban mindent. Mindez „olyan jól" sikerült, hogy ennyi éven át szinte nemlétezőként kezeltem, és még önmagam számára is tabu volt a belépés azon rejtett, elzárt tartományba. Az önmagam temetésével kapcsolatos álom erre világított rá, de akkor én még ilyen pontosan nem ismertem fel. Majd a szembesülésem a szerepszemélyiségem és az árnyékom ellentmondásával. Azon tény átélése, hogy „nincs árnyékom". Ezt követően pedig az ismeretlen férfival való találkozásom, aki azt állította, hogy régen egymáshoz tartoztunk. Ezekből lassan kialakult a valóság arculata. Az ismeretlen férfi, aki többször is feltűnt álmaim során, de egész eddig nem tudtam beazonosítani, ő volt: az első férjem. Az eltemetett emlékek feltörni készültek. A tudatom még mindig tiltakozott, ellenállt. Nem, nem akartam a szembesülést. De ugyanakkor egyre jobban nyomasztott a tudat, hogy a lelkem mélyében oly dolgok vannak elrejtve, amelyeknek régen részese voltam, ezek veszélyt és örömet egyaránt jelenthetnek a számomra. Egyre jobban kívántam a titok, a múlt kitárulását. Nem akartam és akartam egyszerre. Féltem, és mégis vártam. Közben a hónapok múltak egymás után, de a múlt a mélyben megragadt. Csak egy-egy foszlány tűnt elő, amelyből szinte képtelen voltam normális képet kialakítani. Majdnem teljes amnéziában volt bennem a régi idő, az ifjúságunk ideje. Ebben az időszakban egyre nagyobb lett a csend belül. Már fájt a mélyben lappangó titok, önmagam titka. Úgy tűnt, hogy képtelen vagyok felhozni a felszínre, és akkor szembesülni sem tudok a múlttal, pedig az idő sürgetett. Lányom és vőlegénye az esküvőt tervezgette. Tudtam, hogy pár hónap múlva, akár akarom, akár nem, szembesülnöm kell vele és mindennel, hiszen az esküvőn mindenképpen találkozunk. Szerettem volna, ha előtte tisztázódik bennem minden. Tudni akartam, hogy mi maradt meg bensőmben a múltból. Féltem. Valójában önmagamtól féltem, hiszen nem tudhattam, hogy mit vált ki majd belőlem a találkozás. Az eltelt több mint húsz év során egyáltalán nem találkoztunk, pedig itt éltünk egymás közelében. Most, annyi év után milyennek lát majd, és én milyennek látom majd őt? Mi lesz, ha akkor hirtelen tör fel a múlt, és én képtelen leszek mindent a helyére tenni? Ha az ifjúságunk idején átélt szerelem lángja újra felgyújtja a szívemet, és ő közömbös hidegséggel néz majd reám? Hogy fogom akkor leplezni érzéseimet? Éreztem, hogy újabb csalódást képtelen lennék elviselni. Ebben az időszakban lányomék Görögországban voltak. Egy közös nyaralásra hívta meg őket az édesapja, amelyen még a két fiúgyermeke és az élettársa is részt vett. Ő a válásunk után még kétszer megnősült, és mindegyik házasságából egy-egy fiúgyermek született, akiket az anyjuk nevelt. Ekkor már hónapok óta tudtam, hogy jelenleg több éve él élettársi közösségben egy nővel, akiről lányom nem sokat beszélt. E tény főként zavart, de magam sem tudtam, hogy ez vagy a múlt fenyegető némasága nyugtalanít jobban.

Most visszatekintve látom, hogy valójában ekkor jutottam el életutam első spirálkörének felezőpontjához. Ezt követően sikerült a bennem lévő ellentmondásokat teljesen feloldanom, és így életemben gyökeres változás következett be.

PARADOX VALÓSÁG

Ellentmondások áradata korbácsolja lelkem.
Paradox szituációk örvénylenek bennem.
Félelem szorítja össze szívemet.
Keresve kutatom az okok és okozatok titkát.
Oldás és kötés, egymást felváltva jelennek meg.
Van, de már nincs – nincs, de még itt van
– e paradox valóság.

Itt vagyok, de már nem létezem;
Vagy pont most születek meg.
A futó percek töredéke alatt élem az életem.
Bátran, felemelt fővel vállalom a SORS
Néma kihívását.
Mit hoz a holnap? Ez ma még lappangó titok.
Félek, de kívánom az eljövendő megvalósulását.

Csillag Virág

ÁLOMVILÁG
ÚJJÁSZÜLETÉSEM GYÖKEREI

2. rész

HITVALLÁS

Mindig mássá,
mindig újjá válok,
megőrizve régi önmagam.
Aki voltam, aki vagyok,
és aki majdan leszek.
Hű maradva, Ő általa,
Hozzá és önmagamhoz.

KÖSZÖNET

Minden eddigi és további segítséget ezúton köszönök meg mindazoknak, akik életem során segítségemre voltak, vannak és lesznek. Köszönök mindent a Teremtőnek, Örök Társamnak, Lélektársaimnak, Lélektestvéreimnek, Szeretteimnek, Gyermekeimnek, Szüleimnek és Barátaimnak.

ISTEN áldása kísérje további életutunkat!

ELSŐ FEJEZET

Az érzésekkel való szembesülésem és ezek felvállalása, feloldása

A pszichológiai tanfolyamon eltöltött idő alatt, a bensőmben végbement folyamat következtében az egyéniségemben mintegy 180 fokos változás következett be. Közben bejártam, végigtekintettem az egész életemet. Már nem csupán introvertált (befelé forduló) módon, hanem intenzívebb, extrovertált (kifelé forduló) formában is kezdtem érzékelni a külvilágot és saját belső világom jelzéseit. Szinte egyszerre éltem mindkettő állapotot. Továbbra is fő funkcióként az intuíció vezérelt, de ehhez már a megújult gondolkodás is hatékonyan hozzákapcsolódott. E gondolkodás nem csupán a külvilág jelzéseire, elvárásaira épült, hanem a saját belső világom üzeneteit is jól érzékeltem már. A bennem végbement folyamatban a feldolgozott álmaim és a belső imaginációs információk segítségemre voltak. Mindezeket beazonosítottam a mindennapi életem valóságába, levontam a következtetéseket, majd az adott helyzetben – ha szükség volt – korrekciót hajtottam végre. A lépések újból és újból követték egymást: elmélyülés, gondolkodás, valóságba való beazonosítás, következtetések levonása, korrekció. Ennek következtében belépett a tapasztalat síkja is az életembe. Így egyre jobban megtaláltam megújult önmagam, és ténylegesen érzékeltem, hogy háromnegyedig magamra találtam. Ennek hatására megnyílt az út a belső érzésvilágom felé.

Gyökeres változás következett be az életemben. Lányunk esküvőjén találkoztam volt férjemmel, és ezt követően – pontosan huszonhárom év távollét után – újrakezdtük az életünket. Ebben döntő szerepe volt azon helyzetnek, hogy mindkettőnkben élt az érzés, hogy valójában Isten előtt házastársak vagyunk.

Hiába váltunk el – a földi törvények értelmében – annak idején fiatalon, az Égi Világ törvényei alapján most is összetartoztunk. Újabb találkozásunkat Isten ajándékának tekintettük, amelyre nagyon kell vigyáznunk. Nem játszhatjuk el e lehetőséget, mivel akkor már az életben újabbra nem lesz módunk, hiszen az évek egyre jobban elszállnak felettünk. Tudtam, hogy ez az élethelyzet csakis azért jöhetett létre, mert végbement bennem a belső átalakulás, és bizonyos szinten feloldottam a múltbeli gátakat, akadályokat, attól függetlenül, hogy az amnéziába temetett emlékek továbbra is a némaságban maradtak. Sejtésként érzékeltem ugyanakkor azt is, hogy Isten ezt az életlehetőséget azért adta meg nekünk, mert közös feladatunk van, amelyet hátralévő életünkben együtt kell teljesítenünk. Mivel az életfeladatról pontos információim nem voltak, így mindezt férjemmel megosztani nem tudtam, de végül is az együtt eltöltött nyolc év alatt spontánul kialakult mindaz, ami feladatként jelent meg a számunkra. Vagyis: egymás belső fejlődésének elősegítése, az egység megteremtése, együtt fejlődés. Két egymásnak ellentmondó akarat egységének, harmóniájának a megteremtése. Ezt sajnos csak felemás módon sikerült megoldanunk. Ebben a fejezetben azon élettapasztalataimat jegyzem le, amelyek során egyre mélyebben szembesültem saját érzésvilágommal.

Az érzések sem nem jók, sem nem rosszak (csak mi minősítjük így ezeket), egyszerűen csak vannak. Meg kell élni, szembesülni kell velük. A belső világunk feltárul ezáltal. Szerepe van ebben az álomnak, az imaginációnak, a meditációnak és az imának. Ez a folyamat valójában szembesülés a tudattalannal, és így megindul a tudat és tudattalan kölcsönhatása. Ezzel az érzéseinket feltárhatjuk, feldolgozhatjuk, feloldhatjuk.

Az érzéseket sokszor képtelenek vagyunk felismerni, nyomon követni, mivel általában teljesen spontánul jelennek meg, és legtöbbször a mélyben, a tudattalanban megbújva fejtik ki hatásukat. Ugyanakkor teljes fogalmi zavarban vagyunk, mivel az érzéseket sokszor összekeverjük a gondolatainkkal és az érzelmeinkkel. Szükséges ezek elkülönítése egymástól.

A gondolat nem érzés. Az érzés valahol belül van bennünk, a tudattalanban, a lelkünk mélyén, de nem a fejünkben. A fejünkben születnek meg a gondolatok, értékelések, előítéletek, vélemények, megállapítások, ötletek.

„Ma egész jó napom volt." – Ez egy értékelés, megállapítás. Ha az érzésre figyelek, akkor így fogalmazok: „Valójában elégedett vagyok," Milyen? – Elégedett.

„Mostanában nehezen boldogulok a gyerekekkel. Nem fogadnak szót." – Ez egy vélemény.

Amit érzek, az egyfajta feszültség a tehetetlenségem miatt. „Feszültnek, tehetetlennek érzem magam."

Helyesen így fogalmazok, ha figyelek a bennem meglevő érzésre:

„Milyennek érzem magam?" – Feszültnek, tehetetlennek.

„Sok munkám volt ma" – közli velem a párom, mikor este hazaérkezik a munkából.

Ez egy közlés. Ezzel közvetíti felém, hogy fáradtnak érzi magát. Ilyenkor fontos lenne, hogy maga az egyén önmagában tudatosítaná az érzését.

„Milyennek? – Fáradtnak érzem magam."

Próbáljunk jobban odafigyelni mindarra, ami bennünk, a legbelső énünkben megy végbe. Nem elég, ha a párunk, a környezetünk figyel erre, és ennek megfelelően tapintatosak velünk szemben. Szükséges és igen fontos, hogy mi magunk tudatosan figyeljük és ismerjük meg a belső világunkban lévő érzéseinket. Ha felfigyelünk a gondolataink, előítéleteink, véleményeink, értékeléseink mögött megbúvó érzéseinkre, akkor az érzések széles skálája tárul fel előttünk, amelyek a belső valóságunk tükröződését jelzik. Az érzelem az adott érzést jelöli a hozzá kapcsolódó gondolatokkal, pszichés és testi állapotokkal, cselekvési késztetésekkel együtt. Tehát ebből kiderül, hogy az érzésen túl más, egymáshoz kapcsolódó tényezőket is tartalmaz.

A legismertebb érzelmeket a következő kategóriákban foglalhatjuk össze:

Harag: düh, felháborodás, neheztelés, méreg, ingerültség, ellenszenv, bosszúság, erőszak, ellenségeskedés, gyűlölködés, sértődékenység...

Szomorúság: gyász, bánat, levertség, bánkódás, csüggedés, elkeseredés, önsajnálat, melankólia, magány, kétségbeesés, depresszió...

Félelem: szorongás, idegesség, gondterheltség, riadalom, ijedség, bizalmatlanság, óvatosság, rettegés, nyugtalanság, iszony, rémület, pánik...

Szeretet: elfogadás, bizalom, agapé, jóság, vonzódás, odaadás, imádat, rajongás, segítőkészség, szívélyesség...

Meglepetés: sokk, meghökkenés, ámulat, csodálkozás, zavar...

Undor: lenézés, megvetés, gúny, viszolygás, nemtetszés, elutasítás...

Szégyen: bűntudat, csalódottság, lelkifurdalás, megalázottság, önemésztés...

Öröm: boldogság, megkönnyebbülés, elégedettség, derű, tetszés, mulatság, mámor, elragadtatás, eufória, extázis...

Ha megfigyeljük, ezek mind főnevek, a „mi?" kérdéssel kérdezhetünk rájuk. Az érzések melléknevek, ekkor a „milyen?" kérdéssel kérdezhetünk. Az érzéseket négy csoportra oszthatjuk.

Az örömet kifejező érzések például a következők:

békés, bizakodó, boldog, büszke, csodálatos, derűs, elbűvölt, elégedett, elfogadott, elfogódott, eleven, eltökélt, elragadtatott, energiával teli, erős, jókedvű, felszabadult, gondtalan, gyengéd, hálás, hévvel teli, higgadt, készséges, kielégített, kipihent, kíváncsi, könnyű, lelkes, lendülettel teli, magabiztos, magával ragadó, mámoros, meghatott, megindult, megkönnyebbült, mosolygós, nyugodt, oldott, örömteli, szabad, szárnyaló, szerencsés, tettre kész, várakozással teli, vidám…

A szomorúságot kifejező érzések a következők:

bánatos, bágyadt, bezárult, búskomor, csalódott, csüggedt, elbátortalanított, elbátortalanodott, elértéktelenedett, elhagyatott, elkeseredett, eltaposott, elfásult, félreállított, gyámoltalan, gyenge, illúziót vesztett, izgatott, kellemetlen, kényszeredett, kifulladt, kimerült, komor, könnyező, lebecsült, lelohadt, letaglózott, letört, levert, magányos, magát marcangoló, megtört, megszégyenült, mogorva, morcos, öngyötrő, összezavart, sóvárgó, szomorú, szürke, szeretetre vágyó, tartózkodó, tehetetlen, unatkozó…

A haragot kifejező érzések a következők:

agresszív, áthatolhatatlan, bosszús, csapkodó, dühbe gurult, dühöngő őrült, dühös, elégedetlen, erőszakos, féltékeny, féktelen, felbosszantott, felbőszült, feszült, felizgatott, görcsös, gyötrő, ideges, indulatos, ingerlékeny, izgatott, kemény, követelőző, lekezelő, megvető, megközelíthetetlen, őrjöngő, tomboló, türelmetlen, üldözött, zaklatott, zárkózott…

A félelmet kifejező érzések a következők:

aggódó, árva, bátortalan, bénult, bizonytalan, csüggedt, elborzadt, elővigyázatos, eltévelyedett, félénk, felkavart, fenyegetett, fojtogatott, feszült, gondterhelt, gyámoltalan, ijedős, irtózó, kétségbeesett, megbénított, megbolydult, megfélemlített, meglepett, megrémített, megsebzett, megszorult, megzavart, mesterkélt, mezítelen, néma, nyomott, nyugtalan, óvatos, pánikba esett, rettegő, rémült, riadt, sarokba szorított, szégyenlős, szorongó, tanácstalan, undorodó, zaklatott, zavarban lévő, zavart…

Hogyan ismerhetjük fel az érzéseket?

Az érzések belső, spontán reakciók. Elnyomhatom az érzéseimet, ha viselkedésemmel nem veszek ezekről tudomást, illetve gondolataimmal elnyomom a bensőmből feltörő érzéseket. De ez nem segít, sőt egyre nyomasztóbb helyzetbe kerülök ezáltal. Ahhoz, hogy felismerjem az érzéseimet, segít, ha megállok egy-egy percre, figyelek magamra, bensőmbe, és megkérdezem magamtól:

„Mit élek át most, ebben a pillanatban?"

„Mindez milyen, a bensőmben megbúvó érzésre utal?"

Például: Késő este van már. Lefeküdtem. Félálomban vagyok, mikor csörögni kezd a telefon. Felijedek, és közben a fejemben az jár: „Még aludni sem hagyják az embert."

Mit érzek? Milyen érzés van belül bennem? – Dühös vagyok, megrémítettnek, riadtnak érzem magam.

Már több hete rosszul alszom. Álmatlanul töltöm az éjszaka nagy részét. Átfut rajtam a gondolat: „Mi van velem? Mi a probléma?"

Milyen érzés van bennem ezzel kapcsolatosan? – Valójában kétségbeesett, feszült, nyugtalan vagyok.

Örültem, hogy szabad lesz a mai napom, de reggel lányom megkér, hogy délután vigyázzak a gyerekekre, mert neki fontos dolgot kell elintéznie. Azt gondolom magamban: „Már megint énrám szakad minden." – Ellenséges, zaklatott, dühös vagyok.

Érzéseinket csak mi minősítjük jónak vagy rossznak. Valójában ezek erkölcsileg sem nem jók, sem nem rosszak. Nem vagyok jobb azért, mert boldognak érzem magam egy derűs nap során. Nem vagyok rosszabb azért, mert haragot érzek, mikor párom szüleim viselkedését kifogásolja. Nem vagyok elítélendő azért, mert félelmeket élek át gyermekem egészségi állapota miatt. Nem vagyok bolond azért, mert szinte minden különösebb ok nélkül – akár hosszú ideig is – szomorúnak, elkeseredettnek, csalódottnak érzem magam.

A cselekedeteinknek, a viselkedésünknek azonban már van erkölcsi színezete, hatása. Más dolog, hogy haragot érzek, és más, ha hagyom, hogy ez az érzés eluralkodjon rajtam, és oda vezessen, hogy sértőn és durván fejezem ki magam. Igen gyakran előforduló helyzet, hogy az adott érzésünk – mivel spontánul jelenik meg, tehát nem tudatosul – úgy eluralkodik rajtunk, hogy teljesen magával ragad minket. Ilyenkor észre sem vesszük, hogy mély sebeket ejtünk másokon. Ezért rendkívül fontos az érzéseink tudatosítása. Így szembesülhetünk ezekkel és feldolgozhatjuk, feloldhatjuk a gátló, akadályozó érzéseket. Ugyanakkor a cselekedeteinkre, reakcióinkra is pozitív hatással van mindez, mert tudatosan reagálva a belülről feltörő érzésekre elkerülhetők a kapcsolatainkra negatívan ható szituációk. Mód nyílik a szükséges korrekcióra.

Felmerülhet a kérdés, hogy nem tulajdonítunk-e túl nagy jelentőséget az érzéseinknek.

Az érzéseink bennünk vannak, befolyásolnak minket, akár tudomásul vesszük ezt, akár nem. Jelen vannak, és mindenképpen hatással vannak a cselekedeteinkre. Ha nem tudatosítjuk, nem vesszük figyelembe, elnyomjuk érzéseinket, akkor ösztönösen, váratlanul, sokszor alattomos módon feltörve a tudattalan mélyéből magával ragadnak minket, és mi összezavarodottan, tehetetlenül vergődünk a konfliktusok zűrzavarában. Az érzések a jelzőlámpa szerepét töltik be: jelzik a szükségleteinket, a hiányosságainkat, vagy pont a bensőnkben lévő nyugalmat, illetve a belső feszültséget vetítik elénk. Ha ezzel nem törődünk, akkor az olyan, mintha úgy vezetnénk autót, hogy figyelmen kívül hagyjuk a közlekedési lámpákat. Így bizony nem lehet biztonságosan közlekedni.

Például, amikor férjem a megszokott időhöz viszonyítva jóval később érkezik haza. Közben, amíg várakozok, aggódni kezdek. Ahogy telik az idő, a félelem fokról-fokra nő bennem. Ha nem tudatosítom magamban ezt az érzést, akkor mire párom hazaér, a bennem lévő szorongó, feszült, félelemmel teli érzés oly erős lesz, hogy azonnal mind a nyakába zúdítom ezt. Ha azonban tudatosítom magamban a bennem lévő feszültséghez, féle-

lemhez, aggodalomhoz kapcsolódó érzéseimet és ezt mondom
el neki, ugyanakkor meg tudom hallgatni őt is, hogy mi okozta
a későbbi hazaérkezését, akkor nyugodtan, higgadtan, megér-
téssel fogadom férjem közlését.

Vajon hányszor befolyásolják a viselkedésünket úgy az érzé-
seink, hogy nem is vesszük észre, vagy nem veszünk tudomást
róluk? Az érzéseink tudatosításával mintegy felfedezzük belső
valóságunkat, és ezáltal közelebb kerülünk Igazi Önmagunk-
hoz, a Selbsthez. Így környezetünkkel, szeretteinkkel való kap-
csolatunk is jobbá válhat. Az érzésekkel való szembesülés elég
nehéz, nemcsak azért, mert többnyire spontánul jelentkeznek
és nehezen tudatosíthatók, hanem azért is, mert a zavaró érzé-
sek oly mértékben kavarognak bennünk, hogy legszívesebben
eltemetnénk ezeket. Sőt nagyon sokszor – az emberek többsé-
génél – az érzések teljesen elzárt, elnyomott állapotban van-
nak. Valójában az érzések minduntalan újra és újra megjelen-
nek, csak mi nem veszünk róluk tudomást. Ha reálisak akarunk
lenni, célszerű döntéseket akarunk hozni, akkor nem viselked-
hetünk úgy, mint a strucc, hogy amit nem akarunk meglátni, az
nincs is. Az érzések annál inkább fogják irányítani a viselkedé-
sünket, minél inkább el akarjuk rejteni, vagy figyelmen kívül
akarjuk hagyni őket.

Az érzés tehát egy belső, kiszámíthatatlan, nem befolyásol-
ható, akarattól független, spontán reakció, azonban megélve tu-
datosítható, felfogható, feldolgozható és feloldható.

Az érzéseinkről beszélve mondjuk:

„...fáradnak érzem magam..."
„...nyugodt vagyok..."
„...elégedetlennek érzem magam..."
„...dühös vagyok...."

Magát az érzésbeli állapotot melléknévvel fejezem ki. Kerülni
kell a következő kifejezéseket:

„...úgy érzem, hogy..."

„...azt gondolom, hogy..."

„...azt hiszem, hogy..."

„...azt érzem, hogy..."

Ezek mind egy-egy véleményt, gondolatot, megállapítást fejeznek ki, de biztos, hogy nem az érzéseinket. Nemcsak úgy fedezhetjük fel az érzéseinket, hogy figyeljük a reakcióinkat, hanem úgy is, hogy odafigyelünk azokra a gondolatainkra, amelyek egy-egy történés során hirtelen beugranak, mint egy villanás, majd tovatűnnek. A spontán, hirtelen előjövő gondolatok, amelyek rövid idő múlva elenyésznek, elárulják érzéseinket. Nehéz ezeket felismernünk, mert gyorsan lezajló folyamat mindez, de ha sikerül odafigyelnünk, és felfedezzük e tovasuhanó gondolatainkat, akkor segítségükkel könnyebben szembesülhetünk a gondolat mögött megbúvó érzéseinkkel. Az érzéseinkhez közelebb kerülhetünk a viselkedésünk, a tetteink megfigyelésével is.

Például becsapom az ajtót, mikor kijövök a szobából. „Dühös vagyok, mert a gyerekek nagy zajt csapnak a játék során."

Mosogatás közben az edényeket, evőeszközöket túl erősen, csörömpölve rakom le a lecsöpögtető tárcára. „Feszült, nyugtalan, ideges vagyok."

Nem haladok megfelelően a betervezett munkámmal. „Elégedetlen, szomorú, fáradt vagyok."

Az a mód, ahogy spontánul reagálok egy adott pillanatban, utal az érzéseimre. Ha nem tudom megnevezni az érzéseimet, ha már nem emlékszem a spontán gondolataimra, akkor a cselekedeteim visszaidézésével próbálhatom meg az érzéseimet megtalálni. Az érzésekkel való szembesülésben segítségemre lehet, ha leírom, kiírom magamból azokat. Igyekezzünk ilyenkor minél részletesebben, minél teljesebben visszaadni azt, ami bennünk végbemegy. Minden „spontán gondolat", minden kis reakció, minden hasonlat segíthet, hogy minél világosabban, minél teljesebben fejezhessük ki magunkat, érzéseinket. Ezáltal közelebb kerülünk belső valóságunkhoz, dialógus, párbeszéd alakul ki a külső és a belső világunk között.

A kellemetlen érzéseinket megváltoztathatjuk, ha akarjuk, vagyis ha feltárom önnön belső valóságomból az adott érzést, ezzel szembesülve feldolgozom, feloldom azt. Bizonyos esetekben a feldolgozás nagyon gyors lehet: szinte azzal, hogy az érzés a mélyből a felszínre került, tudatosodott, ezáltal már feloldódott, megsemmisült, mivel fény derült a belső világunkban rejlő valóságra. Máskor hosszabb időre van szükség a feldolgozáshoz, de a változást mindenkor észre fogja venni az egyén, ha az bekövetkezett. A feldolgozást követően lecsendesedünk, megnyugszunk.

Például szomorúnak, letörtnek érzem magam már hosszú ideje, és nem tudom, miért. Felismerve ezt eldöntöm, hogy leírom, kiírom magamból, hogy mi zajlik bennem. Eközben a szomorúságom elmúlik, eltűnik, mint a felhő, mikor kisüt a Nap. Ugyanis fény derül a belső valóságomban megbúvó érzésre azáltal, hogy tudatosítottam. A folyamat révén visszanyerem belső nyugalmamat. Sőt ezzel a mélyebb belső konfliktusaim, gondjaim terén konstruktív (építő, előrevivő), előremutató megoldásokat találhatok. Így nemcsak az érzéseket oldottam fel, hanem előreléphetek az önmegvalósításom útján.

Egy másik esetben dühös vagyok, mert a nyakamba sóztak a munkahelyemen egy plusz, határidős feladatot. Tudatosítom a dühös, felháborodott érzésemet, mérlegelem az adott helyzetet, majd lecsitulva, megnyugodva megkeresem az adott feladat legcélszerűbb megoldásának a lehetőségeit, ezt követően könnyedén elvégzem a rám bízott pluszmunkát. Ezáltal nemcsak az érzéseim csitulnak le, hanem egy nagyszerűen elvégzett feladat gyümölcseit is learathatom. Így a dühöm örömmé, megelégedettséggé alakul át.

Az érzésekkel való szembesülésem során nagy akadályt jelenthet az álarcom. Vagyis egy adott helyzetben a megszokott, spontán viselkedési móddal reagálva cselekszem, ugyanakkor elnyomva elrejtem mások előtt – és legtöbbször önmagam előtt is – azon valóságomat, tulajdonságaimat, amelyek valójában ugyanúgy egyéniségem részei, de szerintem kevésbé előnyösek a számomra.

Például általában nyugodt, kiegyensúlyozott vagyok. Erő, biztonság, határozottság sugárzik belőlem, illetve ilyennek mutatom magamat. E „magabiztos álarcom" megakadályoz abban, hogy az adott szituációban szembesüljek azon belső félelmeimmel, amelyek az adott helyzetemben bennem élnek. Egyszerűen elnyomom a félelmeimet, nem veszek tudomást ezekről. Ez nem más, mint struccpolitika. Azonban ezek az érzések a mélyben, a tudattalanomban egyre csak gyűlnek, majd idővel egy nehéz, mély depressziós állapot nehezedik rám. Ekkor is van kiút a szembesülés, a tudatosítás által, de sokkal könnyebb a helyzet, ha időben felfigyelünk az intő jelekre, és tudatosítva érzéseinket feloldjuk azokat.

Egy másik szituációban a megszokott módon reagálok, vagyis konfliktushelyzetben megkerülöm, kikerülöm a problémát, és fejet hajtok a másik akarata előtt. Az álarcom megakadályoz abban, hogy adott pillanatban ki merjek állni önmagamért, a saját elképzelésemért, holott előfordulhat, hogy pont az a célravezetőbb az adott helyzetben. Így a másik felet is megakadályozom abban, hogy szembesülhessen a helyzet más szemszögű megvilágításával, és felismerje a másik lehetőségben rejlő előnyöket. Az álarcom, a megszokott viselkedési módom megakadályozza a kommunikációt a belső és külső valóságom, valamint köztem és a környezetem között.

Általában a negatív önkép is megnehezíti az érzéseimmel való szembesülést. Ha negatív önképem van, akkor ez hatással van egész lényemre. Ennek során vannak olyan tulajdonságaim, amelyeket elutasítok, mert elfogadhatatlannak, nevetségesnek találom magamat ezzel kapcsolatosan. Például ügyetlennek érzem magam, mikor autóvezetés közben bizonytalankodom. Vagy utálom, ha rajtakapom magamat, hogy aggodalmaskodom. Dühös vagyok a tehetetlenségem miatt, mert nem merek kiállni önmagamért másokkal szemben.

Elutasítom a külsőmet, mert úgy gondolom, nem vagyok vonzó, nem vagyok szép.

Előfordulhat, hogy rövidebb-hosszabb időre teljesen a negatív önképem hatása alá kerülök. Ilyenkor értéktelennek érzem magam. Úgy gondolom, nem vagyok értékes és szeretetre méltó. Lehetséges, hogy ez gyermekkorban alakult ki, vagy az adott jelenlegi környezetemben valaki leértékelő, ítélkező módon viszonyul hozzám. Én pedig ezzel a szemléletmóddal mintegy azonosulok. Ezek a környezeti hatások következtében alakultak ki bennem. Vagyis a környezetem vagy a környezetemben valaki egy adott időszakban elutasított, háttérbe szorított, elnyomott. Az élet során bármikor kialakulhat bennem a negatív önkép. Mindez úgy jelentkezik bennem, hogy állandóan becsmérlően gondolok magamra.

„Nem érek semmit."

„Nincs semmi értelme."

„Nem érek annyit, hogy valaki szeressen."

„Nem érdemlem meg mások szeretetét."

„Nem vagyok figyelemre méltó."

Elutasítom magamat, és eközben elutasítom a környezetemben felém fordulókat: a páromat, a gyerekeimet, a szüleimet, a barátaimat. Úgy gondolom, nem vagyok méltó a bizalmukra, a szeretetükre.

Felelős vagyok a negatív önképemért. Én vagyok az, aki ezt kialakította, és folyamatosan ébren tartja, mintegy táplálja magában. Ez az egóm működése bennem, mintegy önsajnálattal akarja a környezetéből a szeretetet kicsikarni. Ez nem vezet célra. Ennek a viselkedésemnek a következtében túlzott mértékben befelé fordulóvá válok, beszűkülök, depressziós állapotba kerülhetek, és mindez megakadályozhatja az igazi kommunikációt környezetemmel. Párom, szeretteim elveszettnek, tehetetlennek érzik magukat velem szemben. Az önsajnálat helyett fontos lenne például a kedvesem, a párom felé fordulni – ha az adott konfliktus vele kapcsolatos –, hinni a szerelmében, bátran a szemébe nézni, és bízni benne és önmagamban.

A legtöbb, mélyen a bensőnkben lévő érzés már gyermekkorunkban belénk íródott. Ezek gyermekkori szerzemények, amelyek az életutunkon haladva, hasonló helyzetbe kerülve, egyre

jobban elmélyülnek bennünk. Meg kell keresni ezek gyökere-
it, a mélyre kell ásni önmagunkon belül. Majd beazonosítani,
és a jelen helyzettel párhuzamba kell hozni. Meg kell vizsgálni,
hogy egy-egy adott vagy hasonlatos szituációban régen hogyan
oldottam fel ezen érzéseimet. Milyen sikerrel jártam? Mivel si-
került akkor feloldanom az adott helyzetet, vagy egyszerűen
spontánul akkor hogyan reagáltam azon szituációra? Alkal-
mazható-e a régen bevált módszer a jelen helyzetemre is? Ha a
múltban nem sikerült az adott problémát teljesen feloldanom,
akkor most, jelen helyzetben hogyan lépjek tovább? Ebben az
esetben a jelen konfliktusom során olyan megoldást keressek,
amely más – esetleg pont ellenkező –, mint a múlt helyzetbeli
reakcióm volt. Fontos a valóságban történtek elemzése, beazo-
nosítása, a tapasztalatok levonása. Bátran lépjünk – lehetőleg
elvárások nélkül. Ezek próbálgatások – fontos a játékosan meg-
élt helyzet –, így előbb vagy utóbb megtaláljuk az adott szituá-
cióban a számunkra legjobban alkalmazható módszert. Az adott
helyzetektől is függ ez. Egy-egy esetben egy bizonyos módszer
célravezető, míg egy másik alkalommal ugyanez a módszer nem
bizonyul hatásosnak, és másképp kell lépni. Fokról fokra halad-
va így én magam kísérletezem ki, tapasztalom meg a helyes út-
vonalat, hogy egy adott helyzet feloldását elérjem.

Igen fontos, hogy fel merjem vállalni a szembesülést az ér-
zéseimmel és elinduljak azok felismerése, beazonosítása, feldol-
gozása, feloldása felé. Ha ezt nem vállalom fel, akkor egyre mé-
lyebb zsákutcába kerülök saját tudattalanom útvesztőjében, és
teljesen elveszíthetem ezáltal az életkedvemet, az életenergiá-
mat. Beszűkülök, besavanyodok az egóm kényszerképzeteinek
sötétségébe. Ezzel megakadályozom magamat az önmegvaló-
sítási folyamatomban való előrehaladásomban. Így nem látha-
tom meg azon valóság lehetőségét, amely egy új és szebb élet-
lehetőséget tartogat a számomra. Egyszerűen csak fizikailag
létezem, de nem élek, nem élem meg az életem igazi valóságát.

Az érzéseimmel való szembesülés során különböző mód-
szereket használhatok az eddig már említett lehetőségeken
túl. Ilyen módszer a „fókuszálás módszere" is. Erről már köny-

vem első részében írtam, hogy én magam miként alkalmaztam a bennem lévő feszültségek feloldására. E módszert főleg a problémamegoldások során, az ellentmondásos helyzet feltárása, feloldása terén, vagy a kiútkeresés alkalmával használhatom eredményesen.

A probléma, az érzéseim kiírását alkalmazva a belső és külső világom terén alakítok ki dialógust, párbeszédet önmagammal, és ezáltal nyerem el a feloldást, találom meg a megoldásokat. Az érzéseim feloldása azért is nagyon fontos, mert ezzel a problémás helyzeteimre megoldásokat is találhatok, és újabb, eddig nem látott lehetőségek tárulnak fel előttem. Dialógust, párbeszédet Istennel is folytathatok. Egyszerűen Isten elé tárom az adott helyzetemet, és kérem a segítségét. Célszerű mindezt írásban rögzíteni, így a belső folyamatot végig tudom kísérni, és később is visszapergethetem, hasznosíthatom az így nyert információkat. Ha valóban őszintén fordulok Istenhez, és kész vagyok ajándékként elfogadni, befogadni mindazt, amit kapok, még akkor is, ha az a külső valóságom, az egóm számára nehezen összeegyeztethető, akkor biztos lehetek abban, hogy megkapom a válaszokat Istentől. Isten előtt írásban feltárom, lejegyzem az adott problémámat, majd elcsendesedve, nyugodtan leírom mindazt, ami önön belső valóságomból előjön ezzel kapcsolatosan. Ezt automatikus írásnak is nevezik. Bizonyos lehetek abban, hogy Isten maga szól hozzám a lelkem, a lelkiismeretem által, hiszen, „Ő" jelen van bennem, a lelkem mélyén. Ajánlom ezzel kapcsolatosan Neale Donald Walsch *Beszélgetések Istennel* c. könyveit. Ilyen formában bárki képes kapcsolatba lépni Istennel, önmaga belső valóságán keresztül. Így a saját maga számára konkrét információkat, segítséget kaphat konfliktusai feloldásához. A belső érzésvilágommal való szembesülésem során néha igen meglepő, hihetetlennek tűnő, de ugyanakkor teljes bizonyosságként ható, csodálatos dolgok is feltárulhatnak a bensőmből. Így egy teljesebb, magasabb síkú élet lehetősége tárulhat ki előttem.

A jungi pszichológia alapján az önmegvalósítási folyamatunk során előrehaladva eljuthatunk az érzéseinkkel való szembesülésig, majd azok feldolgozásával a feloldásáig. Így nem csak saját érzésvilágunkkal szembesülünk, hanem a saját kálváriánk megtapasztalása révén már más szemmel fordulunk a környezetünk felé, így eljuthatunk a mások felé való empátiás megnyilvánulásig is.

Az utóbbi évek során én főként e lehetőséget alkalmaztam a belső érzésvilágommal való szembesülésem, a konfliktusaim feloldása terén. Továbbá ebbe beépítettem mindazon módszereket, lehetőségeket, amelyekkel ezen időszakban megismerkedtem, és magam számára használhatónak tartottam. Szívesen alkalmaztam a dialógus módszerét, és Istenhez fordultam minden olyan élethelyzetemben, amikor úgy éreztem, hogy egyedül képtelen vagyok feloldani az adott helyzetemet. Így elfogadva érzéseimet megerősödtem ezáltal, és Istennel való kapcsolatom is megszilárdult. Kezdetben a legsúlyosabbnak tűnő párkapcsolati konfliktusaim teljes feloldásához egy évre volt szükségem. Később ez az időszak lerövidült, és végül már egykét hét alatt feloldódott a magamban lévő ellentmondás, majd ezen idő tovább szűkült. Az utóbbi időben előfordult, hogy az adott konfliktusokat pár óra alatt feloldottam, mivel tudatosodott bennem a helyzet, és így megoldódott magam számára a probléma. Azonban ez nem azt jelentette, hogy az adott párkapcsolati gond megszűnt; csak számomra oldódott fel, mivel más szemmel láttam az adott szituációt, és ez nem jelentett már nekem problémát. A feloldási folyamatban mindenkor magamra voltam utalva, mivel párom mereven elzárkózott a kettőnk kapcsolata, az érzéseinkkel való szembesülés, a belső világgal való kapcsolatteremtés együttes feltárása, feldolgozása, feloldása terén. Ilyenkor mindenkor Isten által nyertem feloldást.

Férjemmel 1992 elején kezdtük újra az életünket. Az együtt eltöltött nyolc év komoly szembesülést jelentett mindkettőnknek. Számomra mély tanulságokat és nagy előrelépést jelentett ezen időszak. Már az első évek során nehéz élethelyzetek adódtak. 1993 tavaszán elkezdődött a rokkantsági leszázalékolásom. Ezt megelőzően öt évvel elindult a hallóidegeim fokozatos lebénulásának a folyamata. Mindebben örökletes tényezők is igen nagy szerepet játszottak. Édesapám ilyen idős korára már szinte teljesen elveszítette a hallását, és nálam is e helyzet elég korán – negyvenkét éves koromban – elkezdődött. Tudomásul vettem, hogy segíteni az orvosok nem tudnak. Műtétre nem volt kilátás, a hallókészülék pedig az én esetemben szóba sem jöhetett. A hallóidegek bénultak le fokozatosan, így nem tudtam érzékelni a kiesett hangtartománybeli rezgéseket. Mikor tudomást szereztem e helyzetről, akkor egyrészt elfogadtam, másrészt Isten segítségét kértem. Kértem Őt, adja meg számomra azon lehetőséget, hogy a folyamat lassan menjen végbe. Legyen időm arra, hogy kompenzáljam valamilyen módon a kiesett hallást, valamint pedagógusi munkámat a lehető leghoszszabb ideig el tudjam látni.

Öt év telt el közben, és én észre sem vettem, hogy elég súlyos mértékben romlott időközben a hallásom, ugyanis valamiféle belső hallás kezdett nálam kialakulni, de akkor még ez igen kezdeti stádiumban volt. Mivel munkám terén egyre több problémát jelentett a hallásomból eredő félreértett, félreértelmezett élethelyzetek sora, így újabb vizsgálatra jelentkeztem. A komputeres vizsgálat során kiderült, hogy a beszédhangok rezgésszintjének mintegy 70 százalékát már nem érzékeltem. Főnökeim javaslatára elindítottam a leszázalékolási folyamatot. Mindez lelkileg nagyon megviselt. Feleslegesnek, értéktelennek, kisemmizettnek éreztem magam. Életem üressé, értelmetlenné vált. Huszonöt év pedagógusi munka után nehéz volt megválni a hivatásomtól, hiszen ez az életet jelentette a számomra.

Mindezt fokozta, hogy a lebénulási folyamat átterjedt az egyensúlyidegekre is. Életem teljesen beszűkült. Egyensúlyom oly bizonytalanná vált, hogy még a lakásban is szinte tapogatva közlekedtem. Közben erős, sokszor napokig, hetekig tartó agyérgörcsök kínoztak. Ilyenkor a legszükségesebb háziasszonyi feladataimat is kínkeservesen végeztem el. Szédültem, látásom homályossá vált. A napok nagy részét fekvő helyzetben töltöttem, mivel felkelve a fájdalom és a szédülés elviselhetetlen volt. Teljesen összetörtem, de nem adtam fel. Bíztam Istenben, és tudtam, segítségével túljutok nehéz helyzetemen. Mély kapcsolatba kerültem belső valóságommal. A napok nagy részét módosult tudatállapotban éltem meg.

Emlékszem egy ilyen alkalommal kimondtam érzéseimet:

„Minden fájdalmam ellenére egészségesnek érzem magam."

Fiaim mosolyogtak, mivel igen komikusan hangzott kijelentésem, miközben hosszú ideje agyérgörcsökben fetrengtem. De én tudtam, hogy miről beszélek, és módosult tudatállapotomban ezt teljességgel átéltem. Szó szerint értettem az „egészség" szót. EGÉSZSÉG, TELJESSÉG, vagyis az EGYSÉG állapota.

Mindez nehéz, fájdalmas, mégis csodálatos időszak volt a számomra. Valami végbement bennem, amit akkor még nem fogtam fel. Ezen időszakban figyeltek fel orvosaim egy érdekes helyzetre. Az agyidegek terén bizonyos szinten ellenkező irányú kapcsolódások alakultak ki. Már az egyszerű, rutin hallásvizsgálat során is jeleztem, hogy amikor a bal fülhöz küldik a jeleket, én a jobb fülemmel hallom azokat, illetve fordítva: a jobb fülhöz érkező jelzéseket a bal fülben érzékeltem, azon hangtartományban, ahol még érzékelni tudtam bizonyos frekvenciájú hangjeleket. A komputeres vizsgálat során – mikor ezen ellentétes kapcsolódást regisztrálta a gép – az orvosok értetlenül szemlélték a szituációt. Semmi magyarázatot nem leltek rá. Később én magam jöttem rá, hogy mi játszódott le a valóságban. Időközben ezen ellenkező kapcsolódás a mindennapi életemben is megmutatkozott. Egy-egy adott szituációban a gondolkodásom a megszokott és „normálisnak", „valóságosnak" tekinthető ellenkezőjére váltott át. Mindez váratlanul jelentkezett, és számomra teljesen nyilvánvaló, kézenfekvő, természetes volt. Csak mikor szeretteim megértően figyelmeztettek, hogy már megint fordítottan gondolkodom, akkor tudatosodott bennem a helyzet, és így alkalmam volt a helyesbítésre. Volt, hogy a cselekedeteim során is megjelent fordított reakció. Idővel egyre jobban én magam is – figyelmeztetés nélkül – szinte azonnal észrevettem és korrigáltam a helyzetet. Mindez egy bennem lezajló természetes folyamat része volt, és valójában a szunnyadófélben lévő – már évekkel előbb csírájában jelenlévő – belső hallás kifejlődéséhez vezetett. Megközelítően egy év eltelte után kezdtem felfigyelni egy-egy szituáció kapcsán arra, hogy néha előbb hallom meg, amit néhány pillanat múlva mond ki az egyén. Egyre jobban kezdett tudatosodni ezáltal számomra, hogy Isten kegyelméből egy telepatikus belső hallás alakult ki nálam. Odafigyelésem eredményeképpen az eltelt évek alatt e képességemet oly mértékben fejlesztettem, hogy jelenleg szinte mindent hallok, még telefonon keresztül is. Azonban azonnal zavar áll be, ha a beszédhang rezgésszintje nem megfelelő intenzitású, illetve amikor egyszerre többfelé kell koncentrálnom. Ilyenkor olyan helyzet áll elő, mint mikor az áramkörben lévő zavar miatt a biztosító kikapcsol. E belső hallás csakis akkor tökéletes, ha teljesen koncentrálok erre. Ekkor agyam magát a rezgést fogja fel, és belül átalakítja beszédhangokká. A beszédhang rezgésszintjének megfelelő intenzitása nem kimondottan a hang magasságától függ, hanem a hang színe, árnyalata, hullámzása fontos a számomra. A monoton, színtelen hangot kevésbé érzékelem. Ugyanakkor a túlzottan erőteljes, intenzív, magas hang bántóan hat rám. Pontosan ezért szükséges a megfelelő hangintenzitás és a koncentráció zavartalan megvalósulása, mert ekkor egyszerre két művelet elvégzésére kerül sor. Agyam egyrészt felfogja a beszédhangok energiáját, majd ezeket beszédhangokká alakítja át. Így agyamban egy fordítórendszer alakult ki, amely által mégis csak hallom az emberi beszédet. Sőt ez adott lehetőséget arra is, hogy bizonyos szintű médiumi képesség alakult ki bensőmben. Itt kell megjegyeznem, hogy az adott hallásvizsgálat során nem az emberi beszédet, hanem bizonyos frekvenciájú zúgó, sípoló hangjeleket kell felismerni. Ezeket képtelen vagyok beazonosítani. Csakis az emberi beszéd terén működik a belső hallásom. Közben a hallóidegek lebénulásának folyamata tovább folytatódott. 1997 körül a komputeres vizsgálat során kiderült, hogy a beszédhangok frekvenciája terén már szinte semmit sem érzékelnek a hallóidegek. Ekkor a doktornő arra kért, hogy magyarázzam meg, mi módon hallok, ugyanis a beszédhangok tartományában már csak egy-egy hang hullámhoszszát fogják fel a hallóidegek, de ezekből értelmes szót képtelenség megalkotni. Mikor beszámoltam tapasztalataimról, akkor a doktornő megjegyezte, hogy habár nem minden orvos fogadja el az ilyen jellegű telepatikus hallás lehetőségét, de ő elhiszi, hogy nálam mindez így van. Megerősített: ha odafigyelek és fejlesztem e képességemet, akkor eljön majd azon időszak, mikor a hallóidegek már egyáltalán nem érzékelik a hangokat, én azonban, e telepatikus hallás által, mégis hallani fogok.

Egy év elteltével agyérgörcseim is szűnni kezdtek. Néha, havonta egy-két alkalommal, rövid időre még előjött ilyen állapot, de már elviselhetőbbé vált a fájdalom. Egyensúlyom helyreállt, látásom kitisztult. Kezdtem újra megtalálni a helyemet. Ebben nagy segítségemre voltak szeretteim – férjem és gyermekeim –, valamint azon élethelyzet, hogy újra értelmet nyert az életem. Ekkor kezdtük el családi vállalkozásban gyártani a már hosszú évekkel előbb feltalált logikai építőjátékomat. E játék népszerűsítése terén sok iskolai, óvodai játékbemutatón vettem részt. Újra a gyerekek közt, pedagógusként éltem meg az életem. A játékom mindenütt sikert aratott. Több pályázaton sikeresen szerepeltünk. A pedagógusok, szülők, gyerekek nagy örömmel, elismeréssel fogadták, mivel az oktatás terén is hasznosítható, és korhatár nélkül az egyén egész személyiségét fejleszti. A játék gondolkodva cselekedtet, és cselekedve gondolkodtat. Sokan nyilatkoztak úgy, hogy játékom vetekszik a Rubik-kockával és a Legóval. Úgy értékelték, hogy a XXI. század népszerű játékává válhat. Mindez nagy hatással volt rám, és úgy éreztem, hogy megleltem a helyemet az adott, megváltozott élethelyzetemben. Sajnos hosszútávon a gyártást nem tudtuk fenntartani. Pár év alatt kiderült, hogy a játék gyártása és forgalmazása igen komoly tőkét igényelne. Gyártót, forgalmazót hiába kerestünk. Több próbálkozás után beigazolódott, hogy hiába a sok elismerés; aki ezzel gyártóként, forgalmazóként kívánt volna foglalkozni, mindjárt arra gondolt, hogy ebből rövid időn belül sok-sok milliót söpörhetne be. Mikor azonban abba belegondolt, hogy ezért mit kell tenni, rögtön elállt szándékától. Ugyanis magában nézve a játék szinte semmitmondónak látszik. Csakis kézbe véve, vele alkotva derül ki igazi értéke. Így komoly marketingmunka szükséges a népszerűsítéséhez. Persze nem lehetetlen, csak ismerni kell a játékban rejlő lehetőséget, azt, hogy önmagát reklámozza. A menedzselést felvállaltam volna, hiszen én ismerem minden titkát, de kivárni a játék befutását és csak ezt követően besöpörni a hasznot, hát ezt egyetlen leendő befektető sem vállalta fel. Így aztán a hiábavaló próbálkozás után a család lassan-lassan feladta a küzdelmet. Magamra maradtam. Egyedül pedig felvállalni mindent képtelen voltam. Én igazából a mai napig sem adtam fel, csak úgy gondolom, nem jött el még a megfelelő idő. Talán igaza lesz a jóslatoknak, melyek szerint a XXI. század népszerű játéka lehet. Sőt egyre jobban biztos vagyok ebben, mivel nem csupán a személyiséget fejleszti és szinte korhatár nélküli, hanem benne rejlik a spirituális valóságunk is. A Képző- és Iparművészeti Lektorátus által zsűrizett termék, így szerzőjogi védelem alatt áll, amely a halálomat követően is hetven évig érvényben van. Ezért az idő szinte lényegtelenné vált a számomra. Tudom, ha eljön a megfelelő helyzet, akkor játékom megvalósulása lehetővé válik, és segíti majd az emberek személyiségbeli és spirituális fejlődését.

E játék a nyitott, sokoldalú, szinte határtalan lehetőségek tárháza. Az állandó változtatás szituációja, valamint a zárt szimmetrikus alakzatok számtalan változata révén, a lelkünk mélyén lévő szimbólumvilág által, az élet teljes valóságának sokoldalú feltárulása válik lehetővé általa.

Képtelenségnek tartom, hogy mindez kihasználatlan maradna. Az ÉLET játékos megélése egyre nagyszerűbb helyzeteket, lehetőségeket tár elénk. Így ezen ÉLETJÁTÉK, ahogy én nevezem és értékelem, a jövőben nagy hatással lehet mindenkire. Végül is számomra pozitív előrelépést jelentett, és előhívta belőlem a játékos gyereket. Ezáltal az adott életszituációimban könnyebben vállaltam fel a változást, az újrakezdést, hiszen rájöttem: nem igazából az a lényeg, hogy sikerül-e elérnem a kitűzött célt, hanem maga a folyamat megélése, a „játék" a lényeg, és menet közben számtalan lehetőség nyílik a változtatásra, a korrekcióra. Így közben az is kiderülhet, hogy a megalkotott forma, életmű, amit létrehoztam, sokkal nagyszerűbb, mint amit eredetileg terveztem. Lehet, hogy nem egy szabályos, szimmetrikus, mutatós eredményt kapok – és ez a mindennapi életem vonatkozásában is így van –, de egy nyitott, sokoldalú, számtalan lehetőséget, folytatást, kibontakozást magában rejtő alakzat, életmód is lehet harmonikus és szép.

Természetesen mindezt az eltelt évek igen kemény élethelyzetei során kínkeservesen alakítottam ki magamban. Nos, az első évek alatt a nehéz, küzdelmes helyzetek ellenére is harmonikus, szeretetteljes kapcsolatban éltünk férjemmel. Összetartozásunkat test-lélek-szellem egységében éltük meg. Kezdetben ez kölcsönösen így volt. Aztán ahogy a kilátástalan élethelyzetek sokasodtak felettünk, és főként az anyagi, fizikai lét terhei fokozódtak, úgy változott a helyzet. Férjem egyre jobban belefáradt a mindennapi lét küzdelmeibe, és ez kihatással volt – főleg lelki-szellemi téren – a kapcsolatunkra is. Mindez fokozatosan jelentkezett, de mire kezdtük sejteni, hogy valami nincs rendben, addigra már válságossá vált a helyzet. Olyan típus vagyok, hogy a végsőkig kitartok, nehezen adom fel. Egyébként is igen szoros, elszakíthatatlan érzelmi szálak fűztek hozzá, így minden felmerülő lehetőségbe belekapaszkodtam, hogy kiléphessünk kétségbeejtő helyzetünkből.

Nagy gondot jelentet, hogy férjem a fizikai valóság, a racionális, tapasztalati sík elkötelezettje. Hisz Istenben, sőt ezen a téren sokkal szigorúbban nézi „katolikus szemmel" a világot. Én másként, a saját belső valóságom megélései terén, a mindennapok megtapasztalásai során élem meg Istennel való kapcsolatom. Számomra ez mindennél fontosabb. Az én hitrendszerem arra épül, hogy elsősorban Istennek kell megadnom, ami az Istené, vagyis én magam kerüljek mind közelebb belső valóságomhoz, Valódi Önmagamhoz, és ezáltal Istenhez. Csakis ezután, és pontosan ezzel, vagyis Isten által, belső világomon keresztül kerülhetek közelebb másokhoz, a környezetemhez, a világhoz. Tehát ezt követően adhatom meg a császárnak, a világnak mindazt, ami a császáré. Férjem ezt pontosan fordítva értelmezi és éli meg. Szerinte a lelki-szellemi dolgokkal csak akkor lehet foglalkozni mikor a mindennapi létünk terén már mindazt, amire szükségünk van, megteremtettük, elértük. Ezután már az ember nyugodtan tud foglalkozni az Istenhez fűződő dolgaival, a mélyebb lelki kérdésekkel.

Ennek következtében a bennem élő mélyebb lelki-szellemi valóságot férjem elfogadni, befogadni nem tudta, és így valójában úgy éreztem, engem, az én belső valóságomat utasítja el, és megtagad ezáltal. Mindez bennem mély, fájdalmas helyzetet teremtett. Mikor egy baráti házaspár tanácsára és ajánlására eljutottunk egy Házas Hétvégés lelki kurzusra, a belső ellentmondásaink és a köztünk lévő helyzet már válságosra fordult. Egy pillanatra úgy tűnt, hogy van remény, de később egyre jobban, külön-külön megélve, belemélyedtünk saját belső válságunkba. Nem volt mód a helyzet közös feltárására, megbeszélésére, feloldására. Ennek az évnek a végére teljesen a mélypontra kerültem. Ekkorra már éreztem, hogy alapigényeim terén mindenütt visszautasításban van részem.

Személyes életünkben és kapcsolatainkban négy alapigényt fedezhetünk fel, különböztethetünk meg, amelyek mélyen bennünk vannak. Ezek a következők:

Annak az igénye, hogy szeressenek, igazi, konkrét, élő kapcsolat formájában.

Az, hogy értékesnek tartsanak, hogy megbecsüljenek, hogy valaki legyek mások, a párom számára, hogy fontos legyek neki.

Annak az igénye, hogy valakihez tartozzak, mondhassam, hogy „vele egy vagyok", egy családnak, közösségnek a tagjai vagyunk.

Végül a függetlenség igénye, a szív igazi szabadsága az adott kapcsolatban megnyilvánulva, annak az igénye, hogy az lehessek, aki vagyok, anélkül, hogy elveszíteném a társamat.

Ezek az alapigények másképp nem táplálhatók, nem lehet őket kielégíteni, csak teljes értékű, élő kapcsolat keretében, amely a tiszta, nyitott és bizalmas kommunikáció gyümölcse. Párkapcsolatunk az a megkülönböztetett hely, ahol megtalálhatjuk az alapigényeink kielégítésének a lehetőségét. Ha a kapcsolat harmonikus, akkor ezek az alapigények mindkét fél esetében kielégítést nyernek. Amennyiben e téren gond merül fel, akkor meg kell nézni, hogy mi az akadály. A kölcsönös együttműködés, kommunikáció révén miként oldhatja fel együtt a pár az adott problémát, s ezáltal hogyan teremthetik meg kapcsolatuk harmonikus egységét. Nagyon fontos, hogy együttműködve, mindketten saját elhatározásból meg tudják tenni mindazt, ami szükséges a közös egység, a „MI" állapot eléréséhez. Egyedül ez nem megy, vagyis ha csak az egyik fél akar e téren előrelépni, akkor ez tényleges megoldást nem hoz. Ebben az esetben lehet, hogy azon fél, aki megpróbál megoldást találni az adott helyzetre, felismeri, feldolgozza, feloldja önmagán belül a saját konfliktusát, és ennek hatására az önmegvalósításának az útján nagy lépést tesz előre. De ezzel a pár közötti helyzet semmit sem változik egészen addig, amíg a másik fél ellenáll, és nem akarja a saját lépéseit megtenni. Ezt viszont erőltetni nem lehet.

E szituációt mélyen megéltem magamban, és a köztünk lévő helyzetben csalódottnak, szeretetre vágyónak, értéktelennek, magányosnak, elhagyatottnak, félreállítottnak, függő helyzetben lévőnek éreztem magam. Mint a kivert kutya, aki nem találja a helyét, az otthonát. Aztán kezembe került Gyökössy Endre *Életápolás* c. könyve. Mire végigolvastam, hatására kijöttem a mélypontról. Kezdtem megérteni a helyzetemet, és egyre mélyebb hittel fordultam Isten felé. Ezekről a dolgokról férjemmel képtelenség volt beszélni, ugyanis vagy mereven elutasította az adott helyzetet, vagy valamilyen módon kitért előle. Így csakis Isten által tudtam feloldani a bennem lévő feszültséget, konfliktust, illetve kiírtam magamból a problémámat párom felé intézett dialógus formájában, de ez nagyon egyoldalú volt. Mély, szeretetteljes formában leírtam a bennem lévő érzéseket, a bennem lejátszódó folyamatot és átadtam férjemnek, de igazából ő minderre nem reagált. Valójában a feloldást mindig magamon belül kellett megtalálnom. Ezáltal egyre mélyebb és mélyebb kapcsolatba kerültem a Mindenhatóval és belső valóságommal.

Ebben az időszakban intenzíven olvastam az önmegvalósítással és a spirituális léttel kapcsolatos könyveket. James Redfield *A mennyei prófécia* c. könyve elolvasása során rájöttem, hogy az ott leírt kilenc felismerés közül nyolcat már több alkalommal, spontánul megtapasztaltam az életem során, és tudtam, hogy a kilencedik felismerés is megvalósulhat majd az adott időben. Számomra teljes bizonyosság volt a könyvben közölt információ, így tudatosodott bennem az addig spontánul megélt tapasztalat. Intenzíven és tudatosan kezdtem alkalmazni ezeket az ismereteket a mindennapi életemben. Szinte azonnali hatásokat érzékeltem. Még ezen a nyáron megnyílt a kezem. Én ezt így fogalmaztam meg a magam számára. Valójában közvetlenül Istentől kaptam meg a kézrátétes gyógyítás terén a beavatást. Kezemmel érzékelni tudom a test auráját, és a beteg testrész, valamint a kezem között automatikusan megindult az energia áramlása. Saját magam és szeretteim gyógyítása, a fájdalmak megszüntetése terén hatásosan alkalmaztam, alkalmazom ezen új lehetőséget. Tudtam, hogy ez nem az én energiám. Én csak csatornaként, eszközként veszek részt a folyamatban. Isten szeretetenergiáját közvetítem.

Kezdetben férjem elég hitetlenül fogadta mindezt. Ebben az időben súlyos gerincproblémái voltak. Sokszor szinte alig tudott felkelni. A talp reflexpontjainak masszírozásával már előtte is többször könnyítettem fájdalmain. Ebben az időszakban azonban ezen az új módon próbáltam segítségére lenni. Végül is két tény győzte meg őt, és ezt követően már nem volt ellenvetése mindezzel kapcsolatosan.

Egészen eddig saját szervezetemben elég súlyos energetikai gátak, problémák voltak. Az alacsony vérnyomásom következtében délutánonként szinte állandó jelleggel a testemben a véráramlás lelassult, és kezem, lábam jégveremmé vált. Egész testemben reszkettem, remegtem. Ilyenkor a testhőmérsékletem rendszeresen 35,5 fok körül járt. Most, a beavatást követően e helyzet megszűnt, és az energiaközvetítés során férjem ténylegesen érzékelte, hogy a kezeim forróak, és az energia áramlik a testében. Mindez igen hatásos volt, mivel fájdalmai rövid időn belül megszűntek.

A másik szituáció, amely meggyőzte őt e gyógymód realitásáról, igen különös esemény volt. Egyik este vacsora után a lefekvéshez készülődött. Megegyeztünk abban, hogy hamarosan végzek a konyhai teendőimmel és lekezelem őt. Mikor beléptem a szobába, érdekes jelenségre figyeltünk fel. A szoba közepén a réz vázú kristály csillár észak-dél irányban mozogni kezdett. Először arra gondoltunk, hogy a tetőtéri szobában a gyerekek ugrálnak, és ennek hatására mozog a csillár. De erről szó sem volt, mivel ők már aludtak. Ekkor felvetődött, hogy talán földrengés van, de ezt is elvetettük, mert közvetlenül a másik szobában minden nyugalomban volt. Ekkor jöttem rá, hogy égi erőtér van jelen, és közöltem észrevételemet férjemmel. Megnyugtattam őt, és arra ösztönöztem, higgyen abban, hogy mindez segítséget jelent, és ennek hatására a kezelés még hatékonyabb lesz. A legkülönösebb az volt, hogy a több mint egy óráig tartó gyógyítás során a csillár mindvégig mozgott, és csak a kezelés befejezését követően állt meg. Ma is érthetetlen a számomra, hogy ilyen hosszú ideig tartó erőteljes kilengés során a csillár nem szakadt le. Ezt követően azonban férjem már teljes mértékben elfogadta ezen újszerű gyógyítás lehetőségét.

Ebben az időszakban lányunk családjával építkezett. Férjem irányította az építkezést, ugyanakkor ő volt a mindenes is. Igen intenzíven, napi állandó 12 órai kemény fizikai munkát végzett. Beteg gerince miatt igen megterhelő volt mindez a számára. Reggelenként alig tudott az ágyból felkelni. Ekkor már a kézrátétes gyógyításon túl ismertem az energia átalakításának, a SZERETET TRANSZFORMÁCIÓNAK (ahogy én neveztem ezt a módszert) a módjait is. Ezt is intuitív módon kaptam meg Istentől ajándékként.

Egy este a tetőtéri szobában őrült meleg volt. Nem csoda, hiszen tombolt a nyár, és ott fent megrekedt a levegő. Hiába nyitottuk ki az összes ablakot, semmi légmozgást nem érzékeltünk. Az egész szoba olyan volt, mint egy forró katlan. Késő éjszaka volt, és én még mindig forgolódtam az ágyban. Képtelen voltam elaludni. Ekkor hirtelen jött a gondolat és elképzeltem, hogy a lélegzetvétellel befogadom bensőmbe a forró levegő energiáját,

majd Isten kegyelméből és áldásával belül átalakítom szerete-
tenergiává. Ezt követően a kilégzéssel kisugárzom a szeretete-
nergiát magamból szeretteim, férjem, gyermekeim, unokáim
felé. Kértem Istent, tegye lehetővé, hogy ők e szeretetenergi-
át képesek legyenek befogadni, és mindez mindannyiunk javát
szolgálja. Ezt végiggondolva arra figyeltem fel, hogy megszűnt
a forróság körülöttem, és mint egy hűs, kellemes szellő, bebur-
kolt valamiféle lágy, hűsítő burok. Rendkívül meglepődtem, de
ugyanakkor nagyon jól éreztem magam, és tovább folytattam a
gyakorlatot. Ezt követően több hasonló gyakorlatot végeztem.
Felfogtam, hogy képes vagyok testembe a természet energiáját
tudatosan befogadni a lélegzetvétellel, és a „szeretet transzfor-
mációt" – Isten kegyelméből és áldásával – el tudom végezni.

Ezután rendszeresen, napjában többször koncentráltam és
alkalmaztam e módszert, és gondolatban férjem felé sugároz-
tam a szeretetenergiát. Így a három hónapig tartó építkezés so-
rán az intenzív fizikai munkát végül is egész jól bírta, és csak
egy alkalommal robbant le négy napra – ekkor volt az a csillár-
ral kapcsolatos megélésünk. Közben a kézrátétes energetikai
kezeléseket is rendszeresen alkalmaztam nála.

Lehetőleg olyan természeti energiaforrásokat vettem igény-
be a SZERETET TRANSZFORMÁCIÓ során, amellyel nem ká-
rosítottam a természetet:

» Egy virágzó napraforgótábla energiájának befogadása, át-
alakítása.
» A napfény energiájának befogadása, átalakítása.
» A szél, a vihar, a villámlás, az eső energiájának befogadá-
sa, átalakítása.

1. Szeretet Transzformáció:

» Ellazulás, fohász, Istenre való ráhangolódás, mély levegővé-
telre való koncentrálással.
» Koncentráció: Isten segítségét, kegyelmét, áldását kérem, hogy
a legtisztább csatorna legyek, aki képes a szeretet transzfor-

mációt elvégezni. Elképzelem, hogy adott személyben, személyekben, illetve a környezetemben lévő gátak, akadályok, félelmek, aggodalmak, harag, agresszió, düh – valamint az ego mindazon megnyilvánulásai, amelyek nincsenek összhangban a lélek, a szellem valóságával, a magasabb szintű Önvalóval – energiáját a lélegzetvétellel magamhoz veszem. Isten segítségével, az Ő kegyelméből és áldásával ezeket átalakítom „szeretetenergiává", majd a kilégzéssel ezt kisugárzom a környezetembe. Az adott helyen, az adott személyeknél a „szeretetenergia" befogadásra kerül Isten kegyelméből és áldásával. Illetve magára Istenre bízom, hogy a „szeretetenergiát" oda irányítsa, ahol arra a legnagyobb szükség van, és ott Ő általa ez befogadásra kerül. Mindez minden és mindenki javát szolgálja.

» Addig maradok ebben az állapotban, amíg érzékelem az energia áramlását, vagy belső intuitív jelzést nem kapok a folyamat bezárására.

» A végén köszönetet mondok mindenért Istennek.

Hasonlóan végezhetem el a természet erőinek energia átalakítását is. Ebben az esetben a koncentráció során az adott természeti megnyilvánulásokra gondolok. Azok energiáját fogadom magamba, majd az előbb ismertetett módon alakítom át szeretetenergiává.

2. A szeretet áramoltatásának gyakorlata

» Az első lépés a mély levegővételre való koncentrálás. Az eközben történő ellazulás után fohász, és Istenre való ráhangolódás következik.

» Koncentráció: Elképzelem, hogy csatorna vagyok, amelyben Isten szeretetenergiája áramlik. Kérem Istent, tegye lehetővé, hogy a legtisztább csatorna legyek, és így a szeretetének gyógyító, alkotó energiáját befogadjam, és torzítás nélkül sugározhassam. Ez az energia Isten kegyelméből és áldásával eljut oda, ahol arra a legnagyobb szükség van, és ott befogadásra talál. Itt konkrét személyre, személyekre is gondolhatok – a belső irányításom inspirációja alapján. Fontos, hogy közben figyeljek testemre, ezáltal érzékelve az energia áramlását. Lehet, hogy kezdetben nem érzek semmit, de hosszabb ideig gyakorolva fel fogok figyelni az energia bizonyos szintű áramlására.

» Addig maradok az ellazult állapotban, amíg érzékelem a folyamatot, vagy a belső vezetésre figyelve nem kapok intuitív jelzést ennek bezárására.

» Végül saját szavaimmal köszönetet mondok Istennek.

A szeretet áramoltatásának gyakorlatát alkalmazhatjuk saját gyógyításunk szolgálatában is. A fent jelzett lépésekben rákapcsolódunk Isten szeretetenergiájának áramlatára és elképzeljük, hogy az energia hatására megtisztulunk, a belső gátjaink, akadályaink feloldódnak, megszűnnek, és feltöltődünk testi-lelki-szellemi téren. Ilyenkor mi magunk hasznosítjuk az energiát, és nem sugározzuk ki a környezetünkbe. Ennek következtében beindul testünkben az öngyógyító mechanizmus. Hosszabb időn keresztül, napjában akár többször is alkalmazva ezt, rövidesen érzékelni fogjuk a gyógyulás elindulását. Ezt követően pedig egy idő elteltével megtapasztaljuk az EGÉSZSÉG állapotát.

Figyelmeztetés: Egy fontos dolog van ezzel kapcsolatosan. Nagyon lényeges a belső átalakulási folyamatunk. E módszert csakis akkor szabad már használnunk, mikor már feldolgoztuk a saját gátjainkat, és testünkben az energia szabadon áramolhat. Intuitív módon kapcsolatban vagyunk Istennel és belső valóságunkkal. Pontosan ezáltal működik mindez. Ezért ha valaki még nem teremtette meg belső valóságával és Istennel a kapcsolatot, addig e módszer az ő esetében nem működik megfelelően. Tehát arra nagyon figyelni kell, hogy csakis a megfelelő szintű kapcsolat kialakítása után használjuk ezt a módot. Ha még gátak, akadályok vannak bennünk, akkor ezeken a helyeken az energia nem tud szabadon áramlani, így az a bensőnkben elakad. Ennek igen kellemetlen, ártalmas következményei lehetnek. A belső visszajelzésekre odafigyelve észreveszi az egyén, ha ezt nem a megfelelő időben kezdte alkalmazni. Továbbá ha valaki alkalmazni kívánja a Szeretet Transzformációt, akkor nagyon fontos, hogy mindenkor csakis az adott jelenség energiáját fogadja magába, és nem magát a jelenséget. Amennyiben ezekre odafigyelünk, beépül a tudatunkba azon gondolat, hogy azonnal képesek vagyunk átalakítani „szeretetenergiává", akkor az energia befogadása nem okozhat kárt bennünk. Akik a belső önfejlődési útjukon eljutottak az Istennel és Valódi Önmagukkal való intenzív kapcsolatig, hatékonyan alkalmazhatják e módszert az élet különböző területein. Mindenki maga jön rá, hogy mikor érkezett el számára a megfelelő idő. Ebben fontos a saját felelősségvállalás.

Mindenki csak saját felelősségére használhatja fel az itt ismertetett gyakorlatokat!

A földi valóságunkban valójában csodálatos, élő ENERGIA-TRANSZFORMÁTOROK vagyunk, akik képesek – a fejlődés bizonyos fokára eljutva – a SZERETET TRANSZFORMÁCIÓT hatékonyan alkalmazva minden és mindenki javát szolgálni.

Több alkalommal kipróbáltam ezen Szeretet Transzformációt a Föld gyógyításával kapcsolatosan, illetve igen súlyos politikai konfliktusok, háborúk esetében is. Például a balkáni háború során. Ugyanakkor tudatosodott intuitív módon bennem az is, hogy e „Szeretet Transzformációt" vagy ehhez hasonlatos eljárásokat mások is végeznek a Földön. Mintegy ismeretlenül, de mégis egy közös cél szolgálatában együttműködünk. A lényeg az, hogy azon legsúlyosabb politikai, háborús konfliktusokban, mikor már az egész Föld további sorsa volt veszélyben, rövid idő alatt feloldódott a helyzet, és a vészjósló, az egész emberiséget fenyegető veszélyhelyzet megszűnt. Így fokról fokra feloldódtak e veszélyes konfliktusok. Napjainkra pedig már a Föld gyógyulási, átalakulási folyamata is elkezdődött, és egyre intenzívebbé vált.

Gondoljunk csak bele, milyen hatásos eszköz van így a kezünkben! Az önzetlen szeretetnek, magának a Krisztusi Szeretetnek az előhívása önmagunkból az egyedüli fegyver, amely senkinek sem árt, sőt mindenkinek, az egész Földnek a javát szolgálja. Erre a Szeretet Transzformáció során koncentrálni is kell, hogy az egész folyamat minden és mindenki javát szolgálja.

Ha a Földön több elkötelezett ember egy adott időpontban, egyszerre koncentrálna ily módon a Föld gyógyítására, akkor ténylegesen be tudnánk gyógyítani a Föld sebeit, magasabb rezgéssíkra tudna felemelkedni bolygónk, és így boldogabb, egészségesebb élet lehetőségét teremthetnénk meg. Továbbá egyszerre koncentrálva a világban lévő konfliktusok, háborúk, ellenségeskedések, a düh, agresszió, bűnözés megszüntetésére, ezek energiáját átalakítva, Isten kegyelméből és áldásával „szeretetenergiává", majd a szeretetenergiát kisugározva, Istenre bízva, hogy oda irányítsa, ahol arra a legnagyobb szükség van. Gondoljunk csak bele, mit jelentene mindez az életünkben! Folytatva a sort: a megfelelő, mindenki javát szolgáló kormányzási módok kialakulásáért, a világbékéért felhasználva a „szeretet transzformációban" rejlő lehetőségeket. El tudjuk képzelni ennek az igazi hatását a mi kis világunkra? A választási propagandák helyett, azt hiszem, sokkal jobb lenne ilyen módszerek propagálása és felhasználása. Ez anyagilag is lényegesen kevesebbe kerülne, nem beszélve az eredményességéről. Így még a választások kimenetele, a jelenlegi kormányok, vezetők és politikusok hozzáállása, sőt maga a kormányzás módjai is megváltoznának. Egyszerűen automatikusan érvényesülne a közjó előrevivő, felemelő energetikai hatása. Tudom, hogy ez működőképes, hiszen ha a saját kis életemben számtalanszor bebizonyosodott a használhatósága, akkor ez nagyban, a világban is így van – illetve így lesz egykor.

A Szeretet Transzformációt felhasználhatom önmagam félelmeinek, gátjainak, akadályainak, az egóm „negatív" megnyilvánulásainak a feloldására, valamint az öngyógyítási folyamatban is. Ilyenkor magamon belüli dolgok energiájának átalakítására koncentrálok, figyelve a mély lélegzetvételre, majd elképzelem, hogy e negatív tényezők energiája bennem Isten kegyelméből és áldásával átalakul szeretetenergiává. Ez önmagam épülését, fejlődését, gyógyulását szolgálja. Megváltozott, újjá vált valóságom ugyanakkor kisugárzik belőlem a környezetembe, és így, a puszta létem által minden és mindenki javát szolgálja. Maga az átalakítási folyamat teljesen hasonlóan történik, mint ahogy azt az előbb részletesen ismertettem.

Ismerjük fel a mindebben rejlő lehetőséget! Tapasztaljuk meg és alkalmazzuk hatékonyan életünkben, a nekünk megfelelő módon. Így saját felelősségünk felvállalásával cselekszünk életünkért, küldetésünk teljesítéséért, mindenért és mindenkiért. Azonban figyeljünk arra, hogy mások viszonylatában csakis akkor kezdjük el ennek alkalmazását, amikor már Istennel és Örök Énünkkel kialakítottuk a megfelelő kapcsolatot, valamint a belső gátjaink, akadályaink nagy részét már feloldottuk. Addig SAJÁT MAGUNK GYÓGYÍTÁSA terén használjuk ki e módszerben rejlő lehetőségeket.

Bátran alkalmazhatjuk e módszert, és ezt életük során minden és mindenki javát szolgálva hasznosíthatjuk. Bármit át tudunk alakítani, transzformálni, azonban fontos, hogy csakis olyan dolgok átalakításával foglalkozzunk, amellyel a „Mindenség" javát szolgáljuk. Akár a környezetünkben, illetve magunkban lévő „negatívumok" (félelem, düh, harag, depresszió, ellenszenv, aggodalom, ellenségeskedés, betegség...) energiáját is simán át lehet transzformálni szeretetenergiává. Így anélkül, hogy az adott konfliktusba bekapcsolódnék, abban közvetlenül részt vennék, közvetve hozzájárulhatok a szituáció feloldásához, sokszor anélkül, hogy egy szót is szólnék. Többször kipróbáltam, és mindenkor igen gyors és hatékony módszernek bizonyult. Egy a gond: csakis akkor alkalmazható, ha kívülállóként veszek részt a szituációban. Abban a pillanatban, amikor én magam is konkrét részesévé válok az adott konfliktusnak, akkor e módszer hatástalannak bizonyul. Sőt megfelelően el sem tudom végezni, mivel a nyugodt lelkiállapotot nem tudom biztosítani magam számára. Így pedig nem vehetem fel azt a belső tudati állapotot, amely szükségszerű ahhoz, hogy mindez hatékonyan működjön. Ezt a kívülálló, külső szemlélőként jelenlévő álláspontot elég nehéz kialakítani, főként szeretteink viszonylatában. Azonban bátran próbálkozhatunk; egy idő után, bizonyos szintű megtapasztalásra szert téve már egész könnyedén megy mindez. Arra azonban oda kell figyelni, hogy „tudatosan" szemléljem a szituációt és felfigyeljek, ha visszacsúszom a közvetlen részvétel szerepkörébe. Ekkor fontos, hogy minél előbb kilépjek a szituációból, és ezáltal csak kívülről szemléljem azt. A „tudatosan" szót azért tettem idézőjelbe, mert valójában ekkor külső és belső tudatos állapotban vagyok egyszerre. A belső tudati szint biztosítja számomra a kapcsolatfelvételt Istennel és Valódi Önvalómmal, így magasabb szintű tudatállapotba kerülök. Ennek következtében tudom a Szeretet Transzformációt elvégezni. A külső tudati szint pedig az állandó kontrollálás lehetőségét biztosítja a számomra. Ezáltal vagyok kapcsolatban kívülállóként is a szituáció résztvevőivel, valamint önön magam külső és belső valóságával.

Mindenki csakis saját felelősségére használhatja fel az itt közölteket!

Ezen Szeretet Transzformáció során nagyon fontos, hogy tudatosan, belső tudati szinten figyeljek arra, hogy csakis az adott, felsorolt dolgok energiáját fogadjam be a lélegzetvétellel, majd ezt alakítsam át szeretetenergiává. Ebben az esetben nem kell attól tartanunk, hogy önmagunkban valamilyen károsodás történik. Maga a külvilágból származó energia befogadása és áttranszformálása – ha a belső gátak, akadályok nagy részét már feloldottuk – nem okoz károsodást. Az emberi szervezet, ha belül nincsen különösebb gátló tényező, akkor alkalmas ezen energia átalakítás elvégzésére. Attól sem kell tartanunk, hogy ily' módon a másik egyénben lévő „negatívumot" átvesszük. Először is valójában nincs negatív vagy pozitív hatás. Ezeket csak mi címkézzük fel ilyen jelzőkkel. Ezek csakis az általunk felfogott racionális valóságban léteznek, pontosan a mi gondolati hozzáállásunk miatt. A Szeretet Transzformáció valójában belső tudati, meditatív szinten megy végbe. Itt teljesen más törvényszerűségek működnek és a racionális, valóságbeli fogalmaink itt elveszítik a jelentőségüket. Ha képes vagyok megmaradni a belső tudatos szinten, kizárva magamból a racionális gondolkodásom visszahúzó gondolatait, és arra koncentrálok, hogy csakis az adott dolgok energiáját fogadjam be, akkor nem vehetek át a másik egyéntől semmiféle „negatívumot". Ugyanis az energiának nincs minősítése, vagyis nincs pozitív vagy negatív energia. Vannak az energiának különböző fajtái (mozgási, hő-, elektromos, fény-, mentális, szeretetenergia), amelyek egymásba átalakulhatnak, illetve átalakíthatók. Ha egy adott egyénnel konfliktusba kerülök és azt tapasztalom, hogy mintegy a másik személy az én energiámat elszívja, akkor a tőlem elszívott energia nem pozitív és nem is negatív. Egyszerűen csupán semleges energia. A negatív hatás abból adódik, hogy érzékelem az energiaszintem lecsökkenését. De ez csakis azáltal jöhet létre, hogy én magam – még ha tudattalanul is – hozzájárulok ehhez, mivel az adott konfliktusnak részese vagyok. A Szeretet Transzformációnál más a helyzet. Itt egyrészt a belső tudati állapot (ha ebben mindvégig képes vagyok megmaradni, vagy ha kibillenek ebből, akkor képes vagyok visszatérni) kizárja azt, hogy az energiaszintem lecsökkenjen. Másrészt pontosan a Szeretet Transzformáció biztosítja számomra a védelmet. Érvényes a mondás, vagyis a bumeráng ebben az esetben is visszavág. „Aki kardot fog, kard által vész el!" Itt fordított a helyzet. Mivel önzetlenül a szeretetet közvetítem, így énrám is maga a tiszta szeretet hat vissza. Ennek hatására pedig nem csökken, hanem pontosan emelkedik az energiaszintem.

Véleményem szerint az önzetlen „Krisztusi Szeretet" az egyedüli „fegyver", amely senkinek sem árt, sőt ezzel fordulva mások, a világ felé, mindenki javát szolgáljuk.

Ebben az időszakban kezdtem kilépni a szűk családi körből, és közösségi szinten is megpróbáltam tapasztalataimat megosztani másokkal, valamint új információkkal, ismeretekkel megismerkedni. Új barátaimmal levelezés, valamint személyes találkozások során cseréltük ki a spirituális üzeneteinket. Elindítottam egy kis csoportot „A mennyei prófécia" felismeréseinek megtapasztalásával kapcsolatosan. A csoport rövid ideig dolgozott együtt. Az energia megtapasztalásáig jutottunk el. Ez számomra nagyon emlékezetes volt, mert ennek következtében tapasztalhattam meg saját szememmel látva az energiát. Csodálatos látvány volt, mikor érzékelni kezdtem a természet, valamint az emberek auráját. Igaz, csak néha, kicsiny mértékben érzékelem, mint valami fénycsík tűnik fel, de mindez nagyszerű, inspiráló felfedezés a számomra. Ebben az időszakban a közös munka megszakadt, mivel mindannyian beragadtunk a saját belső ellentmondásainkba. Ezek feloldására szükségszerűen el kellett vonulnunk. Mintegy bezáródtunk önmagunk világába. Ezt követően levelezési kapcsolataim is – saját hibámból – megszűntek. Én magam is mélyen bekerültem a párkapcsolati ellentmondásaim mélyébe. Elég hosszú időre volt szükségem ahhoz, hogy ezeket feldolgozzam.

Ezen időszakban „A mennyei prófécia" felismeréseinek a hatására ismételten áttekintettem eddigi életemet. Most sokkal mélyebb információkat kaptam önmagamból, mint annak idején, a pszichológiai tanfolyam során. Másképpen láttam már az önmagam és a környezetem viszonyát, életutam alakulását, fejlődésem menetét. Így kezdtem tisztábban látni, de még mindig kínlódva kerestem a kiutat belső kálváriámból.

Az érzésvilágunkkal való szembesülés jelen korunkban mindannyiunk számára létkérdéssé vált. Olyan mértékben eltávolodtunk már Istentől, hogy az önmagunkon belüli ellentmondások a végsőkig kiéleződtek. Életünk teljes mértékben veszélybe került úgy közösségi, mint egyéni szinten. Egyszerűen képtelenek vagyunk továbblépni, mert nem ismerjük fel, hogy milyen gátak, akadályok, hiedelmek, berögződött, becsontosodott gondolatok, szokásrendszerek akadályoznak minket az előrelépésben. Sőt úgy gondoljuk, hogy minden úgy jó, ahogy van, vagy tudjuk, érzékeljük, hogy valami nincs rendben, de képtelenek vagyunk változtatni. Belesüllyedünk a megszokott életvitelünk szokásaiba, és egyszerűen nem akarunk abból kilépni. Félünk az ismeretlen helyzettől, ami vár reánk, ha feladjuk a régi beidegződéseinket. Megsejtjük, hogy ezen ismeretlen helyzet veszélyt is jelenthet a számunkra. Valóban, hiszen a tudattalan birodalmába kell belépnünk, és onnan felhozva tudatosítanunk kell a belső valóságunkat. Ezzel szembesülve fel kell dolgozni mindezt, majd feloldani az ellentmondást. A tudattalan birodalma viszont a belső labirintusunk világa, és ebben bizony veszélyek is leselkednek ránk. Azonban a tudattal megvizsgálva a feljött képeket, majd beazonosítva a jelen valóságba nem csupán a ránk leselkedő veszélyeket háríthatjuk el, hanem így olyan belső információkhoz, lehetőségekhez, tapasztalatokhoz juthatunk, amelyek által egész életünk pozitívan megváltozhat. Így nagyon fontos a belső világunkkal való szembesülés. De ugyanilyen fontos a mindennapi valóságunkkal, a tudatos gondolkodásunkkal való kontrollálása, valamint a szükséges következtetések levonása, amely terén a múlt és a jelen tapasztalatai összegződnek. Így mintegy a jövő lehetőségei feltárulhatnak előttünk. Ezt követően pedig szükségszerű a megfelelő lépések megtétele, a korrekció, a változtatás, a konkrét cselekvés.

Sokan, akik jelenleg képtelenek még felvállalni ezt a szembesülést, kínlódva, keservesen élik a maguk megszokott, egyszerű, hétköznapi, semmitmondó, szürke, értéktelen életüket. Csakhogy ez struccpolitika. Így nemlétezőnek tekintjük mindazt, ami mélyen bennünk él és intenzíven dolgozik bennünk, attól függetlenül, hogy nem tudunk vagy nem akarunk tudni róla. Ugyanakkor az elnyomott valóságunk bumerángként visszavág. A mélyből kényszerképzetek, félelmek, aggodalmak, negatív gondolatok formájában tör fel az elnyomott, és ezáltal megmásított, eltorzított valóság. Egyre jobban beszűkülünk, és depressziós állapotba kerülünk. Így valójában a mélyben élő valóság rémképek formájában talál utat magának, és beborítja a tudatos gondolkodásunkat. Ez pedig már nem a mi valóságunk, hanem annak elferdített, torz karikatúrája. Ráadásul ezzel teljes mértékben azonosulunk, és egyre mélyebbre jutunk saját valóságunk belső labirintusának zsákutcájában. Így akár akarjuk, akár nem, mégiscsak bemegyünk a belső világunkba, de ebben az esetben elveszítettük a tisztánlátásunkat. Nem tudjuk megkülönböztetni a tudattalanunkban lévő hamis árnyképeket, gonosz, démoni elemeket az igazi valóságunk, a Belső Énünk valóságától. Csakis a tudatosan felvállalt szembesülés, az önmegvalósításunk felvállalása és véghezvitele adhatja meg a lehetőséget arra, hogy a tudattalan mélyén ne vesszünk el.

Ehhez pedig rendkívül fontos a tudattalanból feljövő képek fe-
lülvizsgálása a tudatos gondolkodásunkkal, és ezek beazonosí-
tása, feldolgozása a mindennapi élethelyzeteinkbe. Persze elő-
fordulhat, hogy ezeket megvizsgálva, beazonosítva a tudatunk
hamis elemzést, értékelést ad. Ebben az esetben a mindennap-
jaink tudatos figyelemmel kísérése, a mindennapi valóságunk
adhat jelzést arról, hogy tévúton vagyunk.

Megjegyzés: Ugyanez érvényes a magasabb tudatossági szin-
tünkről, illetve ezen keresztül az Égi Világból érkező megtapasz-
talásokra, információkra is. Ebben az esetben is kontrollálnunk
kell a tudatos, folyamatában alakuló, megújuló gondolkodásunk-
kal. Ugyanakkor be kell illesztenünk a mindennapi életünkbe. Ha
a belső és külső valóságunkkal szinkronba kerülnek az így kapott
üzenetek, ugyanakkor a valóság is visszaigazolást ad mindezek-
re, akkor azokat elfogadva a teljes valóságunkba beilleszthetjük.

Ugyanakkor az álmaink is hasznos segítséget jelentenek. Ha
megtanuljuk álmaink üzeneteit felismerni, megérteni, feldol-
gozni, akkor az álomsorozatok egyre előrébb visznek minket
az úton, egyre tisztábbak lesznek a belső képek. Így az életünk
nyugodtabbá, kiegyensúlyozottabbá, harmonikusabbá válik, en-
nek hatására pedig mind előrébb lépünk az önmegvalósításunk
terén. Ebben a folyamatban egyrészt a belső világunkkal való
szembesülés, másrészt az ego túlzottan erős volta jelenti a leg-
nagyobb gondot. Ezek valójában egymással összefüggenek ak-
kor is, ha látszatra úgy tűnik, hogy szemben állnak egymással.
Ugyanis, mint az előbb már kifejtettem, az ego, a tudatunk aka-
dályoz meg minket abban, hogy saját akaratunkból felvegyük a
kapcsolatot a belső valóságunkkal, a tudattalanunkban lévő ré-
szeinkkel. Ugyanakkor ilyen helyzetben a tudattalan kényszer-
képzetek formájában visszavág. Ahogy nézünk a tudattalanra,
az ugyanúgy néz vissza ránk. Ezen ellentmondást azonban képe-
sek vagyunk feloldani. Most szétválasztom és külön-külön vizs-
gálom ezeket, hogy feltárulhasson, mivel is kerülünk szembe az
életünk mindennapjainak kálváriája közepette.

A mai korunkban az ego túlságosan megerősödött bennünk,
szinte mindenható szerepet adtunk neki. Pedig az ego, a tudatos

gondolkodás, a racionális elme csak a teljes lényünk egy részét, sőt töredékét képviseli. Gondoljunk csak arra, hogy Einstein – saját állítása szerint – maga is elméjének csak kicsiny töredékét használta ki, pedig ő nem csupán a tudatos gondolkodására, hanem az intuitív felismeréseire, megérzéseire, a tudattalanjára és a magasabb tudatossági szintjére is támaszkodott. Ez minden emberre érvényes, vagyis sokkal több adottság, képesség, lehetőség, jó tulajdonság van bennünk, mint amennyit mi az adott helyzetben, illetve egész életünk során képesek vagyunk felismerni, megvalósítani. Egyszerűen a végtelen valóság lehetősége szunnyad a mélyben bennünk, de az ego ellenállása miatt képtelenek vagyunk az Igazi Önvalónkkal való kapcsolatteremtésre. Isten saját képmására teremtette az embert. De hol van ez az Isteni Képmás? Ott legbelül, a mélyben, és csak arra vár, hogy szabad akaratunkból elinduljunk a megismerése útján, vagyis önnön valóságunk megismerése terén. De amíg az ego és a tudattalan kényszerzubbonyában sínylődünk, addig képtelenség meglátni az előttünk lévő hatalmas feladatot és lehetőséget.

Mostanra kerültünk Istentől a legtávolabbra. Úgy is mondhatnám, hogy a legmélyebb pontra jutottunk. Az elszakadás illúziója teljes mértékűvé vált. Ettünk a tudás fájának gyümölcséből, úgymond a kígyó, a gonosz csábításának engedve. Mit jelent mindez? Természetesen a bibliai képek szimbolikus jelentéssel bírnak. A tudás fájának gyümölcséből ettünk, vagyis öntudatra ébredtünk. Ez pedig törvényszerű – Isten által előre betervezett, meghatározott, elrendelt – folyamat következménye volt. Isten szabad akaratot adott az embernek. Pontosan az öntudatra ébredésünkből fakad a szabad akaratunk. Hiszen csakis akkor dönthetek szabad akaratomból, ha tudom, hogy milyen lehetőségeim vannak. Ezt pedig felmérni a reális gondolkodással tudom. Azonban a jó és rossz ellentmondásának helyzetében benne rejlik a kísértés lehetősége. Ha az öntudat, maga a tudatos gondolkodás önkényessé, önhatalmúvá válik, túlzottan felerősödve mindenhatónak tekinti magát és elszakad a teljes valóságtól, Valódi Önmagától, Istentől, akkor bizony megjelenik a kísértő, a gonosz, a démoni erő önmagunkban, az életünkben.

Így a gondolkodás önkényessé, önhatalmúvá válva túlzottan felerősödik, és az illúziók világába, Istentől való elszakadásuk hamis látszatvilágába süllyedünk. Ebben a képzelt világukban egyesek önmagukat kiáltják ki mindenhatónak. Gonoszságuk gyökere azon téveszméjükből fakad, hogy azt hiszik, az Istenen kívüli világ teljhatalmú urai. Valójában azonban senki nem létezik Istenen kívül. Minden és mindenki Istenben van, az Ő részei vagyunk. Csakis Vele, Általa, Benne vagyunk képesek megélni, megvalósítani a teljességet, Isteni Lényegünket, azt, akivé Isten teremtett saját képmására minket. Nélküle képtelenek vagyunk mindezt megtenni, hiszen ekkor saját illúzióvilágunk rabságában sínylődünk csupán. Ekkor belép életünkbe a kísértőerő. De ezt a kísértő „luciferi" erőt mi magunk teremtettük meg a saját életünkben. Ez a mi részünk, a mi teremtményünk. Ennek pedig semmi köze nincs Istenhez, csakis egyedül hozzánk kapcsolódik, a mi illúzióinkhoz. Tehát ebben az esetben nem külső kísértés történik, hanem belső, önmagunk általi támadás. Igaz, a külső környezet hatással van ránk, de tőlünk függ, hogy adott helyzetben miként reagálunk a külső támadásokra. Beszűkült gondolkodásunk esetében kint (a tudatban) és bent (a tudattalanban) is megtalálható a „negatív", gátló erő. Ez pedig valójában Istentől való eltávolodásunk eredménye, saját tudatunk mindenhatóságának téveszméje. Mindent mi magunk akarunk megoldani, és közben észre sem vesszük, hogy Istent teljesen kiiktattuk életünkből. De pont ez adja majd a megfelelő időben a lehetőséget a szembesülésre. Ugyanis mikor a legmélyebbre kerülünk és felismerjük helyzetünket, akkor módunk van a változtatásra. Ha ki merjük mondani, hogy „elég", és merünk változtatni, a szükséges lépéseket megtenni önmagunkért, akkor van lehetőségünk arra, hogy kikerüljünk a gonosz kelepcéjéből. A kísértés tehát önmagunk külső és belső világában is jelen van. Ha a gondolkodás önhatalmúvá válik, akkor a tudattalan belső valósága nem tud közvetlenül a felszínre kerülni. Így torz kényszerképzetek formájában tör utat magának, ezzel pedig megmásítjuk önmagunk belső valóságát. Az álvalóság pedig a féktelen ösztön, vad, dühös, rosszindulatú, gáncsoskodó, önmagát és mindenkit elnyomó formában jelenhet meg. A másik véglet, mikor álvalóságunk kényszerítő ereje hatására beszűkülünk, bezárulunk önmagunk belső világába, és a bennünk lévő félelmek miatt környezetünktől függő helyzetbe kerülünk. Nem merjük önmagunkat felvállalni, fejet hajtunk a környezetünk akarata előtt. Így a gonosz úgy belül, mint kívül teljesen hatalmába kerítheti az egyént, aki bizony ekkor már szinte képtelenné válik arra, hogy mindezt felismerje. Ennek hiányában pedig a szembesülés folyamata el sem kezdődhet.

Jelen korunkban az érzésvilágunkkal való szembesülés elkerülhetetlen, és a további létünk függ ettől. Ha nem vállaljuk fel az érzéseinkkel való szembesülést, akkor egyrészt saját tudattalanunk labirintusában képtelenek leszünk eligazodni, másrészt az alacsonyabb rezgésszintű környezet egyre nagyobb hatással lesz ránk. A sötétség világa teljesen létező valóság, az emberiség illúzióvilágának valósága. Ez mindenképpen hatással van ránk. Tőlünk függ, hogy e hatást miképpen fogadjuk mindennapi életünkben. Amennyiben illúzióink fogságában bent ragadunk, akkor a külső környezet a negatív érzéseinken és gondolatainkon keresztül a bennünk megjelenő félelem, düh, harag, agresszió által igen nagy hatással van ránk. A sötétség világa az egész emberiség által, a mindenkori beszűkült gondolkodásmód következményeként, hosszú életeken keresztül felhalmozott összes „negatív", alacsony rezgésszintű erőtér. Ez jelen korunkban a legkritikusabb pontra érkezett. Tömény, elviselhetetlen sötétségként nehezedik ránk. De pont most jött el az ideje a szembesülésnek is. Sokan felismerték már, hogy képesek saját éltünkben jelenlévő önkényes gondolkodásukat megváltoztatni. Így a „luciferi" sötét valóságunkat, magát a beszűkült egót, a „Krisztusi Szeretettel" átvilágítjuk. Ennek következtében az egót felváltja a szellemi valóságunk. Ez pedig hatással van szűkebb és tágabb környezetünkre. Ez által fokról fokra győzedelmeskedik a fény a sötétség felett. Az embert Isten saját képmására teremtette, pontosan azon célból, hogy általa minden és mindenki a megadott időben visszatérhessen a Teremtőhöz. Itt jön elő jelen korunkban magának az embernek a Szent Küldetése. Meggyőződésem, hogy az ember képes önmegvalósítása során eljutni az Örök Énjével való egységig, és életre tudja hívni önmagában a Krisztusi Szeretetet. Így a sötétséget önmagában megváltja a SZERETETTEL. Befogadja és kisugározza Krisztus Szeretetét, életének részévé téve, követi a Megváltót saját életútján. Így mintegy besugározza a világot Krisztus Fényével. Pontosan ez a folyamat indult el jelen korunkban. Ezért rendkívül fontos, hogy minél többen ismerjék fel önmaguk illúziójának fogságát, váljanak alkalmassá belső sötétségüknek a SZERETETTEL való megváltására, majd továbbadva tapasztalataikat, segítségére legyenek másoknak. Nagyon fontos, hogy senki sem juthat előre, magasabb szintre, a belső kálváriájának kikerülésével. Nem léphetek magasabb osztályba, amíg a megfelelő vizsgákat eredményesen le nem tettem az adott szintemen. Ezt pedig csakis kínkeserves megtapasztalások sorozata által érhetem el. Véleményem szerint a mai korban felkapott beavatások és különböző gyorstalpaló tanfolyamok keretében megszerzett tudás nem igazán kamatoztatható ténylegesen. Csakis akkor, ha az adott egyén képes a saját maga mindennapi valóságába adaptálni, beépíteni, megélni a kapott ismereteket, és ennek hatására megtenni mindazt, amit önmegvalósításának folyamatában tennie kell. Ugyanakkor magának az adott beavatásnak veszélye is lehet, ha az egyén nincs még felkészülve erre, és idő előtt kap meg olyan információkat, amelyeket képtelen élete részévé tenni. Ráadásul az ilyen beavatásokat általában nem a megfelelő, magas szintű ismeretekkel rendelkező tanítók végzik. Bizonyítja ezt azon tény, hogy ezekért bizony néha irreálisan magas összegeket kérnek, vagyis nem önzetlenül adják át a megszerzett tudásukat. Továbbá ha tisztában lennének a folyamat teljes valóságával, akkor fel sem vállalnák a beavatásra való, pár napos vagy hetes idő alatti felkészítést. Ők azonban nyugodt szívvel, ily' rövid idő után beavatják az adott egyéneket az élet bizonyos szintű misztériumaiba. Nem csoda, ha egy ilyen beavatás után valaki mély depresszióba zuhan, illetve képtelen megbirkózni az újabb, sokasodó problémáival. Kevés a valóban hiteles TANÍTÓ, de azért él néhány magas szintű mester a világban. Ők azonban világosan tudják és érzékelik, ha egy adott tanítvány valóban megérett a beavatásra. Sőt pontosan, hoszszú időn keresztül arra ösztönzik az adott egyént, hogy szembesülve önmagával végigjárja önmegvalósításának lépcsőfokait, mindig csak annyi tudást átadva, amelynek befogadására a tanítvány már megérett.

Saját utamon járva valamire még szintén figyelnem kell. Az önmegvalósítási folyamatomban előrébb jutva letisztulnak belső világom tévedései, ugyanakkor a „kísértő erők" annál erőteljesebb támadást intéznek felém. Vagyis ennek hatására egyre mélyebben tárul fel a belső labirintusom kálváriája, melyben a saját tudatom és tudattalanom kényszerképzetei szerepet játszanak. Azonban nem szabad feladni, ugyanis csakis akkor van esélyem a beteljesedésre, ha következetesen kitartok és teljesítem feladatom, amire emberként megszülettem. Bármennyire nehéznek és kilátástalannak élem meg életem, mégis, egy idő után a bennem élő hit és a megtapasztalásaim által már érzékelem Isten vezetését, oltalmát, áldását. Ettől kezdve pedig lényegesen könnyebbé válik a mindennapi életem. Mikor pedig teljes mértékben átadtam Isten kezébe életemet, akkor az Ő fénye átsugárzik rajtam, és a „kísértő erők" már nem tudnak hatással lenni rám. Sőt ellenkezőleg: Isten szeretetfényében már én magam tudok hatni rájuk, és a FÉNYBE emelni környezetemből mindazokat, akik velem kívánnak tartani.

Még egy dolgot meg kell vizsgálnunk: a „szabad akarat" kérdését. Birtokában vagyok a szabad akaratomnak, amikor a tudat önkényének nyomása alatt élem az életem, és a tudattalan kényszerzubbonyában sínylődve fogalmam sincs arról, hogy mi is történik a teljes, igazi valóságomban? Tudok ekkor a szabad akaratom birtokában dönteni? Ez egy igen paradox kérdés. Maga az adott helyzet is felemás. Birtokában is vagyok, és nem is a szabad akaratnak. Azonban szerintem ebben az esetben teljes mértékben nem beszélhetünk szabad akaratról. Először fel kell szabadítanom önmagamat. Ki kell szabadulnom az önmagam jelenlegi valóságában meglévő sötétségem, gonoszságom hatalmából. Bizony, ez az én gonoszságom, hiszen én magam választottam, teremtettem valamikor ezt, függetlenül attól, hogy a környezetem milyen hatással volt rám. Mindenképpen én vagyok a felelős ezért, akkor is, ha nincs tudomásom minderről. Egész addig, amíg nem szembesülök tudatosan a helyzetemmel, addig rákényszerülök a következmények elviselésére. Csak akkor van módom a gonoszságom hatalmából való kilépésre, ha felvállalom az ezzel való szembesülésemnek az egész folyamatát, megteszem a szükséges lépéseket, és eljutok a feloldásig. A szembesülés felvállalásával megtettem az első lépést a „szabad akaratom" megvalósítása terén. Ez már egy tudatosan felvállalt döntés, amelyet szabad akaratomból hoztam meg. Pont ez ad majd lehetőséget arra is, hogy előhívjam magamból az Isteni Képmást, vagyis magát Jézus Krisztust. Csakis Krisztust befogadva, életünk valóságába adaptálva, felvállalva életünk keresztjét, követve Őt az úton érhetjük el a teljesebb életet.

Mindezekből kitűnik, hogy milyen nagy jelentősége van a tudatos gondolkodásunknak. Mivel jelenleg a tudat, vagyis maga az ego nagyon felerősödött, és a végsőkig mindenre elszántan védi helyzetét, így igen nehéz helyzetben vagyunk. Hogyan lehet ebből a szorult állapotból kilépni? Először is, nagyon fontos a hozzáállásunk. Világosan döntenünk kell ebben az esetben, hogy mit is akarunk kezdeni a további életünkkel. Ha végleg elszántuk magunkat a változtatásra, a belső szembesülésre, akkor az első lépés önmagunk reális szemlélése, elemzése, megismerése. Ebben több helyről kaphatunk segítséget. A jungi pszichológia egy lehetőség a sok közül. Én magam is felhasználtam ezt és más információkat is a fejlődésem folyamatában. Bátran keressünk, kutassunk, ismerkedjünk meg különböző felfogásokkal, nézetekkel, aztán válasszuk ki azokat, amelyeket a legmegfelelőbbnek tartunk saját életünk vonatkozásában. Egyszerűen nincsenek kimondottan üdvözülést szolgáló módszerek. Minden attól függ, hogy mi magunk mit építünk be a saját életünkbe. Hogyan és mit adaptálunk mások tapasztalataiból, és ezt követően miként haladunk előre Igazi Önmagunk felé. Az önmegismerést követően felmérhetjük a le-

hetőségeinket a továbbhaladásunk útvonalán. Most a saját út-
vonalamat mutatom be, majd ezt követően betekintést nyújtok
más irányú elmozdulások felé is. Az előző részben lejegyeztem
azon utamat, amely során mintegy 180 fokos fordulat követke-
zett be a személyiségemben. Ennek hatására úgy éreztem, hogy
félig magamra találtam. Az én esetemben a felnőttkor küszö-
béhez érkezve az introvertált szerepszemélyiségem volt a kiin-
dulási pontom. Ezen belül az intuíció volt a fő funkció, amely
már gyermekkoromban is megnyilvánult, csak akkor még kife-
lé forduló, extrovertált szerepszemélyiségem volt. Visszatérve
a felnőtt korba lépésem időpontjához, ekkor már bizonyos mér-
tékig támaszkodhattam a gondolkodásra, mint segédfunkcióra
is. Ezt követően megközelítően harminchat éves korom körül
kezdtem elindulni az eredeti szerepszemélyiségem helyreállí-
tása irányában, vagyis kezdtem kifelé fordulóvá válni, majd a
jungi tanfolyam hatására egy intenzív fejlődés következett be.
Ekkor már mindkét irányban, kifelé és befelé forduló módon is
vizsgáltam önmagamat és a külvilágot. Ennek hatására úgy a
belső világom terén, mint a környezetemhez való viszonyom-
ban komoly megtapasztalásaim voltak. Pontosan ez eredmé-
nyezte azon helyzetet, hogy félig magamra találtam. Ugyanis
úgy extrovertált, mint introvertált módon már kifejlesztettem
az intuíciót és a gondolkodást önmagamban. Mindezeknek a
hatására bizonyos szinten a tapasztalatra is támaszkodni tud-
tam már. A második segédfunkció kialakulása és megerősödé-
se elkezdődött. Ez adta meg a lehetőséget saját érzésvilágom-
mal való szembesülésemhez. Ezen belső katarzis hatására állt
elő azon helyzet, hogy férjemmel újrakezdtük az életünket. Ha
a belső, elnyomott érzéseimmel nem szembesülök, és bizonyos
szinten nem dolgozom fel, akkor e lehetőség a számunkra nem
jelentkezett volna. Természetesen ez kettőnkön múlott, nem
csupán az én belső fejlődésemen, hanem azon is, hogy még ben-
ne is élt az ifjúság érzésvilága.

Ezt követően az eltelt évek alatt az érzéseimmel való szem-
besülés és azok elfogadása, feldolgozása, feloldása tovább foly-
tatódott. Egyre mélyebben kerültem kapcsolatba az érzéseim-

mel. A belső folyamatomban a legnagyobb segítséget magától Istentől kaptam. Istenbe vetett hitemben megerősödtem, és teljes biztonsággal rábíztam az életemet. Mindez nem ment simán, és még ma is sokszor adódnak komoly, nehéz, keserves és kilátástalannak tűnő helyzetek. De most már tudom, hogy van kiút, és Isten segítségével nem csupán megtalálom ezt, hanem képes is vagyok megtenni a megfelelő lépéseket annak érdekében, hogy előrehaladjak utamon, amelyet Krisztus tár elém. Így válhatok egyre teljesebb személyiséggé, azzá, „Aki Vagyok". Ez volt az én utam egészen idáig, de itt nincs megállás, az út folytatódik tovább, amíg végleg hazaérkezem a Teremtőhöz.

Mindannyian mások vagyunk. Két egyforma ember nincs, így az életutak is különbözőek. Szükségesnek látom, hogy ismertessem a többi szemszögből is a lehetőségeket a jungi szemléletre alapozva. Természetesen más alternatívák alapján is megnézhetnénk mindezt, de nekem ezen a téren van teljesebb megtapasztalásom, és bárhogyan is nézzük, a kiindulás és a végpont a lényeg. Az adott helyzetéből elindulva az egyén – végigjárva az önmegvalósításának a folyamatát – elérkezik majdan a célig: egyesül Igazi Önmagával.

Amikor az egyénen belül a fő funkció az intuíció, akkor az én utamtól eltérően egy másik irányban is elindulhat az egyén. Segédfunkcióként az intuíció mellé kialakíthatja az érzést, majd ezt megerősítve haladhat a tapasztalat síkja felé. Mikor második segédfunkcióként a tapasztalatra is biztosan számíthat, akkor elindulhat a gondolkodás irányába.

Nézzük meg a legáltalánosabb helyzetet, amikor az egyénen belül a gondolkodás alakult ki fő funkcióként.

Most eltekintek attól a helyzettől, hogy kifelé vagy befelé forduló az adott egyén. Ezzel kapcsolatosan az a lényeg, hogy az önfejlődésünk során érjük el azon állapotot, hogy mind a két irányban képesek legyünk szemlélni és megélni az életünket. Amikor a gondolkodás, mint fő funkció szerepel az életünkben, akkor az érzésvilágunk a mélyben elnyomva létezik. Ebben az esetben nehéz helyzetben vagyunk, ha el akarunk indulni saját érzéseink megismerése, feldolgozása, feloldása irányába. Az előbbiekben lejegyzettek rávilágítottak arra, hogy milyen nagy szükségünk van a saját érzéseinkkel való szembesülésre.

Mit tehetünk ebben az esetben?

Vizsgáljuk meg, hogy a gondolkodásunk mellett számíthatunk-e a tapasztalatra vagy az intuícióra. Ha a tapasztalatra számíthatunk, akkor megerősítve belső világunk és külső valóságunk terén is a tapasztalati funkciót, elindulhatunk az érzésvilágunk megismerésének az irányába. Tehát fontos, hogy egyre tudatosabban odafigyeljünk a tapasztalatainkra. Nagy segítséget jelent, ha ezeket írásban is rögzítjük, így utólag más, hasonló helyzetben is fel tudjuk használni a már egyszer vagy többször bevált lépéseket.

Ha a gondolkodás mellett az intuícióra számíthatunk segédfunkcióként, akkor ennek megerősítésével indulhatunk el az érzéseink megismerése felé. Hogyan fejleszthető az intuíció? A leghatásosabb módja az álmokra való odafigyelés, az álmok szimbólumainak, üzeneteinek megfejtése, az álomképek feldolgozása, beazonosítása a mindennapi valóságba. Ezek hatására fontos a megfelelő lépések megtétele, majd az új helyzetekből a következtetések levonása. A kapott visszaigazolások figyelembevételével megkeresni a továbblépés lehetőségeit. Jó, ha álomnaplót vezetve lejegyezzük az álmainkat, azok feldolgozását és következményeit. Így folyamatában láthatjuk a belső változásunkat, és ez adott helyzetben a megfelelő lépés megtalálásához segítségünkre lehet. Az intuíció kifejlesztésében az imaginációnak, a képzelőerőnknek is nagy szerepe van. Mindenkor először egy nyugodt, ellazult állapotot kell megteremteni. Csak ezt követően lehet elkezdeni az imaginációt. Ezzel kapcsolatosan mindenkinek ajánlom figyelmébe Shakti Gawain *A teremtő képzelet* és *Az átalakulás útja* c. könyveit. Én magam is felhasználtam az e könyvekben leírt módszereket. Hatásukra közelebb kerültem belső valóságomhoz. Nagyszerűen használható az intuíció fejlesztése során, ha kiírjuk magunkból a dolgainkat. Például egy adott helyzettel kapcsolatosan erős belső ellenállást érzékelünk, vagy magunk sem tudjuk, miért vagyunk feszültek, nyugtalanok.

Ilyenkor kérdéseket tehetünk fel:

„Miért van ez a belső ellenállás bennem?"
„Miért vagyok feszült?"
„Mi nyugtalanít?"

Ezt követően kiírjuk magunkból mindazt, ami e kérdésekkel kapcsolatosan előjön a belső világunkból. Istennel folytatott dialógus is segíthet az intuíció fejlesztésében. Ebben az esetben Istenhez fordulok a kérdéseimmel, és a segítségét kérem. Itt is fontossá válhat az üzenetek lejegyzése. Az írásbeli rögzítés által jobban nyomon követhetjük a bennünk lejátszódó folyamatot, valamint az átélt tapasztalatok később is visszapergethetők, felhasználhatók. A könyvem elején ismertetett „fókuszálás" módszere is fejleszti az intuíciót.

Utoljára hagytam a meditációt, amely szintén felhasználható az intuíció fejlesztésében. A meditáció elsajátítása során már szükséges, hogy legyen bizonyos szintű kapcsolatunk a belső valóságunkkal. Ugyanúgy, mint az imaginációnál, itt is szükséges az ellazult, nyugodt belső állapot megteremtése. Csak ezt követően kezdhető el a meditáció. Maga a meditáció a belső csend megélése. Ezzel a módszerrel elérhető – miután lecsendesítettük állandóan, „verkliszerűen" előjövő monológjainkat, gondolatainkat –, hogy eljuthassunk a belső valóságunk megéléséig. Mivel az imagináció és a meditáció egy belső ellazult állapot megteremtésétől függ, vagyis csak ezt követően végezhető el, így előfordulhat, hogy egyedül az adott személy ezt nem tudja elsajátítani. Ilyenkor keressünk megfelelő, ezen technikákban jártas személyt, aki segítségünkre lesz abban, hogy a megfelelő szinten ezeket elsajátítsuk. Az itt leírt módszerek felhasználhatók a belső tapasztalataink megerősítése terén is, így a tapasztalati síkkal kapcsolatos információim ezekkel kiegészíthetők. Ezekre odafigyelve, kielemezve, beazonosítva őket a jelen valóságba felhasználhatókká válnak a mindennapi életünk során. Így tehát a külső tapasztalati síkon is hasznosítani tudjuk ezeket a visszajelzéseket.

Mi a helyzet, ha a fő funkció bennünk a tapasztalat?

Ebben az esetben van mód arra, hogy egyenesen elinduljunk az érzéseink felé. Azonban ha már a gondolkodás belépett segédfunkcióként, akkor nehezebben szembesülhetünk az érzésvilágunkkal. Ebben az esetben a gondolkodásunk megerősítésével indulhatunk el az intuíció, majd ezt követően az érzéseink felé. Fontos, hogy feladjuk a becsontosodott, megmerevedett gondolkozásunkat. Merjünk nyitni új irányokba. Fogadjuk be az új információkat. Nézzük meg, hogy ezek saját életünkben miként használhatók fel. Lépjük meg a szükséges lépéseket. Fedezzük fel a valóságunkban bekövetkezett változásokat. Vonjuk le az ezekkel kapcsolatos megtapasztalásainkat, következtetéseinket. Ha szükséges, akkor bátran végezzük el a korrekciót. Továbblépve az intuíció felé használhatjuk az előbb ismertetett módszereket. Végül, ha teljes, őszinte odaadással végeztük mindezt, biztos, hogy feltárulnak belső érzéseink, és ezáltal a kör bezárul. Ha a tapasztalat, mint fő funkció mellett az érzés alakult ki segédfunkcióként, akkor sem szabad megállni e fokon. Az érzéseinkbe való túlzott elmerülés éppoly veszélyes lehet, mint a megmerevedett gondolkodás. A továbblépés során az intuíció és a gondolkodás kifejlesztésével belső valóságunk szélesebb lehetősége tárul fel. Olyan új, bennünk lévő, de számunkra eddig ismeretlen adottságaink, képességeink kerülhetnek a felszínre, amelyek nagymértékben megváltoztatják életünket. Így ezek egy magasabb szintű valóság megélését eredményezhetik. Ebben az esetben a továbblépés az érzésvilágunk megerősítésével történik. Nagyon fontos, hogy reálisan mérjük fel a belső érzéseinket, ne legyünk önmagunkkal elfogultak, ugyanakkor a külvilágra, a környezetünkre is figyeljünk. E téren is jól használhatók az intuíció fejlesztésével kapcsolatosan ajánlott módszerek, csak ebben az esetben az érzéseinkre figyelve próbáljunk előrelépni. Ezt követően indulhatunk el az intuíció irányában, majd a gondolkodásunk felé. Természetesen az eddig ismertetett lépcsőket nem lehet mereven elválasztani, hiszen például egy imagináció során vagy egy álom feldolgozásával kapcsolatosan felfigyelhetünk a bensőnkben lévő érzéseinkre, de kaphatunk intuitív sugallatokat is. Ennek során új tapasztalatra lelhetünk, ugyanakkor eddigi gondolkodásmódunk is módosulhat, változhat. A lényeg az, hogy bátran induljunk el a saját utunkon, és a lehetőségeinkhez mérten mindenkor tegyük meg a megfelelő lépéseket, majd vonjuk le a következtetéseket, az eredményeket. Ha pedig szükséges, akkor végezzük el a korrekciót. Szükség esetén pedig bátran kérjünk segítséget olyan személytől, aki már megfelelő szintű tapasztalattal rendelkezik ezen a téren.

Hogyan léphetünk tovább, ha az érzés van jelen fő funkcióként?

Ebben az esetben is két irányban indulhatunk el. A tapasztalat vagy az intuíció felé léphetünk. Ha az érzés mellett az intuíciót akarjuk kifejleszteni segédfunkcióként, akkor az előzőekben már ismertetett módszereket használhatjuk, majd ezt követően továbbléphetünk a gondolkodás felé. Végül az új információk, belső, intuitív megtapasztalások befogadása, feldolgozása által a gondolkodásunk változásával, megerősítésével továbbléphetünk a tapasztalat irányába. Választhatjuk a másik utat is, vagyis az érzés mellett a tapasztalatot alakítjuk ki segédfunkcióként, és erre alapozva, ezt megerősítve indulunk tovább a gondolkodás, majd az intuíció felé. Ennek során is nagyszerűen használhatók az eddig lejegyzett lehetőségek.

Az itt közölt fejlődési fázisokat egyszer már röviden lejegyeztem az előző témakörben, de most úgy éreztem, szükséges kibővítve visszatérni ezekre. A belső elakadásainkkal való szembesülés és ezek feldolgozása, feloldása nagymértékben befolyásolja életünk minőségét. Nem mindegy, hogy miként éljük le az életünket. Lehet belefáradt, életunt, kilátástalan állapotban is élni, de ez valójában nem élet, csak fizikai síkon való létezés. Ugyanakkor van lehetőségem arra nézve is, hogy tágabb lehetőségeket nyújtó, minden nehézsége ellenére is csodálatos, kiteljesedettebb valóságként éljem meg az életem. A választás rajtam áll. Ebből a szempontból nézve nem számít, hogy tudatosan, „szabad akaratomból" döntök, vagy éppenséggel csupán elviselem a saját magam által régebben kiépített, belső és külső kényszerítő hatások következtében meghozott döntéseim következményeit. A döntést mindenképpen én hoztam meg, és hozom meg életem minden pillanatában. Ilyen szempontból a „szabad akarat" kérdése egy paradox dolog. Létezik és nem létezik egyszerre. Valójában „teljes értékűen" csak akkor vagyok birtokában szabad akaratomnak, ha belső valóságommal összhangban döntök. Mindenkor adott a helyzet, hogy ezt a lépést megtegyem. Ez egyedül tőlem függ. Egyet azonban nem szabad elfelejteni: azt, hogy minden lépésemért a következményeket is mindenkor nekem kell vállalni, akár jót, akár rosszat hoz ez számomra. Adott esetben előfordulhat, hogy öntudatlanul pont elszenvedem a megtett lépéseim hatásait. Sohasem okolhatom azonban a külvilágot, a környezetemet életem alakulásáért. A környezet csak tükör, amely engem, a belső és a külső világomat tükrözi. Azt, hogy a tükörben mit veszek észre önmagamra vonatkoztatva, hogy ennek hatására miként szembesülök belső világommal és ez milyen hatással lesz a külső valóságomra, ez egyedül tőlem függ.

Teljes mértékben igaz a mondás: „Mindenki saját sorsának a kovácsa."

Ha valaki vagy valami zavar, nyugtalanít a környezetben, akkor fontos, hogy megnézzem, mire világít rá e tény a belső világomban vagy a külső valóságom, a szokásaim, a gondolkodásom, a beidegződéseim terén. Lehetséges, hogy csak a sajátos, becsontosodott gondolkodásomnak mond ellent a másik. Vagy mélyebben a bensőmben van valami, amivel nem akarok szembesülni. Mindenképpen erre oda kell figyelnem, és megkeresni a bennem lévő okot, ami miatt zavar e helyzet. Ezt felismerve előfordulhat, hogy azonnal feloldódik a bennem lévő feszültség, mivel a tudatomba hozva fény derült erre. Ha egy mélyebb, belső konfliktusról van szó, akkor meg kell vizsgálnom ezzel kapcsolatosan a bennem rejlő okokat, a probléma gyökereit, majd ezekkel szembesülve meglelhetem a feloldás lehetőségét. Így nem a környezetemben keresem a bűnbakot az engem ért sérelmekért, hanem saját magamon belül megtalálom a feloldást.

A saját életemben ezen ismereteimet, tapasztalataimat hasznosítani tudtam, azonban a párkapcsolatom terén megnyilvánuló paradox helyzet nem változott. Továbbra is eljártunk a Házas Hétvégés csoportunk összejöveteleire. Megpróbáltam szeretettel, türelemmel, megértéssel fordulni férjem felé, de a közöttünk lévő konfliktus egyre mélyebbé vált. Szinte már áthidalhatatlan szakadék tátongott közöttünk, amely mind szélesebbé vált, a helyzet igazából semmit sem változott. Istenhez fordulásom eredményeképpen azonban fel tudtam oldani az önmagamban lévő ellentmondásokat, feszültségeket, így egyre jobban megnyugodtam, és könnyebben viseltem ezt az ellentmondásos helyzetet. Mindebben nagy segítségemre volt, hogy részt vettem egy lelkigyakorlaton, amely több hónapon át, fokról fokra haladva kivezetett önmagam belső sötétségéből.

MÁSODIK FEJEZET

Istennel való kapcsolatom megerősítése

Jézus Krisztus követése

Amikor 1997 őszén módom nyílt arra, hogy részt vegyek Loyolai Szent Ignác által felvázolt lelkigyakorlat egyik kurzusán, akkor azon tény fogott meg leginkább, hogy e lelkigyakorlat valójában imaginatív állapotban megélt imaként tekinthető. Ez teljesen meglepő volt a számomra, mivel eddig nem találkoztam a katolikus egyházon belül ennyire mély lelki átélésre buzdító indíttatással.

B. Tamás atya vezette a lelkigyakorlatot. Az ő személyisége már annak idején, a Házas Hétvége lelkikurzus során is nagy hatással volt rám. Mindvégig a bennünk lévő érzések és a belső valóságunk megtapasztalásaira serkentett minket, hogy ezáltal kerüljünk közelebb önnön lelki világunk feltárulásával Istenhez, Jézus Krisztushoz, a párunkhoz, a környezetünkhöz, mindenhez és mindenkihez. Teljesen újszerű volt a számomra, hogy e gondolatokat az egyház képviselője szorgalmazza. Nagy hatással volt rám a Szent Ignác által felvázolt módok és lehetőségek sora is. Odaadással és örömmel vettem részt nap mint nap a „Szemlélődő Ima" végzésében. Magát az imát a Szent Ignác által megadott módon végeztük.

Egy megadott programsor szerint haladva, az adott szentírási részeket elolvasva, a kért kegyelemre összpontosítva végeztük egyénileg a konkrét imagyakorlatot. Igen fontos volt, hogy az adott részt a Bibliából már jóval az ima végzése előtt elolvassuk, kiemeljük a kért kegyelemnek megfelelő, számunkra legfontosabb részeket, majd a nap folyamán ráhangolódjunk erre. Este elcsendesedve, befelé figyelve, legalább egy órán keresztül, imaginatív képek segítségével végezzük el az imagyakorlatot, az „Egzisztenciális Imát". Ennek során mintegy beleélem, beleképzelem magam Jézus korába, az adott élethelyzetbe. Látom magam, jelen vagyok abban a korban, abban a szituációban. Részese vagyok az eseményeknek. Ez maga az imagináció. Majd eközben imabeszélgetést, Egzisztenciális Imát folytatok Istennel, Jézus Krisztussal, illetve a jelenetben szereplő más személyekkel beszélgetek. Gondolataimat, érzéseimet, kéréseimet, vágyaimat kibeszélem gondolatban, belső tudatos állapotban, majd várok a válaszukra. Nem magam gondolom ki ésszel a dolgokat, hanem dialógusban, párbeszédben kezdek tisztábban látni. Mintegy belülről, szívvel gondolkodni, és bensőmben érzékelve hallani meg a válaszokat. Az ima végén saját szavaimmal köszönetemet fejezem ki a Mindenhatónak.

Reflexió (visszapillantás): az ima után közvetlenül vagy később 10-15 percig vizsgálom, hogy mi történt az imában, mit tett velem és bennem Isten. Ez nem az ima lépésről lépésre való leírása, hanem egyes kulcselemekre való figyelés, és ennek írásban való rögzítése. Ez kiváló eszköze a BENSŐ MEGMOZDULÁSOK TUDATOSÍTÁSÁNAK és az IMAIRÁNYÍTÓVAL VALÓ BESZÉLGETÉS, BESZÁMOLÓ ALAPJA. Nem annyira gondolatainkat, inkább a belső megmozdulásokat figyeljük: vigasz, vigasztalanság, unatkozás, üresség, szórakozottság, aggodalom. Így, a belső valóságomra figyelve fedezzem fel a lelkiállapotomat. Megkérdezhetem: Mi ragadott meg leginkább? Hogyan éreztem magam? Meghatott valami? Öröm, szomorúság, harag töltött el? Mikor? Miért? Változott-e a hangulatom? Mi okozta? Éreztem-e, hogy az Úr vonz valamilyen irányba? Éreztem-e a KEGYELMET, amit kértem: hála, öröm, bensőbb ismeret? Éreztem-e félelmet, reménytelenséget, kishitűséget? Van olyan része az imának, amihez vissza kell térnem?

Beszélgetés az imavezetővel.

Az imavezetővel hetente egyszer találkoztunk. Ekkor mindannyian beszámoltunk – amennyit el kívántunk mondani – az előző héten megéltekből, az elvégzett imánk eseményeiről. Fontos, hogy az imavezetőt barátnak tekintsem, aki segít, hogy Istennel jobban, könnyebben, mélyebben találkozzam, üzenetét könnyebben megértsem, megfejtsem. Kérdéseket tehetek fel, illetve az imavezető intéz hozzám kérdéseket, hogy jobban tisztázhassam magamban a megéléseket.

Összegzésként az Egzisztenciális Ima során mindezekkel kapcsolatosan a legfontosabb dolgok a következők:

» Az adott szentírási rész elolvasását követően a kiválasztott részek, szavak, mondatok ismétlése, felidézése a nap folyamán. Ezzel ráhangolódom az esti imára.
» A kegyelem kérése. Az ima elkezdésekor feltétlenül kérjem a kegyelmet.
» FONTOS, hogy az ima végzése előtt mindenkor kéréssel kezdjem: „Kérem a Mindenható Istent, hogy minden gondolatom, szándékom, cselekedetem kizárólag ISTEN DICSŐSÉGÉRE IRÁNYULJON!" Ez maga az előkészítő ima.
» Az ima során figyelem, milyen érzések vannak Istenben, a kegyelemre és a kiválasztott részekre összpontosítva, bensőmben kutatva mi jön elő. Így Isten önmagam lelki valóságából bukkan elő, hiszen Ő bennem jelen van.
» Isten mit akar bennem előidézni, kiváltani ezzel kapcsolatosan? Itt az emberi kapcsolatok példák analógként segítenek.
» Figyelem, hogy ez bennem milyen érzéseket vált ki. Fontos az őszinte felismerés, felfedezés.
» Ezt, ami bennem keletkezik, kimondom, megvallom Istennek.
» Figyelem, hogy az én érzéseim, szavaim mit okoznak Istennek. Milyen érzéseket vált ki belőle?
» Figyelem újra magamat, hogy mi a visszahatás. Isten reakciója milyen hatással van rám?
» Őszinte bevallás mindezzel kapcsolatosan Istenhez fordulva. Segítség kérése.
» Köszönetmondás.

A Szent Ignáci Lelkigyakorlat során megtapasztaltakat összegzem e fejezetben. A Bibliából a megadott szemelvényeket a reggeli órákban olvastam el. Kiemeltem és lejegyeztem a kért kegyelemre hangolódva a számomra legfontosabbakat. A nap folyamán erre összpontosítva ráhangolódtam lelkileg mindezekre. Este, miután minden elcsendesedett körülöttem, elvégeztem az imagyakorlatot. Tapasztalataimat ezt követően írásban rögzítettem. A leírtak segítettek az imavezetővel folytatott megbeszélés során, valamint abban, hogy figyelemmel kísérhettem ezáltal a változásomat, a fejlődésemet. Az akkori jegyzeteimből emelek most ki néhány, számomra igen fontos és tanulságos részt. Az általam átélteket az olvasó jobban megértheti, ha elolvassa a mindenkori részhez tartozó bibliai idézeteket. Én itt csak a számomra legfontosabb szavakat, mondatokat, részeket emeltem ki.

Az itt lejegyzettek felhasználásával a mindennapi életünkben kialakítható egy sajátos imagyakorlat. A Biblia bármely kiválasztott részét szemlélhetem ily' módon. Ehhez kapcsolódóan, a számomra fontos dologra gondolva kérhetem a kegyelmet. Ezt követően a fent leírtak szerint végezhetem el az Egzisztenciális Imát. Ennek segítségével egyrészt Istenhez kerülök közelebb belső valóságomon keresztül, valamint az életemben fontos dolgok terén útbaigazítást, segítséget kaphatok az Úrtól. A szentírási részek kiválasztása történhet spontánul, például az adott gondomra koncentrálva, vagy ahol pont kinyílik a Biblia, onnan választom ki a nekem megfelelő részt. De ez történhet fordítva is: egy adott bibliai részhez kapcsolódva, arra ráhangolódva, tudatosan keresek kapcsolatot a mindennapi életemmel, és erre koncentrálva kérem a kegyelmet. A lényeg az, hogy az imagyakorlatot végző egyén képes legyen a saját, neki legjobban megfelelő utat megtalálni – belső valóságán keresztül – Istenhez. A mindennapi valóságunkban végbemenő események pedig visszaigazolást adnak arra nézve, hogy imagyakorlatunk során milyen ütemben haladunk. Így ha következetesen figyelünk a racionális valóságunkban végbemenő eseményekre, és ezeket kapcsolatba hozzuk az Egzisztenciális Ima keretében megélt belső élményeinkkel, akkor imavezető nélkül is képessé válhatunk a sajátos imagyakorlatunkban előrehaladni. Odafigyelve a bensőnkből feltáruló valóságra, folyamatában korrigálhatjuk, módosíthatjuk az Egzisztenciális Ima menetét. Így ennek hatására nyugodtabb, kiegyensúlyozottabb, harmonikusabb helyzetbe kerülve lehetőségünk nyílik tisztábban látni életünk nehéz helyzeteivel kapcsolatosan.

I. imagyakorlat

Isten, az Atyám, szeret engem és törődik velem, közel van hozzám.

Kegyelem: Mély bizalom Isten törődésében és közelségében.

Ezen Szentírási részekből a kért kegyelemre koncentrálva a következőket emeltem ki:

Az adott Szentírási rész: Oz. 11/1–4. és Iz. 25/ 1–9.

„Menedéke lettél a szegénynek, szorongatásában vára a szűkölködőnek, menedéke a viharban, árnyéka a forróságban..."
„A Seregek Ura minden nemzetnek bőséges lakomát rendez e hegyen."
„Örökre megsemmisíti a halált."
„Istenünk, az Úr letörli a könnyet minden arcról, lemossa népéről a gyalázatot, lemossa az egész Földön. Ő, az Úr, mondta ezt."
„Ő az Úr, s mi benne bíztunk. Örüljünk és ujjongjunk segítségén!"

„Gyermek volt még Izrael, amikor megszerettem"
„...én tanítottam meg járni..."
„...a karomon hordoztam..."
„...gondjukat viseltem..."
„Puha kötelékekkel vonzottam őket, a szeretet kötelékeivel."
„Olyan voltam hozzájuk, mint aki arcához emeli a csecsemőt. Lehajoltam hozzá, enni adtam neki."

A nap folyamán ráhangolódtam ezen kiemelt részekre, majd este, az előkészítő imát elmondva elvégeztem az imagyakorlatot.

Imám során az Úr meghitt közelsége mély nyugalommal töltött el. Éreztem, ahogy teljesen elárasztott fényével. Igen, Ő tanított meg járni az ÉLET kanyargós ösvényein. Ő mutatja az utat számomra, a karjában hordoz, a gondomat viseli. Szeretetének köteléke oly gyönyörűséges! Lehajolt hozzám, enni adott, csecsemőként – az életem nehéz helyzeteiben –, arcának fényességében sütkéreztem. Ő az én menedékem. Mindezt átéltem, miközben az életem vázlatosan végigfutott a gondolataimban. Érzékeltem, hogy mikor én azt hittem, hogy Isten magamra hagyott, akkor pontosan a karjában vitt tovább, és szeretetével óvott. Amíg képtelen voltam önállóan cselekedni, csecsemőként éltem az életem. Ez pedig mintegy harminchat éves koromig tartott, hiszen csak ezt követően indultam el egyénileg az utamon. Ezen idő alatt valójában Isten arcának fényességében sütkéreztem. Mindenkor megkaptam a lehetőséget, a segítséget a továbblépéshez. Közben éreztem, amint körülölel Isten fénye, mint egy burok vett körül. Mint a gyermek az anyáméhben, úgy éreztem magam, s közben Istennel beszélgettem. Meghittség, nyugalom, béke, harmónia töltött el. Majd észrevettem, hogy ez a burok, mint egy védett barlang, körülvett, és tele volt csillogó drágakövekkel. Minden fénylett körülöttem. Álmélkodó csodálkozással néztem körül. Ekkor Isten közölte velem, hogy ez mind én magam vagyok, kincsekkel teli belső világom, és ha az Ő vezetésére bízom magam, akkor ezek a kincsek a felszínre kerülnek, és mások számára is észrevehetővé válnak, mások számára is gazdagságot jelentenek majd.

„Igen, Isten az Úr, benne bízom. Boldogan adom át, Atyám, magam a TE vezetésednek" – tört fel lelkemből a válasz. Isten áldásával búcsúztam, de a fény és Ő maga velem maradt.

Ezen az éjszakán az álmomban a gonosszal találkoztam, illetve egy emberrel, akinek valamilyen gyilkossággal kapcsolatos tette volt. Mikor tekintetünk találkozott, érzékeltem szemén keresztül a sátán jelenlétét, és tudtam, hogy – mivel tudomásom van a tettéről – meg akar semmisíteni. Felvettem a harcot vele. Krisztus nevében a szeretet burkával vettem magam körül, és ezt sugároztam ki. Közben a fény nőttön-nőtt körülöttem, és mint egy fényburok vett körül. Ezalatt legyengültem, állapotom válságos lett. Tudatosodott bennem: „beteg vagyok, de meggyógyulhatok". Környezetem semmit sem tudott e helyzetről, és a sátánt megszemélyesítő személyhez fordult. Kérték, legyen a segítségemre. Én megtagadtam, elutasítottam, mikor segíteni akart.

„Távozz tőlem, sátán!" – szólítottam fel.

Elkergettem – egy kiskocsiban ült –, és egy meredek lejtőn lelöktem. A kezében plüss állatok voltak. Megállítottam egy pillanatra, elvettem, kimenekítettem a plüss állatokat. Egy mackószerű figura kiesett a kezemből és a mélybe zuhant. Magát a sátánt – illetve az embert, akiben a gonosz volt – lelöktem a lejtőn. Harcom során valójában nem győztem le a sátánt, mert nem tudtam mindvégig a jó, a szeretet fegyverzetével hadakozni. Átvettem mintegy ösztönösen a gonosz fegyverzetét. Ténylegesen akartam megsemmisíteni, mintegy halálba taszítani.

Álomanalízis:

Sokáig az álom hatása alatt voltam, mintegy az ébrenlét és az álom között gondoltam át mindezt. Rájöttem, hogy nem az adott személy a sátán, ő csak egy ember. Csakis a Krisztusi Szeretet fegyverével győzhetem le a gonoszt és menthetem meg az embert. Álmomban én a gonoszság fegyverét vettem fel; halálba taszítva próbáltam legyőzni ellenfelemet. De így pont a gonoszságot vettem magamra, és ezáltal nem megsemmisítettem, hanem megerősítettem a gonoszságot, hiszen a magam gonoszsága is hozzáadódott.

Csak Krisztus által, az Ő szeretetével arathatok diadalt, csak ezáltal semmisíthetem meg a gonoszság hatalmát. Még valami, amely csak a feldolgozás során tudatosodott bennem. Álmomban mikor a „Krisztusi Szeretet" burkával vettem magam körül és ezt sugároztam ki, igaz, legyöngültem, de minden nappali világossággal vett körül. Később, a sátán fegyverzetének átvétele után egész környezetem sötétségbe burkolódzott. Azt hittem, győztem, és közben besötétedett.

Fontos, hogy az élet különböző helyzeteiben spontánul ne vegyem fel a sátán fegyverzetét, illetve ha ez mégis megtörténik és tudatosodik bennem, azonnal korrigáljam a helyzetet, és visszatérjek az önzetlen szeretet valóságába. Belső tudatossággal fedezzem fel az adott helyzetet, és Krisztus Szeretetét sugározva vegyem fel a harcot. Csakis így lehetek igazán győztes.

Az Egzisztenciális Ima során és ezen álmom keretében átéltek között volt egy közös pont, amely igen lényegessé vált a számomra.

„Isten fénye, mint egy burok vett körül." Álmomban, mikor: „Krisztus nevében a szeretet burkával vettem magam körül, és ezt sugároztam ki, közben a fény nőttön-nőtt körülöttem, és mint egy fényburok, vett körül." Tehát a lényeg a „Krisztusi Szeretet". Ezt megvalósítva, kisugározva mindennapi életemben elérhetővé válhat a számomra, hogy a belső világom – a drágakövekkel teli barlang – a felszínre kerüljön. Ugyanakkor ez az egyedüli mód, amellyel legyőzhetem a sátán hatalmát, amely valójában bennem éppúgy jelen van, mint a külvilágban. Tehát először magamban kell megváltanom a sátáni erőket a Krisztusi Szeretettel. Csak ekkor leszek képes ezt a környezetembe kisugározni, láthatóvá tenni.

A drágakövekkel teli barlanggal kapcsolatosan most eszembe jutott egy régebbi álmom. Ezt már egyszer részleteztem az előzőekben. Ez volt azon álom, amikor fiammal és egy férfi vezetővel jártam a barlangban. Amikor rátaláltam a kincsekkel teli barlangjáratra, akkor süllyedt le a vezető a felnyíló csapóajtón át a mélybe. Most választ kaptam a megtalált kincsre. Tehát a kincs önmagamat jelképezi. Biztos vagyok abban, hogy rátalálok belső valóságomra, hiszen az álmaim előrevetítik a jövőt. Erről már megbizonyosodtam, hiszen férjemmel való találkozásomat is előre megálmodtam. A kincsek más álombeli események során is előjöttek már. Például az ismeretlen férfival (aki valójában a férjem volt) való találkozásom során. Mikor bemutatott az édesanyjának, és ő átadott nekem egy ékszerekkel teli díszdobozt. Mindezek hatására megerősödött belső hitem. Tudtam, hogy az adott időben megtalálom Önmagam.

Most visszaemlékezve volt már hasonló imaginációs megélésem, Shakti Gawain *A teremtő képzelet* c. könyvének olvasása során. Ebben a könyvben az írónő több imaginációs gyakorlatot közöl. Egyik alkalommal, mikor belső szentélyem megteremtését végeztem, akkor jártam önmagam barlangjában.

Egy tenger szikrázó homokpartja, s jobbról trópusi őserdő látványa fogott meg. Balról sziklás vidék volt látható. Enyhén emelkedő ösvény vezetett a barlangnyíláshoz. Különösebb fáradság nélkül, könnyedén értem el a barlang bejáratát. Belépve azonnal magával ragadott a különös látvány. Olyan érzésem volt, hogy templomba léptem. Középen széles oszlopcsarnok vezetett a belső szentélybe. Kétoldalt tágas oldalhajók helyezkedtek el, amelyekből kicsiny, ívelt falfülkék egymásba kapcsolódó sora bontakozott ki. Úgy tűnt, hogy a falfülkék, mint a virág szirmai kapcsolódnak egymáshoz, és a végtelenbe terjednek. A falfülkék telis-teli voltak szikrázó drágakövekkel, és maga az egész barlangtemplom különös belső fénytől megvilágítva ragyogott. Érzékeltem, hogy a falfülkékben lévő drágakövek mintegy azon embereket jelképezik, akikkel életem során találkoztam, illetve találkozni fogok. Maga az egész barlangtemplom pedig önmagamat jelentette. Az oszlopcsarnok közepén volt az Élet Fája. A belső szentély három részből állt. A középső részben helyezkedett el egy sziklapárkány. Ezt mintegy oltárként érzékeltem. Az oltártól jobbra a sziklából bővizű forrás indult útjára két irányban. Az egyik ága csendesen csordogált az élet fája felé, azt körbeölelve folytatta útját ki a barlangból. A másik ága az oltár előtt végighaladva eltűnt a mélyben.

A szentély jobb oldali részében egy tágas, teremszerű rész volt, amelybe fentről ívelt lépcsősor vezetett. A bal oldali rész szinte szimmetrikus képe volt az előzőnek, azzal a különbséggel, hogy itt az ívelt lépcsősor a mélybe vezetett. Ide elérkezve elindultam lefelé a lépcsőkön. Egy alsó barlangrészhez érkeztem, mintegy altemplomhoz. Itt közvetlen a szentély alatt az alábukó forrásvíz zuhatagként ömlött alá, majd folytatva útját egy tágas mederben gyűlt össze. Ez a belső kis tavacska szinte betöltötte az egész altemplomot. Miután mindezt megtekintettem, levetve ruháim a vízzuhatag alá álltam, és mámorító érzésként érzékeltem, ahogy a víz egész lényemet átjárta. Ezt követően megfürödtem a belső tóban. Ennek hatására teljességgel megtisztultam, feltöltődtem. Kijőve a vízből magamra öltöttem azon fehér ruhát, amely a parton előkészítve várt reám, majd visszatértem a felső szinten lévő szentélybe. Itt hálaadó imát mondtam mindezen csodáért Istennek, és ezt követően átmentem lepihenni a szentély jobb oldali helyiségébe. Itt az egyik sarokban, kényelmes fotelben elhelyezkedve ellazultam. Ekkor különös látvány ragadott magával. Az ívelt lépcsősoron egy férfi és egy asszony, karjában gyermekével jött lefelé. Alakjukat fény borította be. Feleszméltem: a Szent Család jelent meg belső szentélyemben. Mély áhítat és mindent felülmúló szeretet töltött be. Hozzájuk siettem, szeretettel, tisztelettel, odaadással köszöntöttem őket. Ekkor Mária gyermekét átadta nekem. Jézust karjaimban tartva meghitt boldogság töltött be. Hosszú ideig beszélgettünk az életem fontos dolgairól, majd Jézust visszaadtam anyjának, megköszöntem mindazt, amit kaptam, és elbúcsúztam tőlük. Mielőtt a lépcsősoron elindultak volna felfelé, Mária közölte velem, hogy bármikor, ha szükségét érzem a velük való találkozásnak, akkor elegendő ellazult állapotban visszatérnem belső szentélyembe, és rájuk gondolnom. Ők valójában mindenkor velem vannak. Valóban, attól kezdve elegendő rájuk gondolnom, és azonnal érzékelem jelenlétüket. Mária különösen fontos számomra: ő az én női ideálképem. Az ő eszményi alakja testesíti meg mindazt, amit el szeretnék érni. Jézus személye a tökéletes ember valóságát jelenti nekem. Életcélt, amely felé törekszem. József személye pedig a család egysége miatt fontos a számomra. A bennem élő férfikép megjelenítője. Végül is megértette az angyal üzenetét, és nem küldte el magától Máriát, mikor megtudta, hogy jegyese a Szentlélektől vár gyermeket. Istenbe vetett hite által elfogadta helyzetét és teljesítette feladatát.

II. imagyakorlat

Teremtményi függésem Istentől. Teremt, és folytonosan adja magát nekem.

Kegyelem: Ámulat létezésemen, hogy Isten személyesen viszonyul hozzám.

Az adott Szentírási rész: Kiv. 3/4–10. és M. törv. 1/29–33.

A megadott Szentírási részből a kért kegyelemre koncentrálva a következőket emeltem ki:

„Kiv. 3/4–10. „Mózes, Mózes!"
„Ne közelíts! Vedd le sarudat a lábadról, mert a hely, ahol állasz, szent föld!"
„Azért szálltam le, hogy kiszabadítsam az egyiptomiak hatalmából, és hogy átvezessem arról a földről egy szép, tágas országba, egy tejjel-mézzel folyó országba..."

M. törv. 1/29/33.
„Az Úr a ti Istenetek, majd előttetek jár, és harcba száll értetek, épp úgy, ahogy Egyiptomban tette a szemetek láttára. Később a pusztában is láttad, hogy az Úr, a te Istened hordoz, mint gyermekét az egész úton, amelyet megtettetek, amíg ideértetek."
„Az Úr mutassa az utat, amelyen mennetek kell."

A nap folyamán koncentráltam a kiemelt részekre, és este elvégeztem az imaginációt.

Imám során nehezen indultam el, nem láttam, nem érzékeltem Istent. Újra elmondtam az előkészítő imát, mélyen átéltem, és ekkor meghallottam Isten hívó, szeretettel teli hangját:

„Itt vagyok, lányom! Mindenütt jelen vagyok!
Nézz körül! Mindenben megtalálsz!"

Minden megváltozott; kezdeti bizonytalanságom elszállt, öröm és hála járt át. Isten kézen fogva vezetett. Átéreztem szeretetének melegségét. Biztosan kormányzott az életem zegzugos ösvényein, kivezetett saját magam belső útvesztőjéből. Az Úr fénye borított el, és felfedeztem a körülöttem lévő csodát. Az ÉLET Kánaánként nyílt meg előttem. Meghatottan rebegtem köszönetet a Mindenhatónak életemért, létezésem csodájáért. MINDENHATÓ ATYÁM! Köszönöm életemet, gondoskodó szeretetedet, áldásodat, hogy a szürke hétköznapok közepette is megadod számomra közelséged csodás valóságát. Fényt hozol minden pillanatban a számomra. Elárasztasz az ÉLET lüktető hullámzásával. Kérlek, add meg, hogy a TE vibráló, éltető áramlatodba bekapcsolódva életem minden pillanata a TE dicsőségedre irányuljon mindörökkön, örökké!

Most, hogy e sorokat lejegyeztem, eszembe jutott egy álmom, melyet megközelítően ezen időszakban éltem át.

Álmomban egy végtelennek tűnő víztengerben vergődtem. Újra és újra a mélybe, a víz alá merültem, és ezáltal többször egymás után átéltem a halálomat, de ugyanakkor a víz alatt még mindig élve, küszködve kínlódtam. Nagy erőfeszítéssel újból és újból a felszínre jutottam, de alig vettem levegőt, a mélység újból magával rántott. Átfutott rajtam a gondolat: „Nem tudok úszni, így biztosan odaveszek."

(Megjegyzés: Valójában tudok úszni, de itt az álom során ez teljesen más értelemben jelentkezett. Itt az ÉLET valóságában való helytállást jelképezte.)

Mikor többszöri sikertelen kísérlet után újból a felszínre kerültem, jött a másik gondolat: „Nincs semmi baj. A víz az éltető közegem. Része vagyok, így elég csak ráfeküdnöm, és hagynom, hogy magával ragadjon, vigyen."

Ennek megfelelően cselekedve nyugalom, békesség, öröm járt át. Csodálkozva tapasztaltam, hogy semmit sem kellett tennem ahhoz, hogy a felszínen maradjak, elég volt eggyé válnom a vízzel. Ez pedig valójában nem is volt nehéz, hiszen – a víz, a tenger, az óceán, – Isten része vagyok. Ekkor csodálatos panorámaként tárult elém kétoldalt, a parton a környezetem valósága.

Álomanalízis: Azonosságokat fedezek fel az álmom és ezen imaginatív imámmal kapcsolatosan. Az imám során nehezen indultam el, bizonytalan, nyugtalan voltam. Ez az álmomban a többszöri víz alá való lemerülésemnek, küszködésemnek, kínlódásomnak felel meg. Teljesen elveszítettem biztonságomat. „Nem tudok úszni, így biztosan odaveszek." Aztán megváltozott a kép: meghallottam Isten hívó, szeretettel teli hangját. „Nincs semmi baj. A víz az éltető közegem, része vagyok." Vagyis: Isten része vagyok, elég ráhagyatkoznom, átadni magam. Isten a kezemet fogja, biztonságosan kormányoz, vezet és utat mutat. Átélve ezt csodálatos panorámaként tárult fel előttem az ÉLET valósága. Mindezt ebben az időszakban már teljességgel elfogadtam és átéltem. Bizonyossággá vált számomra, hogy Isten vezérli az életemet, és mindenkor gondoskodik rólam.

A víz a tudattalant és az érzéseket is jelképezi. Az érzéseimmel való szembesülés és azok elfogadása igen fontos ahhoz, hogy az ÉLET teljességének valóságát meglássam és megéljem. A végtelennek tűnő víztenger, amelyben vergődtem, magát Istent is jelentette a számomra. Ha Isten az óceán, akkor az óceánt alkotó vízcseppek mi vagyunk. A sok-sok vízcsepp közül az egyik én vagyok. A vízcsepp része az óceánnak. Én magam része vagyok Istennek. Ugyanakkor Isten jelen van bennem és mindenben, mindenkiben.

III. imagyakorlat

Isten vágyakozik arra, hogy megbocsásson nekem.

Kegyelem: Mélyen tudatosuljon bennem Isten tüzes vágya, hogy megbocsásson nekem.

Az adott Szentírási rész: 2 Kor. 5/17–21.

E részből a kért kegyelemre összpontosítva a következőket emeltem ki:

2 Kor. 5/17–21.
„Isten ugyanis Krisztusban kiengesztelődött a világgal, nem tarja számon vétkeinket, sőt ránk bízta a kiengesztelődés tanítását."
„Krisztus nevében kérünk: engesztelődjetek ki az Istennel."
„Ő azt, aki bűnt nem ismert, bűnné tette értünk, hogy általa Isten igazságossága legyünk."

A nap folyamán a kiválasztott részekre figyelve felkészültem az esti ima elvégzésére.

Isten arca mindent beborított, először csak a körülöttem lévő fényt érzékeltem. Zavarban voltam, mint aki nem találja a helyét. Lassan fedeztem fel a helyzetemet. Isten jóságos arca melegséget, örömet, biztatást árasztott felém. Megvigasztalódtam. Éreztem a lényéből, hangjából áradó megbocsátást. Ekkor tudatosodott bennem, hogy Isten a tenyerében tart. Öröm, hála, meghatottság öntött el. Ő felemelt és elindult velem. Az óceánon keltünk át. Úgy éreztem magam, mint a mesében az óriás karjában levő mesehős, de ez az óriás mindenkinél hatalmasabb, hiszen Ő maga az Isten. Egy hegycsúcshoz érkeztünk. Isten egész közel emelt az arcához. Szeme megigézett, vonzott.
„Lépj be!" – szólított fel az Úr.

Zavarba jöttem, de tekintete megnyugtatott, és ellenállhatatlanul vonzott. Beléptem Isten szemébe, mint egy fényalagútba, amelyben végigsuhantunk, és közben a Mindenható velem volt. Hangja reménnyel, biztonsággal, örömmel töltött el.

„Mostantól kezdve az én szememmel fogod látni a világot, mindenkor veled leszek, és tudtodra adom akaratom. Áldásom kísér életed során."

MINDENHATÓ MENNYEI ATYÁM! Köszönöm kegyelmedet, hogy szereteteddel, áldásoddal teljessé teszed életem. Kérlek, mutasd meg mindenkor, hogy mit kell éreznem, tennem, gondolnom! Adj erőt, hogy megtegyem, amit meg kell tennem! Tedd érzékennyé lényemet jelenléted és szereteted befogadására! Formálj, alakíts, hogy a TE fényedet ne csupán befogadjam, hanem ki is sugározzam minden és mindenki felé JÉZUS KRISZTUS és a SZENTLÉLEK által, URAM, a TE DICSŐSÉGEDRE!

IV. imagyakorlat

Isten szabadságomban hív.

Kegyelem: Mélyen tudatosuljon bennem, hogy Istennek fel kell szabadítania engem, hogy válaszolhassak életemben felhangzó hívásaira.

Az adott Szentírási Rész: Ter. 22/1–19. és Ter. 12/1–9.

A kért kegyelemre figyelve a következőket emeltem ki magamnak a megadott részekből:

Ter. 22/1–19.

„...a hegyen, ahol az Úr gondoskodik."

„...mivel ezt tetted és egyetlen fiadat sem tagadtad meg tőlem, gazdagon megáldalak."

„Utódaid által nyer áldást a Föld minden népe, mivel hallgattál a szavamra."

Ter. 12/1–9.

„Az Úr így szólt Ábrahámhoz: Vonulj ki földedről, rokonságod köréből és atyád házából arra a földre, amelyet majd mutatok neked. Nagy néppé teszlek. Megáldalak, és naggyá teszem nevedet, s te magad is áldás leszel. Megáldom azokat, akik áldanak téged, de akik átkoznak téged, azokat én is megátkozom. Általad nyer áldást a Föld minden nemzetsége."

A nap során a kiválasztott részeket felidézve készültem az esti imagyakorlatra, majd este elvégeztem az egzisztenciális imát.

Mi ragadott meg leginkább? Találkozásom a hegyen az Úrral, amely során rálátást nyertem életemre. Feltárultak előttem az életutam során megjárt hegyek és völgyek vonulatai, tanulságai, a fent és lent nyert tapasztalatok sora.

A Mindenható tudatosította bennem, hogy csakis önnön belső mélységeim, kálváriám teljes megtapasztalásával indulhatok el fel a hegyre. Lépésről lépésre szabadulhatok meg önmagam rabságából az ÚR által. JÉZUS KRISZTUS vezetésével, figyelve a bensőmben halkan, szinte észrevétlenül megszólaló, irányító SZENTLÉLEK hangjára. Átadva magamat teljesen Istennek, az Ő akaratának, megtapasztalhatom felszabadulásomat, és így képes vagyok válaszolni az Úr hívására.

Meghatott az Úr közelsége, meleg, simogató hangja, szeretetet sugárzó lénye. Öröm, megnyugvás, hála öntött el. Az Úr kegyelme által mélyebb ismeretként éltem át, hogy életem további részében, a hétköznapok hegy-völgyeinek hullámzásában mindig megtalálom fent a hegyen, a csúcson az Úr biztonságot adó közelségét. Soha többé nem kerülhetek már teljesen a szakadék mélyére, hiszen a Mindenható kegyelme, szeretete, áldása kísér, oltalmaz utam során. Isten áldásának megtapasztalása mély hálával töltött el.

MINDENHATÓ ATYÁM! Köszönöm gondoskodásodat, kegyelmedet, szeretetedet és áldásodat. Oly jó átélni közelségedet! Kérlek, add meg számomra, hogy a hétköznapok forgatagában is képes legyek mindenben és mindenkiben felfedezni, meglátni a TE jelenlétedet, és mindenki felé a TE szereteteddel tudjak fordulni! Ezáltal teljesítsem akaratodat a mi Urunk, JÉZUS KRISZTUS és a SZENTLÉLEK által, ATYÁM, a TE DICSŐSÉGEDRE!

A lelkigyakorlat e része – Isten szabadságomban hív – igen nagy hatással volt rám. Mélyen átéltem az adott imákat, és ez mindennapi életemre is nagy hatással volt.

V. imagyakorlat

Isten szabadságomban hív.

Kegyelem: Mélyen tudatosuljon bennem, hogy Istennek fel kell szabadítania engem, hogy válaszolhassak életemben felhangzó hívásaira.

Az adott szentírási rész: Az előző részbeliek
Ter. 22/1–19. és Ter. 12/1–9. ismétlése, valamint:
M. törv. 6/4–9.
A kegyelemre összpontosítva, az előző részben leírtak mellett még a következőket emeltem ki:

M. törv. 6/4–9.
„Szeresd Uradat, Istenedet szíved, lelked mélyéből, minden erőddel!" Isten parancsainak megtartása.
MI. „...jelként kösd őket a kezedre, legyenek ék a homlokodon."

A nap folyamán a szokott módon felkészültem az esti imagyakorlatra, majd miután elcsendesedett minden körülöttem, elmondtam az előkészítő imámat, és elkezdtem az Egzisztenciális Imát. Kezdetben a már megszokott módon éltem át – az olvasott bibliai részhez kapcsolódóan – Istennel való kapcsolatomat.

Szívem-lelkem mélyéből törtek fel Istenhez fűződő érzéseim. Párbeszédet, dialógust folytattam az Úrral. Szeretetet, erőt, megnyugvást kaptam Istentől. Mély hála, szeretet, boldogság töltött el. Ezt követően saját szavaimmal megköszöntem az Úr gondoskodó szeretetét és kértem, hogy áldásával kísérje további életutamat. Azt hittem, befejeződött az imám, de rövid idő múlva spontánul tovább folytatódott a párbeszédem Istennel. Felfedeztem, hogy az Úr iránti szeretetem, elkötelezettségem felvezetett a hegyre, ahol az Ő közvetlen közelében voltam. Az ég, a felhők, a természet mind-mind Isten közelségét tükrözték. Mintegy a világ közepében éreztem magam, és Isten szerető gondoskodása ölelt át. Közben változott a kép; mintegy Ábrahámként éltem át a jelenetet, csakhogy itt az áldozati bárány én magam voltam. Nem volt félelem bennem, teljes odaadással adtam át magam Istennek és az átélt valóságnak. Mégis megrázóan ért az Úr felszólítása: „Lépj ki!"

Éreztem, hogy a felszólítás testemből való végleges kilépést jelenti, mintegy átlépve ezáltal az élet és halál küszöbét. A teljes áldozat az élet racionális értelemben való megszűnése. Ekkor mintha az ész, a racionális elme szólalt volna meg bennem. Kísértésként hatott a hangja: „Honnan tudod, hogy az Úr szólított fel? És ha a sátán hív?" Összezavarodtam. Úgy éreztem, mintha az őrület határán lennék. Hirtelen jött a felismerés, és kimondtam: „JÉZUS KRISZTUS nevében felszólítalak: távozz tőlem, sátán!" Teljesen összeroppantnak, kimerültnek éreztem magamat. Ekkor meghallottam az Úr hangját: „Jól van, lányom, nyugodj meg, nincs semmi baj! Ne félj, van más mód is! Nyugodj meg, veled vagyok! Áldásom kíséri életedet!"

Hangos zokogásban törtem ki. Úgy éreztem sok-sok idő telt el közben, de a végén teljesen megnyugodtam. Hosszú ima során mondtam köszönetet az Úrnak, mintegy számba véve életem eseményeit. Kértem Istent, legyen a segítségünkre, hogy megtapasztalhassam szeretteimmel együtt az Ő közelségét, gondoskodó szeretetét, áldását a mi Urunk, JÉZUS KRISZTUS és a SZENTLÉLEK által.

Előzmény: Ezen az estén éles vitám volt férjemmel, amelynek gyökere a szokásos téma volt, vagyis az életben a fontossági sorrend a test és lélek vonatkozásában.

„Adjátok meg a császárnak, ami a császáré, és adjátok meg az Istennek, ami az Istené!"

Szerintem a hangsúlyos, az elsőrendű az Isten, csak ezután jön a császár. Férjem azonban másképp vélekedett. Szerinte először is a császárnak kell megadni, ami őt megilleti, csak ezután jöhet az Isten felé fordulás. Vagyis mikor már megteremtettük a mindennapi élet terén, amire szükségünk van, akkor van csak mód foglalkozni a lelki dolgokkal, addig a racionális lét dolgai behatárolnak minket, és így képtelenség a lelki lét felé fordulni. Egyszerűen belefárad az ember, és nincs már ereje a lélek irányában elmozdulni. „Segíts magadon, Isten is megsegít!" Ő ezzel érvelt, és úgy gondolta, hogy ha a racionális lét terén nem teszünk meg mindent, akkor hiába várjuk Isten segítségét. Mivel kitartottam álláspontom mellett, ő úgy érzékelte, hogy én lebecsülöm a fizikai, racionális valóságot, és egyedül csakis a lelki dolgokkal akarok foglalkozni. Valójában azonban nem erről van szó, csak egyszerűen a sorrend nálam másként alakul. Végül is mire lefeküdtünk, a vita heve veszített éléből, békesség volt köztünk, de belül mindketten nyugtalanok voltunk.

Következmény: Imám után sokáig nem aludtam el, közben férjem is nyugtalanul forgolódott, majd felébredt. Végül is teljes megnyugvással zártuk a napot. Isten áldásával, teljességgel megéltük összetartozásunkat, és a Mindenható szeretete átragyogott rajtunk. Ezáltal átéltem az Úr áldását házasságunkra.

VI. imagyakorlat

Isten szabadságomban hív.

Kegyelem: Mélyen tudatosuljon bennem, hogy Istennek fel kell szabadítania engem, hogy válaszolhassak életemben felhangzó hívásaira.

Az adott szentírási rész: Lk. 1/26–38.
E részből a következőket emeltem ki:
Lk. 1/26–38.

„Üdvöz légy, kegyelemmel teljes! Veled van az Úr! Áldottabb vagy minden asszonynál."
„A Szentlélek száll rád, s a Magasságbeli ereje borít be árnyékával."
„Az Úr szolgálója vagyok, teljesedjenek hát be rajtam szavaid."

Napközben felkészültem az esti imára, és este elvégeztem az egzisztenciális imámat.

Imám kezdetén eszembe jutott a napi prédikáció, amikor a misén a pap a KRISZTUS SZÜLETÉSÉRE való felkészülésről, a böjti időszak szerepéről beszélt. Mintegy bensőnkben, barlangunkban készítsünk helyet Jézusnak. Szó volt a sorrendről is a mindennapi életünk során, amely a következő: Isten, férj, feleség, gyerekek, szülők, rokonok, barátok. Ezáltal már a misén megéltem az előző nap folytatását, mintegy a férjemmel való vitánk lezárását. Tehát a legfontosabb Isten. Ő áll az első helyen. Minden és mindenki csak Ő utána következik. Hát pont ezért oly fontos a lelki valóságunkra, a lelki életünkre, a lelki kapcsolatainkra való odafigyelésünk. Ez mindennél fontosabb. A pap beszélt arról is, hogy milyen gondot jelent, mikor a mindennapi megélhetésért folytatott hajsza kiszorítja Istent az elsőbbségi helyről. Mindez mély megnyugvással töltött el, és felkészített az esti ima teljes megélésére. Ennek során mintegy azonosultam Máriával, hiszen mindenkinek életre kell hívnia Jézust. Lelki gyermekként igenis meg kell szülnöm Őt, vagyis adaptálnom kell az életembe az Ő valóságát. Ez pedig nem csupán a nőkre, hanem a férfiakra is vonatkozik, csak ezt igen kevesen ismerik fel. Sőt ezt újra és újra meg kell tennem, az adott élethelyzetek viszonylatában.

Közben Isten közelségét, szeretetét mély megnyugvásként, örömként éltem át. Hálával töltődött fel szívem. Éreztem az Úr vonzását, jelenlétét. Már nem volt sehol sem az előző napi zaklatottságom, kétségem, félelmem. Mintha egy mély szakadék felett átrepültem volna, Isten szeretetének láthatatlan arany-fonalával. S mindez új erővel töltött fel.

MINDENHATÓ ATYÁM! Köszönöm közelségedet, szerete-tedet, áldásodat, mely biztonságot, megnyugvást hoz életem kétséges perceiben. Megerősítesz, mikor elgyengülök. Feltöl-tesz, mikor kimerülök. A Szentlélek sugallatával utat mutatsz, mikor összezavarodok. Örömet adsz, mikor szomorúság tölt el. Új erőt öntesz belém, mikor elcsüggedek. Megújítasz életem minden pillanatában. Örömmel adom át magam, Atyám, a TE akaratodnak, mert tudom, mindez üdvösségemet szolgálja JÉ-ZUS KRISZTUS és a SZENTLÉLEK által, ATYÁM, a TE DICSŐ-SÉGEDRE.

VII. imagyakorlat

Isten szabadságomban hív.

Kegyelem: Mélyen tudatosuljon bennem, hogy Istennek fel kell szabadítania engem, hogy válaszolhassak életemben felhang-zó hívására.

Az adott szentírási rész: Az előző napi részek, valamint Mk. 10/17–27.
Az adott szentírási részekből a következőket emeltem ki:

Mk. 10/17–27.
„Menj, add el, amid van, oszd szét a szegények közt, és így kin-csed lesz az égben, aztán gyere és tarts velem!"
„Könnyebb a tevének átmenni a tű fokán, mint a gazdagnak be-jutni az Isten országába."
„Embernek ez lehetetlen, de az Istennek nem. Mert az Istennek minden lehetséges."

Napközben a kiemelt részre koncentrálva készültem fel az esti imádságomra.

Imám során átéltem Krisztus szavait: „...add el, amid van, ... gyere és tarts velem!" Mindenemet el kell adnom, vagyis át kell adnom mindazoknak, akiknek ezzel a segítségére lehetek. Mindenem, vagyis az egész életem. Ez nem életem feladását, a megsemmisülést jelenti, hanem életem átadását a Krisztusi Szeretet jegyében. Ezáltal, vagyis Jézus Krisztus által, Ővele, Őbenne újjá válok, újjászületek, feltámadok. Magának az embernek önmagától ez lehetetlen, de Krisztust követve, a Szentlélek által, Isten kegyelméből lehetséges. Mély megnyugvás, hála, szeretet járt át, amint Jézus közelségét megtapasztaltam. Tudatosodtak bennem szavai. Mindez egy állandó folyamat, amely életem minden pillanatában megnyilvánul. Állandóan újjá kell születnem Jézus által, hogy mind teljesebbé válva teljesítsem Isten akaratát.

„Igen, lányom, ezért választottalak ki, mert kezdettől fogva nyilvánvaló valóság engedelmességed. Közvetítő eszközömmé váltál. Szeretetem közvetítőjévé. Maradj meg mindenkor ezen állapotban!"

Mélyen meghatottak az Úr szavai:

„Méltatlan vagyok, Atyám, és TE mégis kitüntettél, kiválasztottál, és áldásos szereteteddel megadod számomra a legnehezebb percekben is közelséged megtapasztalását. A Szentlélek által irányítasz az élet zegzugos útvesztőjében. Köszönöm, köszönöm, köszönöm, Atyám, életem minden percét!"

„Sohase feledd, veled vagyok mindenkor! Áldásom kísér életed során!"

MINDENHATÓ ATYÁM! Mély hála önti el szívemet szerető gondoskodásod megtapasztalása által. Egész további életem a tét, hogy mindezt viszonozni tudjam. Kérlek, Uram, add meg számomra, hogy méltóvá váljak a TE irgalmadra, kegyelmedre, szeretetedre! Kérlek, hogy ezáltal ne csak a magam számára, hanem mindenkinek, főként szeretteimnek boldogságot, nyugalmat, békét, szeretetet adjak a mi Urunk, JÉZUS KRISZTUS és a SZENTLÉLEK által, ATYÁM, a TE DICSŐSÉGEDRE!

A lelkigyakorlat következő része rendkívül nagy hatással volt rám. Szent Ignác kiemeli, hogy itt nem kimondott imaginatív imáról van szó, hanem inkább elmélkedésről, megfontolásról, és ennek fontosságát kiemeli. Ez a rész a „Vezérelv és Alapigazság" vagyis „Princípium és Fundamentum". Most az alapvető elmélkedés célja az, hogy a gyakorlatozó megtalálja Istennek önmaga számára megnyilvánuló akaratát. Szent Ignác hangsúlyozza, hogy ehhez elengedhetetlen a „közömbösség", amit nem közönyként, érzéketlenségként kell értenünk, hanem szabadságként, készenlétként, hogy megtegyük Isten felismert akaratát. Ehhez pedig meg kell szabadulnunk a rendetlen vonzalmaktól, hajlamoktól, szenvedélyektől, „az egyensúly állapotába" kell jutnunk, amelyet a mérleg nyelve jelképez.

1. Vezérelv és Alapigazság
   (Princípium és Fundamentum)

Kegyelem kérése:

Kettős megvilágosítás: Megértsem én azt a mély meggyőződést, hogy bármi módon is hív az Isten, a feltámadott Úr Jézus erejével teszi.

Ez inkább megfontolás és elmélkedés és nem a szokásos, eddigi imagyakorlat. Ilyen kérdéseket tehetek fel: Hogyan is értem ezt? Miként alkalmazható ez az én életemre?

Az adott szentírási részhez – Jer. 17/5–11. – kapcsolódik Szent Ignác Lelkigyakorlatok c. könyvéből a tematika szerint megadott, 23. pontban közöltek első része.
A szentírási részből és Szent Ignác Lelkigyakorlatok c. könyvének 23. pontjából a következőket emeltem ki:

Princípium – Vezérelv:
Lelkigyakorlatok 23. pontjának első része

„Az ember arra van teremtve, hogy Istent, a mi Urunkat dicsérje, tisztelje és szolgáljon neki, és ezáltal lelkét üdvözítse. Minden egyéb a Föld színén az emberért van teremtve, és azért, hogy segítse őt a cél elérésében, amire teremtve van."

Fundamentum – Alapigazság:
Jer. 17/ 5–11.

„Áldott az az ember, aki az Úrban bízik, akinek az Úrban van a reménye."
„Átkozott az az ember, aki emberben bízik, aki halandóra támaszkodik."
„Én, az Úr, aki a szíveket vizsgálom és próbának vetem alá a veséket, hogy megfizessek kinek-kinek életmódja és tetteinek gyümölcse szerint."

Szent Ignác az emberi közreműködés szerepét hangsúlyozza az üdvösség elérésében. Aki megteremtett téged, beleegyezésed és közreműködésed nélkül nem fog üdvözíteni. Mindez nagy hatással volt rám, és a nap folyamán elgondolkodtam ezeken, majd este, az előkészítő imámat elmondva, folytattam az elmélkedést. „Kérem a Mindenható Istent, hogy minden gondolatom, szándékom, cselekedetem kizárólag ISTEN DICSŐSÉGÉRE IRÁNYULJON."

Eszembe jutott, midőn harminchat éves korom körül először szólt hozzám az Úr. Tudtomra adta, hogy feladatom, küldetésem van e földi létem során. Mikor rákérdeztem, hogy mi ez a küldetés, akkor a válasz a következő volt: „Majd megtudod, ha eljön az ideje!"

Ma már tudom, hogy Isten kézen fogva vezetett, és mindenkor megmutatta, hogy mi az, amit tennem kell.

Mi a CÉL? Istent tiszteljem, dicsérjem, szolgáljam, ezáltal üdvözítsem a lelkem.

Mit jelent ez a számomra? EGÉSZSÉG, TELJESSÉG, maga ISTEN a CÉL! Érzéseim, gondolataim, cselekedeteim kizárólag Istenre, mint fókuszra irányuljanak.

Ez egy beszűkült tudatállapot, a középpont a lényeg, vagyis Isten akarata. Jézus Krisztus vezetésével, eltemetkezve benne, átadva magam az Ő irányításának, a fókuszon, Krisztuson keresztül egy kitágult tudatállapotba (magasabb tudatállapotba) kerülhetek. Ez a belső tudatos állapot. Ezáltal Isten átragyog rajtam. A Mindenható szeretetének sugárzójává válhatok. Ezzel nyilvánul meg egyszerű mindennapjaimban Isten iránti tiszteletem, dicséretem és szolgálatom. Így fordulok minden és mindenki felé. Így válik körülöttem minden és mindenki, aki körülvesz, segítségemre a célom elérésében. Ugyanakkor én magam is eszköz vagyok az Úr kezében: elősegítem mások üdvözülését. Az Úrban bízok, benne van minden reményem, de fontos, hogy teljesítsem az Ő akaratát a mi Urunk, Jézus Krisztus által, vagyis mindenkor a kitűzött célra fókuszálva éljem az életem.

Miközben ezeken elmélkedtem, mintha egy fantasztikus film szereplője lettem volna, és száguldva repültem a fénysebességet elérve, a kitágult világmindenségen át.

Az utóbbi év során egyre többször megtapasztaltam, hogy nehéz, ellentmondásos, feszült lelkiállapotomban az Úrhoz fordulva mindenkor megkaptam a feloldozást, az előrelépés lehetőségét. Így egyre jobban tudatosodott bennem, gyakorlattá vált, hogy kisebb-nagyobb dolgaimban mindenkor Istenhez forduljak, Őrá figyeljek, ezáltal a negatívumokból mindenkor pozitívan profitáltam.

MINDENHATÓ ATYÁM!

Köszönöm, hogy mindenkor megmutatod számomra a helyes utat, amelyen járnom kell, hogy teljesíthessem a TE akaratod. Fényt gyújtasz a sötétségben, lecsitítod a lelkemben dúló vihart. Megnyugtatsz, simogatsz. Jézus Krisztus által megmutatod nekem az élet igazi értelmét. Őt követve, Őrá figyelve életem keresztje már nem nehéz, sőt könnyedén és örömmel viszem, mert tudom, hogy üdvösségemet szolgálja. Kérlek, Atyám, Szent Fiad által mindenkor add meg számomra az élet éltető vizét és a fényt, hogy utam sohase boruljon homályba, sötétségbe, és akaratodat teljesíthessem, ATYÁM, a TE DICSŐSÉGEDRE!

2. Vezérelv és Alapigazság (Princípium és Fundamentum)

Kegyelem kérése:

Kettős megvilágosítás: Megértsem én azt a mély meggyőződést, hogy bármi módon is hív az Isten, a Feltámadt Úr Jézus erejével teszi.

Ez inkább megfontolás és elmélkedés. Rákérdezhetek: Mit is jelent ez a mondat? Hogyan értem ezt? Milyen módon alkalmazható mindez az én életemre?

Az adott szentírási részhez – Fil. 3/7–16. – itt is kapcsolódik Szent Ignác Lelkigyakorlatok c. könyvéből a 23. pont második része.

Ezen szentírási részből és a Lelkigyakorlatok megadott soraiból a következőket emeltem ki:

Princípium – Vezérelv

Lelkigyakorlatok 23. pont második része. Ez kapcsolódik az előzőekben lejegyzett részhez, a Lelkigyakorlatok 23. pont első részéhez.

„Ebből következik, hogy az embernek ezeket annyira kell fel-
használnia, amennyire célja elérésében segítik, és annyira kell
megválnia tőlük, amennyire akadályozzák abban. Szükséges
ezért, hogy közömbösekké tegyük magunkat minden teremt-
ménnyel szemben, ami szabad akaratunk döntésére van bízva
és nincs neki megtiltva."

Fundamentum – Alapigazság

Fil. 3/7–16.
„Ám amit akkor előnynek tartottam, azt Krisztusért hátrány-
nak tekintem. Sőt Uramnak, Krisztus Jézusnak fönséges is-
meretéhez mérten mindent hátránynak tartok. Érte mindent
elvetettem, sőt szemétnek tekintettem, csak hogy Krisztust el-
nyerhessem, és hozzá tartozzam."

„Futok a kitűzött cél felé, az égi hivatás jutalmáért, amelyre Is-
ten meghívott Krisztusban."

A nap folyamán ráhangolódtam a kiemelt részekre, majd este,
az előkészítő imát követően, elmélkedni kezdtem ezekről.
„Kérem a Mindenható Istent, hogy minden gondolatom,
szándékom, cselekedetem kizárólag ISTEN DICSŐSÉGÉRE IRÁ-
NYULJON!"
Szent Ignác hangsúlyozza, hogy fontos a közömbös hozzáállás,
ami nem közönyt és érzéketlenséget jelent, hanem a függőségi
helyzeteink megszüntetését. Ne legyünk függőségi viszonyban
semmitől és senkitől. Függőség például a drog. Minden droggá
válhat, például még a munka is, ha mániává válik, és így a tu-
datos gondolkodás beszűkül. Ilyenkor összezavarodás lép fel.
Isten akaratának alávetem magamat – szabad akaratom-
ból –, lényegében ez is függőség, de nem negatív, hanem pozitív
irányú, előre vivő. Ekkor önmagam belső valóságához kerülök
közelebb. A tudat beszűkül, belső fókuszra való ráhangolódás
történik. Majd ezt az állapotot követi a tudat kitágulásának fo-
lyamata, egy belső, tudatos, vagyis magasabb szintű tudatálla-

pot. Ezáltal válik e folyamat pozitívvá. A nyugalom, a béke tartós állapota bármikor elérhető. Ez eredményezi a szabadságot, felszabadulást önmagunk rabságából. Mit tartok előnynek a magam számára? Mit tekintek hátránynak? Hogyan is értelmezem én ezeket? Fontos számomra az ellentmondásaim megélése. Megvizsgálni, hogy mi az, ami eltávolít Istentől, az Ő akaratától, a kitűzött céltól. Ezeket el kell vetnem, hiszen hátráltatnak, ezek mind szemétnek számítanak számomra. Mindaz, ami Istenhez visz közelebb, ami elősegít abban, hogy az Ő akaratát teljesítsem, ami közelebb visz a célom eléréséhez, az mind előnyös, értékes a számomra.

Ezáltal mindig a CÉL felé tartok, ezen irányban haladok. Így ha még nem is értem el, mégis meghatározza egész életemet. Fontos a meghitt nyugalom, béke állapota. Ha ki is zökkenek ebből egy-egy pillanatra (egyre ritkábban és egyre rövidebb ideig), aztán hamarosan újra elérhető a számomra ezen állapot. Ezáltal teljes bizonyossággal tudatosul bennem, hogy Isten jelen van az életemben.

MINDENHATÓ ATYÁM!

Köszönöm, hogy mindenkor szereteted meghitt közelségében lehetek, és megadod a számomra lelkem békéjét, nyugalmát. Kérlek, Jézus Krisztus által mutass utat, hogy mindig világosan felismerjem azon értékeket, amelyek előrevisznek a TE akaratod teljesítéséhez, a célhoz, amelyet számomra elrendeltél! Add meg számomra az erőt, hogy képes legyek elvetni, szemétre dobni mindazt, ami Tőled eltávolít, hogy életem a TE DICSŐSÉGEDET szolgálja!

3. Vezérelv és Alapigazság
(Princípium és Fundamentum)

Kegyelem kérése:

Kettős megvilágosítás: Megértsem én azt a mély meggyőződést, hogy bármi módon is hív az Isten, a Feltámadott Úr Jézus erejével teszi.

Ez az ima is a megfontolásra és az elmélkedésre épül. Ilyen kérdéseket tehetek fel: Mit jelent ez nekem? Hogyan is értem én ezt? Miként alkalmazható mindez az én életemre?

Az adott szentírási részhez – Fil. 1/18–26. – kapcsolódik Szent Ignác Lelkigyakorlatok c. könyvéből a 23. pont harmadik része. Ez kapcsolódik a Lelkigyakorlatok 23. pont első és második részéhez.

Ezen szentírási részből, valamint a Lelkigyakorlatokból a következőket emeltem ki:

Princípium – Vezérelv

Lelkigyakorlatok 23. pont harmadik része

„Úgyannyira, hogy a magunk részéről ne akarjuk inkább az egészséget, mint a betegséget, a gazdagságot, mint a szegénységet, a tiszteletet, mint a gyalázatot, a hosszú életet, mint a rövidet, és következetesen így minden másban; egyedül azt kívánva és választva, ami jobban elvezet bennünket a célba, amire teremtve vagyunk.

Fundamentum – Alapigazság

Fil. 1/18–26.

„…számomra az élet Krisztus, a halál pedig nyereség. Ha meg tovább kell élnem, az gyümölcsöző munkát jelent. Mind a kettő vonz: Szeretnék elköltözni, hogy Krisztussal egyesüljek, mert ez mindennél jobb volna. De hogy értetek életben maradjak, arra nagyobb szükség van."

A nap folyamán mindezekre koncentrálva készültem az estére, majd a bevezető imát követően elmélkedni kezdtem ezen kiemelt részeken.

Hogyan alkalmazható mindez az én életemre?

Az egészség és betegség vonatkozásában: Ha betegségemet – például a halláskárosodásomat – Isten üzeneteként tekintem, megtalálom, hogy mit akar ezzel az Úr a tudtomra adni. Megvizsgálom, mi az, amit nem akartam, illetve nem akarok meghallani, majd megteszem mindazt, amit meg kell tennem. Így teljesítve Isten akaratát, feloldást kapok valamilyen módon betegségemből, sőt mindazt, amit ezáltal kapok, Isten ajándékaként tekinthetem. Jót vagy rosszat, mindegy, hiszen életem mindenképpen a kijelölt úton, az EGÉSZSÉG irányában halad tovább. Ezt valójában meg is éltem, hiszen pont ezen időszakban napok óta kínzó agyérgörcsökkel, tehetetlenül feküdtem az ágyon. Ezen állapotomban jelentettem ki:

„Minden fájdalmam ellenére egészségesnek vallom magam."

A gazdagság és szegénység vonatkozásában: Ezek valójában relatív fogalmak. Mihez képest vagyok szegény vagy gazdag? Mindez az adott egyén nézőpontjának a függvénye.

Én magam miképpen értékelem a szegénységet vagy a gazdagságot?

Mi Atyánk, aki a mennyekben vagy,
szenteltessék meg a neved,
jöjjön el a te országod,
legyen meg a te akaratod,
mint a mennyben, úgy a földön is.
Mindennapi kenyerünket add meg
nekünk ma.

Ez fontos a számomra: vagyis testi, lelki szellemi kenyér alakjában, amire szükségem van, azt Jézus Krisztus által mindenkor megkapom. Mivel Jézus, a megtestesült IGE életem részévé vált, befogadtam Őt az életembe, így testi, lelki, szellemi valóságomban részese az életemnek. Őáltala a Mindenható mindenkor megadja a számomra a mindennapi kenyeret. Ezáltal szegénységemben is gazdagnak érzem magam.

A tisztelet és gyalázat vonatkozásában: Tisztában vagyok azzal, hogy életem során sok megaláztatásban, meg nem értésben, mellőzésben volt, van és lesz részem. Sokan értetlenül fogadják érzéseimet, gondolataimat, tetteimet. Butának, gyerekesnek, naiv felfogásúnak – talán még néha „bolondnak" is – tekintenek. Sőt ezzel a közvetlen környezetemben, a hozzám legközelebb álló szeretteim vonatkozásában is, keményen szembesülök. De ezzel nem törődök, mert tudom, hogy számomra ez az egyedüli lehetséges út, amely az ÉLET valóságába vezet.

A hosszú vagy rövid élet vonatkozásában: Számomra ez lényegtelen. Az egyedül döntő, hogy egész életem során arra törekedjek, hogy megtaláljam és megtegyem Mindenható Atyám akaratát. Tudom, hogy az Úr szeretete, áldása, kegyelme velem van, és Jézus Krisztus által, a Szentlélek vezetésével, teljesíteni tudom küldetésem.

KÖSZÖNÖM, ATYÁM!

Szeretetedet, áldásodat, kegyelmedet, mellyel életem minden percében mellettem állsz. Szent Fiad,

Jézus Krisztus által megmutatod az utat, melyen járnom kell. Szent Lelked vezetésével biztosan állom meg helyem. Kérlek, add meg, hogy teljesítve akaratod mindenkor a TE dicsőségedet sugározzák érzéseim, gondolataim, cselekedeteim! Egész életem a TE DICSŐSÉGEDRE IRÁNYULJON MIND-ÖRÖKKÖN, ÖRÖKKÉ!

4. Vezérelv és Alapigazság (Princípium és Fundamentum)

Kegyelem kérése:

Kettős megvilágosítás: Megértsem én azt a mély meggyőződést, hogy bármi módon is hív az Isten, a feltámadott Úr Jézus erejével teszi.

Itt most a megfontolás és az elmélkedés a lényeges. Saját szavaimmal fogalmazzam meg életem vezérelvét és alapigazságát! Az adott szentírási részhez – Jn. 15/1–8. 16. 17. – kapcsolódik ismétlésként Szent Ignác Lelkigyakorlatok 23. pontjának első része. Lásd az előzőeknél – 1. pontnál.

Ebből a részből a következőket emeltem ki:

Jn. 15/1–8. 16. 17.
„Amint a szőlővessző nem teremhet maga, csak ha a szőlőtőn marad, úgy ti sem, ha nem maradtok bennem. Aki bennem marad, s én benne, az bő termést hoz. Hisz' nélkülem semmit sem tehettek."
„Azáltal dicsőül meg Atyám, hogy bő termést hoztok, és a tanítványaim lesztek."
„Nem ti választottatok engem, hanem én választottalak benneteket, teremjetek gyümölcsöt, maradandó gyümölcsöt. Akkor

mindent megad nektek az Atya, amit a nevemben kértek tőle. Ezt a parancsot adom nektek: szeressétek egymást!"

A nap folyamán a lelkigyakorlatok első részére, valamint a kiemelt részekre figyelve felkészültem az esti imára, majd az előkészítő imát elmondva elmélkedtem ezeken.

Princípium – Vezérelv

Isten születésünk előtt kiválasztott minket, elrendelve sorsunkat, vagyis a küldetésünket. Ugyanakkor szabad akaratot is adott. Így szabadon dönthetünk abban is, hogy elfogadjuk-e az Ő Fiát, Jézus Krisztust. Krisztus által életünk maradandó gyümölcsöket terem, és ajándékképpen mindent megkapunk Istentől, amit Jézus nevében kérünk. Jézus nevében, rajta keresztül, általa, vele beteljesedik életünk. Parancsként adja Jézus a számunkra: „Szeressétek egymást!"

Életem Vezérelve: A tevékeny, cselekvő szeretet, maga a KRISZTUSI SZERETET.

Fundamentum – Alapigazság.
Életem fundamentuma, alapja maga KRISZTUS.

Az Ő tanítását kell befogadnunk, életünkbe adaptálnunk, életünk részévé tenni, életünkbe hívni, életre kelteni, megszülni Őt. Jézus Krisztus nélkül semmit sem tehetünk. Csak Vele, csak Általa, csak Benne válthatjuk valóra életünket. „Aki bennem marad, s én benne, az bő termést hoz." – Ezáltal dicsőül meg az Úr, vagyis csak így teljesíthetjük Isten személyünkre szóló akaratát.

MINDENHATÓ ATYÁM!

Köszönöm életem, hogy kegyelmed által mindig megtapasztalhatom közelségedet. Szereteted erejével gazdagon megjutalmazol és megadod számomra, hogy ezt kisugározzam minden és mindenki felé. Szent Fiad, Jézus Krisztus által megmutatod az utat, melyen járnom kell, hogy teljesíthessem akaratodat. A Szentlélek irányításával fénysugárként mutatod a helyes irányt, hogy az élet kanyargós útvesztőjéből kitaláljak Hozzád, a Fénybe.

Kérlek, maradj velem mindenkor! Védj, oltalmazz, nyugtass meg, ringass el, hogy életem a TE DICSŐSÉGEDET zengje Urunk, Jézus Krisztus és a Szentlélek által mindörökkön, örökké!

5. Vezérelv és Alapigazság
(Princípium és Fundamentum)

Kegyelem kérése:

Kettős megvilágosítás: Megértsem én azt a mély meggyőződést, hogy bármi módon hív az Isten, a Feltámadott Úr Jézus erejével teszi.
Az adott szentírási részek Fil. 4/11–13. és Ef. 1/15–23, valamint a Lelkigyakorlatok második része – lásd a 2. pontnál.

Ezen részekből a következőket emeltem ki:

Fil. 4/11–13.
„Mindig mindenhez hozzászoktam, ahhoz, hogy jóllakjam és éhezzem, hogy bővelkedjem és nélkülözzem. Mindent elviselek abban, aki erőt ad."

Ef. 1/15–23.
„Nagyszerű erejét Krisztusban mutatta meg, amikor a halálból feltámasztotta, s a mennyben jobbjára ültette."

„Mindent lába alá vetett, őt magát meg az egész Egyház fejévé tette: ez az ő teste és a teljessége annak, aki mindenben mindent teljessé tesz."

A nap folyamán összpontosítottam a lelkigyakorlatok második részére, valamint ezen kiemelt idézetekre, majd este, az előkészítő imát elmondva, elkezdtem az elmélkedést.

Sorsom, életem Isten kezében van, Krisztust követve megtapasztalom jelenlétét mindennapjaimban. Szegénység, gazdagság mindegy, hiszen ha Isten velem van, akkor minden javamra válik.

Hogyan alkalmazható ez az én életemre? Miként nyilvánul meg ez az életem mindennapjaiban?

Szegénység: anyagilag bizony nagyon nehéz helyzetben vagyunk. De nem aggódom azon, hogy mi lesz holnap. Ami tartalékban van, azt próbálom ésszerűen felhasználni. Voltunk nehezebb helyzetben is, és vannak bizony sokan, akik tőlünk rosszabb helyzetben élnek. Megnézem, miben tudok mások segítségére lenni, ha nem konkrétan anyagi téren, akkor lelki, szellemi téren mit tehetek másokért.

Szilárd hit: az Úr gondoskodni fog az elkövetkező nehéz időszakban rólunk. Fontos a pozitív lelki hozzáállás, ennek kisugárzása a környezetemre, szeretet, béke, nyugalom, megértés, együttérzés, derű. Így szegénységemben is fény, pompa vesz körül. Elégedett, boldog vagyok.

Gazdagság: elképzelem, mit tennék az Úr segítségével, az Ő erejével. Nagyra törő álmaim vannak. Egy olyan közösség megteremtése, ahol mindenki egymást segíti, hogy személyiségük az Úr kegyelme által minél jobban kibontakozzon, és Istenbe vetett hitük megerősödjön. Kreatív foglalkozások, gyermek-felnőtt alkotókörök létrehozása. Foglalkozások szervezése, vezetése. Gyermek, fiatal, felnőtt és idősebb korosztály, mind-mind megtalálná itt a helyét, szerepét, egymást segítve. A belső lelki kibontakozás, az önzetlen szeretet átadása a cél.

MINDENHATÓ ATYÁM!

Köszönöm szerető gondoskodásodat. Kérlek, add meg a számomra, hogy álmaim valóra váljanak! Mindez a TE DICSŐSÉGEDET SZOLGÁLJA a mi URUNK, JÉZUS KRISZTUS által MINDÖRÖK-KÖN, ÖRÖKKÉ!

6. Vezérelv és Alapigazság (Princípium és Fundamentum)

Kegyelem kérése:

Kettős megvilágosítás: Megértsem én azt a mély meggyőző-dést, hogy bármi módon is hív az Isten, a Feltámadott Úr Jé-zus erejével teszi.
Az adott szentírási rész Jn. 14/15–28. valamint a Lelkigyakor-latok harmadik része – lásd a 3. pontnál.

Az adott szentírási részből és a lelkigyakorlatokból a követke-zőket emeltem ki:

Jn. 14./15–28.
„Aki szeret engem, az megtartja tanításomat, s Atyám is szeret-ni fogja. Hozzá megyünk és benne fogunk lakni."
„S a Vigasztaló, a Szentlélek, akit majd a nevemben küld az Atya, megtanít benneteket mindenre, és eszetekbe juttat mindent, amit mondtam nektek."
„Békességet hagyok rátok. Az én békémet adom nektek."

Napközben a kiemelt részekre koncentrálva felkészültem az esti elmélkedésre, majd az elcsendesedést követően az előké-szítő imával kezdtem.

„Kérem a Mindenható Istent, hogy minden gondolatom, szándékom, cselekedetem kizárólag ISTEN DICSŐSÉGÉRE IRÁNYULJON!

„Hozzá megyünk, és benne fogunk lakni." Mit is jelent ez az én számomra?

Isten a világmindenség felett álló szellemi létező; mindent és mindenkit magába foglal. Mindenben és mindenkiben jelen van, és ezáltal irányítja a világot. Bennem legbelül is jelen van Isten. Ha képes vagyok Jézus tanítását megtartani, életembe adaptálni, akkor megtapasztalhatom belső templomom csendjében a Szentháromságot, az Atya, a Fiú és a Szentlélek jelenlétét. Ez az én otthonom itt a Földön, és majdan a túlvilágon is.

„A Szentlélek megtanít benneteket mindenre és eszetekbe juttat mindent, amit mondtam nektek." Hogyan is értem én ezt?

Kétségek, vívódások, ellentmondások közepette mindenkor egy belső harcot vívok önmagammal. Mindez akkor csitul le, amikor egy belső késztetést, irányítást, útmutatást érzékelek. Van, hogy az eszem ellenkezik, de ma már tudom, hogy meg kell tennem mindazt, amire a Szentlélek ösztönöz, még akkor is, amikor a tudatom tiltakozik, mást mond. Később mindenkor bebizonyosodik, hogy helyesen cselekedtem.

„Békességet hagyok rátok. Az én békémet adom nektek." Hogyan alkalmazható ez az én életemre?

Általában most már nyugodt, kiegyensúlyozott vagyok. Ritkán borulok ki, de akkor a mélypontra kerülök. Ilyenkor általában önérzetemben érzem megsértve magamat. Ekkor megpróbálom megkeresni a magamban lévő okot. Miért érzem megbántottnak magam? Mi az, amivel ezáltal szembesülök? Hogyan oldhatom fel? Miképpen változtathatok magamon, a helyzetemen? Közben a belső vihar lecsitul. Feltárulnak az addig elnyomott, sötétségben lévő részeim. Felfigyelek a belső hangra, így megkapom az Úr kegyelméből azon lehetőségeket, amelyek előrevisznek utamon. Megnyugszom, és ez kivetítődik a környezetemre is. Aztán ha szükséges, akkor a megfelelő pillanatban – most már lecsitulva – visszatérek az előbbi szituációra. Feltárom szeretteim előtt belső érzésvilágom, gondolataim, és így környezetem, szeretteim is feloldódnak, valamiképpen segítséget kapnak, hogy saját útjukon tovább tudjanak lépni. Ha mindez megnyugtatóan zárul, mindannyiunk javára, akkor mély hála tölti el lelkemet, és az Úr békéje velem van. Ha a legkisebb feszültség is van bennem, akkor tovább kutatok. Mindenkor önmagamból, önmagam átváltoztatásával, megújításával próbálom meglelni a kiutat és a belső békét. Ez az utóbbi időben – hosszú évekig tartó megelőző próbálkozások tapasztalatai következtében – bevált gyakorlatnak bizonyult, és így a vívódásos időszak minimálisra rövidült.

MINDENHATÓ ATYÁM!

Köszönöm kegyelmedet, hogy Jézus Krisztus által mindenkor megmutatod az utat, amelyen járnom kell. Így teljesíthetem küldetésemet. Kérlek, add meg kegyelmedet szeretteimnek is, hogy szeretetedet megtapasztalva a lelkük mélyén dúló vihar lecsituljon! Jézus Krisztus által járni tudjanak a számukra kijelölt úton! Megnyugodva meghallják mindazt, amit számukra elrendeltél! Ezáltal együtt tapasztaljuk meg életünkben a szereteted mindenható erejét, ATYÁM, a TE DICSŐSÉGEDRE MINDÖRÖKKÖN, ÖRÖKKÉ.

HARMADIK FEJEZET

Életem mélyebb vizsgálata

Ezt követően bennem egy mély szembesülési időszak kezdődött el, amelynek során egész életemet áttekintettem. Mindebben nagy szerepe volt, hogy ezen a nyáron elolvastam James Redfield *A mennyei próféciák* és *A tizedik felismerés* c. könyveit. Ezek az ÉLET rejtett dolgaira, titkaira világítanak rá. Segítséget jelenthetnek az adott egyén számára, hogy eddigi élettapasztalatait felhasználva, teljes mértékben kezébe vegye önnön élete irányítását, és ezáltal egy csodálatos, új lehetőség tárulhat fel előtte. Ez nem könnyű feladat, sőt sokszor kín-keserves, de végül is a belső valóság a mélyből a felszínre kerül, és így megéri a fáradozást. A legnagyobb hatást pedig a Szent Ignác-i lelkigyakorlat adta a számomra, amely megerősítette a bennem lejátszódó folyamatot. Feltárultak előttem életem rejtett összefüggései, elkövetett vétkeim, bűneim sorozata, valamint Isten kegyelme, amely által javamra váltotta tévedéseimet. Nagy hatással volt rám azon tény, hogy mindez az advent időszakára esett. Mély belső átéléssel, ezáltali megtisztulással, áhítatos várakozással készültem Jézus születésének méltó megünneplésére. A bennem végbement folyamatot, a feldolgozás menetét, eredményét, és az így nyert tapasztalataimat összegezem ebben a fejezetben.

Gyermekkoromban, amennyire vissza tudok emlékezni, igyekeztem a környezetem, főleg a szülői ház elvárásainak megfelelni. A „jó kislány" szerepét vállaltam fel, és a segítőkészség és a tökéletességre való törekvés valójában már ekkor megvolt bennem. Kifelé forduló, életvidám, eleven gyermek voltam. Az első iskolában töltött napok után kijelentettem, hogy tanítónő akarok lenni.

Tizenkét éves koromban elkezdődött életem kálváriája. Egy akkor ért pszichés trauma (szexuális zaklatás), amely testileg nem hatott ki, de lelkileg teljesen összetört, egész további életemet meghatározta. Kórházba kerültem, ahol végül is megállapították, hogy konkrét betegségem nincs, de lelkileg, szellemileg teljesen leépültem. Megközelítően lelki-szellemi szinten a hároméves gyermek színvonalára zuhantam vissza. Az orvosok úgy gondolták, hogy abba kell hagynom az iskolát, legalább egy évet pihenem kell. Majd később talán folytathatom a tanulást. A pszichológusnő pedig szüleimnek kijelentette:

„Örüljenek, ha egyáltalán ember lesz belőle, arról végképp mondjanak le, hogy tanítónő legyen!"

E szavakat én kint a folyosón hallottam, és megfogalmazódott bennem egy „csak azért is". Meg fogom mutatni, hogy igenis „EMBER" lesz belőlem, sőt a pszichológiához is jobban fogok érteni, mint aki rólam ezen kijelentést tette, habár akkor még nem tudtam pontosan, hogy a *pszichológia* szó mit takar, csak ösztönös sejtés, vágy alakult ki bennem.

Ezt követően csendes, hallgatag, mélyen befelé forduló lettem. Egy ideig sokszor még megszólalni sem tudtam.

Meghasonlottam önmagammal, mindennel és mindenkivel. Eltávolodtam Istentől. Úgy éreztem, hogy Isten ártatlanul engem büntet azon aljas ember vétkéért. A vallási hitemben való meghasonulásom, valamint a pszichés trauma teljesen összezavart.

A másik befolyásoló tényező a vallási vezetőkben, papokban való csalódásom volt. Gyermekfejjel felfogtam a helyi pappal kapcsolatosan a „bort iszik, vizet prédikál" mondás jogosságát. Életmódjával nem egyezett mindaz, amit papként prédikált. Túlságosan szerette a nőket, és főként azokat a bizonyos nőket. Egy másik pappal kapcsolatos szituációban mély konfliktust éltem meg. Hosszú hónapokig beteg voltam, kórházban feküdtem, így sokáig nem voltam templomban. Mikor mindezt meggyóntam, a pap olyan elmarasztalásban részesített, hogy szinte teljesen megsemmisültem. Annyi imádságot vetett ki rám, hogy mire végigimádkoztam télnek idején a fűtetlen templomban, teljesen átfagytam. A következménye súlyos vesemedence-gyulladás lett, amely hat hétre újból ágyba kényszeríttet. Ettől kezdve nem jártam templomba és a hittanórákra. Magamban Istent azonosítottam a természettel és a világmindenséggel. Megközelítően harminchat éves koromig éltem ezen meggyőződésemben. Úgy éreztem, ezzel eleget teszek belső hitemnek, és ezt természettudományos iskolai ismereteimmel is összhangba tudtam hozni.

Ez volt az első nagy vétek életemben; Istentől való eltávolodásom, hitemben való meghasonulásom.

A második a vétkeim sorában – amelynek gyökerei ugyanezen időszakra nyúlnak vissza – a szüleimmel szemben elkövetett vétkem. Ez bizonyos értelemben a mai napig hatással van életemre. Gyermekkoromban nagyon kötődtem édesanyámhoz, mivel vele töltöttem több időt. A serdülőkor elején ért lelki trauma után szüleim féltő gondoskodással, szeretettel vettek körül. Nagyon féltettek. Képletes értelemben még a széltől is óvtak. Ma már tudom, hogy gondoskodásuk túlzott, aggodalmakkal teli volt, de mindezt szeretetből tették. Ezen időszakban édesanyámmal való kapcsolatom még erősebb lett. Édesapámtól azonban eltávolodtam, és bizonyos értelemben öcsémmel szemben is távolságtartóvá váltam. Ők ezt megértően fogadták, mivel tudták, érezték, hogy mi játszódik le bennem. Most visszagondolva ezáltal – a trauma miatt – az egész „férfi nemmel" szembeni ellenállásom nyilvánult meg. Édesapámtól való eltávolodásomat fokozta a szüleim között lévő ellentmondás. Ezt akkor én még gyermekfejjel nem értettem, de érzékeltem a köztük feszülő feszültséget, és mindez mély hatással volt rám.

Csak most látom, hogy milyen súlyos vétket követtem el valójában öntudatlanul mindkettőjükkel szemben. Ugyanakkor felfedezem Isten gondoskodó szeretetét, hogy miképp fordította javamra – kegyelme által – az életem gyarlóságait.

Az utóbbi időben – James Redfield *A mennyei prófécia* c. könyvének olvasását követően – foglalkoztat a gondolat:

Miért „ŐK" az én szüleim? Miért, milyen küldetés végrehajtásáért születtem meg pont az „Ő" gyermekükként? Milyen lelki-szellemi örökséget hagytak rám szüleim? Mi az, amit „ŐK" még nem tudtak eddig megoldani, amit nekem kell a saját életemen belül, Isten rendelése, kegyelme által feloldanom. Azt hiszem, megtaláltam a válaszokat.

Anyai örökségem, vagyis az édesanyám által átélt lelki hatás az életemre. Szeretetteljes légkör, amely személyemet illetően nagyon is megvalósult. Ha valami miatt édesanyám haragudott, neheztelt rám, akkor is éreztem szeretetét. Mint mikor tudja az ember, hogy a felhők mögött süt a Nap, és nemsokára újra érzékeli melegét, fényét. Sőt túlzott szeretet vett körül; felnőttként is gyermek maradtam, függőségi viszony. Ez csak harminchat éves korom után kezd változni. Egészen addig a „jó kislány" szerepével való teljes azonosulásom volt a jellemző, vagyis megfelelni a követelményeknek, az elvárásoknak. A mélyebb valóság – amely spontánul igen nagy hatással volt rám –, a szülők között feszülő ellentmondás. Édesanyám erős, sokoldalú személyiség. Mindenkor az adott helyzeteknek megfelelően választja meg a szükséges lépéseket. Ösztönösen érzékeli, hogy kivel szemben miként kell fellépnie. Mindez spontánul nyilvánul meg nála. A lehető legjobbat akarja mindenkinek, de mivel tudata túlságosan meghatározza cselekedeteit, így nem láthatja önmaga mélyebb valóságát és lehetőségeit. Ezért ösztönös lépései nem minden esetben hoznak megfelelő eredményt. Gyermekkora, neveltetése, élete nehéz helyzetei ránehezedtek, és szerepszemélyiségét behatárolták. Így nem látja a lelke mélyén megbúvó lénye csodálatos valóságát.

Apai örökségem, vagyis az édesapám által átélt lelki hatás az életemre. Ő szintén erős személyiség, de visszahúzódó, zárkózott típus. A mélyben, kívülről észrevétlenül zajlik le benne minden esemény. Látszólagos nemtörődömségbe menekül a férj-feleség közti konfliktus, ellentmondás során. Majd ha ezzel nem ér célt, akkor kitörés jellemzi, a saját akaratához való ragaszkodást választja. Életemre édesapám befolyása látszólag minimális volt, a valóságban azonban nagyon mély, sorsdöntő hatással volt rám: konfliktus esetén az ő megoldási mintáit követtem. A szülők egymás közti harca során két különböző akarat összecsapásának tanúja voltam. Időközben édesapám több

mint húsz éve teljesen elveszítette a hallását. Ettől kezdve még
jobban befelé forduló lett. Az utóbbi évek során úgy érzékelem,
mintha kettőjük kapcsolatában változás történt volna: elindult
egy közeledési folyamat, amely harmonikusabbá tette életüket.
Mindezt csak az érzések szintjén fogom fel, valójában pontosan
nem tudom ezzel kapcsolatosan a jelen helyzetet, mert nincs
oly mély betekintésem életükbe, mint amilyen régen, gyermek-
koromban volt. Visszaemlékezve gyermekéveimre, sokszor ér-
zékeltem, hogy valami nincs rendben, azonban tehetetlennek
éreztem magam. Egyszerűen fogalmam sem volt róla, hogy mit
tehetnék. Most már késő, nem tudom elmondani édesapámnak,
hogy akkor, belső bezárkózásom miatt, nem tudtam másként
cselekedni, hogy szerettem akkor is őt, ha távol is voltam látszó-
lag tőle. Hiába mondanám el, már nem hall. Mindezekről nehéz
úgy beszélni, hogy megértse szavaimat. Édesanyám esetében is
tehetetlennek érzem magam. Képtelen vagyok úgy megfogal-
mazni, feltárni érzéseim, gondolataim, életem, hogy azt ő ne
érezze úgy, hogy vádolom, okolom valamiért. Így csak a szere-
tetemet érzékeltethetem. Nem beszélhetek a múltról, mivel az-
zal megbántanám őket. Fájdalmat okoznék nekik. Sejtem, hogy
mind a kettőjük családjában érzékelhető volt a két egymásnak
ellentmondó akarat harca, vagyis mindkét szülő erős egyéniség
volt, és igen mély hatással voltak rájuk a saját szüleik.

Saját életem vonatkozásában nem vádolom szüleimet, nem
okolom őket a történtekért, mivel tudom, hogy nem tehetnek
minderről. Nagyon is szerették egymást és engem is, még ha
mindenkor nem is a legmegfelelőbb módon fejezték azt ki. Tu-
lajdonképpen nagyon sokat köszönhetek nekik, hiszen minden-
képpen hozzájárultak ahhoz, hogy ma olyan vagyok, amilyen.
Az ő hatásuk, példájuk következtében váltam teljes értékű sze-
mélyiséggé. Tehát legjobban úgy lehetek segítségükre, hálámat
úgy fejezhetem ki, hogy minél több szeretetet sugárzok feléjük.

Szüleim hatására Isten kegyelméből valójában mindkettő-
jük egyéniségét ötvöztem magamban. Kezdetben, kora gyer-
mekkoromban a kifelé forduló személyiség, a segítőkészség, a
tökéletességre való törekvés, a „jó kislány" szerep jellemzett.

A tragédiámat követően befelé forduló, visszahúzódó, zárkózott személyiség lettem. Megmaradt a segítőkészség, a tökéletességre való törekvés, és a „jó kislány" szerep fokozódott. A „csak azért is" beépült az életembe, vagyis a saját akaratom, az életcélom megvalósítására való törekvés. Ez állandó belső önvizsgálatra ösztönzött, és mindenkor nagyon mély, hosszú belső harcon keresztül ment végbe. Régen a meghasonlottságom a skizofrénia (hasadásos elmezavar) határáig vitt el. Keresve kutattam már serdülőkoromban, hogy ki vagyok egyáltalán. Néha szinte magamra parancsoltam, és leállítottam gondolataim sorát. Éreztem, ha egy lépéssel is tovább haladok, akkor összekuszálódott gondolataimba beleőrülök. Eközben sokszor kerültem olyan állapotba, mintha kettős énem lett volna, ugyanis ezen időszakban volt egy állandó megélésem. Érzékeltem, hogy valahol létezik egy iker fiútestvérem, akivel egy vagyok. Teljesen azonosak, egyek vagyunk. Ma már tudom, hogy ez valójában a „női lélek" kisugárzása volt, mintegy keresve-kutatva hiányzó „férfi lélekrészét".

Mindehhez kapcsolódott egy „naiv optimizmus", amely általában megmosolyogtatta a környezetemet. De ezzel én mit sem törődtem. Rendíthetetlenül hittem a jó, a szép győzelmében és az élet csodájában akkor is, ha mi közvetlenül a rút oldalát látjuk. Mindezek továbbra is jellemzők rám, sőt megélt élettapasztalataim megerősítették személyiségjegyeimet. Belső vívódásaimról azonban akkor, gyermekkoromban senkinek sem tudtam beszélni, még édesanyámnak sem. Szinte ösztönösen érzékeltem, hogy egyrészt mindezt csakis én oldhatom meg, másrészt, ha mindez kiderül, akkor újabb pszichológiai beavatkozásra kerül sor. Ezt pedig el akartam kerülni. Tudtam, hogy képes vagyok egyedül megbirkózni helyzetemmel. Közben belül vívódva őrlődtem, és ragaszkodtam kislány mivoltomhoz. Kerültem a fiúkkal való komolyabb kapcsolatot. Tizenhét éves korom körül már barátként el tudtam fogadni őket, de többre nem vágytam. Aztán az érettségi után volt egy udvarlóm. Őáltala kezdtem ismerkedni az élet ezen oldalával, de valójában nem szerettem őt igazán. Csak vágyódtam arra, hogy valaki így szeressen. Mikor komolyabbá kezdett válni a kapcsolatunk, akkor szakítottam vele.

Valójában nem voltam becsületes vele, vétettem ellene. Bűnt követtem el, mivel nem mertem az érzéseim mélyén lévő igazságot feltárni előtte.

Sőt miután a főiskolát elkezdve megérintett a „plátói szerelem" – egy csillogó szempár által –, csak ürügyet kerestem, hogy szakíthassak udvarlómmal. Az a szerelem, amely csoporttársamhoz fűzött, mindvégig plátói maradt. Sohasem beszéltünk az egymás iránt érzett érzéseinkről. Fesztelen, kedves, barátságos voltam mindenkihez, még a fiúkhoz is. Vele szemben azonban mindenkor túlzottan tartózkodóan viselkedtem. Túl szeszélyes, kiismerhetetlen voltam. Amit egy pillantásommal, mosolyommal adtam, azt a következő pillanatban kamatostul visszavettem. Így ő eligazodni nem tudott rajtam. Végül is azt hittem, hogy csak kislányos ábrándvilágban élek, és ő nem is érez semmit irántam. Ezzel tudatosan lezártam magamban a hozzá fűződő érzéseimet. Bennem, a mélyben azonban tovább élt a szerelem. Csak később, mikor már mindent elrontottam, akkor döbbentem rá, hogy még mindig mélyen szerem őt.

Ezen időszakban ismerkedtem meg Istvánnal. Megszerettem őt. Neki tudtam először elmondani életem tragédiáját. Kedves, megértő, tapintatos volt, és én boldogan oldódtam fel az ő szerető karjaiban. Egy év ismeretség után összeházasodtunk. Visszaemlékezve most már tudom, egyikünk sem volt igazán felkészülve a házasságra. Részemről bizonyos értelmű menekülés is volt mindez. Valójában önmagam elől menekültem. Ugyanakkor nagyon szerettem őt, vágytam a közelségére. Szerettem volna boldoggá tenni őt. Mindig a közelében akartam lenni, érezni, hogy hozzá tartozom. De az életet egyikünk sem ismerte. Sőt még saját magunkkal sem voltunk igazán tisztában. Már a kezdet kezdetén rájöttem, hogy nem tudom úgy teljesíteni a hitvesi kötelességem, ahogy azt István elvárná. Ugyanakkor meghasonlottam önmagammal, méghozzá kettős értelemben. Voltak pillanatok, mikor a testi együttlétünk során nagyon boldog, felszabadult voltam. Ilyenkor ezt követően önvádként éltem meg, hogy mindaz, amit tettem, aljas bűn. Piszkosnak, undorítónak éreztem magam. Ugyanakkor tudtam, hogy mindez a házasélet velejárója, mégis vádoltam magam a boldog percekért. Minderről senkinek sem tudtam beszélni, mélyen magamba zártam érzéseimet. Ezen ellentmondásos légkörben újból fontossá vált az a régebbi plátói szerelem, amely a csoporttársamhoz kapcsolt. Szeretetre vágyó érzéseimet ezáltal éltem ki. Így oldottam fel a belső ellentmondásaimat. Hiszen ebbe a kapcsolatba nem léphetett be a test érzéki, szennyes világa, ahogy én akkor ezt érzékeltem és felfogtam. Ráadásul úgy éreztem, hogy Viktor is hasonló érzésekkel fordul felém. Habár erről sohasem beszéltünk, de minden pillanatot megragadtunk arra, hogy a plátói síkon érzéseinket egymás tudtára adjuk. Az igazsághoz tartozik az is, hogy sohasem tudtam meg, mennyi volt ebből a tényleges valóság, és mennyi a képzeletem játéka. Most már tudom, hogy amit megéltem, az számomra teljes mértékben valóság volt, mert az mindenképpen az én világom része volt. Az akkori helyzetemben pedig mindez nagyon is lényeges, fontos és sorsdöntő volt a számomra.

Valójában mindkettőjük ellen vétettem, de férjem elleni vétkem súlyosabb volt, hiszen a házasságtörés vétkét gondolatban, az érzések világában elkövettem, és ez végül is házasságunk kudarcához mindenképpen hozzájárult.

Minderről férjemmel beszélni nem mertem, mert féltem, hogy elveszítem őt. Aztán befejeződött a főiskola. Egy kis faluban kaptam állást. Ekkor már eléggé eltávolodtunk egymástól. Szerettük egymást, de sokat veszekedtünk. Majdnem két év után István magamra hagyott, télnek idején, betegen. Akkor már a lányunkkal áldott állapotban voltam, csak biztosan nem tudtuk ezt. Mindketten sejtettük, hogy az állandó rosszulléteimnek ez az oka. István távozásáért én is felelős vagyok, ugyanis ezt megelőzően veszekedtünk. Szemére vetettem, hogy napokig távol volt, és én semmit sem tudtam róla.

„Ha a barátok és mások előbbre valók, mint én, akkor jobb lesz, ha végleg magamra hagysz!" – mondtam neki dühösen.

Ekkor már nagyon rosszul éreztem magamat. Ő pedig visszavágott:

„Nincs neked semmi bajod, csak megjátszod magad!"

Később belátta, hogy beteg vagyok, segítségre szorulok. Megnyugtatott, hogy számíthatok rá, mellettem marad. De ekkor én odavágtam: „Jó, rendben van, maradj! De ezek után nem tudok a feleséged lenni!"

Egy hét próbálkozást követően rájött, hogy nem teljesítem hitvesi kötelességem, így elhatározta, hogy elmegy.

Akkor én azon szavakat kimondtam, de hogy pontosan miként értelmeztem, azt magam sem tudtam. Hiszen pont előtte, az utolsó együttlétünk során életemben a legboldogabb voltam vele, és ezt követően az önvád sem gyötört. A boldog, felszabadult érzés velem maradt. Ekkor fogant meg a méhemben a kislányunk. De addigra már meghasonulásom a szexuális élettel kapcsolatosan – amelyről beszélni nem mertem neki – újra előjött. Aztán a testi, letört állapotom, amely számomra is új, ismeretlen, gyötrő, elviselhetetlen volt, bizony azt eredményezte, hogy egyáltalán nem kívántam a testi kapcsolatot. Sőt férjem közeledése elől minduntalan kitértem.

Aztán az egyik nap összepakolt, közölte velem, hogy elmegy Pécsre munkát keresni. Ha úgy érzem, hogy szükségem van rá, akkor írjak vagy üzenjek neki. Minderre nem tudtam mit mondani, csak búcsúzóul forrón megcsókoltam, hogy a csókomból érezze, most van szükségem rá, hogy szeretem, és azt szeretném, ha velem maradna. De mondani semmit sem mondtam. Ez a nap mély nyomot hagyott bennem. Több mint két hónap múlva véletlenül találkoztunk. Közben szüleim hazahoztak, mivel állandó ápolásra szorultam. Hét hónapon át szinte ágyban fekvő betegként hordtam ki a kislányunkat. A gyermek és az én életem is veszélyben volt. István neheztelt rám, mivel én nem tudattam vele, hogy gyermeket várok, ezt másoktól tudta meg. Majd később a gyermek megszületéséről sem értesítettem. Várta a levelem, hogy tudtára adjam, szükségem van rá. De én hallgattam. Úgy éreztem, ha szeret, akkor miattam, és ne a gyermek miatt jöjjön vissza, és egyébként is tudnia kell, hogy ebben a helyzetben igenis nagy szükségem van rá.

Most már tudom, nagyon sokat vétettem ezidő alatt István ellen. Lányunk hároméves volt mikor ismét férjhez mentem. Második férjem örökbe fogadta kislányomat. Két fiunk született. Zoltán mellett váltam felnőtt nővé. Megszűnt a szexuális téren való meghasonlott állapotom. Tíz évig boldog házasságban éltünk, de ezt követően életünk maga volt a pokol. Végül e házasságom is válással végződött. A házasságunk válságos időszakának kezdetén történt, hogy egy álmatlan éjszakán visszataláltam Istenhez. Ez életem nagy spirituális élménye volt. Mindez mély nyomot hagyott bennem, és meghatározta további életemet. Nagyon sokáig azonban erről és Istenbe vetett hitemről nem tudtam senkinek sem beszélni.

Második házasságom kudarcában két dolog játszott szerepet. Ezen időszakban felnőtt nővé váltam, fel mertem vállalni önmagamat, ugyanakkor saját akaratom is mindjobban előtérbe került. Megismerkedésünkkor Zoltán a csendes, visszahúzódó kislányt szerette meg bennem. Sejtette, hogy valójában más vagyok, és szerette volna a felszínre hozni valódi énemet. Túlságosan is jól sikerült ez neki. Ő maga sem sejtette, hogy pont az ellenkezője vagyok mindannak, akit akkor ő megismert és megszeretett. Fokozatosan alakult ki felnőtt személyiségem. Gyengédsége, kedvessége, szeretete feledtette a gyermekkori tragédiát. Feloldódtam, és végül is boldogan vállaltam női mivoltomat, majd kezdtem kifelé fordulóvá válni. Egyre jobban figyeltem a külvilág jelzéseire, és igyekeztem eleget tenni az elvárásoknak. Mivel már nélküle, az ő biztató, segítő oltalma nélkül is feltaláltam magamat, így ő kezdte feleslegesnek érezni magát. Valamiféle kisebbségi érzés is kialakult benne, mivel már nem ő egyedül volt az irányadó. Ekkor kezdett elmaradozni a barátokkal, és az italozó életmód kialakulása megindult nála. Az öt évig tartó erőfeszítésem megerősítette bennem az új személyiségjegyeket. Már nem önmagammal, hanem vele, a gyerekekkel és közvetlen környezetünkkel kellett elsősorban foglalkoznom. A mérlegelés, a gondolkodás, a kiút keresése döntő jelentőségű lett a számomra. Végül is kialakult és megszilárdult felnőtt egyéniségem, amelyre már a kifelé forduló magatartás is jellemző volt. Közben házasságunk válsága mindjobban kiéleződött. Én magam is kezdtem eltávolodni tőle. Egyre jobban megerősödött bennem egy különös sejtés; úgy gondoltam, hogy mivel első házasságom Isten előtt köttetett, így ezen második házasságom valójában az „ég törvényei" szerint paráznaság, amiért bűnhődnöm kell. Vagyis házasságom akkori poklát büntetésként fogtam fel. Végül is teljesen eltávolodtunk egymástól, ami a váláshoz vezetett. Most visszatekintve látom csak ilyen világosan a történteket, akkor mindezt képtelen voltam így megérteni. Sajnálom, hogy így történt, de valójában én más voltam akkor, mint aki most vagyok. Tudom jól, a történtekhez én is ugyanúgy hozzájárultam, mint ő, és éppen úgy hibás vagyok én is. Annak ellenére, hogy a mai napig sem tudom pontosan, hogy a hibát hol követtem el. Talán ha akkor ilyen világosan láttam volna a lelkünk mélyén lejátszódó eseményeket, és ha ezekről beszélni tudtam volna vele, akkor biztosan minden másképp történt volna.

Időközben Zoltán meghalt, és bizonyos értelemben ezzel kapcsolatosan is bűnösnek érzem magam. Ellene elkövetett vétkemet már nem tudom jóvátenni.

Mikor újrakezdtük Istvánnal az életünket, egy alkalommal Zoltán felkeresett minket. Látszott rajta, hogy nagyon egyedül van, hogy megbánta már a múltat, és tudtomra is adta, hogy nem haragszik rám. István kedves, megértő volt vele szemben, én azonban eléggé hűvösen, ridegen viselkedtem. Zavart a jelenléte; úgy éreztem, otthonom békességébe tört be. Igaz, ezt követően volt egy telefonbeszélgetésünk, amely során sikerült oldottabban viselkednem és szavaimat örömmel vette, de nem emlékszem, tudtára adtam-e, hogy nem haragszom rá, hogy megbocsátottam neki. Sőt közvetlenül a halála előtti napokban egy buszon utaztunk, de én úgy tettem, mintha aludnék, csak hogy ne keljen vele beszélgetnem.

Most úgy érzem, mintha a halálát én magam okoztam volna. Bűneim közé ez is, és minden ellene elkövetett vétkem súlyosan beszámít.

Istvánnal való találkozásom előtt volt egy partnerkapcsolatom. Gézához igen erős érzelmi szálak kötöttek. Elfogadta a szeretetemet, de azt képtelen volt a tudtomra adni, hogy szüksége van rám, és valójában akarja-e a kapcsolatunkat. Egyszerűen a szeretetét nem tudta éreztetni velem, és nem tudott olyannak elfogadni, amilyen voltam. Így megközelítően egy év után a kapcsolatunk megszakadt. Bizonyos értelemben cserbenhagytam őt, pedig sejtettem, hogy szüksége van rám.

Most visszagondolva e kapcsolatomra, valójában Istvánnal való találkozásomra és életünk újrakezdésére készített fel. Plátói szerelemként indult – mint annak idején, a főiskolán megélt szerelem –, majd valóságossá vált. Azonban hiába tettem meg mindent, szakítás lett a vége. Ezáltal valamiképpen az a régi plátói szerelem a helyére került. Ugyanis rájöttem arra, hogy egy kapcsolat akkor élő és válik tartóssá, ha mindkettőnek egyaránt szüksége van a másikra, méghozzá hasonló intenzitással, és ezt mindkét fél képes is a másik tudtára adni, ugyanakkor mindent megtesznek azért, hogy egymás szükségleteit (fizikai, lelki, szellemi, spirituális síkon) kielégítsék, kölcsönös, önzetlen szeretettel fordulva egymás felé. E kapcsolatomról és a bennem nem végbement változásokról könyvem első részének az elején részletesen írtam. A szakításhoz hozzájárult ama tény is, hogy ekkor jártam azon pszichológiai tanfolyamra, amely hatására teljesen átformálódtam. Mintegy ezáltal a múlt, a jelen és a jövő a helyére került. Például egy évvel előbb megálmodtam Istvánnal való találkozásomat, csak ekkor még nem tudtam, hogy az adott álom rá vonatkozik. Valójában ennek hatására a bennem végbement változások felkészítettek életünk újrakezdésére.

Lassan hat éve, hogy Istvánnal újrakezdtük az életünket. Most megpróbáljuk valóra váltani azon harmóniát, amelyet ifjúságunk kezdetén képtelenek voltunk megteremteni. Igaz, vannak nehéz percek, időszakok, de Isten kegyelméből újra és újra megtaláljuk az egymás felé vezető utat. Két dolog terén azonban tehetetlennek érzem magam.

István és szüleim kapcsolata teljes mértékben megromlott. Kijelentették, hogy oda a lábát ne tegye be, és ők sem jönnek hozzánk. Valójában István a szüleimet, illetve édesanyámat hibáztatja, ők pedig Istvánt okolják fiatalkori tévedéseinkért, az akkori válásunkért. Nem tudják neki megbocsátani, hogy áldott állapotban, betegen, tehetetlenül magamra hagyott. Ő pedig úgy érzi, hogy édesanyám az oka mindennek, mert olyanná nevelt, aki képtelen volt felnőttként, asszonyként helytállni. Úgy gondolja, édesanyám beleavatkozott az életünkbe, mikor azon tehetetlen élethelyzetemben hazahozott. Önmagát azonban egyáltalán nem tekinti hibásnak a történtekért. Szerintem az életünk akkori kudarcáért István és én vagyunk a felelősek. A szülők – akár az én szüleim, akár az ő szülei – csak közvetve játszottak szerepet. De az is tény, amennyit az én szüleim „vétettek" – ha itt egyáltalán vétekről lehet beszélni –, annyit az ő szülei is, hiszen egyikünk részéről sem örültek ennek a házasságnak, és ezt mindkét részről nyíltan a tudtunkra is adták. Ilyen értelemben a szűkebb környezetből mindenkit hibáztathatnánk. Valójában ha hibáról és ehhez kapcsolódóan bűnről van szó, akkor csak saját magam vonatkozásában szabad nyilatkoznom, vádaskodnom. De ugyanakkor – ha feltárul előttem vétkem – köteles is vagyok a bűnömet jóvátenni. Ezt István nem egészen így értelmezi. Csak azt hangsúlyozza, hogy az édesanyám a felelős mindenért. Szerintem ha a saját életemben történt eseményekért, bármi is legyen az, mást hibáztatok, mintegy mást teszek felelőssé a történtekért, azzal egyrészt önmagam felelőssége alól kibújok. Ezáltal nyilvánvalóvá válik, hogy nem vagyok ura önmagamnak és az életemnek. Így pedig önön belső valóságom, önmagam ellen vétek, és becsapom magam. Másrészt a másikra átterelve az életem dolgaival kapcsolatos felelősséget mintegy őt teszem bűnössé mindenért, ami velem történt, illetve történik, és így kritizáljuk, támadjuk, bántjuk, bíráljuk a másikat, vagyis ítélkezünk felette. Ezáltal ártunk neki, bűnt követünk el ellene, ugyanakkor önmagunknak is ártunk.

Így a szüleim és az István között feszülő ellentmondást én képtelen vagyok feloldani, mivel ez nem tőlem függő dolog. Én már régen megbocsátottam mindenkinek, mivel rájöttem, hogy nincs mit megbocsátani. A történtekért pedig csak önmagamat hibáztathatom, de már ezen is túl vagyok. Elfogadtam önmagamat, megbocsátottam magamnak. De mindez, ami köztük

van, mégis fájó pont az életemben. Valójában ezt igyekszem ta-
buként kezelni, mert mindegyiküket szeretem, akarattal nem
szeretnék fájdalmat okozni a szavaimmal és a tetteimmel. Kü-
lönben is, mindenképpen érzelmileg negatív hatásként érintene
engem, ha ezen ellentmondásos szituációba belebonyolódnék.
Tehetetlenségem másik területe István belső feszültsége, ví-
vódása. Szeretnék segíteni neki, de képtelen vagyok, mivel ra-
gaszkodik rögeszméihez, és így falakba ütközöm. Nem vádolom
őt, hiszen tudom jól, hogy milyen nehéz időszak ez az ő számára.
Keresi az előre vivő utat, de saját maga által emelt gátak elbari-
kádozzák az előtte lévő lehetőséget, és ő nem látja, ami emögött
van. Önmaga belső valósága pedig nem lesz addig észrevehető a
számára és a külvilág számára sem, amíg lassan-lassan le nem
bontja a falakat. Itt jön elő az életem fő célja, fő kérdése, a kül-
detésem – amit szüleim örökül hagytak rám –, amelyet eddig
ők még teljesen feloldani nem tudtak. Vagyis a „saját hatalmi
drámám" feloldása, amit Isten kegyelméből kezdek felismerni,
és igaz, bizonytalanul, de tanulgatom a megoldási módokat. Bi-
zonyos vagyok benne, hogy az én „hatalmi drámám" az, ahogy
konfliktushelyzetekben spontánul viselkedek, valamint az em-
beri kapcsolatok rendszerében betöltött szerepem szorosan ösz-
szefügg a szüleim között feszülő ellentmondással. De ezen túl
mindez a hatalmi harc kimutatható nemcsak szüleim kapcso-
latában, hanem érzéseim szerint ez az ő szüleik helyzetében is
fennállt. Ezen ellentmondásos helyzet érzékelhető lányom és
vejem között is, amely jelenleg eléggé súlyos helyzetben van. Ők
vannak most abban a helyzetben, amiben mi voltunk fiatalon.
Bizonyos vagyok abban, hogy István belső konfliktusa is ehhez
kapcsolódik. Vagyis a saját hatalmi drámájának a feloldása a fő
problémája, amely bizonyos mértékben különbözik az enyém-
től, mivel mindannyian mások vagyunk. Külön kell megtalál-
nunk önmagunkon belül az ellentmondásaink gyökerét, és így
felismerni önnön magunk hatalmi harcát. Ennek tudatosítása
és feloldása nélkül senki sem tud kilépni önmaga ellentmondá-
saiból. István hatalmi konfliktusa pedig kapcsolódik gyökerei-
ben mindahhoz, amit megtapasztalt élete során, azon konflik-

tusokhoz, ellentmondásokhoz, amelyek a szülei között, illetve szülei és közte álltak fenn. E hatalmi dráma nálam a következőkből adódik. Ameddig csak vissza tudom idézni gyermekéveimet, jellemző volt rám az önmegvalósításra való törekvésem. Keresve kutattam önmagam. Ehhez kapcsolódóan a függetlenségre és tökéletességre való törekvés jellemzett. Ez akkor is jelen volt, ha az adott szituációkban végül is fejet hajtottam a másik akarata előtt. A törekvés jelen volt, ha nem is tudtam érvényre juttatni. Ugyanakkor a beilleszkedés, az alkalmazkodás döntően befolyásolta kapcsolataimat, amelyeket a családi kötelékek teljesen behatároltak. Mindezek egyaránt igen fontosak voltak, és fontosak a mai napig is a számomra. Az ezek közt feszülő ellentmondás rányomta bélyegét életemre. Az ellentmondásból származó konfliktus úgy belső valóságomban, mint külső kapcsolataim terén megmutatkozott. Az István és köztem, illetve a környezetemmel kapcsolatosan feszülő ellentmondás során megtapasztaltam, megtapasztalom két ellentétes akarat összecsapását. Hű akartam, akarok lenni önmagamhoz – saját elképzeléseimhez, akaratomhoz –, ugyanakkor a beilleszkedés, alkalmazkodás arra késztet, hogy fontolóra vegyem a másik elgondolásait, akaratát. Belső vívódásaim eredménye régen az volt, hogy vagy mereven ragaszkodtam a saját elképzelésemhez és „erőszakosan" törekedtem annak megvalósítására – ez általában ritkán fordult elő –, vagy legtöbbször végül is mély hallgatásba, bezárkózásba menekültem. Közben a mélyben megsebzettnek, háttérbe szorítottnak, kisemmizettnek éreztem magam. Hosszú időre elveszítettem az önmagam élete feletti irányítást, és átvette önnön tudatom rögeszmés beállítottsága a szerepet. Valószínűleg azért választottam általában ezen befelé forduló, gátolt szerepet, mivel életem hosszú időszakára ez volt a meghatározó a számomra. De a valódi énem, amely ma már felnőtt, de megőrizte gyermeki valóságának minden értékét, képes túllépni a berögződött hatalmi szerepén. Felvállalva a belső harcot, a felelősséget végül is úgy győzedelmeskedik, hogy senkit sem kényszerít rabságba, senkit sem aláz meg, sőt talán segítségére lehet másoknak csupán azáltal, hogy él. Ezt ma még csak tanulom, és nem mindig sikerül teljesen megvalósítani, de minél többször próbálkozom, annál több tapasztalatot szerzek e téren, és ezáltal egyre jobban és jobban sikerül feloldanom önmagamon belül és kívül a konfliktust. Mindebben döntő szerepe van, hogy életem során ötvöztem magamban mindkét szülő egyéniségét, így édesanyám és édesapám szerepei egyszerre vannak jelen életem megnyilvánulásaiban. Jelenleg mindezt már kezdem tudatosan, felelősséggel felvállalni. Nagyon sokat köszönhetek szüleimnek, hogy olyanná váltam, amilyen vagyok. Ha az ő „hatalmi harc drámájuk" nem lett volna előttem, nem éltem volna át, akkor képtelenség lett volna számomra e helyzetem megteremtése. Hát így vált javamra mindaz, amit gyermekfejjel, majd felnőttként is kislányszerepben megéltem a szülői házban. „EMBER" lett mégiscsak belőlem. Hálás vagyok ezért Istennek és szüleimnek. Ugyanakkor sokat köszönhetek Zoltánnak, aki mellett felnőtt nővé váltam. Jelen pillanatban pedig István által, állandóan, mindennapos valóságban élhetem meg – belső valóságom felszínre hozásával – kettőnk összetartozásának a harmóniáját, és a közben feltörő ellentmondásaimmal való szembesülést. Ez pedig most már a legfontosabb a számomra, mert vele együtt tudom csak küldetésem teljesíteni. Úgy érzem most, minél jobban megtalálom az ellentmondásaim feloldását, annál jobban megtalálom a helyemet az életben, és mindez hatással lesz a környezetemre, szeretteim életére is.

Jelen helyzetbeli viselkedésem jellemzői: ellentmondás, konfliktus esetén a spontán reakcióm a túlzott befelé fordulás, bezárkózás, majd ennek tudatos felismerése után a kiút megkeresése. Végignézve életemen számtalanszor megismétlődött, hogy súlyos bűnt követtem el a túlzott befelé fordulásom, a bezárkózásom miatt, mert nem mertem beszélni gondolataimról, érzéseimről. Így erre oda kell figyelnem az adott szituációkban.

Nem szabad bemennem édesapám zsákutcájába!

Ezen befelé fordulásom időszakában az utóbbi időben egy belső utat járok be – Istenhez fordulva kérve segítségét –, ezáltal feloldom az adott szituációt, ellentmondást. Felvetődik a kérdés: én mit tehetek, hogyan segíthetném elő az adott konfliktus feloldását? Isten kegyelméből ilyenkor mindig megkapom a kérdésemre a választ, az előrelépés lehetőségét. Előfordul, hogy a spontán reakcióim hatására kimondom hirtelen feltörő érzéseim, gondolataim. Fontos odafigyelnem arra, hogy ilyenkor nyugodt legyek. De ez nem mindig sikerül, és a túlfűtött reakcióim miatt parancsolás, indulat, düh, ellenszenv érezhető szavaimból. Nem szabad bemennem édesanyám zsákutcájába!

Szerencsére indulataim rövid időn belül lecsitulnak. Korrigálom, elnézést, bocsánatot kérek, éreztetem szeretetemet Istvánnal vagy azzal a személlyel, akivel konfliktusba kerültem. Ha az adott szituációban úgy érzékelem, hogy ki kell mondanom, meg kell tennem valamit – még akkor is, ha az a cselekedetem a másik ellenkezését, neheztelését, haragját váltja ki –, akkor a belső késztetésemnek megfelelően cselekszem. Általában ilyenkor igyekszem viszonylag nyugodtan, higgadtan, világosan kifejezni mondanivalómat, méghozzá azért, hogy a másik egy más megvilágításban is felfoghassa az adott helyzetet, szituációt. Ezt követően rövidre zárom a vitát, és türelmes várakozással figyelem a következményeket. Itt is nagyon fontos, hogy a szeretetemet kisugározzam. Ez nálam egy sajátos egyéni út. Jelenleg még bizonytalan próbálkozás. Nagyon fontos számomra a belső nyugalom jelenléte, de ezt nem mindig sikerül elérnem. Ezt a megoldási módot még csak tanulgatom. Azonban néha előfordul, hogy rövidebb-hosszabb idő elteltével a szituáció nem csupán feloldódott, hanem mindketten pozitívan profitálunk ebből.

Van még egy sajátos megoldási módom, de ezt ritkán tudom alkalmazni, mert ehhez csendes elvonulás szükséges, vagyis, hogy magam legyek, egyedül. Az adott konfliktusban látszólag hallgatásba, bezárkózásba vonulok, de mihelyt módom van, ellazulva, meditatív állapotban, Isten segítségét kérve elképzelem, hogy a másik fél – azon személy, akivel a konfliktusom van – belső feszültségének energiáját magamba szívom mintegy a belégzés folyamán, és ezt belül „szeretetenergiává" alakítom Isten kegyelméből és áldásával. E szeretetenergiát a kilégzés során visszasugárzom az adott személy felé és elképzelem, hogy ő azt Isten kegyelméből és áldásával befogadja. Ezáltal például a szeretteim közti feszültséget, ellentmondást is sikerült rövid idő alatt feloldani anélkül, hogy egy szót szóltam volna, vagy bármi módon belekeveredtem volna a konfliktusba. Ezt még csak néhány esetben próbáltam ki, de mindenkor bevált.

Megjegyzés: Meglepődve ismertem fel, hogy István és édesanyám közt mennyi a hasonlóság. Volt, hogy meg is jegyeztem: „Ha nem tudnám, akkor azt hihetném, hogy István az én édesanyán fia."

Valószínűleg ezért olyan feszült a köztük lévő helyzet, mert tükröt tartanak egymás elé.

Az én esetemben kezdetben a spontán gyermeki személyiségem olyan lehetett, akivé most szeretnék válni; egy külső és belső valóságában harmonikus személyiség. Aztán tizenkét éves korom után édesapám lánya voltam, vagyis egyéniségemre az ő személyiségjegyei voltak behatással, majd ötvöztem magamba mindkét szülő egyéniségét. Jelenleg pedig a kiút keresése jellemez, amelyet Isten kegyelméből találok mindenkor meg.

Az életemben fontos a befelé fordulás, hogy utána Isten által kifelé fordulhassak, és kisugározzam szeretetem, inspiráljam Istvánt. Nagy hatással volt rám a Házas Hétvégés lelkigyakorlat. Megközelítően fél év telt el, mire sikerült feldolgoznom, mély pokoljárás közepette. Az eredmény: Istenhez kerültem közelebb. Bizonyos értelemben a függőségi viszonyom Istvántól megszűnt, függetlenné váltam. Minden probléma, ellentmondás során a feloldást, nyugalmat Isten által kapom meg. Némi eltávolodás történt bennem férjemmel kapcsolatosan. Isten fontosabbá vált, mint István, hiszen pontosan Isten kegyelméből, az „Ő" akaratának teljesítése által kerülhetek közelebb a páromhoz. Isten akarata pedig nem mindig egyezik meg férjem akaratával, sőt sokszor az én tudati elgondolásommal sem egyezik, mégis azt kell tennem belső késztetésből, és ilyenkor mindketten előrelépünk. Mindez fokozatosan alakult ki bennem. Az állandóan jelenlévő konfliktusok, ellentmondások feloldásában, a harmónia megteremtésében már jó ideje egyedül maradtam.

István teljesen elzárkózik a lelki dolgok terén és nem hajlandó arra, hogy együtt keressük meg ilyen helyzetekben a megoldást. Így nem volt számomra más megoldás, mint Istenhez fordulni, az „Ő" segítségét kérni. Nehéz és mély belső harc során mindenkor megkaptam az előrelépés lehetőségét, és a belső nyugalom, a harmónia, a béke szeretetteljes beteljesülését. Ez akkor is megtörtént, ha a köztünk lévő konfliktushelyzet semmit sem változott. Bennem a változás bekövetkezett, így már más szemmel láttam a helyzetünket, és nem zavart a szituáció. Mindez sokszor nagyon hosszú, nehéz, kínkeserves időszakot jelentett a számomra, de egyre jobban tudatosodott bennem, hogy ez az egyedüli út; bármennyire is gyötrelmes, végig kell vinnem, hogy végül is megnyugodhassak. Jelenleg már egy-egy szituációban kezdem felismerni, hogy az én nézőpontom mellett ott a másik oldal is. Mindez mérlegelésre indít.

Mi Isten akarata? Hallgatásommal, beletörődésemmel előre jutok? Vagy pont – akár férjem akaratának ellenszegülve is – ki kell mondanom az adott helyzetben saját érzéseimet, gondolataimat? Mivel segítem őt jobban? De itt előjön az is, hogy ez valójában talán az én belső elrejtett vágyam. Valóban ez Isten akarata? Sokszor nehéz belső önvizsgálat szükséges mindehhez, és előfordul, hogy ellentétbe kerülök önmagammal, ösztönös megnyilvánulásaimmal. Fontos ezek felismerése, tisztázása önmagamban, majd szükség esetén korrigálása a párom felé, és mindvégig éreznie kell a szeretetemet. Ha felismerem, hogy spontánul ez ellen vétettem, azt azonnal jóvá kell tenni. Ez azért is fontos, mert nem szabad, hogy őt kényszerítsem függőségi helyzetbe. Egyébként is úgy érzékelem, hogy egészségi állapota miatt, amelyben enyhülést hozhatok a számára, lelki állapota, amely terén segítségére lehetek, felerősödött a tőlem való függősége. Már csak azért is, mert ez minden téren teljesen megviseli. Így igazán fontos, hogy a mérlegelésem eredményeképpen mennyit adok át magamból, és azt miképpen teszem, és mennyiben vonom ki magam az ő elvárása alól. Hiszen önmagára kell támaszkodnia, méghozzá Isten segítségével, és pont ez nehéz neki: megtalálni az utat belső önmagához, és ott belül

Istenhez. Ezt csak ő tudja véghezvinni, ebben én csak biztatást, megértést, szeretetet nyújthatok. Túl erős a tudati ellenállása. Ilyenkor úgy érzem, szükséges az önmagával való szembesítés is, még akkor is, ha ez számára fájdalmas, ha esetleg én kerülök ez által látszólag távolabb tőle. Ugyanezt tapasztalom az egészségbeli problémáival kapcsolatosan is. Sokszor enyhítve fájdalmain még mélyebb belső konfliktusba került, és fájdalmai fokozottabban kiújultak. Lehet, hogy szükségszerű az ezekkel való mind mélyebb szembesülése, hogy végig tudja vinni az önmagában megindult folyamatot. Így csak olyankor segítek neki, ha ezt kimondottan kéri. De volt olyan időszak is, amikor látva, hogy elindult egy spontán pozitív gyógyulási folyamat, ekkor nem segítettem tovább, hanem arra ösztönöztem, hogy ő maga segítse elő gyógyulását, és megerősítettem belső hitében, hogy képes erre. Egyébként a betegségekkel kapcsolatos problémái a Házas Hétvége lelkigyakorlat után váltak krízisszerűvé. Úgy érzem, van valami, amivel nem akar, nem tud szembesülni. Túlságosan magába zárkózott. Valószínű még önmagának sem tudja bevallani mindazt, ami valahol a mélyben lejátszódik benne. Beszélni erről pedig nem tud, nem akar, mert számára mindez nemlétező dolog. Így csak az apró megnyilvánulásaiból tudok következtetni minderre, és arra is, ami ezek mögött, ott a mélyben, csodálatos kincsként jelen van. Valójában mi zajlik le benne, nem tudom – mindez csak saját belső gondolataim, érzéseim, amelyekre az ő külső megnyilvánulásaiból következtetek. Ezért sokszor hiába kéri segítségemet, egyszerűen tehetetlen vagyok, mert nem tudom, hogy adott szituációban a viselkedésem mit vált ki belőle, és az adott cselekedetemmel valóban segítek neki, vagy pont hátráltatom őt az önmegvalósításának folyamatában. Azonban bizonyos szintű tapasztalatom van már ezzel kapcsolatosan. Egy adott konfliktus esetében, ha végül is nem a hallgatásba burkolódzom, ha nem vonulok vissza önmagam bástyái mögé, ha ki merem mondani mélyebb érzéseim, gondolataim, akkor ezt ő általában hálás szívvel fogadja, és valamiképpen aránylag rövid időn belül lecsitul, megnyugszik. Nagyon fontos számomra ilyenkor, hogy előbb magamban tisztázzam a helyzetünket, és Isten segítségével találjam meg a cselekvésem helyes módját, és ugyanakkor éreztessem Istvánnal, hogy bármiképpen is dönt, cselekszik, szeretem őt. Igen, a „SZERETET" állandó kisugárzása által érhetem el, hogy Isten személy szerint nekem szánt küldetését teljesítem, vagyis a saját hatalmi drámámat feloldva képes legyek férjem felé úgy fordulni, hogy a kettőnk egysége létrejöjjön. Ennek elsajátításában még nagyon a kezdetnél tartok, de azt érzem, hogy Isten segítségével megtalálhatjuk az utat kölcsönösen egymás felé, ha ezt mindketten akarjuk. Így majd együtt tudjuk teljesíteni Isten nekünk szánt akaratát.

Azon tényből, hogy hosszú éveken keresztül távol voltam Istentől, és miután visszataláltam hozzá, ezt sokáig nem vállaltam fel, nem mertem beszélni erről, van még egy súlyos bűnöm: három gyermekem nincs megkeresztelve.

Abban az időben, amikor kicsik voltak, úgy gondoltam, hogy majd felnőve, ha ők akarják, akkor megkeresztelkednek. Mivel azonban nem kaptak kimondottan vallásos nevelést, így még jelenleg nincsenek azon a ponton, hogy belső igényük legyen ez, habár keresik Istennel való kapcsolatukat. Mit tehetek most? Saját életem révén segíteni őket abban, hogy mindjobban megtalálják az Isten felé vezető utat. Belső lelki dolgokról, ha nem is kimondottan vallási témákról, már gyermekkorukban – a nekik megfelelő szinten – sokat beszélgettem velük. Igyekeztem segítségükre lenni, hogy személyiségük a helyes irányban kibontakozzon. Így elkezdődött náluk az anyáról, a szülőkről való leválás. A felnőtté válás első lépcsőfokán már túlvannak.

Azon időszakban, mikor Istvánnal újrakezdtük az életünket, már Istenről, belső hitemről, vallási kérdésekről is tudtam beszélgetni gyermekeimmel. Jelenleg azonban még az útkeresés stádiumában vannak, de életükbe már beépültek olyan dolgok, amelyek Isten felé viszik őket. De a legfontosabb, úgy érzem, a mindennapi életben a személyes példám.

Feladataim:

» Semmiségem tudatának elfogadása, átélése. Fontos a számomra, hogy teljességgel átadjam magam Istennek, az „Ő" akaratának, hogy Jézus Krisztus befogadásával, a Szentlélek által Isten beteljesítse életemet.

» Kapcsolataim során mások függőségét semlegesíteni. Ne kerüljenek függőségi viszonyba tőlem. Saját függőségi helyzeteim megszüntetése. Egyedül mérvadó Isten akarata.

» Agapé szeretettel fordulni szeretteim, környezetem, minden és mindenki felé.

» Intuícióm fejlesztése, ezáltal a Szentlélek vezetésére bízni magam.

» A halláskárosodásomban rejlő lehetőségek kihasználása. A belső hallásra, önmagam belső világára minél jobb ráhangolódás. Külső hallás vonatkozásában jobban odafigyelni másokra, a meghallgatás képességének kialakítása. Tudjak csendben maradni, figyelni másokra. Segítségére lenni másoknak. Fontos a helyes kérdezés, hagyjam kibeszélni a másikat. Rövid észrevételeim ösztönzően hassanak. Magam háttérbe szorítása; nem én vagyok a fontos, hanem Isten akarata. Rajta keresztül pedig mindenki, aki körülvesz.

» A szememmel kapcsolatos problémámban rejlő lehetőségek kihasználása. Az utóbbi időben többször spontánul bevérzik a szemem. A látásom ilyenkor ködös, homályos. Főként a jobb, de néha a bal szemmel is van ilyen jellegű problémám. Mire hívja fel a figyelmemet ezzel Isten? Mi az, amit nem akarok meglátni, észrevenni? Fontos önmagam belső világában felfedezni mindazt, amit meg kell látnom, észre kell vennem, meg kell tennem. Ezáltal a tisztánlátás képességének a kifejlesztése és az adott élethelyzeteimben való alkalmazása elérhető lesz a számomra. Erre oda kell figyelnem.

Most, így végiggondolva életemet szégyen és zavar kavereg bennem, hiszen egész életem során töméntelen bűnt követtem el Isten ellen, mindenki ellen, és nap mint nap besétálok saját magam által készített csapdába, ezáltal pedig újra és újra vétkezem. Spontánul, igaz, de a vétek így is vétek. Különös; egészen eddig úgy gondoltam, hogy a tudattalanul, spontánul elkövetett bűneimért nem vagyok felelős, csak ha felismerem bűnömet, akkor vagyok köteles a bűnbánatra, a bűnöm jóvátételére. De ez így nem igaz. Sohasem vagyok mentes a bűnöm következményeitől. Amíg tudattalanok bűneim, addig el kell szenvednem a következményeit. Ez maga egy belső pokoljárás. Ha ezek révén úgymond jól oldom meg a leckét, a feladatot, tudatosodik tettem – megbánom, jóváteszem –, akkor felszabadulok a bűn terhe alól, megbocsátást nyer vétkem, áldott állapotba kerülök Isten kegyelméből. Isten így óv meg engem e bűnös állapotom teljes hatásától. Most látom csak Isten mélységes tervét saját életem vonatkozásában. A serdülőkori tragédiám mintegy Isten áldásává vált, hiszen ezáltal járhattam be életutamat, váltam azzá, aki most vagyok. Így nyertem beavatást az ÉLET misztériumába. Egy csapásra váltam gyermekfejjel felnőtté. Gondoskodott Isten a szülői ház szerető, biztonságot adó, de ugyanakkor megfelelő szintű konfliktusokkal terhelt légköréről. Ezt is javamra fordította a bensőmbe ötvözött „csak azért is" által. Megadta számomra, hogy szüleim személyiségjegyeit ötvözzem magamba, és felhasználjam életem során. Viktor által megérintette lelkemet az önzetlen szeretet sugarával, és felmelegítette szívem jeges dermedtségét. István által megélhettem a szerelem beteljesülését itt e földi, racionális világban. Aztán elvette őt tőlem, mert nem voltunk képesek együtt továbblépni. Később megadta a Zoltánnal való találkozást, aki mellett megtaláltam felnőtt valóságomat. Majd harminchat éves koromban, visszatalálva Istenhez „Ő" továbbra is velem maradt. Sohasem hagyott magamra. A tenyerén hordott, utat mutatott, a küldetést tudtomra adta. Fokról fokra készített fel a feladatra, mindig olyan lehetőségeket tárva elém, amelyek előrevittek az önmegvalósítás útján. Megadta az Istvánnal való újrakezdés lehetőségét, pont akkor, amikor erre már felkészültem. Aztán elém tárta mélységes tervét kettőnkkel kapcsolatosan. István küldetésem része, csak vele együtt tudom teljesíteni Isten akaratát. „Ő" azóta is állandóan mellettünk van, életünk az „Ő" jelenlétében zajlik. A SZENTLÉLEK felkészít minket JÉZUS befogadására, hogy az életünk részese legyen.

Bűneimmel való szembesülésem során rádöbbentem, hogy minden elkövetett vétkem Istentől való eltávolodásomra vezethető vissza. Párbeszédet folytatva Istennel mélyen megbántam bűneim, főként ezen első, legsúlyosabb vétkemet. Kértem Mindenható Atyámat, hogy további életem során kegyelme által adja meg számomra, hogy jóvátehessem eddig elkövetett bűneimet, és a továbbiakban az Ő akaratát teljesítve éljem le életemet. Advent időszakába léptünk. Mélyen átéltem a megadott szentírási részeket. Életutam során két példa van előttem: maga Jézus Krisztus, és anyja, Mária. Tudom, hogy Jézus Krisztus tökéletes emberi mivoltát elérni nem tudjuk, hiszen Ő nemcsak ember volt, Ő Isten Fia, a MEGTESTESÜLT IGE.

Ez nagyon fontos a mi kicsinyes, emberi életünk számára. Próbáljuk meg követni az Ő tanítását, befogadni, élővé tenni az Igét életünk mindennapjaiban! Így a tökéletesedés útját járjuk, ha nem is leszünk tökéletesek. A titkok titka, az ÉLET nyílik meg a számunkra Jézus Krisztus által.

Igen, értem lett emberré az Úr, és mindenkiért; azért, hogy megváltást hozzon a számunkra. Befogadva Őt magunkba megváltásban részesülünk. Így a bűneinktől megszabadulhatunk, ha követjük Őt életutunkon. Életünk részévé válik – születés, szenvedés, keresztút, halál – mindez Jézussal. Így a feltámadást, az örök életet hozza el a számunkra.

Tudom, életem, mindennapjaim, gyarló lényem kicsinyke morzsa, sőt néha száraz vagy pont megpenészedett, de érzem, Isten számára még így is fontos vagyok, és csodaként élem meg, mikor átragyog rajtam, elönt fényével. Pont ezért fontos a számomra, hogy beteljesíthessem az Úr akaratát, és kövessem Jézus Krisztust az utamon.

A másik példa számomra Mária. Sokszor már szentségtörésként élem meg a vele való azonosulást. Különös számomra, hogy ritkán imádkozom Máriához, néha kérem csak az Ő közbenjárását. Mégis, az utóbbi időben már több alkalommal előfordult, hogy annyira átéltem vele való azonosulásomat, hogy szinte már azt éreztem, hogy nekem kell megszülnöm Jézust. Nem fizikai, hanem lelki, szellemi értelemben nézve a szülést. Ekkor belül bennem egy hang szólalt meg: „Mit gondolsz magadról? Hogy lehetnél te Mária? Hogy hozhatnád te a világra Jézust?" Egy belső párbeszéd indul meg ennek hatására bennem. A vége a következőkben összegezhető.

Életünk során mindenkor, mikor befogadjuk Jézust, amikor elfogadjuk az Úr akaratát, amikor Jézus példáját követjük, ilyenkor ŐT hívjuk az életünkbe. Ezáltal megszüljük, az életünkbe adaptáljuk, felvállaljuk, megvalljuk ŐT. Így életünk általa beteljesedik.

Mi volt ebben Mária szerepe?

„Az Úr szolgálója vagyok, teljesedjenek hát be szavaid." Szavai számomra példaértékűek.

Az utóbbi években és főként az elmúlt hónapok alatt az életem minden gyötrő, ellentmondásos, feszült helyzetében Isten által kaptam meg a megnyugvást, és mindenkor azon gondolatsort követően, amelynek kapcsán eljutottam arra a pontra, hogy ki tudtam mondani: „Legyen meg, Atyám, a Te akaratod."

Ekkor már nem volt fontos, hogy eredetileg én mit akartam elérni, hogy mi okozta a kiborulásom. Egyedül döntő Isten akarata volt, és tudtam, hogy az eljövendő bármit is hoz, véghez tudom vinni. Mindez mély megnyugvással és határtalan örömmel tölt el. Ez az érzés belső biztonságot ad. Így talán mégsem szentségtörés, hogy ilyen fokon azonosulok Jézus anyjával. Azon szentírási résznél, mikor Mária meglátogatja Erzsébetet, a szolgálat fontossága jutott eszembe. Mindez akár önmagunk háttérbe szorítása révén is. Régebben oly gyötrő volt a számomra, mikor például egy konfliktus alkalmával háttérbe kerültem. Szinte meg sem hallgattak, még kíváncsiak sem voltak – közvetlen szeretteim – arra, hogy mit érzek, mire gondolok. Ma már sokkal könnyebb, mivel alulmaradásomat nem mártíromságként élem meg, hanem szolgálatként. A különös az, hogy e szolgálat még örömet is jelent nekem. Így ha ritkán ki is borulok, akkor nagyon rövid idő alatt – Isten által – újra megtalálom a békét, a harmóniát.

Keresztelő János születése (Lk. 1./76–79.)

„Téged pedig, fiú, a Magasságbeli prófétájának fognak hívni, mert az Úr előtt jársz majd, hogy előkészítsd útját, és népét az üdvösségre tanítsd, ami a bűnök bocsánatában van Istenünk könyörülő irgalmából. Irgalmában meglátogatott minket a Magasságból, hogy világosságot adjon az embereknek, akik a sötétségben és a halál árnyékában ülnek, lábukat meg a béke útjára irányítsa."

Újra csak az azonosulás érzése kerített hatalmába, mikor e részt olvastam. Most azonban Keresztelő Jánossal azonosultam. Az Úr Jézus útját készítjük elő önmagunk és mások számára, hiszen mindenkinek élete során az Ő útját kell bejárnia, hogy üdvözüljön. Csakis Jézus által, az Ő követésével juthatunk az Örök Életbe. Számomra Jézus életembe hívása, valamint életem részévé tétele maga az ÉLET. Szerintem rajtunk múlik az üdvözülésünk. Jézus kereszthalála révén nem automatikusan következik az üdvözülésünk, függetlenül attól, hogy miként éljük az életünket. A lényeg pontosan az, hogy az Ő példáját követve éljük éltünket! Így életre keltjük Őt magunkban, és ezáltal Ő bennünk munkálkodik. Tehát mi, emberek az Ő munkájában közvetítők vagyunk. Fontos, hogy hogyan fogom fel és teljesítem Isten akaratát, a személy szerint nekem szánt „küldetést" Jézus Krisztus által, az Ő befogadása, életem részévé, céljává válása révén.

„Kezdetben volt az Ige, az Ige Istennél volt, és Isten volt az Ige, Ő volt kezdetben Istennél. Minden általa lett, nélküle semmi sem lett, ami lett. Benne az élet volt, s az élet volt az emberek világossága." (Jn. 1./1–4.)

„Az Ige volt az igazi világosság, amely minden embert megvilágosít. A világba jött, a világban volt, általa lett a világ, mégsem ismerte föl a világ. A tulajdonába jött, de övéi nem fogadták be. Ám akik befogadták, azoknak hatalmat adott, hogy Isten gyermekei legyenek. Azoknak, akik hisznek nevében, akik nem a vérnek vagy a testnek a vágyából, s nem is férfi akaratából, hanem Istenből születtek. S az Ige testté lett, és közöttünk élt."

(Jn. 1/9–14.)

Mi az, ami fontos ezzel kapcsolatosan a számomra? Döntő Jézus tanítása, az Ige befogadása, megélése a szürke hétköznapok sodrásában. Minél jobban befogadom Jézust az életembe, annál jobban kiderül felettem életem ege. Jézus a világosságot hozza el a számomra. Egy-egy konfliktus során mikor csitul le lelkemben a vihar? Mindenkor, mikor ki tudom mondani: „Legyen meg, Atyám, a Te akaratod." – Mint Jézus a Getszemáni-kertben. „Atyám, ha akarod, kerüljön el ez a kehely. De ne az én akaratom teljesüljön, hanem a tied." (Lk. 22/42.) Ekkor az életemben a csoda bekövetkezik. Fény támad, és bátran, felemelt fővel vállalom sorsomat. Amit képtelen voltam végbevinni, azt most Krisztusban, Krisztus által könnyedén megvalósítom. Öröm, hála, ragaszkodás támad szívemben. Csodaként élem meg Isten szeretetének megtapasztalását.

A kereszt számomra saját életem keresztjének tudatos vállalását, vitelét is jelenti, méghozzá Jézus példája, tanítása szerint. Ilyen értelemben magam és más számára is Jézus útját, a mi utunkat készítem elő, de ugyanakkor ezen az úton kell járnom, előre haladnom is.

A következőket tartom fontosnak ezzel kapcsolatosan:

» Saját életem példája.
» A szolgálat szerepe – mások segítése.
» Tanúságtétel Jézusról.

További gondolataim.

Belon Gellért írja *Jézus lelkülete* c. könyvében: „Örök emberi feladatunk: Krisztus megjelenítése." Az Ő megjelenítése, befogadása az életünkbe fontos. Így mindennapi életünk folyamán tanúságot teszünk Krisztusról. Ezáltal az Ige ismét megtestesül, így Jézus, az Úr bennünk él. Ami a legkülönösebb, Isten jelen van az életünkben mindenkor, csak mi nem mindig figyelünk rá. Megjelenítés, befogadás, tanúságtétel, mind-mind csak szavak. A mindennapi valóság konkrét cselekedeteiben, tetteiben válnak e szavak valósággá. A lényeg, mennyire tudunk az adott helyzetekben lecsendesedni, és figyelni az Úrra. Mennyire tudunk ráhangolódni. Mennyire vagyunk képesek átadni magunkat Jézusnak.

A Szentháromsággal kapcsolatosan a következő gondolataim merültek fel. Számomra a SZENTHÁROMSÁG – ATYA, FIÚ, SZENTLÉLEK – elválaszthatatlan egymástól. Bármelyikre is gondolok, figyelek, mindhárom jelenlétét egyszerre érzékelem. Mint ahogy egy adott ember esetében sem választható szét a test a lelkétől és a szellemétől. A test, lélek, szellem elválaszthatatlan kapcsolatban van az emberen belül. Nagyon fontos az egyén életében, hogy ezek közt a harmónia újból és újból létrejöjjön. A SZENTHÁROMSÁG – ATYA, FIÚ, SZENTLÉLEK – jelen van bennünk, csak a hétköznapok hangzavara, gondjai közepette nem figyelünk rá. Fontos a lecsendesedés. Ekkor a halk, alig hallható hang felfoghatóvá válik. A csend megszólal. Belső sürgetést érzünk, hogy megtegyük mindazt, amit meg kell tennünk, akkor is, ha eszünk tiltakozik, ha külső énünk képtelen elfogadni. Ezáltal teljesítjük Isten akaratát. Isten minden embert üdvözíteni akar. Az üdvösség pedig Jézus Krisztus által, Ővele, Őbenne valósul meg.

Hálát adok Istennek végtelen szeretetéért, hogy azok közt lehetek, akiket kiválasztott a világ teremtése előtt, és Fiában jóságosan megajándékozott minket. Mélyen átéltem Isten gondoskodó szeretetének megnyilvánulását életemben. Jézus példája előttem áll. Mindennapjaimban, a nehéz helyzetekben fontos, hogy megvizsgáljam, Ő mit tenne az én helyemben. Őrá fókuszálva tekintetemet, követni tudom életutamon.

„Ő, mint Isten, az Istennel való egyenlőséget nem tartotta olyan dolognak, amelyhez föltétlenül ragaszkodnia kell, hanem szolgai alakot öltött, kiüresítette magát, és hasonló lett az emberhez. Külsejét tekintve olyan lett, mint egy ember. Megalázta magát és engedelmeskedett mindhalálig, mégpedig a kereszthalálig."

(Fil. 2/6–8.)

Mi az, amit példaként kell követnem?

„Szolgai alakot öltött". – Fontos a szolgálat szerepe az életemben.

„Kiüresítette magát." – Önmagam feladása, átadása Istennek. „Megalázta magát és engedelmeskedett mindhalálig, mégpedig a kereszthalálig." – Egész további életem során a legfontosabb a számomra, hogy Isten akarata szerint cselekedjek. Ujjongó öröm tölti el lelkemet, hogy megtapasztalom Isten végtelen kegyelmét, szeretetét, hogy a gyermeke vagyok. Kétség, félelem, magány, megalázottság, kishitűség, aggodalom már mind-mind széjjeloszlott. Megmaradt a HIT, REMÉNY, SZERETET, de legnagyobb az ISTEN SZERETETE.

Feladatom: Isten szeretetének közvetítése minden és mindenki felé. Hagyni, hogy Isten átragyogjon rajtam az Ő végtelen szeretetével.

„Így mi is, amíg kiskorúak voltunk, a világ elemeinek szolgálatában álltunk. De amikor elérkezett az idők teljessége, az Isten elküldte a Fiát, aki asszonytól született, és Ő alávetette magát a törvénynek, hogy kiváltson minket a törvény szolgaságából, hogy a fogadott fiúságot elnyerjük. Mivel Isten fiai vagytok, a Fia Lelkét árasztotta szívünkbe az Isten, aki Őt így szólítja: Abba Atya! Tehát nem vagy többé szolga, hanem fiú, s ha fiú, akkor Isten kegyelméből örökös is." (Gal. 4/3–7.)

Krisztus kiváltott minket a törvény szolgaságából, ezáltal megváltott minket. Alávetette magát az emberi lét minden nehézségének, és közben példát adott az ÉLET-re. Ha az Ő lelkületét öltjük magunkra, akkor elnyerjük az örök élet örökségét. Ez egy életre szóló program, amelyet újra és újra meg kell valósítanunk életünk mindennapjaiban. Közben egy gyötrő, nehéz belső harcot kell megvívnunk önmagunkkal. Elkeseredettek, kétségbeesettek vagyunk, de végül győzedelmeskedik JÉZUS LELKE bensőnkben, és az Ő útját járjuk.

„Hiszen egykor mi magunk is balgák, engedetlenek és tévedők voltunk, mindenféle szenvedély és gyönyör hatalmában tartott bennünket, gonoszságunk, irigységünk miatt utálatra méltók voltunk és gyűlöltük egymást. Amikor azonban üdvözítő Istenünk kinyilvánította jóságát és emberszeretetét, megmentett minket. Nem azért, mert igazak voltak tetteink, hanem irgalmasságból, s a Szentlélekben való újjászületés és megújulás fürdőjében, akit Üdvözítőnk, Jézus Krisztus által bőven árasztott ránk, hogy kegyelmével megigazuljunk, s az örök élet reménybeli örököseivé váljunk." (Tit. 3/3–7.)

Emberek vagyunk, és bűnösök életünk utolsó pillanatáig. Tudom jól, hogy a bűntől nem vagyok mentes, hiszen akarva-akaratlanul életem során vannak pillanatok, percek, időszakok, mikor nem Isten akarata szerint cselekszem. Ilyenkor előbb-utóbb konfliktus, ellentmondás, probléma támad bensőmben, vagy köztem és környezetem között. Vívódom, őrlődöm egészen addig, míg meg nem tapasztalom újra és újra a Szentlélekben való újjászületést, és a megújulás fürdőjében Isten kegyelmét, szeretetét, áldását. Áldom az Urat, hogy megadja számomra üdvözítő szeretetének megtapasztalható boldogságát!

Most, ezen sorok lejegyzése közben egy álomsorozat jutott az eszembe, amelyet hét évvel ezelőtt éltem át. Lelkileg mélyponton voltam, és ekkor álmaim fokról fokra vezettek ki a szakadékból. Iszonyú álmok voltak, de tudtam, hogy üzenetet hordoznak, és ha feldolgozva megfejtem a nekem szóló üzenetet, akkor előreléphetek.

Az álomsorozat, melyről az előző részekben részletesen írtam, önmagam temetésével kezdődött. Én voltam a halott, de én voltam a gyilkos is. Saját magam öltem meg. Álmomban ástam egy hatalmas sírt, hogy oda temessem el magam. Ekkor kivilágosodott, reggel lett. Tudtam, hogy nem folytathatom mindezt, ugyanakkor olyan érzésem volt, hogy időzavarban vagyok, és valamit még meg kell tennem. Ha rájövök arra, mit kell tennem és megteszem azt, akkor semmissé tudom nyilvánítani a temetést, és az időzavar is megszűnik.

Ezen álmom során elindult bennem egy folyamat, a múlt feldolgozása. Hosszú hónapok teltek el. Őrlődtem belül, de valójában az egymást követő álmok hatására mind előrébb jutottam. Majd fél év után jött egy katarzisszerű álom: az egész életem sötét, piszkos volt, és kezdett az iszapba süllyedni. Mindenütt szemét, értéktelen kacat volt. Minden összeomlott, összedőlt és rám zuhant. Érzékeltem, hogy én a romhalmaz közepén vagyok eltemetve. Ekkor bensőmben egy hang megszólalt:

„Hagyod, hogy mindaz, amiért eddig küzdöttél, amit eddig felépítettél, az most megsemmisüljön?"

Azonnal tudtam, ennek nem szabad bekövetkeznie, talpra kell állnom, szembe kell néznem a valósággal. Azóta több év telt el, és én most már szilárd, biztos léptekkel járom utamat. Igaz, még most is vannak nehéz, bizonytalan időszakaim, de tudom, hogy Isten vezeti lépteimet. Minden probléma, konfliktus során Isten segítségével jutottam előre. Úgy sikerült feldolgozni a történteket, hogy végül mindenkor lecsitultam, megnyugodtam. Közben egyre jobban lerövidültek a vívódásos időszakok. A hosszú hónapokból pár nap, majd néhány óra lett. Az utóbbi időben előfordult, hogy egy adott szituációban már félóra elegendő volt, hogy lecsituljak és megleljem a megoldást. Így általában boldogság, kiegyensúlyozottság, harmónia vesz körül.

Isten kegyelméből mostanában azt is megtapasztaltam, hogy miként sugározhatom ki környezetembe e csodálatos érzéseket. Mindezek által azon régi álmaim sorozata kivetítődött a valóságba, és ennek hatására életem teljesen átalakult. Ha akkor nem megy végbe a belső átalakulás, akkor nem lett volna lehetőség arra, hogy első férjemmel újrakezdjük az életünket. Hatodik éve vagyunk együtt. Amit fiatalon nem tudtunk megvalósítani, azt most próbáljuk valóra váltani. Eddig mindenkor megtaláltuk az egymás felé vezető utat, habár ez néha kemény helyzetek elé állít minket. Isten ajándékának tekintjük a mostani találkozásunkat; azt, hogy lehetőséget kaptunk a múlt, az ifjúság elhamarkodott dolgainak jóvátételére. Tudjuk, most nem hibázhatunk, hiszen nincs több lehetőség, nincs több időnk. Mindkettőnkben szilárd hitként él: „Amit Isten összekötött, azt ember szét nem választhatja!" Mindezek hatására csodaként élem meg szürke hétköznapjaimat.

A belső hallás, a belső látás nagyon fontos a számomra. Áldom az Urat, hogy ennek teljes megtapasztalását megadta nekem. A belső hallás folyamatát a fizikai szinten is megtapasztaltam. Most már több mint három éve leszázalékoltak, mivel a hallóidegek lebénulása miatt hallásomat 70-80%-ban elveszítettem. Így pedagógusi munkámat nem folytathattam. Mindez megközelítően 7-8 év alatt, fokozatosan ment végbe, és közben megtanultam, miként hallhatom meg a hallhatatlant. Szemtől szembe mindent megértek, szinte senki sem veszi észre, hogy valójában fizikai szinten nem hallok. Az utóbbi időszakban már a hátulról, az oldalról, sőt a távolabbról jövő hangokat is egész tisztán érzékelem. Valamiképpen az agyam idegpályái átrendeződtek. Ezt a számítógépes vizsgálat során a keresztirányú átkapcsolódásokkal ki is mutatták. Az ismételt vizsgálatok során kiderült, hogy a hallóidegek lebénulásának folyamata tovább fokozódott, és a beszédhangok intervallumában nekem már szinte semmit sem szabadna hallanom. A doktornő is érthetetlenül szemlélte a komputer által közölt adatokat. Megkért, hogy magyarázzam meg, miként hallok mindent. Elmondva tapasztalataimat megerősített belső hitemben. Közölte velem, hogy eljön majd azon időszak, mikor a hallóidegek már teljesen lebénult állapotban lesznek, de ha én e képességemet fejlesztem, akkor mindent hallani fogok. Mindezt Isten kegyelme általi csodaként élem meg. Tudom, e folyamat nem áll le, és csak tőlem függ, miként teljesítem Isten akaratát. Ennek függvényében ajándékként egyre több és több csodában részesít Isten.

Az utóbbi időben még egy különös dolog megtapasztalásában volt részem. Észrevettem, hogy a szemem – főként a jobb – többször spontán bevérzik. Ilyenkor látásom homályos, de pár nap alatt mindez felszívódik, és újra tisztán látok. Már ifjúkoromban több problémám volt a szememmel. Érzékeny volt az erős fényre, majd 24 éves koromban majdnem elveszítettem a látásomat egy súlyos kötőhártyagyulladás következtében. Megközelítően harminc éve hordok szemüveget, mivel a közel- és távollátás terén is problémám van. E problémák azonban, azt hiszem, mással vannak összefüggésben.

Ezen időszakban egy csodálatos élményem volt, és ez szinte teljesen életem részévé vált. Nagyon nehéz szavakba önteni mindazt, amit átéltem, hiszen a szó nem képes visszaadni az élmény valóságát. Valamiképpen Istenre való rákapcsolódásom spontán, de ugyanakkor mélyen tudatos folyamattá vált. Magamba tudom fogadni az energiát, mindazt, ami Isten által a környezetemből, a természetből felém árad. Ezt már egy-egy alkalommal spontánul máskor is tapasztaltam. Bizsergés a talpamon, kezemen, egész testemben, és ennek hatására teljesen feltöltődöm még akkor is, amikor a leggyengébb vagyok. Mindez azonban tudatossá vált bennem. Koncentrálok adott alkalommal például a szél, a vihar, a villámlás energiájára, elképzelem, hogy ezek energiája bensőmben „szeretetenergiává" alakul, és ezt kisugárzom magamból konkrét cél, személy vagy minden és mindenki felé. Ugyanúgy működik mindez, ha a napfény, a levegő, egy csodálatos tájból sugárzó energiával valósítom mindezt meg. Sőt egy-egy konfliktus, szóváltás során a szeretteim körében uralkodó feszültség esetében is kipróbáltam. Az ellentmondás, a neheztelés, a harag, a feszültség energiáját szívtam képzeletben magamba, majd szeretetenergiává alakítottam át és kisugároztam magamból szeretteim felé. Rövid idő alatt mindannyiszor a szóváltás magától elcsitult. Mindez gondolatban történt, egy szót sem kellett szólnom, nem kellett konkrétan beavatkoznom a szituációba. Erről már az előzőekben – a SZERETET TRANSZFORMÁCIÓ során – részletesen írtam. Ezek hatására valami belsőleg is végbement bennem. „Megnyílt a kezem." Én így fogalmazom ezt meg, ugyanis kezemmel érzékelni tudom a test auráját. És ott, ahol valamilyen gond, betegség, energiahiány van, azon a helyen bizsergést érzékelek, és elindul egy energiaáramlás a test és a tenyerem között. Ez spontán folyamat, én befolyásolni nem tudom. Mindaddig, amíg az áramlás tart, a kezemet képtelen vagyok továbbvinni. Így az egész test lekezelésére, gyógyítására mód van. Mindezt Isten ajándékának tekintem, mivel nem beavatás során, hanem közvetlenül a Mindenható által, „égi beavatással" kaptam meg. Először férjem esetében sikerült így csillapítanom, majd megszüntetnem erős gerinc- és végtagfájdalmait. Később egy-egy ismerősöm, barátom esetében is sikerrel jártam, sőt önmagam vonatkozásában is alkalmaztam e gyógymódot. Közben testem vérkeringése teljesen és véglegesen helyreállt. Már nem jégverem a kezem. Sőt férjem többször megjegyezte: „Olyan jó meleg, szinte süt a kezed." Azt hiszem, a hallásomban történt nagyarányú javulás összefügg ezzel, hiszen a fejem vérellátása helyreállt. Az orvosok a fej vérellátási zavarával hozták összefüggésbe a hallóidegek lebénulását. Mindezt hogyan értékelem? Én magamat csak közvetítő láncszemnek tartom. Valamiképpen Isten szeretetét, gyógyító energiáját közvetítem, adom át. Sohasem gyengültem le e folyamat közben, tehát ez semmiképpen sem lehet az én energiám. Ellenkezőleg; általában azt tapasztaltam, mintha én magam is gazdagodtam, épültem volna ezáltal, de pontosan hogyan, milyen formában, azt nem tudnám meghatározni. A lényeg, hogy segítségére tudtam lenni másoknak. Ez a folyamat csupán gondolatban is végbevihető bensőmben, nem szükséges valóságosan jelen lennie azon személynek, aki segítségre szorul. Erre adott egyén esetében ritkán kerül sor, csak akkor, ha úgy érzem, valakinek nagy szüksége van erre – mintegy belső késztetésként érzékelem –, vagy konkrétan kéri ezt valaki, és személyesen nem tud felkeresni. Általában esténként, ima során saját szavaimmal fohászkodom Istenhez. Kérem Őt, legyen a segítségére szeretteimnek. Kérem az Urat, használjon fel közvetítőjeként a szeretet, a gyógyító energia sugárzásához. Irányítsa e gyógyító erőt mindazon helyekre, ahol erre szükség van. A folytatást Istenre bízom. Amit átélek, mindaz maga a csoda. Sokszor úgy érzem, egész testem sugárzik, izzik, áramlik át rajtam és ki belőlem az energia. Különös kapcsolatban vagyok ilyenkor mindennel és mindenkivel, főképpen Istennel. Így merülök mély álomba. Kezdetben furcsa volt, de most már természetes, hogy éjjel, mikor felébredek, vagy csupán félálomban vagyok, teljes mértékben érzékelem, hogy még mindig tart az energia áramlása. Mély megnyugvás, öröm, hála árad szét rajtam.

Most visszatérek a szememen többször tapasztalt spontán bevérzésekre. Egyrészt ezen átható energiáknak tulajdonítom mindezt, különben nem jönne magától rendbe pár nap alatt. Ha pedig így van, akkor ennek nincs jelentősége, hiszen Isten jól tudja, mit és mennyit bírok el. Másodszor pedig, azt hiszem, ezáltal valamiképpen megtapasztalom majd a belső látást, ugyanúgy, mint ahogy átélem a belső hallás valóságát. Még csak kezdem érzékelni, látni a belső dolgok lényegét. Még néha bizonytalan vagyok, nem tudom, jól érzékelem-e a dolgokat. De azt tudom, ez igen fontos a számomra, de csak akkor érek célhoz, ha megtalálom az összhangot a belső és külső világom, valamint önmagam és a környezetem között. Ezt pedig csakis Isten segítségével érhetem el. Ezért fontos a mindennapok sodrásában Istennel való közvetlen kapcsolatom.

NEGYEDIK FEJEZET

Az idő különös rejtélye

A lelkigyakorlat során mélyen átéltem a Karácsony és a Húsvét időszakának misztériumát. Advent idején igyekeztem minél jobban befogadni Krisztust az életembe. Az Ő királysága, uralkodása, hívásának átélése fontos a számomra. Célom teljességgel alávetni magamat Jézus Krisztusnak. Mindentől függetlenné kell válnom. Ez a függőségi viszonyaim teljes feladását jelenti. A kapcsolatok terén férj, gyermek, szülő, barát viszonylatában. Anyagi dolgok terén pénz, hatalom, játékom sikere vonatkozásában. A célok, eszmék terén pedig az önös érdekeimet kell feladnom. Mindent Krisztusért, Krisztus által, Krisztussal, így minden átértékelődik. Nem passzív elfordulássá, hanem aktív, tevékeny életté válik minden pillanat. A cél: Krisztus részévé válni a vére által. A vér az élet jelképe, mivel maga az élet megszűnik a vérkeringés leállásával. A vérsejtek az ember legfontosabb egységei. Így Krisztus értünk kiontott vére általunk, bennünk nyer értelmet. Ezzel mi magunk válhatunk Krisztus vérének legértékesebb sejtjeivé.

Jézus megkeresztelkedése. Mt. 3/13–17.

„Nekem van szükségem a te keresztségedre."

A kereszt szerepe az életemben döntővé vált. Az életem, a sorsom teljes felvállalását, átadását jelenti a számomra. A saját keresztem vitelét a legnehezebb időszakokban is. Ez pedig az Úrral könnyűvé válik.

„Akkor megnyílt az ég, és látta, hogy Isten lelke, mint galamb leszáll, és föléje ereszkedett."

Ez a Szentlélek befogadását, életem részévé válását, a szeretet fontosságát, sugárzását jelenti nekem. A nagyböjt időszakában átéltem Krisztus kivonulását a pusztába, a sátán általi megkísértését, megtisztulását.

„Ha Isten fia vagy, mondd, hogy ezek a kövek változzanak kenyérré!"

„Meg van írva: Nemcsak kenyérrel él az ember, hanem minden tanítással is, amely az Isten szájából származik.

E sorok olvasása során bevillant az imádság szövegéből: „Mindennapi kenyerünket add meg nekünk ma!"

A kenyér fizikai, lelki és szellemi értelemben játszik szerepet az életemben. A lelki éhség sokkal gyötrőbb tud lenni, mint a fizikai értelemben vett éhezés. Az egész életemnek imádsággá kell válnia, így Jézust követve a mindennapi életemben a kenyér szerepét, fontosságát az imádság veszi át. Ez nem azt jelenti, hogy az éhezést tudatosan vállaljam fel, csupán arról van szó, hogy az imádság mindennél fontosabb. Egy kötetlen fohász, áldás, köszönet, vagy egyszerűen a puszta mindennapi létem is imádsággá válhat.

„Ha Isten fia vagy, vesd le magad, hiszen írva van: Parancsot adtam angyalaimnak, a kezükön hordoznak majd, nehogy kőbe üsd a lábad!"

„Az is meg van írva: Ne kísértsd Uradat, Istenedet!"

Saját életemre vonatkoztatva ezeket a következőkre szükséges figyelnem. Kerülnöm kell a felesleges kockázatvállalást, az Úr akaratának helytelen értelmezését vagy az Ő akaratával való szembehelyezkedést, és az ehhez kapcsolódó ellenszegülést. Fontos Isten akaratának felismerése és teljesítése. Ezt a tudatosságom fokozott előtérbe állításával érhetem el.

A spontán cselekedeteim hatását, következményeit – mikor az nincs összhangban a belső énem valóságával – kénytelen vagyok elszenvedni. Amikor a tudatosan, teljes felelősséggel felvállalt cselekedeteim előtérbe kerülnek az életemben, akkor a spontán viselkedésem ennek megfelelően háttérbe szorul. Így közelebb kerülhetek Istenhez, könnyebben felismerhetem, hogy mit akar az Úr a tudtomra adni, és mit tegyek az adott helyzetben.

A sátán, az elménk állandóan a közelünkben ólálkodik és figyel, hogy mikor tud minket kelepcébe csalni. Jézus esetében is minden eszközt bevetett a sátán, de Ő még a világ feletti hatalom felajánlását is visszautasította.

„Ezt mind neked adom, ha leborulsz és imádsz engem."

„Távozz, sátán! Meg van írva! Uradat, Istenedet imádd, s csak neki szolgálj!"

A gonosz kísértésének felismerése és elutasítása kulcsfontosságú az életünkben. Igen nehéz ez, mert a gonosz először is önmagunkon keresztül és a környezetünk, a másik ember által igyekszik megtéveszteni. Ráadásul a legrafináltabb módon férkőzik a közelünkbe. Sokszor még az angyali ábrázatot is felveszi, hogy becsapjon minket. Ilyen helyzetben fontos, hogy legalább magunkkal legyünk tisztában, amennyire csak lehet. A sátán főleg a túlzott, önkényessé vált, beszűkült gondolkodásunk által tud a közelünkbe férkőzni. Pontosan ezért kulcsfontosságú a tudatosodási folyamatunk. Ha tudatosan, teljes felelősséggel fel tudjuk vállalni az adott cselekedeteinket, akkor így az életünkben lecsökken a gonoszság hatása. Ehhez kapcsolódva, ha felvállalom Krisztus útját, ennek megfelelően az adott élethelyzetekben igyekszem Őt követni, tetteimet az önzetlen szeretetre építeni, akkor saját magamon belüli kísértőerőt nagymértékben megváltottam önmagam és környezetem irányában megnyilvánuló szeretetemmel. Nem szabad elfelejtenünk, hogy a gonosz nem maga az adott egyén, csupán csak rajta keresztül nyilvánul meg egy kísértőerő. Így a gonosszal szembeszállni csakis az önzetlen Krisztusi Szeretettel lehet, különben felvenném a gonoszság fegyverzetét, és ezzel ténylegesen elbuknék. Mikor fordulok önzetlen szeretettel a másik ember félé? Akkor, ha képes vagyok őt elfogadni, az ő szemszögéből is meglátni, átélni az adott helyzeteket, és ennek hatására félretenni kicsinyes, önző érdekeimet. Így a másik embert szeretettel befogadom önmagamba, képes vagyok az ő szemével is látni, az ő fülével is hallani, az ő szívével is érezni. Ezzel ő közelebb kerül hozzám, és egységbe kerülhetünk. Ha az egység létrejön, akkor a kettősség, a kétség megszűnik.

A sátáni erőknek van még egy igen hatásos és sűrűn alkalmazott taktikája, ez pedig a félelemkeltés. A szeretet ellentéte a félelem. Ha a félelem egy adott szituációban felébredt bennem, akkor ezzel kapcsolatosan a szeretet háttérbe szorul. Bárhol – bennem, vagy a környezetemben –, ahol a félelem fellép, ott biztos, hogy jelen van a kísértés, a gonosz hatása. Nem szabad elfelejtenem, hogy nem én magam vagy a másik ember a gonosz, csakis befolyásol, kísért általam vagy általa egy kísértőerő.

Milyen módon győzhetem le a félelmemet?

Belső önvizsgálattal fel kell ismernem a bennem lévő félelmet. Ezt követően megvizsgálhatom, feltárhatom gyökereit, mindazt, amivel összefügg, amihez kapcsolódik. Így fény derül az elrejtett belső dolgokra, és olyan lehetőségek kerülhetnek elő, amelyek elősegítik a bennem lévő félelem feloldását. Mi a helyzet, ha a környezetemben ismerem fel a félelem behatását? Ekkor próbáljam meg a környezetemet kívülálló szemével mérlegelni, vagyis az adott szituációból kilépve. Ezt nehéz létrehozni, mert az adott helyzetben én magam is érdekelt vagyok, engem is érint mindaz, ami történik. Ha azonban sikerül kívülről szemlélni az adott helyzetet, akkor lehetőség nyílik arra, hogy felismerjem a saját szerepemet. Mindazt, amit tehetek, sőt megérezhetem a másikban lévő félelem okait, gyökereit, és a megértésemmel, az együttérzésemmel, a szeretetemmel segítségére lehetek. Ha nem sikerül a kívülálló szemléletet kialakítanom, akkor saját magamban is meg kell néznem, hogy engem az adott helyzet mennyiben érint. Az adott helyzet viszonylatában bennem milyen félelmek jelentkeznek? Ezt követően pedig a belső önvizsgálattal feloldhatom a magamon belüli félelmeket. Így a környezetemben lévőknek is segítségére vagyok.

A legnehezebb a helyzet, mikor a gonoszság felveszi az angyali ábrázatot. Ilyenkor ezzel igyekszik megtéveszteni, öszszezavarni az adott egyént és a környezetét. Ebben a helyzetben világosan fel kell ismernünk a cselvetést úgy magunkban, mint a környezetünkben. Ez pedig sokszor kilátástalan, mivel a belső összezavarodottságunk miatt nem láthatunk tisztán. A legfontosabb, hogy minél előbb lecsituljunk, és kilépve önmagunkból, külső szemlélőként nézzük az adott helyzetet. De ezt csakis megfelelő szintű önismerettel és tudatosan felvállalt

önfejlesztéssel, önmegvalósítással érhetem el. Amíg ezt az álla-
potot nem értem el, addig szenvedek a kísértő erők kelepcéjé-
ben. De pont ez a mérhetetlen szenvedés idézi elő egy bizonyos
ponton a fordulatot, hogy felismerem és felvállalom az életem.
Így a bennem élő Krisztus győzedelmeskedik a kísértő felett.

Ebben az időszakban sokat gondolkodtam a kísértés, a go-
noszság, a bűn kérdéseiről, hogy ez miképpen nyilvánul meg sa-
ját életemben. Pontosan a nagyböjt időszakában voltunk. Újra
szembesültem egész életemmel, mélyebben tárult fel bűneim,
vétkeim valósága, és mindezek kihatása életem menetére. Köz-
ben hosszú ideig tartó influenzás állapotba kerültem. Tudtam,
hogy betegségem a bennem végbemenő folyamat eredménye, és
ha feldolgozom, akkor hamarosan meggyógyulok. Igyekeztem
minél mélyebben szembesülni önmagammal, és tudtam, hogy
Krisztus feltámadása számomra is elhozza a gyógyulást. Így is
volt. Egyik napról a másikra tökéletesen egészséges lettem. Or-
voshoz nem fordultam, csak az Úrhoz, és Krisztus meggyógyí-
tott. Az életem pedig egyre jobban az Ő követésére hangolódott.

Visszaemlékeztem Istvánnal való kapcsolatom terén az utób-
bi próbálkozásaimra. A Házas Hétvégés lelkigyakorlat során –
mintegy két évvel ezelőtt – úgy éreztem, sikerül megtalálnunk
újra az egységünket, és együtt rendbe tudjuk hozni mind azt,
amit elrontottunk. Legbelül érzékeltem az egységet, a harmó-
niát nemcsak önmagamban, hanem éreztem, hogy ez férjem-
nél is jelen van a lelke mélyén. Azonban a mindennapi valóság
terén ez nem így nyilvánult meg. Érzékeltem az eltávolodását,
a magányát, hogy belül vívódik, és közben egyre távolabb kerül
tőlem. Segíteni szerettem volna neki, de ő visszautasította pró-
bálkozásaimat. Sőt a mindennapok apró szituációiban is egyre
elutasítóbb lett velem szemben. Tudtam, hogy ez valójában nem
nekem szól, hanem önmagát, a belső valóságát utasítja vissza.
Nem akar szembesülni vele, mivel félelmei miatt nem tudja,
hogy mi is van ott belül jelen. Én viszont, valamilyen megfog-
hatatlan módon, érzékeltem az ő csodálatos belső világát. Így
duplán volt fájdalmas az adott helyzet. Egyrészt saját fájdal-
mam, mert az állandó elutasítások miatt megalázottnak és te-

hetetlennek éreztem magam, másrészt átéltem az ő fájdalmait, és érzékeltem belső lénye valódi szépségét, amelyet nem lát. Így az egyes szituációk elviselhetetlen fájdalommal töltöttek el. Kezdetben reményt láttam arra, hogy együtt sikerül rendbe hozni az életünket, de aztán a mindennapok terén újra csak nőtt a távolság közöttünk. Az év végére mélypontra kerültem. Pont az Advent időszakában voltunk. Mindig is nagy hatással volt rám ez az időszak, de ekkor egy olyan mélypontra kerültem, amelyből úgy éreztem, nem tudok kijönni. Teljesen elveszettnek, magányosnak, tehetetlennek, megsemmisültnek éreztem magam. Egyedül voltam, a társas magány állapotában. A társ csak külső státusz jelleggel volt jelen, de valójában a Szíriusznál is távolabb volt tőlem. Ekkor olvastam Gyökössy Endre *Életápolás* c. könyvét. Ezáltal sikerült feldolgoznom belső ellentmondásaimat, és megtalálni a nyugalmamat. Habár az adott szituáció semmit sem változott köztünk, a külső valóságban egyre nagyobb lett a közöttünk lévő távolság. Én azonban megerősödve belső hitemben továbbra is megéltem az egységünket és azon munkálkodtam, hogy ez a mindennapok terén is megnyilvánulhasson. Így jutottunk el a Szent Ignác-i lelkigyakorlatig. Először együtt kezdtük el e lelkigyakorlatot azzal a céllal, hogy ezáltal közelebb kerülhetünk Istenhez és egymáshoz. A reményt csak fokozta azon helyzet, hogy a lelkigyakorlat vezetője pont azon atya volt, aki annak idején a Házas Hétvégés lelkigyakorlatot vezette. Jól ismert minket, így úgy éreztük, még jobban a segítségünkre tud lenni, hogy rátaláljunk Istenre, önmagunkra, egymásra. Azonban pár találkozás után férjem feladta, és nem vett részt a továbbiakban a lelkigyakorlaton. Én azonban képtelen voltam feladni, hiszen tudtam, ez mit jelent nekem. Éreztem, ha Istenhez közelebb kerülök, akkor Őáltala minden körülmény között megtalálom a békét, a nyugalmat, a harmóniát önmagamon belül. Ez pedig reményt nyújt arra, hogy a társamhoz is közelebb kerülhetek, és így majd együtt, ha Ő is akarja, megtaláljuk boldogságot. De nem így történt. A távolság közöttünk tovább növekedett, és szinte már áthághatatlan szakadékká vált. Azon helyzet, hogy Istennel egyre jobban megerősödött a kapcsolatom, az ellenkező hatást váltotta ki férjemből. Mogorván, ellenségesen, kíméletlenül, visszautasítóan viselkedett velem szemben. Ez mély fájdalommal töltött el, és vergődésemben újra és újra Istenhez fordultam. Ő sohasem hagyott cserben, mindenkor megnyugodtam általa. A következmény azonban férjem még távolabb kerülése volt. Mintegy önfenntartó folyamattá vált közöttünk e szituáció.

Húsvét vasárnapján egész nap kínzó fejfájás gyötört. Éles vitám volt Istvánnal. Mint mindig, most is az alapvető kérdés, a lelki-szellemi dolgok terén nem értettünk egyet. Felmerült bennem a gondolat: „Lehet, hogy pont ez volt az értelme ennek a kínzó fejfájásnak, hogy ki merjem mondani mindazt, ami bennem felmerül, akkor is, ha ő ezzel nem ért egyet?" Nem volt bennem feszültség, harag, habár a hangom magas volt, és nagyon sírtam, mikor végül is kimondtam belső érzéseimet, gondolataimat. Az utóbbi időben az adott konfliktushelyzetekben mélyen befelé fordultam és nem mertem elmondani mindazt, ami bennem volt. Féltem az újabb visszautasítástól. Így aztán magamra hagyatottságomban Isten által kerestem és kaptam meg a feloldást. Most, hogy minderre felfigyeltem, felvetődött bennem a kérdés: „Lehet, hogy ezért vált intenzívebbé a belső fejlődésem?" Biztos, hogy István ellenállása hatással volt rám. Pontosan ő idézte elő azon helyzetet, hogy kénytelen voltam teljesen Istenre ráhagyatkozni, így egyre jobban megerősödött a kapcsolatom a Teremtővel. Tehát a párom által, az ő állandó piszkálódásai következtében fejlődtem. Hát még ebből is én húztam a hasznot? Bizonyos fokú lelkiismeret-furdalás vett rajtam erőt. Tiszta szívemből sajnáltam, hogy én nem tudok ilyen hatással lenni rá. Fájt, hogy nem tudok úgy segíteni neki, ahogy azt ő el tudná fogadni. Most, hogy ez világossá vált a számomra, rájöttem, hogy mindazt, amit késztetésként érzek az adott helyzetben, azt ki kell mondanom, meg kell tennem. Másnap, a Feltámadás Napján a szentbeszéd alatt megerősítést kaptam férjemmel való vitám terén. Emlékszem, milyen mélyen hatott rám mindaz, amiről a pap beszélt. Krisztus feltámadásakor először az asszonyoknak jelent meg. Az asszonyok tanúságtétele

Krisztusról ma is nagyon fontos. Szent Mónika példájáról beszélt a pap, aki hosszú évtizedekig ébresztgette fia szívében a halott Krisztust. Végül is sikerrel járt. Hány asszony ébresztgeti ma is gyermeke, férje, társa szívében mély hittel az alvó Krisztust? Tehát ez a feladatom. Igen, továbbra is figyelnem kell arra, hogy a megfelelő időben kimondjam, megtegyem mindazt, amit belül érzek, így is segítve férjemet. Így aztán tovább reménykedtem, és a végsőkig kitartottam hitemben.

A mindennapi események, a környezetemben lévő emberek révén is egyre jobban felfedeztem az Úr nekem szóló üzeneteit. Kiléptem a szűk családi élet keretei közül és több olyan emberrel ismerkedtem meg, akikkel megosztottuk élettapasztalatainkat. Több levelezőtársam volt. Kicseréltük gondolatainkat, ismereteinket vallási, ezoterikus, spirituális téren. Személyes kapcsolatok is kialakultak. Hetente nálam összejöttünk és beszélgettünk e kérdésekről, valamint a „Mennyei prófécia" felismerései során szerzett tapasztalatainkat osztottuk meg egymással. Már annak idején, mikor a könyvet elolvastam, rájöttem arra, hogy e felismerések közül az első nyolcat életem során spontánul többször megtapasztaltam. Így tudatosodott bennem, hogy ezek léteznek, és eljön majd az idő, amikor a kilencedik, majd a tizedik felismerés valóságát is megtapasztalom. Úgy gondoltam, sokkal intenzívebben megy végbe e folyamat, ha közösen, egymást segítve haladunk előre. Ezért nagyon örültem annak, hogy hasonló érdeklődésű emberekkel találkozhattam. Ők és levelezőtársaim igen nagy hatással voltak rám. Álmaim is megélénkültek, hasznos információkat kaptam, és megnyugodtam általuk.

Az egyik álom során a kialakulóban lévő csoporttal voltam. István is jelen volt. Az aktuális teendőkről és a kezdéssel kapcsolatos dolgokról beszélgettünk, majd a csoport párokra oszlott, és így folytattuk tovább a munkát. Figyelmeztetni akartam a lányokat: a függetlenné válás nem azt jelenti, hogy teljesen eltávolodunk a párunktól és nem vesszük figyelembe a másik nemet. Ugyanakkor – ez már az ébredezési fázisban tudatosodott bennem – az sem helyes, ha a küldetésről lemondunk a párunk miatt. Tehát fontos a függetlenné válás, a kapcsolat megmaradása és a küldetés teljesítése. Ezeket egységbe kell hozni!

Egy másik álmom során úgy éreztem, mintha egy gömbben lettem volna. Jézusban voltam, ugyanakkor Jézus körülvett, átölelt gömb formájában. Mindennel és mindenkivel való egységemet éltem át. Végtelen nyugalom, béke, szeretet érzése töltött be. Ez mélyen átjárt, és kihatással volt mindennapi életemre. A következő álmomban többen voltak jelen, de nem emlékszem az arcokra. Tetszhalott állapotban voltunk, majd mindannyian életre keltünk. Egy romos, labirintusra emlékeztető pincehelyiségből menekültünk István vezetésével. Én valami miatt hátramaradtam. A feldolgozás során a pincehelyiséget a tudattalannal azonosítottam be. A belső valóságunk tudattalan labirintusában bolyongunk tetszhalott állapotban. Mintegy álom-állapotban, mivel nem vagyunk teljesen ébren. A belső vezetésnek, a vezetőnek – aki az álmomban férjem alakjában jelent meg – kell átadni életünk irányítását. Tehát önmagunk belső lélekrészével, az animussal, a férfi lélekrésszel kell meglelni a kapcsolatot, és az összhangot megteremtve a vezetés biztosított. Természetesen a férfiaknál ez fordítottan megy végbe. Nekik a belső valóságuk női részével, az animával kell a harmonikus kapcsolatot kialakítaniuk, és e belső vezetésnek átadni magukat. Álmomnak azon szituációja, hogy valami miatt hátramaradtam, nem volt teljesen világos előttem. Csak annyit értettem meg, hogy valamit még a belső világomban el kell rendeznem, de hogy mit, azt magam sem tudtam. Erre csak később derült fény.

Régebben is felfigyeltem már arra, hogy álmaim mintegy felhívják a figyelmemet az elkövetkező feladataimra. Jelzést kapok belső valóságomból. Igaz, nem értem pontosan az adott helyzetet, de a mindennapok során mindenkor megkaptam a megfelelő útbaigazítást. Az életem eseményei során automatikusan bekövetkezett mindaz, amire az álmomban jelzést kaptam, és így megoldódott az adott helyzet, amire az álom utalt.

Május végén férjemmel együtt mentünk fel Budapestre, egy spirituális találkozóra. Itt több levelezőtársammal is találkoztam. Ezen találkozó nagy hatással volt rám, és egy belső önvizsgálatot indított el bennem. Rájöttem arra, hogy küldetésem teljesítése függvénye annak, hogy hogyan oldom meg a párkapcsolatomból eredő ellentmondást, az adott konfliktushelyzetet. Ezek a következőkben jelentkeznek: alkalmazkodás a külvilág elvárásaihoz, valamint az önmegvalósítási folyamatom véghezvitele, és a társkapcsolatomon belüli ellentmondás feloldásával a harmónia megteremtése. Felvillant egy régi álom üzenete a társsal kapcsolatosan. „Nem az alattvalója, hanem egyenrangú társa akarok lenni." A jó párkapcsolatban nincs függőségi, alattvalói helyzet, a felek között egyenrangú kapcsolat van. Fontos számomra a lelki kapcsolat, a lelki egység, amely elválaszthatatlan a szellemi valóságunktól. Mindez kihat a racionális valóságunkra, valamint a testi kapcsolatunkra is. Ezen az estén sokáig nem tudtam elaludni. A nap eseményei mély hatással voltak rám.

Éjszaka katarzisszerű álmom volt. Álmomban az otthonomból az ellenség elkergetett. Éjszaka volt, de menekülésem közben kivilágosodott. Mindez halvány emlékként maradt meg csupán. Mikor az erdő felé vezető úton jártam, olyan érzésem volt, hogy István ott van mellettem, de valóságosan még sincs jelen. Közben félelem, zavar, aggodalom vett körül, de lassan mintha csitulni kezdett volna a bennem lévő zűrzavar. Az erdő látványa megnyugtatott; olyan érzésem volt, hogy ott biztonságban leszek.

Felébredve mélyen az álom hatása alá kerültem. Egész nap ez foglalkoztatott, majd letisztázódott bennem álmom üzenete.

„Szembe kell szállnom az ellenséggel. Nem szabad, hogy elűzzön az otthonomból. Nekem kell az otthonomból, önmagamból kiűznöm az ellenséget. Fontos a szembesülés önmagammal, a múlttal, az ifjúsággal, kettőnk kapcsolatával, majd megtalálni az ellentmondás feloldását."

Az álmomat követően belső késztetés hatására dialógusban egy szeretetteljes levelet írtam férjemnek, és feltártam előtte belső vívódásaimat, érzéseimet, gondolataimat. Bizakodó várakozással teltek napjaim, de visszajelzést nem kaptam. Az újabb próbálkozásom ismét süket fülekre talált. Közben kapcsolatunk válsága egyre mélyebbé vált. Érzékeltem, hogy férjem egyre távolabb került tőlem. Szinte már áthághatatlanná vált a szakadék közöttünk. Akkor mindezt még nem fogtam fel teljes valóságában. Reménykedtem abban, hogy még együtt képesek leszünk rendbe hozni mindent, és megteremtjük az egységünket. Belül, önmagam valóságában mély egységként éltem meg kapcsolatunkat, hiszen bennem jelen volt az egység, de azt, hogy ez a társam részéről nem így van, azt egyszerűen nem vettem tudomásul. Újra és újra kerestem a lehetőséget, a bizonyosságot, hogy neki is szüksége van arra a lelki harmóniára, amire én vágyom.

Ezen év őszén, a harmincéves főiskolai találkozón találkoztam ifjúkori plátói szerelemmel. Különös érzés volt. Az eltelt hosszú évek alatt nem láttuk egymást. Nagy várakozás volt bennem. Fogalmam sem volt arról, hogy mi idéződik majd fel. Öröm töltött el, mikor megláttam, de nem volt sehol az ifjúkori lángolás, vibrálás. Azután mikor pár szót váltottunk, mintha a bensőm mélyéből valami mégis feltört volna. Éreztem, hogy még mindig fontos számomra, de hogy valójában mi rejtőzik a mélyben, azt nem tudtam. Igazából ezzel akkor nem is akartam szembesülni. Azonban ezt követően hamarosan egy belső átalakulás indult el bennem, és ennek következtében az IDŐ különös rejtélyét tapasztaltam meg.

1999. február vége felé kezdődött el ez a folyamat. Napközben váratlanul több alkalommal egy különös érzés és gondolat uralkodott el rajtam.

„KEVÉS AZ IDŐ!"

Mivel ez a rögeszmés érzés, gondolat hosszú hónapokon át mindennap rám tört, így május körül már egyre izgatottabb lettem. Egyre komolyabban kezdtem foglalkozni ezen megélésemmel. Kerestem a benne rejlő okot, illetve az üzenetét, az értelmét.

Mit jelent? Rám vonatkozik? Közeledik életem vége? Szembesülnöm kell hamarosan a halállal? Talán általános jelzés? Mindenkire, esetleg az egész emberiségre vonatkozik? Mi az értelme? Mit jelez?

Érthetetlenül álltam ezen információval szemben. Nem értettem. A legérdekesebb az volt, hogy semmilyen félelem nem volt bennem. Egyszerűen, higgadtan, tárgyilagosan, ugyanakkor nagyon kíváncsian szemléltem mindezt és a hétköznapok során feltáruló helyzeteket, az adott valóságot.

Közben életem eseményeiben olyan megtapasztalásaim voltak, amelyek elindítottak bennem egy belső átalakulási folyamatot. Húsvét előtt édesapámat kiengedték a kórházból. Az ötödik agyérinfarktuson esett át, amelyhez egy nagyon súlyos szívműködési zavar is társult. Az ünnepekre belázasodott. Azután kedden újból kórházba került tüdőgyulladással. Ekkor már akadozott a légzése, és a szívverése is alig volt hallható. Még azon a napon hazaküldték a kórházból; valójában lemondtak róla az orvosok. Hat napig volt élet és halál között. Édesanyámmal mindvégig mellette voltunk. A körzeti orvosunk mindennap eljött hozzá és házi ápolásban, infúzió keretében adta meg mindazt, amire szüksége volt a szervezetének. Így végül is szerető gondoskodásunk, a háziorvos gondos ápolása, valamint a nagy élni akarása meghozta a hatást: győzedelmeskedett a halál felett. Mindezt ő többnyire tiszta tudattal élte végig. Az ötödik nap este ujjaival fenyegetve mondta: „Kutya halál, viaskodsz velem!" „Megmutatom, hogy erősebb vagyok, mint te!"

Ebben az időszakban nagyon mély belső megéléseim voltak. Sokat imádkoztam, és kértem Istent, ha édesapám élni akarása – amely egész élete során benne volt – jelen pillanatban a lélek belső indíttatása, akkor adja meg számára, hogy győzedelmeskedjen a beteg test és a beteg agy fölött, és ennek hatására meggyógyuljon. Ha azonban a lélek távozni akar, abban az esetben szeretettel belenyugszom elhatározásába. Nem gátolom őt a saját önző szeretetem visszahúzó erejével. Az első napok félelmei, aggodalmai után sikerült Isten kezébe átadnom a dolgok irányítását. Végül is meghoztam ezáltal saját döntésemet: „Legyen meg, Atyám, a Te akaratod!

Fájdalmas, mégis csodálatos időszak volt ez. Édesapámmal a lélek szférájában kommunikáltam. Ő már több mint 25 éve teljesen elveszítette a hallását, és ebben a gyenge állapotában volt olyan időszak, amikor szólni sem tudott, mégis megértettük egymást. Ez az úgymond telepatikus kapcsolat megmaradt közöttünk. Habár erről sohasem beszéltünk, mégis tudom, hogy ez nemcsak a számomra, hanem az ő számára is létező valóság. Ezt az érzések szintjén tudomásomra is hozza, és így egy mély, bensőséges kapcsolat alakult ki közöttünk.

Egyik éjszaka mély álmomban suttogó hangot hallottam. Úgy tűnt, mintha édesapám szólt volna. Teljesen felébredve, sietve mentem át a másik szobába. Édesanyám mélyen aludt, mivel ezen az estén altatót vett be, ugyanis már több napon keresztül szinte semmit sem aludt. Édesapám hangtalanul mozgatta a száját. Valamit mondani akart, de hangja nem volt hallható. Azonnal megértettem, hogy vizet kér. Olyan gyenge állapotban volt, hogy képtelen volt inni. Ekkor a szívószálat szájába helyezve, kezemmel összezártam ajkait. Így többszöri próbálkozás után egyszerre kiszívta a bögre vizet. A különös az volt, hogy este bőségesen fogyasztott folyadékot. Mikor végre már szólni tudott, halkan mondta: „Tudod, kislányom, csak az volt az egészben a rossz, hogy nagyon hosszú ideig szólni akartam, de hang nem jött ki a számon."

Mindebből megértettem, hogy ezen időszakban ő az Égi Világban tartózkodott, és valójában azon suttogó hang, amit álmomban hallottam, égi üzenetként érkezett hozzám.

Közben lányunk és két unokánk áprilisban hazaköltözött. A családon belüli változás kiélezte férjem és köztem lévő ellentmondást. A lány és apja között is ugyanígy érezhető volt a feszültség. Mintha Évi engem képviselt volna, István vele szemben is éppen úgy nyers, rideg, elutasító volt. Csakhogy a lány visszavágott. Én erre képtelen voltam, mivel nem akartam férjemet szándékosan megbántani. Május vége felé a köztünk lévő kapcsolat már tarthatatlanná vált.

Ezidő körül a táplálkozási szokásaim terén is változás következett be. A megszokott mennyiségnél jóval kevesebb ételt fogyasztottam, mégis nagyszerűen éreztem magamat. Főleg müzlit ettem, és sok folyadékot ittam. Teljesen elhagytam a húsételeket. A hús szagát sem bírtam, rosszul voltam tőle. E változás két év alatt, az energetikai áramlásokba való bekapcsolódásomtól kezdődően, fokozatosan ment végbe. Ekkor már általában 1000 kcal alatt volt a napi fogyasztásom.

A párkapcsolat terén férjem és köztem lévő kapocs szinte teljesen megszűnt. Ez már nagyon régóta zajló folyamat volt, amiről egészen eddig nem akartam tudomást venni, de most már tudatosan is felismertem helyzetünket. Mindezt fokozta azon tény, hogy Balázs fiam egy viszonzatlan, plátói szerelem következtében pszichésen összeroppant. Ugyanakkor bizonyos értelemben egy magasabb szintű égi beavatásban is részesült ez által. Ekkor került életében először Istennel intenzív kapcsolatba. Ennek következtében a tudatos gondolkodás, a racionális elme működése felmondta nála a szolgálatot, és bizonyos értelemben összezavarodott. Két hónapig kórházban volt. Ez engem is nagyon megviselt. Tehetetlen helyzetben voltam. Nem tudtam, hogyan segíthetnék fiamnak. Megérzéseimre hallgatva Isten kezébe helyeztem fiamat, az ő egész életét. Kértem, legyen a segítségére, hogy megtalálja testi-lelki-szellemi egyensúlyát. Azon az éjszakán hajnalig együtt imádkoztunk, mélyen átélve az ima szavait. Valójában ekkor tanult meg fiam imádkozni, és ez volt azon időpont, mikor megnyílt Isten felé. A Bibliát kezébe adva arra ösztönöztem, hogy ha érzi a belső feszültséget és a nyugtalanságot, akkor bátran nyissa ki és kezdje el olvasni. Ott, ahol kinyílik, elolvasva, befogadva bensőjébe az információkat, közben megnyugvásra lel. Mindez csitította fiam zaklatott lelkiállapotát.

Emlékszem, egyik alkalommal nagyon feszült voltam. Megnyugvásképpen kimentem az erdőbe. A természetben mindig feloldásra, megnyugvásra találtam, ha nehéz helyzetben voltam. Csak mentem, szinte az utat sem figyeltem, gondolataimba mélyedtem. Majd mikor elfáradtam, akkor egy forrás mellett leültem és Istentől kértem segítséget, tanácsot, hogy mit tegyek. Furcsa üzenet érkezett: „Maradj kívül! Figyelj! Az adott időben, az adott helyen, az adott módon mindent megkapsz, hogy megtedd, amit meg kell tenned!"

Az üzenet vége ismerős volt, hiszen közel tíz éve éltem már ebben a megtapasztalásban. Az adott időpontban, az adott helyzetben, az adott módon mindenkor segítséget kaptam Istentől. Most is hittem a Mindenható ígéretében, de az üzenet első részét nem értettem.

„Maradj kívül! Figyelj!"

Az, hogy figyeljek, természetes volt a számomra, hiszen tudtam jól, csakis akkor vehetem észre a feltáruló megoldásokat. De egy ilyen helyzetben, amiben most vagyok, hogy maradjak kívül? Anya vagyok, aggódok a gyermekemért. Kétségbe vagyok esve. Felépül-e, meggyógyul-e? Ez jár állandóan az eszemben, attól függetlenül, hogy Isten kezébe adtam át fiam életét. Isten akaratát azonban e helyzettel kapcsolatosan nem ismertem, és azt sem tudtam, hogyan birkózunk majd meg mindannyian e helyzettel. Ráadásul az ő problémája – a reménytelen, viszonzatlan szerelem – rávilágított az én gondomra is. Én is épp úgy reménytelenül, egyre mélyebben szeretem még mindig a férjemet. Ez is viszonzatlan érzelem, hiszen szerelmem a valóságban nem nyer oly mértékben viszonzást, ahogy én eddig hittem. Csak a képzeletem terén, a belső világomban létezik a kettőnk harmonikus egysége. Hittem abban, hogy kölcsönösen jelen van közöttünk a test-lélek-szellem összhangja, de valójában ezt csak én élem át, ő pedig a valóságban egyre jobban elutasít, mind távolabb kerül tőlem. Szinte már egy áthághatatlan szakadék választ el minket. Az utóbbi időben többször kimondta: „Jobb lenne, ha téged és a lányt sohasem ismertem volna meg. Ha nem találkozunk, akkor nem kerülök ebbe a nyomorúságos élethelyzetbe."

Valójában ő a nyomorúságos helyzetet az anyagi körülményeinkre értette. Én nem láttam nyomorúságosnak a helyzetünket, már csak azért sem mert ettől sokkal nehezebb élethelyzetekben is – egyedül, három gyerekkel – talpon maradtam. Nem voltam kétségbe esve, tudtam, hogy amire nagyon szükségünk van, az mindenkor rendelkezésünkre fog állni. De ő másképp látta a dolgokat. Közben rájöttem, hogy teher, nyűg vagyok a számára. Mindezt egyre jobban érzékeltem.

Felvetődött bennem a gondolat: „Hát hogyan maradjak akkor sajátos élethelyzetemben mint anya, mint feleség kívül?"

Így aztán a kapott üzenet első része továbbra is érthetetlen volt a számomra, de elfogadtam, mert tudtam jól, hogy ez Isten üzenete. Átadtam hát magam, hogy vezessen, mutassa meg, hogy kell ezt véghezvinni. Csodálkozva tapasztaltam, hogy e nehéz helyzetben képes voltam lecsitulni, megnyugodni, és szeretetteljesen viszonyulni a környezetemhez. Ennek hatására élethelyzetemet más megvilágításban kezdtem látni. Férjem és köztem azonban egyre nőtt a távolság. Ő egyre morcosabb, mogorvább lett, én a végsőkig ragaszkodtam hozzá. Házasságunk annak idején fiatalon, Isten előtt is megkötésre került, és Istennel való kapcsolatom bennem mélyen ekkor már egyre szilárdabbá vált. A lelkem mélyén pedig volt valami, ami ellenállhatatlan erővel kapcsolt hozzá. Így nagyon nehézzé vált a helyzetem. Éreztem, hogy párom teljesen eltávolodott tőlem. Habár tudtam, hogy ez csak a külső valóság. A lélek mélyén épp úgy ragaszkodik hozzám, mint ahogy én kötődöm hozzá. A mindennapi életben azonban semmibe vett, és egyre jobban a terhére voltam. Ehhez hozzájárult azon tény, hogy ebben a nehéz élethelyzetemben magamra hagyott. Így nem volt kivel megosztanom a gondjaimat, az érzéseimet, a gondolataimat. Kértem őt, hogy beszélgessünk a kettőnk dolgairól, és próbáljuk meg együtt megtalálni a kiutat ebből a konfliktushelyzetből.

„Ha eddig jó volt, akkor arra a kis időre, ami még hátravan, jó lesz már így, ahogy van" – válaszolta.

„De nekem így nem jó. Különben is, nem biztos, hogy kis idő van még a számunkra hátra. Ha pedig igen, akkor pont azért nem mindegy, hogy azt hogyan éljük le."

Ekkor világosan a tudtomra adta: „Nem tudok, és nem akarok változtatni!"

„Rendben van, akkor nekem kell egyedül megtalálnom a kiutat" – válaszoltam.

„Jó, ha megtaláltad, szóljál!" – Ezzel lezárta a témát.

Balázs közben lassan ugyan, de gyógyulni kezdett. 1999. augusztus 11. mély nyomot hagyott mindkettőnkben. Mindenki lázasan készült a napfogyatkozás megtekintésére. Hazánkból egész jól látható volt ezen égi jelenség. Volt, aki elutazott az ország olyan részébe, ahol teljesen megélhette ezen eseményt. Én csendesen, nyugodtan vártam az adott napot. Balázs ekkor még bent volt a kórházban. Azt terveztem, hogy a napfogyatkozás idejét fiammal töltöm. Úgy gondoltam, ezen égi jelenségnek az igazi hatása, valósága bennünk belül kell, hogy megnyilvánuljon. Fontos, hogy miként tudjuk bensőnkben megélni, átélni a Nap, a Fény eltűnését. Ez a félelmeinkkel, a belső sötétségünkkel való szembesülést jelképezi. Majd a Nap újbóli előbukkanásával megélni a Fény újjászületését, és ezáltal saját belső valóságunk feltárulását átélni. Előző napon kikértem a doktornő véleményét tervemmel kapcsolatosan. Hálás szívvel fogadta elgondolásomat, mivel a nyári szabadságok miatt már pár napja egyedül volt az osztályon, és bizony elég feszült volt a betegek állapota ebben az időszakban. Érzékelték már előre az égi jelenség hatását. Így aztán Balázzsal együtt éltem át ezt az eseményt. Már előbb bementem hozzá, és hosszasan beszélgettünk. Igyekeztem szétoszlatni félelmeit, szorongásait, aggodalmait. Végül is teljesen nyugodt volt. Csendben, beszélgetés nélkül töltöttük el a tényleges sötétség időszakát. Én meditatív szinten voltam, és tudtam, hogy fiam is belső tudati állapotban van. Balázs egyébként is fogékony a misztériumok iránt, másrészt beteg állapota még jobban orientálta ebbe az irányba, valamint előtte beszélgettünk a napfogyatkozás üzenetéről. Mintegy előkészítettem őt a sötétség átélésére és a bensőjében lévőkkel való szembesülésre, valamint a Fény újbóli megjelenésére. Ezt követően órákig beszélgettünk, és számára ez többet jelentett, mint az egész pszichiátriai kezelés, ami nem állt másból, mint gyógyszerek adagolásával biztosított altatásból. A legkülönösebb fiam pszichés állapotával kapcsolatosan az volt, hogy sokszor voltak oly tiszta, világos, magasabb síkú meglátásai önmagával, az élettel, a világgal kapcsolatosan, hogy ezen én magam rendkívül elcsodálkoztam. Voltak dolgok, amelyeket ő magasabb perspektívából szemlélve megfogalmazott, és felfoghatatlan volt a számomra, hogy 21 évesen miként fedezhet fel szinte egy csapásra – előzetes tanulmányok nélkül – ilyen mély ismereteket. Több évtizedes teológiai, illetve spirituális tanulmány és élettapasztalat birtokában is csodálatos, ha valaki ilyen következtetésekre jut. És lám, ő beteg, összezavarodott állapotában mindezt felismerte. Ekkor jöttem rá, hogy égi beavatkozás, beavatás történt nála.

A több mint tizenöt évig elnyomott érzései, érzelmei – e képzelt, plátói szerelem által – feltörtek, áttörték a tudati gátat, és mintegy beborították az agyat, a tudatos gondolkodást. De pont ez a pillanat volt alkalmas arra, hogy önnön belső valóságában a szelleme üzeneteit felfoghassa. Ezért voltak ezek a tiszta, világos felismerései, habár volt időszak, amikor a belső félelmei, az összezavarodottsága újból és újból előjött. Egyébként akkor világosan emlékezett mindenre, ami történt vele, körülötte, arra, hogy mit mondott, érzett, gondolt, miként cselekedett. Ezekről a dolgokról többször beszélgettünk. Szüksége volt arra, hogy kibeszélje magából a történteket, ezáltal feldolgozza, és így eloszlassa saját félelmeit.

Közben férjemmel való kapcsolatom terén belül vívódtam, kerestem a kiutat. Önmagamba néztem és rájöttem, hogy önző módon szeretem őt, ha ráerőltetem magamat. Ő a racionális lét embere. Őt valójában sohasem érdekelte az én belső, lelki valóságom, és nincs szüksége mindarra, amit én e téren nyújthatnék neki, illetve képtelen ezt elfogadni. Nekem pedig csak a racionális lét kevés. Nem tagadhatom meg önmagamat azért, hogy neki megfeleljek, hiszen az nem én lennék, és ezzel becsapnám őt. A test-lélek-szellem egysége fontos a számomra, méghozzá mindkettőnk részéről történő megélésként. Ha ez nem valósulhat meg, akkor inkább az egyedüllétet választom. Így aztán szeptember elejére eldőlt bennem minden és közöltem férjemmel, hogy a kiutat abban látom, hogy a továbbiakban mindketten éljük külön-külön a magunk életét. E döntésemben nagy segítségemre volt egy álom, amely során teljes mértékben szembesültem helyzetemmel.

Álmomban Istvánnal egy nagy házban jártunk. Mintha leendő otthonunkat néztük volna meg. A házigazda vitt minket körbe. Valójában az alagsorra emlékszem tisztán. Itt egy kazánház volt, amely kissé mélyebben volt elhelyezve, mint a többi helyiség. Mindenütt csövek, vezetékek kuszasága. Ezek közt kellett egy szűk nyíláson át bebújnom. Csak én mentem be ebbe a kicsi helyiségbe. A kazánban égett a tűz, sőt egyre forróbb és forróbb volt minden körülöttem. Éreztem, hogy a robbanás veszélye egyre jobban közeledik. Közben a kazán hőmérője túlhaladta a 100 fokot. Sistergett, vadul mozgott minden körülöttem. Ugyanakkor érzékeltem, hogy a közelben lévő, kisebb helyiségekbe nyíló ajtók körül kemény, vastag jégpáncél van. Meglepődtem, hogy miképpen lehetséges ebben a forróságban ilyen vastag jégpáncél. Közben úgy éreztem, hogy sürgősen meg kell találnom a mellékhelyiséget, hogy szükségemet elvégezzem. A robbanás már csak pillanatok kérdése volt. Férjem és a tulajdonos a külső helyiségből, a szűk ajtónyíláson keresztül tehetetlenül nézték kétségbeejtő helyzetemet. Képtelenek voltak a segítségemre sietni. Visszafelé bezárult az út, mivel az eltört, fortyogó gőzt okádó vezetékek közt nem tudtam volna kicsúszni a szűk ajtónyílás irányába. Sőt a közben bekövetkező robbanás mindenképpen megsemmisített volna. Riadtan kerestem más kijáratot, de nem találtam.

Itt maga az álom megszakadt és ébredezni kezdtem, de ebben a stádiumban, még az alvás állapotában, folytatódott az álom feldolgozásának fázisa. Ekkor már ez a feldolgozási mód begyakorlott volt a számomra. Éveken keresztül megtapasztaltam ezt, főként ha jelentőségteljes, a további életemre kiható álom jelent meg. Ilyenkor általában még az álomtéren belül sikerült feldolgoznom az adott álmomat. Mindenkor minden fontos részletre és következtetésre emlékeztem. Jelen álmommal kapcsolatosan is így volt. A feldolgozási fázisban egyszerűen megértettem, hogy a továbbiakban Istvánra nem számíthatok.

Magamnak kell megoldást találnom szorult helyzetemre. Valójában nem tehet semmiről sem, hiszen tehetetlen állapotban van. Világossá vált a számomra, hogy a ház én magam vagyok. Az alagsorban – tehát belül, a belső világomban – a robbanás veszélye fenyeget, amely akár a megsemmisülést is jelentheti a számomra. Már nincs visszaút. Új kijáratot, lehetőséget kell keresnem a megmenekülésre. Feltűnt a tűz és a víz, valamint a víz két halmazállapotának – gőz és jég – jelenléte. Ez a bensőmben lévő ellentétekre, ellentmondásokra, azok feloldására hívta fel a figyelmemet. A víz az érzések, és a tűz a tudati valóságom, a gondolkodásom közt lévő ellentmondás feltárulására világított rá. Szembesülnöm kell belső valóságommal, saját érzéseimmel. Gondolkodásomat összhangba kell ezekkel hoznom. Különös, sőt bizarr volt, hogy álmomban a legveszélyesebb pillanatban a mellékhelyiséget kerestem, hogy szükségemet elvégezem. A legmeglepőbb a feldolgozás során nyert következtetésem volt, ami arra hívta fel a figyelmemet, hogy a szükségleteim, vagyis az alapigényeim kielégítése fontos, és pontosan ezek hiánya okozza most a vészhelyzetet. Vagyis annak igénye, hogy szeressenek, igazi, konkrét, élő párkapcsolat formájában. Az, hogy értékesnek tartson, hogy megbecsüljön, hogy valaki legyek a párom számára, hogy fontos legyek neki. Annak igénye, hogy hozzá tartozzak, kölcsönösen megélve mondhassam, hogy „vele egy vagyok". Annak igénye, hogy az lehessek, aki vagyok, anélkül, hogy elveszíteném a társamat.

Mindezeket még az álom periódusában kaptam meg, és felébredve újra visszapergettem az álmomat és annak feldolgozását, mintegy rögzítve ezáltal mindezt. Ezt követően hoztam meg a döntésemet, amit közöltem férjemmel. Az igazsághoz hozzátartozik, hogy ezután még több hónapon keresztül reménykedtem. Nem akartam teljesen feladni; reméltem, hogy meggondolja magát, és végül is rendbe jön közöttünk minden. Egészen eddig elnyomtam, nem vettem tudomást ezekről. Mintegy struccpolitikát folytatva úgy gondoltam, minden rendben van, hiszen Isten által a feloldást minden nehéz helyzetemben megkaptam, de valójában az alapszituáció férjem és köztem semmit sem változott. Ezeket az alapigényeimet férjem semmibe vette, nem akarta, és így nem tudta azokat kielégíteni.

SEMMI ÉS MINDEN

Semmi és minden – minden és semmi:
Eggyé válva e kettő a VILÁG maga.
Semmit, semmit sem kaptam tőled,
De a semmit úgy tudtad átadni,
Hogy a Mindenséget kaptam meg.
Mindent, mindent neked akartam adni,
S közben semmit, semmit sem adtam.
Ráadásul mindent elvettem tőled.
A vesztes így én magam vagyok, mivel
Nem teljesítettem a küldetésem.
Általad azonban beavatást nyertem
A MINDENSÉG titkába.
A nyertes TE vagy egyedül,
Hiszen a Mindenség belül, benned van.
De nélkülem nem láthatod e csodát.

E napokban volt pont a következő Házas Hétvégés csoportta-lálkozásunk. Abban reménykedtem, hogy a csoportunktól talán segítséget kapunk valamilyen formában, és végül is majd fér-jemmel együtt mégiscsak megtaláljuk a kiutat. Így röviden, saját érzéseimnek és az álmomnak, valamint a kapott következteté-seknek az elmondásával a csoport előtt feltártam helyzetünket. Ehhez tartozik azon tény is, hogy még a nyáron felvetettem fér-jemnek, hogy kérjünk a csoporttól és a csoportunkban lévő lelki atyáktól segítséget, és ezzel kapcsolatosan nem volt ellenveté-se. Csupán annyit jegyzett meg, hogy most a nyár erre nem al-kalmas, mivel mindenki nyaral valahol, majd szeptemberben, mikor újra találkozunk a többiekkel. Nos, ekkor úgy éreztem, elérkezett a megfelelő alkalom, hiszen a nyár után ez volt az első csoporttalálkozó.

Ezen alkalommal igen kínosan éreztem magam, mivel min-denki támadóan lépett fel velem szemben. Engem mint a sötét-ség, a gonosz megszállottját tekintettek elhatározásom miatt, férjemet viszont mártírként nézték. Vagyis én így érzékeltem e szituációt. Sőt azt is tudtomra adták, hogy mivel az adott élethelyzeteim miatt pszichésen ki vagyok borulva, ezért semmiképpen sem vagyok olyan állapotban, hogy józan, megfontolt lépést tudjak tenni. Felvetették, hogy szükségem lenne egy pszichiátriai vizsgálatra is. Ezt pont a csoportunkban lévő két orvos vetette fel. Mikor azt találtam mondani, hogy rendben van, de ebben az esetben István is vesse alá magát a vizsgálatnak, akkor tudtomra adták, hogy jelen esetben ebben a kérdésben nem én döntök. Azt egy orvos jobban látja, hogy kinek van szüksége ilyen vizsgálatra. Mindezt a csoportunkban lévő két orvos közölte velem. Mondanom sem kell, jól felhúztam magamat ezen az estén. Akkor valóban ki voltam borulva, és nagyon sírtam. Alig tudtam megnyugodni, de végül is beleegyeztem, hogy felkeresem azon pszichológust, akit ők jelöltek ki a számomra. Úgy éreztem, bármennyire is zaklatott vagyok, nincs veszíteni valóm, hiszen a lelkem, a szellemem tiszta, így a vizsgálat csak engem fog igazolni.

Azon az estén mély fájdalomként éltem meg azokat az órákat. Úgy éreztem magam, mint a vádlott, akit egy ártatlan ember élete ellen szándékosan elkövetett legsúlyosabb bűntettel vádolnak. Ráadásul nyolc bíró mondta ki felettem az ítéletet. Rájöttem mindebből arra, hogy segíteni nem tudnak. Ezt a helyzetet csakis mi ketten oldhatnánk meg. Ugyanakkor egyoldalúan vádolni sem vádolhatnak. Mindenki csak a saját életét képes megélni. A kívülálló csupán a felszínt látja. Nem ismernek igazából minket, ezért csak a külső megnyilvánulásokból megítélni a helyzetet nem lehet. Azt hiszem, az ÉLET sokkal bonyolultabb, mint azt mi képzeljük. Egyszerűen felfogni sem tudjuk, hogy mikor vétkezünk. Az este egyik társunk mondta, hogy a gyümölcséről ismerhetem meg, hogy valóban a jó vagy a gonosz sugallatára cselekszem. Ha pedig Istvánt elhagyom, ez pont a gonoszság gyümölcse. Szerintem ha végül is arra kényszerülök, hogy elhagyjam őt, azon tett még nem a gyümölcsöt jelenti, illetve csak részben. A jövő dönti el, hogy ehető lesz-e ez a gyümölcs, vagy megkeseredik a szánkban. De nézzük a másik helyzetet! Nézzük azt a belülről rothadó és férges, már kívülről is tönkrement gyümölcsöt, amely már ránézve is elveszi a kedvünket attól, hogy a kezünkbe vegyük. Vajon miként lehetne ezt a tönkrement gyümölcsöt újult erővel feltölteni és ehetővé átvarázsolni? Ha minden marad a régiben, akkor az megoldás? Ha jelenleg a változásra már nincs esély, mert az akadály eltávolításához az egyik fél kevés, akkor mi marad még? Várjam tétlenül, hogy megsemmisül minden? A szőnyeg alá söprés, a struccpolitika megoldja ezeket az életbevágó dolgokat? Vajon ők még nem szembesültek hasonló problémákkal? Mit tettek, mit léptek, hogyan oldották fel az adott helyzetet? Azt mondták, nem tudnak segíteni, és e szituációban a papjaink sem tudnának tanácsot adni. (Először fordult elő, hogy az estén a csoportunkhoz tartozó két atya közül egyik sem volt jelen.) Hát akkor miért van a mi közösségünk, miért vannak közöttünk a papok, ha pont a házasságunk válságos időszakában nem érezzük a törődést, a tárgyilagos együttérzést, a szeretetteljes támaszt? Ellenkezőleg: csak az egyoldalú vádaskodás nyilvánul meg. Mindebből két következtetést vontam le: Vagy valóban nem voltak még ilyen helyzetben, és akkor örülök, mert legalább ők megmenekültek ennek a nyomorúságos állapotnak a megélésétől. Az ÉLET azonban kiszámíthatatlan: ma fent, holnap lent. Bármelyikünk bármikor kerülhet ilyen vagy hasonló szituációba, Vajon ők mint találnák meg a kiutat egy ilyen helyzetből?

A másik esetben az lehet a helyzet, hogy voltak már hasonló szituációban, sőt lehetséges, hogy jelenleg is benne vannak. Így tükröt tartottam eléjük a mi esetünkkel kapcsolatosan, és ezáltal belepillantva a valóságba ösztönösen reagáltak. Könnyebb volt számukra a tükröt homályosnak, megvakultnak tekinteni, mint felfedezni saját maguk csapdáját. Náluk ki az, aki általában nyel, aki belül felhalmozza a visszafojtott fájdalmait, félelmeit, és közben egyre növekszik az életének terhe? Nem jobb lenne, ha a közös terhet valóban együtt és nem külön-külön vinnénk a párunkkal? Ha látszatra nem veszek, vagy nem akarok tudomást venni erről, az segít? Így képmutatásban élünk, pedig színről színre kellene élnünk együtt az életünket.

Hogy van ez a házastársi fogadalmunkban?

„Fogadom, hogy őt el nem hagyom semmiféle bajában, holtomiglan, holtáiglan, Isten engem úgy segéljen!"

Tényleg így éljük az életünket? Számíthatunk egymásra mindenkor? Fel kell végre ébrednünk! Vajon ki hagyja el, ki hagyja cserben a másikat? Az, aki a mindennapok nehéz helyzeteiben hagyja magára a másikat, vagy az, aki hosszú, társas magányban töltött idő után úgy dönt, hogy a kialakult valóságot láthatóvá teszi? Így felvállalja azt is, hogy az egész világ őt vádolja majd, és tettét a gonoszság megnyilvánulásának tekintik. Valóban Házas Hétvégés Lelki Közösség vagyunk? Most csupán az ítélkezést tapasztaltam meg. Úgy látom, ha foglalkozunk is a lelki dolgokkal, az igazság az, hogy csak a felszíni látszatokat vizsgálgatjuk. Az este István a „lelki szemetesláda" kifejezést használta. Magamra vettem a „lelki szemét" fogalmát, mert éreztem kimondatlan vádolását. „Miért kellett ezt kitálalnod?" Ezt közvetítette felém. Mégis van alapja ennek a kifejezésnek. Nos, a mi közösségünk szerintem ha nem is „lelki szemetesláda", mégis nagyon gyermeki szinten álló lelki közösség. Ma még csak tejjel táplálkozunk, mert még nem nőttünk fel a darabos étel befogadására. De ez a tej, úgy érzem, egy cukros lé, vagy néha bizony megbuggyant már és ehetetlen, így nem az igazi, természetes táplálékunk. Különben pedig itt az ideje, hogy ha nem is a darabos ételre térünk rá, de legalább megpróbálkozzunk a pépes étel megemésztésével. Igaz, a mi jelenlegi helyzetünk inkább darabos, sőt nehéz, súlyos, amely azzal a veszéllyel jár, hogy megfekszi a gyomrunkat. Nos, semmi gond, alakítsuk át pépessé. Többes számban fogalmazok most, mert ezt ketten, a párom és én együtt tudnánk megtenni, másrészt azért is, mert biztos vagyok abban, hogy az én kitárulkozásom elindított a többiekben is egy folyamatot. A termés pedig, amiről az este az egyik társam beszélt, a jövő kérdése.

Valójában mindannyian termések vagyunk, és folyamatában érünk be. Sőt a házasságunk – mindannyiunk esetében külön-külön – is ennek tekinthető. Továbbmenve, a mi kis lelki közösségünk, amely szintén folyamatában érik be, szintén termésnek tekinthető. Csak utólag dől el, hogy ehető vagy eldobandó lesz. De ez a folyamat egy életre szól, amelynek nincs vége, ugyanis folytatódik odaát is, mindörökké. Minden pillanatunk így terméssé válik, ami az életünket formálja. Mindig csak utólag derül fény arra, hogy a gondolataink, az érzéseink, a cselekedeteink érlelték vagy megakadályozták az érlelődést, esetleg romboló erőként hatottak. Állandóan az újabb és újabb helyzetekben módosítjuk ezt a folyamatot, pont ez jelenti a szabad akaratot, amellyel Isten megajándékozott minket. Ha Isten maga nem korlátoz minket ebben a szabad akaratban, akkor nincs joga ehhez senkinek sem. Legyen házastárs, szülő, gyerek, jó barát, vagy pont egy egész közösség. Nem kényszerítheti ránk akaratát senki, még „jó szándékként" vett cselekedetből sem.

Nem akartam a férjemet vádolni, pontosan azért választottam, hogy belső érzéseim és az álmom üzenetei által tárom fel a csoport előtt életem, életünk nehéz helyzetét. Nem akartam a megélt érzéseim részleteibe belemenni konkrét példákkal, mert ebben az esetben, ha nem is szándékosan, de mégis kiadtam volna a páromat. Próbáltam azon az estén csupán magamat kiadni úgy, hogy közben ne vádoljam a társamat. Nem vádolom őt. Tudom, hogy nem tehet semmiről sem, és nem tud más lenni. Nincs semmiféle elvárásom most már vele kapcsolatban. Egyszerűen ebben az érzések nélküli légkörben nem kívánok, és nem tudok tovább élni. Ezt szerettem volna közölni csupán mondandómmal, habár mint később kiderült, társaim ezt kissé zavarosnak vélték. Nos, lehet, hogy valóban este kiborultnak láttak, hiszen nagyon is zaklatott voltam. Rendben van, állok elébe a pszichológiai vizsgálatnak. Nincs veszíteni valóm. Tisztában vagyok önmagammal, a helyzetemmel. Ezt egy vizsgálat nem befolyásolhatja, sőt nem is oldhatja meg. Erre csakis mi ketten együtt lennénk képesek. A kiborulásom pedig csupán külső látszat. Jelen van, de csak felszíni megnyilvánulás. Amilyen gyorsan felhúzom magamat, oly gyorsan csitul le minden. Belül feldolgozva, a negatív élethelyzetekből ezáltal pozitívan profitálok és megerősödök. Így a valóság az, hogy újból és újból képes vagyok önmagam lelki békéjét megtalálni Isten kegyelméből, de csakis Őáltala. Nem önmagam erejéből, erre egyedül képtelen lennék. Nos, mégsem vagyok egyedül, ezért minden kín, gyötrelem, nehéz helyzet maga a csoda a számomra. De ezt a csodát nem veszíthetem el; épp ezért amit belülről indíttatásként érzek, mindenkor meg kell tennem, mert különben önmagam és mindenki ellen vétenék. Úgy érzem, ez a „SZETLÉLEK" elleni vétek lenne. Ezért nem tehetek mást, mint hogy a mindenkori adott pillanatot úgy éljem meg, ahogy azt belülről érzem. Ez az én életem. Ha ezt bárki önzésnek minősíti, akkor ezzel valójában ítélkezik felettem. Ítélkezésre joga senkinek sincs, mivel még maga Isten sem ítélkezik felettünk, ugyanis Ő maga adta meg számunkra a szabad akaratot. A mindennapi élethez, tudom jól, ez hozzátartozik, mert szűk látókörünknél fogva nem látunk az orrunknál tovább. Így könnyebb más felett ítéletet mondanunk, mint szembesülni belső világunkban azon ténnyel, ami miatt ez a szituáció zavar minket. Ezért elfogadom társaim bírálatát, nincs a szívemben neheztelés. Mindenki a saját maga helyzete alapján tudja csak befogadni, feldolgozni az élet eseményeit. Amire nincs még felkészülve, azt nem tudja elfogadni.

Az utóbbi időben az élet nagy kérdéseiről – életről, halálról, bűnről, büntetésről, feloldozásról, a földi valóságról, túlvilágról, szeretetről, házastársi hűségről, mennyországról, tisztítótűzről, pokolról – megváltozott a felfogásom. Ezért fogalmaztam úgy azon az estén, hogy túlságosan megváltoztam. E kérdések közül már az egyikkel foglalkoztam az előzőekben, vagyis a házastársi hűséggel kapcsolatosan. Konkrétan azzal, hogy ki hagyja el, ki hagyja cserben a másikat a mindennapi élet során. Most még egy kérdésről, a „szeretetről" szeretném elmondani észrevételeimet, gondolataimat. Az egyik társam az este elmondta, hogy a szeretet megfoghatatlan, vagyis én ezt vettem ki az ő szavaiból. Valamiképpen a lényegre tapintott rá, hiszen pont ez a nagy kérdés, hogy mikor és hogyan szeretek helyesen, önzetlenül. Akkor vajon, mikor visszahúzódva csigaházamba hagyom, hogy a társam úgymond „győztesként" kerüljön ki a konfliktusból? Egyáltalán, ebben az esetben van győztes? Nem lehetnénk együtt győztesek? Én azt hiszem, ilyen esetben mindketten vesztesek vagyunk, mert mindketten megrekedünk a saját önzésünk keretei között. Én azért, mert nem merem felvállalni azt, aki belül vagyok, elmenekülök belső magányomba a konfliktus elől, megmásítom igazi önmagamat, becsapom a társamat és önmagamat, így megakadályozom, hogy az egység, a kettőnk együttes valósága kialakuljon. Ez nem más így, mint közös magány. A társamat ezáltal megerősítem abban, hogy a belerögződött gátak, szokások béklyói alatt járja tovább az útját, önnön labirintusa kálváriájában. Nyilvánvaló, hogy ez egyikünknek sem jó. A struccpolitika, a szőnyeg alá söprés, tudjuk jól, hogy nem megoldás, mégis a régi, berögződött megszokás sémáját választjuk. Félünk az újtól, a változástól, mert erőfeszítést követel tőlünk, és az ismeretlen oly bizonytalan. Miért van bennünk ez a félelem? Én azt hiszem, azért, mert mi magunk akarunk megoldani, véghezvinni mindent. Elfeledkeztünk valamiről, illetve valakiről: Istenről magáról. A saját erőnkből mi képtelenek vagyunk arra, hogy az ÉLETET úgy éljük meg, ahogy az elrendeltetett a számunkra. A saját erőnkből csak ennyi telik: a küzdelem, az egymás közti hatalmi harc, az önzésünk zsákutcája. Mi mégis ezt választjuk. Vagy van merszünk felvállalni a TELJES ÉLETET? Isten velünk van akkor is, ha ezt mi figyelmen kívül hagyjuk, de a mi szabad akaratunktól függ a választás. Amíg fel nem ismerjük azon tényt, hogy mi magunk tehetetlenül vergődünk életünk viharai közepette, amíg fel nem figyelünk Isten állandóan felénk táruló segítő kezére, addig észre sem vesszük, hogy a Teremtő sohasem hagy cserben minket. A Mindenható által csak annak az életében történik meg a változás, aki ezt felvállalja, aki tenni mer és tud azért, hogy ő maga, és vele együtt a társa is – ha ő is úgy akarja – előrelépjen Isten kegyelméből és áldásával. Ha ezt felvállalom, még akkor is, ha ez mindenki által való elítéltetést von maga után, akkor van talán esélyem a kiút megtalálására. De ez csak esély, mivel mindez nem csupán tőlem függ, hanem a társamtól is. Akaratomat nincs jogom rákényszeríteni, így egyedül az marad, hogy elfogadjam és felvállaljam helyzetemet. Mégis nyugalom, béke száll meg, mert megtettem, amit én tehetek.

Úgy érzem most, hogy pont akkor lennék önző, ha továbbra is belső valóságom ellenére cselekedve hagynám, hogy minden a régi, megszokott menet szerint menjen, a konfliktushelyzetet nem vállalnám fel, nem próbálnék cselekedni – a magam módján –, ha kell, hát „egyedül", de annak biztos tudatában, hogy Isten velünk van, és minden körülmények között mindkettőnknek segít. A következmény pedig attól függ, hogy a hétköznapok keretében miként figyelünk fel és fogadjuk el Isten felénk nyújtott segítő kezét. Természetesen ez mindkettőnk esetében a saját szabad akaratunk függvénye. Egyikünk sem befolyásolhatja a másikat, már amennyiben felvállaljuk a szabad akaratból eredő dolgokat. Ha nem vállalom fel, és a körülmények függvényének tekintem magamat, hát akkor ez a bizonyos szabad akarat pontosan saját magam által van korlátozva a tudatos hozzáállásom, a berögződött gondolkodásmódom miatt. Ez akkor is így van, ha mindezt én nem veszem észre, vagy nem akarom tudomásul venni.

Így végiggondolva rájöttem, hogy nem biztos, hogy a tükör – vagyis én magam, mindaz, ami belső valóságomból feltárult azon az estén – mutat torz figurát; lehet, hogy a szemlélők látásmódja, nézőpontja torzult el az élet során becsontosodott, beszűkült gondolkodásmód miatt.

Közben lecsitultam, és egyszerre olyan indíttatást éreztem, hogy levél formájában meg kell írnom nekik belső érzéseimet, gondolataimat az estén történtekkel kapcsolatosan. Bensőmből indíttatva álltam neki az írásnak. Fogalmam sem volt róla előre, hogy mit is írok majd. Egyszerűen csak írtam a sorokat, ahogy belülről feljött. Aztán elküldtem a levelemet mindenkinek, majd alávetettem magamat a pszichiátriai vizsgálatnak. Ennek során egy nagyon kedves és hozzáértő doktornőhöz kerültem. Elmondva mindazt, amit úgy éreztem, hogy el kell mondanom, a pszichiáter messzemenőkig egyetértett velem. Megerősített abban, hogy ha valóban nincs remény, és férjem végleg elzárkózik, hogy együtt oldjuk meg a problémánkat, akkor lépjem meg mindazt, amit elhatároztam. Tudtomra adta, hogy jelenleg semmiféle okot nem lát arra, hogy bármiféle kezelésre lenne szükségem, de ha bármikor úgy érzem, hogy segítségre, tanácsra van szükségem, akkor nyugodtan keressem fel.

Ezt követően még két alkalommal vettünk részt a csoportunk találkozóján. Ekkor már másként viszonyultak hozzám, hozzánk a többiek. Úgy érzem, elgondolkodtak a levelemen, és bizonyára értesültek a pszichiátriai vizsgálatom eredményéről is. Próbálták rávenni Istvánt, hogy menjünk el együtt egy másik pszichológushoz. Egy olyan terapeutát ajánlottak, aki mint családsegítő tevékenykedik, de valójában apácaként élte le az életét, és pár éve jött haza külföldről. Egyszer voltunk ennél a pszichológusnál. Azonnal kiderült, hogy férjemmel elfogult, engem viszont szinte meg sem hallgatott, de ugyanakkor kérdőre vont azok alapján, amit a férjem közölt. Végül is István volt az, aki nem szorgalmazta a továbbiakban, hogy ismételten elmenjünk, én pedig elfogadtam a helyzetet. Valójában örültem is, hogy nem kell odamennünk, mivel érzékeltem a pszichológusnő ellenszenvét velem szemben, ugyanakkor én sem voltam bizalommal vele szemben. Olyan érzésem volt, hogy a mi párkapcsolatunk oly bonyolult már az ifjúságunk idejétől kezdve, hogy ebben ő, mint apáca, nemigen tud a segítségünkre lenni. Valójában a gyökerekig kellene visszamenni, és onnan kezdve mindent felgöngyölíteni, feloldani. Erre pedig ő alkalmatlan. Így érzelmileg nehéz helyzetbe kerültem, hiszen fizikailag, a mindennapi valóságunk szintjén megszűnt már a kapcsolatunk, de érzelmileg hosszú ideig nem tudtam Istvántól elszakadni.

Közben októberben Balázst végleg hazaengedték a kórházból. A sok gyógyszer hatására még kába volt, de már teljesen rendbe jött a gondolkodása, lecsitult, megnyugodott. Még táppénzen volt, de mivel időközben volt munkahelyén felmondtak neki, így új helyet keresett. Új munkahelyén december eleje körül kezdett el dolgozni. Senkinek sem szólt, csak két hét elteltével mondta el, hogy saját felelősségére abbahagyta a gyógyszerek szedését, pedig elég sokféle, és nagy dózisú szert kapott. Egyszerűen érzékelte, hogy ezekre nincs már szüksége, sőt azt tapasztalta, hogy zavarják, irritálják, idegesítik e gyógyszerek. Különben sem akart ezektől függőségi viszonyba kerülni. Ezt követően rohamosan, szinte egyik napról a másikra teljes mértékben visszanyerte egészségét.

Novemberre lelkileg mélypontra kerültem. Még mindig görcsösen kapaszkodtam férjembe. Fizikailag megszűnt a kapcsolatunk, szinte teljesen formális, szűkszavú, semmitmondó lett a viszony közöttünk. Ráadásul valójában én léptem ki, én kezdeményeztem az elválást. Lelkileg azonban semmiképpen sem tudtam elszakadni tőle, így teljesen kétségbeejtő volt a helyzetem. Végül is egyik este Istenhez menekültem. Tőle kértem segítséget és választ arra, hogy miért kapaszkodom ilyen görcsösen Istvánba.

Ezen az éjszakán egy nagyon mély meditatív állapotba kerültem. Ilyen mély szinten ezt megelőzőleg még nem voltam. Megéléseim alapján úgy gondolom, hogy valószínűleg odaát voltam, az Égi Világban. Lepergett előttem az életem. Az eddigiekhez viszonyítva ez volt a legmélyebb szintű életút-áttekintésem. Közben szívem körül erős fájdalmak léptek fel. A már jól ismert módon energetizálni kezdtem magamat a szívcsakra és a napfonati csakra körül. Közben olyan információkat kaptam meg odaátról Istentől, amelyeket több hónap eltelte után tudtam csak helyretenni.

A születés előtti lét állapotába kerültem. A lélek megszületni készült. Érzékeltem, hogy előző megtestesüléseim során elég magas szintre jutottam. Jelen életbeli tervem során úgy döntöttem, hogy négy különböző földi testben születek le. Így a lélek négy részre osztódott, és ugyanazon lélek négy földi testben történő megtestesülése történt meg. István született le elsőként, 1944-ben. Én másodikként születtem le 1946. aug. 9-én, 13 óra 30 perckor, majd megközelítően két hétre rá leszületett Viktor, a főiskolai plátói szerelmem. Végül 1949-ben Géza, akivel szintén meghitt kapcsolatba kerültem életem során. E kapcsolatról röviden könyvem elején már írtam. Én a spirituális sík, vagyis az intuíció alapjával születtem le. Megkaptam három lélektársam alapbeállítottságát is. István a tapasztalati sík embere. Viktort az intellektusa határozza meg, Gézát pedig az érzelmei irányítják. A cél mindannyinknál azonos: az adott síkról elindulva mind a négy síkon (a tapasztalat, a gondolkodás, az érzés és az intuíció síkján belül) a harmónia, az egység megteremtése a saját egyéniségünkön belül. Ez lényegében magába foglalja az önmagunk külső és belső valósága közti egységet, harmóniát is. Ezt elérve új élet lehetősége tárul fel előttünk. Miután elértük az adott célt, találkozva összegezzük élettapasztalatainkat. Ez volt mindannyiunk esetében az alapküldetés e földi életre. Számomra az alapküldetéshez még plusz életcélok kapcsolódtak: tanítói, tanulói szerep. Egyszerre legyek tanuló és tanító az ÉLET ISKOLÁJÁBAN. Vagyis az önmegvalósítási folyamatomban mint tanuló dolgozom, majd közben tapasztalataimat továbbadom, mint tanító. E programhoz kapcsolódott a pedagógusi hivatásom is.

A párkapcsolat terén további feladataim vannak. Két egymásnak ellentmondó akarat egységének, harmóniájának megteremtése a párkapcsolaton és önmagamon belül. Ezt úgymond felemás formában Istvánnal éltem meg. Végül is bennem megvalósult a harmónia, annak ellenére, hogy most elváltak útjaink, ugyanis azzal, hogy szívemben meg tudtam őrizni az iránta érzett szeretetet, ezzel valójában elfogadtam őt olyannak, amilyen, annak ellenére, hogy a külső valóságban elhagytam őt. Önmagamon belül ez az ellentmondások megélésében és feloldásában jelent meg, amely életem szerves részévé, mozgatójává vált. Jelenleg pontosan a gondolkodás és az érzés közti harmónia megteremtésén fáradozom. A szív gondolkodni, az ész érezni kezd.

A párkapcsolat terén még egy belső indíttatásom van. Még annak idején, 18 éves koromban fogalmaztam meg magamnak a társsal kapcsolatosan. „Egy lesz az életünk, a gondolatunk, a célunk!" Ezt ifjúságunk idején Viktor által, a plátói síkon megéltem, de a fizikai valóság síkján nem realizálódott a kapcsolatunk. Most lezárult életem első életciklusa, és új élet lehetősége tárult fel előttem.

Bizonyos értelemben a küldetésem is módosult, illetve magasabb síkra került. HÍD-SZEREP – itt az alapcél megmarad, vagyis a tanuló-tanító szerep, csak e cél most kiteljesedik. Összekötő kapoccsá kell válnom a földi és az Égi Világ között, és közben a megszerzett tapasztalataimat tovább kell adnom.

A párkapcsolat terén pedig mód nyílik majd az „Egy az életünk, a gondolatunk, a célunk" realizálására, teljes megélésére. Vagyis a híd-szerep betöltését, a közös cél, a küldetés megvalósítását együtt végezzük, oldjuk meg.

Valójában a TÁRS kiléte pontosan nem derült ki, csak sejtéseim voltak ezzel kapcsolatosan. Viktorra gondoltam, mivel annak idején a lelki valóság szintjén vele éltem meg mindezt, valamint a kapott információkból világosan kiderült, hogy közös küldetésünk van, amelynek teljesítése valószínűleg az elkövetkező időben lesz esedékes. Azonban a közös feladatunkkal kapcsolatosan ekkor még semmilyen információt nem kaptam.

Miközben e mély információkat raktároztam tudatomban, ráeszméltem, hogy már hosszú ideje nincs légzésem és szívverésem. A kezem mindvégig a szív- és napfonati csakrán volt az energetizálás miatt. Tudatában voltam annak, hogy ha a szívverés és a légzés sokáig kimarad, akkor a test működése megszűnik, ezért STIMULÁLTAM ezt követően a légzést. Valójában nem vettem levegőt, habár emelkedett és süllyedt a mellkasom, szívverésem pedig továbbra sem volt. Úgy tűnt, mintha a koronacsakrán keresztül lélegeztem volna. Ez akkor érthetetlen volt a számomra, mivel nem tudtam arról, hogy ez valóban lehetséges.

Közben egyre mélyebb tudatállapotba kerültem. Belemerültem egy végtelen, sötét semmibe. Nem volt félelem bennem. Kíváncsian szemléltem, hogy mi is történik velem. Éreztem mindennel, mindenkivel való egységemet. Minden és mindenki ott volt velem, bennem, habár csak az üres sötétség vett körül. Végtelenül puha, meleg szeretet burkolt be. Boldogan adtam át magam, és olvadtam bele ezen SZERETET valóságába. Ezzel az érzéssel belezuhantam egy mély álomba.

Reggel felriadva még teljesen sötét volt. Öt óra lehetett. Ugyanaz a végtelen sötétség, de már tiszta, hétköznapi tudattal érzékelve. Az éjszaka történtekkel kapcsolatosan mindenre emlékeztem, és borzalmas félelem vett erőt rajtam.

Végigfutott rajtam a gondolat: „Férjemhez való görcsös kapaszkodásom miatt a köztes térben, a bardó állapotában maradtam. Tehát meghaltam, de Istvántól képtelen vagyok elszakadni, ezért itt ragadtam a Földhöz kötődve."

Nem a halál miatt vett rajtam erőt a félelem, hanem azon tény miatt, hogy a köztes térben megrekedtem. Lassan felkeltem, felkapcsoltam a villanyt. Gépiesen elindultam a szokásos reggeli rutinfeladataim elvégzésére. Kint kakas kukorékolt. Nyugtatni próbáltam magamat. Ha hallom a kakas kukorékolását, akkor mégsem haltam meg. De tudtam arról is, hogy a bardó állapotában az ember képes megteremteni a földi életének körülményeit, így ez nem győzött meg. Elkészítettem a reggelit. Közben férjem is felkelt, reggelizett, készült a munkába indulásra. Csak a „szokásos" szűkszavú, mindennapos pár szó, amit váltottunk. Nem mertem az éjszakai megéléseimről beszélni neki. Különben is, ekkor már külön hálószobában aludtunk, és csak formális volt a kapcsolatunk. Elment dolgozni, és én még mindig az éjszaka történteken gondolkodtam. Mi volt ez? Visszapergettem a megélteket. Minden történésre, minden információra világosan emlékeztem. Nagyon zaklatott voltam. Azután a délelőtt folyamán nem bírtam tovább. Lányomnak elmondtam mindent. Megnyugtatott és közben átölelt, megsimogatott.

„Nyugodj meg, anyukám, itt vagy köztünk. Ha odaát lennél, akkor képtelen lennél arra, hogy kapcsolatot létesíts velünk, hogy érezd a simogatásom!"

Némiképp lecsitultam, de valójában nem nyugodtam meg. Közben ezt követően, egy hét múlva, két hónapig tartó betegségbe zuhantam. E hét alatt érdekes események történtek velem. A következő napokban Évivel Budapestre utaztam egy előadásra, amelyen pontosan a megélésemhez kapcsolódó spirituális információk sokaságát kaptam meg. Majd a hétvégét férjemmel Ispánkon töltöttük. Itt részt vettünk egy művészeti foglalkozás-sorozaton, amely szintén a spirituális folyamataink megéléséhez kapcsolódott. Boldogan érzékeltem férjem változását; éreztem, a kedvemért jött el. Reményt láttam arra, hogy mégis csak rendeződik a kapcsolatunk. Emlékszem, úgy éltem meg mindezt, mintha nem is a Földön lennék. Szinte lebegtem, nagyon könnyűnek, boldognak, feloldottnak éreztem magam. Itt vásároltam egy könyvet, mely az akashába tartozó dolgokról szólt. Lényegében ebből információt kaptam arról, hogy az Akasha Krónikába való bepillantást követően mi megy végbe az adott egyénben. Ráeszméltem, hogy azon az éjszakán valójában ebből merítettem a kapott információkat. Tudatosodott bennem, hogy ennek hatására nagyfokú külső és belső átalakulásra számíthatok, amely bizonyos esetekben igen kíméletlen, keserves és borzalmas is lehet.

Férjem közeledését boldogan fogadtam; reményt láttam arra, hogy közösen találjunk helyzetünkre megoldást. Sajnos ez csak rövid ideig tartott. Közben egy intenzív, kemény, megsemmisítő szembesülési időszak indult el az életemben. Ekkor kezdődött azon betegségem, amely teljesen átformált. Hosszú ideig szinte felkelni sem tudtam. Ekkor ő végképp feladta. Mindarról, amit azon az éjszakán átéltem, nem beszéltem neki, hiszen ő az ilyen mély lelki, spirituális dolgokat általában elutasította. Féltem, hogy nem értene meg. Sőt tényleg azt hinné, hogy megzavarodtam, hiszen még nekem is oly érthetetlen, zavaros volt minden. Betegségem ideje alatt bizonyos értelemben egy halálfolyamaton mentem keresztül. Később lányom elmondta, hogy minden reggel azon gondolattal jött be a szobámba, hogy vajon élek-e még. Enni szinte semmit sem tudtam, és igen gyengének éreztem magam. Közben magam sem tudtam, hogy itt vagyok-e a földi világban, vagy meghaltam és a másvilágon bolyongok. Néha egész tiszta képekben érzékeltem életem egész vonulatát, értelmezését, feldolgozását, a bennem lévő negatívumok feloldását, valamint ezáltal nyert megtapasztalásaimat. Aztán a következő percben homályos, kusza, érthetetlen információk érkeztek és ismét összezavarodtam, nem értettem semmit. Majd újból kitisztult a kép, és világossá vált előttem a megelőző üzenetsor.

A megközelítőleg két hónapig tartó folyamat során bennem lezajlott a kapott információk feldolgozása, az egész életem magasabb szintű értékelése, feldolgozása, megértése. Magával a kapott információval kapcsolatosan minden, az egész eddigi életem világossá vált a számomra. Már értettem azt is, hogy miért kapaszkodom görcsösen Istvánba; hiszen egy lélek van jelen mindkettőnkben. Nem tudom kizárni, megtagadni, mert akkor önmagamat tagadnám meg. Könnyebbé vált az elszakadás folyamata is, hiszen tudatosodott bennem, hogy csak a fizikai valóság szintjén van elszakadás, a lelki valóság szintjén tértől és időtől független egység van, egyek vagyunk. Bennem él és én benne, akkor is, ha ő ezt nem érzékeli. A külső fizikai valóságnak ilyen értelemben nincs jelentősége. Teljesen megkönnyebbültem ezáltal.

Aztán világossá váltak előttem az ifjúságom idején megélt érzéseim. Most már értettem azt is, hogy miért szerettem Viktort és Istvánt is egyformán mély szeretettel. Érthetővé vált az is, hogy annak idején miért kötődtem Gézához is ugyanilyen erős érzelmi szállal. Valójában nem szakadtam el Viktortól sem, Istvántól sem, és Gézától sem. Sőt szívembe zárva mindannyiukból őrzök valamit, amit előhívtak belőlem az örök egységünkből. Viktor nélkül nem olvadt volna le a jég a szívemről. Géza nélkül nem élhettem volna meg érzéseimmel való szembesülésemet. István nélkül nem tapasztalhattam volna meg a test, lélek, szellem egységének varázsát önmagamon belül. Nekik köszönhetem, hogy most az vagyok, aki.

Közben rájöttem arra is, hogy István és Géza lélektestvérem, Viktor azonban lelki ikertestvérem. Már gyerekkoromban – úgy 14-15 éves lehettem – érzékeltem azt, hogy létezik valahol egy ikertestvérem. Sőt azt is tudtam, hogy fiúról van szó. Többször faggattam édesanyámat ezzel kapcsolatban, mindannyiszor magamra haragítva őt. De ez az érzés mindig jelen volt bennem. Teljességgel érzékeltem a jelenlétét, a létezését. Nem értettem: hiszen csak egypetéjű ikrek esetében áll fenn ilyen fokú azonosulási érzék. De az egypetéjű ikrek azonos neműek. Most már érthetővé vált ez is a számomra. Aztán itt van a születési időpontunk. Ha jól tudom, akkor úgy két hét lehet közöttünk. Tehát megközelítően egy időpontban, egyszerre indultunk el az Égi Világból e földi létbe. Végső bizonyíték a számomra pedig maga a kapcsolatunk, mindaz, amit ott a főiskolán átéltünk. Szavak nélkül tudtuk egymás érzéseit, gondolatát. Nem volt szükségünk a szóbeli kommunikációra. Igen, tudom, hogy létezik ilyen képesség, a telepátia, hiszen bizonyos szinten én magam most már elsajátítottam ezt, a halláskárosodásom kompenzálása következtében. De akkor ott nekünk még semmilyen adottságunk nem volt ezzel kapcsolatosan, hiszen mások esetében ez nem működött, csakis kettőnk viszonylatában. Persze az igazsághoz hozzátartozik az is, hogy sohasem beszéltünk az érzéseinkről, így pontosan nem tudom, hogy ő mit érzett és érez irántam. Lehetséges, hogy Viktor nem egészen így élte meg a kapcsolatunkat, és valójában mindazt, amit ott a főiskolán megéltem, csak az élénk fantáziám színezte ki. Azonban amit átéltem, mindaz valóság volt a számomra, mert bennem zajlott le. Ez pedig kitörülhetetlen nyomot hagyott bennem. Most, hogy tudom összetartozásunk égi eredetét, lélek-ikertestvérségünk igazságát, így tisztában vagyok Örök Egységünkkel. Bármit hoz is az ÉLET a számomra, ő bennem jelen van, én pedig benne létezem. Ez tértől és időtől független valóságként él bennem akkor is, ha a földi valóság síkján soha sem realizálódhatna a kapcsolatunk.

Mindez akkor csak sejtésként jelent meg bennem. Akkor még erősen kísértett Istvánhoz kapcsolódásom árnyéka. Hiába vált könnyebbé az elszakadás, a belém rögződő szálakat nem téphettem ki magamból. Így aztán érzelmi függőségem hosszú hónapokig fennmaradt. Csak 2000 végére sikerült teljesen függetlenné válnom a férjemtől.

A betegségből végül is február közepére teljesen felépültem. Ekkorra már elfogadtam a történteket. Tudtam, hogy valóban „bardó" állapotban voltam a betegségem ideje alatt, de itt, ebben a földi, fizikai állapotomban. Elfogadtam, tudtam, hogy így van, de még nem értettem. A megértése csak később következett be.

ÖTÖDIK FEJEZET

Átalakulásom utolsó periódusa

Ebben az időszakban nagymértékben megváltoztam, és az élettel kapcsolatos felfogásom átalakult. Másképp értelmeztem már az élet és halál kérdését; a betegség és egészség viszonyát; a szeretet valódi tartalmát; az emberi kapcsolatok lényegét; a földi életünk jelentőségét; a jó és rossz fogalmát; a bűn, a büntetés és feloldozás kérdését; az élet értelmét; a boldogság valóságát; a túlvilág, mennyország, pokol világát. Mindez fokozatosan alakult ki bennem, amilyen mértékben előreléptem önmegvalósítási utamon, és ezáltal letisztultak, feloldódtak bennem az addig elnyomott, tudattalan részeim.

Így helyére került bennem az idővel kapcsolatos különös megélésem, amely megközelítően egy évig bensőmben dolgozott. Az IDŐ megszűnt a számomra létezni. Az örök MOST pillanatában vagyok állandóan. Tudom, hogy mindez furcsán hangzik, de a számomra teljes és csodálatos valóság. Elfogadom az általunk meghatározott időintervallumokat. Az órák, a napok, a hetek, hónapok, évek múlását, de ez már nem lényeges a számomra, mert megértettem az örökkévalóság lényünkbe kódolt üzenetét.

Most villan emlékezetembe, hogy már legalább három éve nem hordok karórát. Akkor egy spontán energiafeltöltődés következtében teljes rövidzárlatot okoztam órámban, és ezért használhatatlanná vált. Mivel ebben az időszakban ilyen energiafeltöltődés sokszor igen magas szintű volt, valamint váratlanul, spontánul indult el és ekkor még irányítani nem tudtam, ezért lemondtam az óra viseléséről. Valójában az idő fokozatosan vált lényegtelenné a számomra, ahogy a belső folyamatok zajlottak és a megtapasztalásaim sokasodtak. Egy belső időérzék biztosítja, hogy mindig a megfelelő időben érkezzek a megfelelő helyre. Így amikor otthon tartózkodtam, már akkor sem figyeltem igazából az órák múlását. Sokszor azonban igen zavarban voltam, mert csak hosszas gondolkodással, kikövetkeztetéssel jöttem rá arra, hogy milyen nap van valójában. Később ez változott, és általában egész könnyedén igazodtam el az időszakokkal kapcsolatosan. Most azonban felfogtam, hogy maga az IDŐ csak a mi realitásunkban, a földi, racionális síkon nyer valóságtartalmat, és lényegében mi magunk alkottuk meg a saját „korlátozott" valóságunk kivetítésével. Ha azonban a valóságunk átalakul, feltárul a belső, határtalan lét, akkor már értelmetlenné válik a háromdimenziós világban alkotott időfogalmunk. Vagyis az IDŐ kitárul ezáltal és utat nyit a végtelenbe, ahogy ezt a jungi pszichológiai tanfolyam során megsejtettem, és bensőmből feltörve megfogalmaztam „Az idő" c. versemben. Sok akkor sejtésként, megérzésként megélt és belülről feltörő dolog, érzés, gondolat, álom most teljes valóságom részévé vált. Most megélem azt, amit akkor lelkemből felfogtam.

Szeretnék most az élettel kapcsolatos jelenlegi felfogásomról írni. Másképpen értelmezem az élet és halál kérdését. Egyszerűen tudom, hogy nincs halál, csak állandóan lüktető, változó, megújuló ÉLET létezik. Jelen, földi életünk csak egy pillanat az örökkévalóságunk folyamatában, mégis e pillanat nagyon jelentős, fontos és megismételhetetlen úgy, ahogy itt és most megéljük. Ugyanígy még egyszer már nem élhetem meg. „Nem lehet ugyanabba a folyóba kétszer belelépni." Minden állandóan változik. Ugyanakkor újabb és újabb megtestesülések egymásutánjában folytatom utamat életem örökkévalóságának időtlenségében.

A különös az egészben, hogy egészen idáig a reinkarnációt nem fogadtam el teljes mértékben. Nem utasítottam el teljesen, de fenntartásaim voltak. Úgy gondoltam, lehetséges, hogy létezik, de mivel nekem nem volt ezzel kapcsolatos megtapasztalásom, így magamra nézve nem volt érvényben. Azután az azon a különös éjszakán átéltek következtében igen komoly tapasztalatokat kaptam minderről. Egyszerűen biztosan tudtam, hogy számtalan előző életem volt, amelyek során egy igen magas szintre jutottam el. Akkor még az előző életeim láncolatába nem nyertem bepillantást, de tudtam, hogy ezek léteztek. Valójában minden, ami megtörténik, annak az adott helyen, az adott időben, az adott módon meg kell történnie. Minden úgy jó, ahogy van, még akkor is, ha az adott szituációban mi „rosszként" éljük meg. Ez nem azt jelenti, hogy behatárolva vagyok, és mintegy elrendeltetésként az adott hely, idő és mód függvényében létezem. Szó sincs erről. Pont ellenkezőleg: mindenkor saját szabadságunknál fogva, szabad akaratunkból mi magunk döntünk, vagyis mi ismerjük fel ösztönösen vagy tudatosan az adott helyet, időt és módot. Csakhogy amíg én magam bekorlátozom magamat a beszűkült gondolkodásmódommal, addig nem láthatom a különböző sok-sok helyzetet, utat, lehetőséget. Így pedig ösztönösen cselekedve nem biztos, hogy a legmegfelelőbbet választom. E földi életem is számtalan, különös és végtelen lehetőséget rejt magában. Minden pillanatban újabb és újabb utak nyílnak meg előttem, de a földi időkeretem, a földi valóságom, a belém rögződött gátlásokkal, félelmekkel, aggodalmakkal, kétségekkel teli gondolkodásmódom behatárol. Így csak azt érzékelem a lehetőségek közül, amelyre pont rálátok, ráhangolódok. A többi lehetőséget a láthatatlan homály fedi, a lepel, amely a földi világunkat és az Égi Világot elválasztja. De miért ne lehetne megváltoztatnom a látásmódomat, újra és újra megújuló tekintettel, a gyermek szemével nézni, látni a világot és benne magamat? E gyermek mindenre őszinte csodálattal és csodálkozással tekint, és ezáltal befogadja, magába ötvözi a CSODA teljes valóságát. Igen, gyermekké kell válnunk. Félelem nélkül, megújuló, állandóan változó tekintettel szemlélni, befogadni a határtalan valóságot. Így a lepel lehull, a homály eloszlik, és mi felfogjuk az elénk táruló lehetőségek panorámáját.

Bevillan most egy, évekkel ezelőtt átélt álmom. Erről már az előzőekben írtam. Egy végtelennek tűnő víztengerben vergődtem. Újra és újra a mélybe, a víz alá merültem, és ezáltal többször egymás után átéltem a halálomat, de ugyanakkor a víz alatt még mindig élve, küszködve kínlódtam. Nagy erőfeszí-

téssel újból és újból a felszínre jutottam. De éppen, hogy leve-
gőt vettem, a mélység újból magával rántott. Átfutott rajtam a
gondolat: „Nem tudok úszni. Így biztosan odaveszek." (Valójá-
ban tudok úszni, de itt, az álom során ez teljesen más értelem-
ben jelentkezett.) Mikor többszöri sikertelen kísérlet után újból
a felszínre kerültem, jött a másik gondolat: „Semmi baj. Nem is
kell úszni, hiszen a víz az éltető közegem, része vagyok, így elég
csak ráfeküdni és hagyni, hogy magával ragadjon, vigyen." En-
nek megfelelően cselekedve nyugalom, békesség, öröm járt át.
Csodálkozva tapasztaltam, hogy semmit sem kell tennem ah-
hoz, hogy a felszínen maradjak, csupán csak eggyé kell válnom a
vízzel. Ez pedig valójában nem is oly nehéz, hiszen – a víz, a ten-
ger, az óceán – Isten része vagyok. Ekkor csodálatos panoráma-
ként tárult elém kétoldalt a partvonal, a környezetem valósága.

Most visszatekintve pontosan ezen mentem keresztül az el-
telt évek alatt. Újra és újra lemerültem a mélybe, a tudattalan
világomba, a lélek mélyére. Közben átéltem a halálomat, hiszen
életünk minden pillanatában, mikor szembesülve gátjainkkal,
félelmeinkkel, akadályainkkal feladjuk, túllépjük ezeket, akkor
újra és újra meghalunk egy kicsikét. Meghalunk a régi valósá-
gunk világában, és újjászületünk egy új valóságra. Mint a főnix-
madár, mely hamvaiból újjáéled. Valójában a benső világunk-
ban végbemenő folyamatok egy belső égésként, tisztulásként
zajlanak le. Így bizony ez nem is olyan mitológiai kép, hanem
a teljes valóságunk része. Közben álmomban eljött a felisme-
rés, nincs semmi baj, nem is kell úsznom. Nem baj, ha az élet
rögös útjain úgy érzem, tévutakra léptem; nem baj, ha elestem,
ha betörtem a fejemet, ha elvesztettnek érzem magamat. Igaz,
igen kínos, nehéz, sokszor kínkeserves, kibírhatatlan helyze-
tek ezek. De ha tudom, hogy ezeken át kell esnem azért, hogy
megértve, feldolgozva, feloldva előreléphessek életutamon, ak-
kor sokkal könnyebbé válik a helyzetem. Ezáltal tapasztalatra
ra teszek szert az életem tanulásának folyamatában. A magam
által teremtett gátakon képes vagyok túllépni, hiszen egy va-
gyok a vízzel, Isten része vagyok, Ő velem, bennem van, Őál-
tala minden lehetségessé válik a számomra. Ha pedig Isten ve-

lem van, akkor ki van ellenem? Rádöbbenek arra, hogy egyedül én magam vagyok önmagam ellensége. Lehet, hogy egészen eddig másokat, a környezetemet, a körülményeket hibáztattam nyomorúságos életemért, a nehéz helyzetekért, de most rádöbbenek, hogy én magam vagyok az oka mindennek; én vagyok az akadály, a gát. Valójában azonban nem én, nem az, Aki Vagyok, csupán a látásmódom, a szemléletmódom, a beszűkült gondolkodásom az akadály. Ezen pedig képes vagyok változtatni, ha akarok. Persze ha ezt nem akarom vagy nem merem felvállalni, akkor bizony nem történik semmi sem, csak esetleg még nyomorúságosabb helyzetbe kerülök. Dönthetek így is, hiszen a szabad akarat mindenkor biztosítva van a számomra. De ha nem merem felvállalni a változást, a megújulást, akkor magamra vessek. Nem hibáztathatok senkit sem azért, mert borzalmasnak találom az életemet. Felvállalva a belső szembesülést, Isten által világossá válik a valóság egy másik dimenziója, amely épp úgy az én valóságom, mint az eddigi, korlátok közé szorított létem. De ez a valóság már más: korlátok, határok nélküli, maga a határtalan lét. Persze ez nem egyszerre tárul elém, hanem fokozatosan, ahogy haladok előre életutamon. Továbbá meg kell, hogy ismerjem megújult életem törvényszerűségeit ahhoz, hogy élni tudjak az új lehetőségekkel. De ez már nem nehéz, csak rá kell hagyatkoznom a belső vezetésre, és ezáltal Istentől minden szükséges segítséget megkapok. Ez bizony halál a javából, hiszen meg kell halnom teljes mértékben a régi valóságom világában. Fel kell adnom minden berögződésem, szokásom, életfelfogásom, életvitelem, függőségi helyzetem, amely akadályoz a belső világom teljes feltárulásában, az Örök Énem kibontakozásában.

Ezt átélve felfedezőútra indulok az új világom terén. Pontosan ez a felfedezőút, ez a határtalan, folyamatában feltáruló, újszerű, állandóan kiteljesedő valóság jelenti, hogy az új lét roppant izgalmas, ezernyi titkot és csodát rejtő életként jelenik meg a számomra. Így valójában már nem is a cél, hanem maga az út válik fontossá a számomra. Pontosan az út a lényeg, vagyis az, hogy hogyan élem meg az életem.

Visszatérve a halálra. Egyáltalán mit élek meg a halál során, mit értek a halál alatt? Mi a halál gyökere? Hol van a halál fullánkja? A halál gyökere, fullánkja bennünk a félelem. A félelem pedig a SZERETET hiánya. A SZERETET pedig maga ISTEN. Tehát a félelmeink, a halálunk gyökerei az Istentől való elszakadásunk illúziójából eredően a lelkünk legmélyén megbúvó ősfélelmünkből fakadnak. De ha ezt egyszer meglátom, érzékelem, elfogadom, akkor azt is felismerem, hogy ez bennem egy téves hiedelem. Hiszen ha egyszer Isten része vagyok, akkor képtelenség elszakadnom Tőle. Egyáltalán létezik valami is a teljes, határtalan létben, ahol Isten ne lenne jelen? Isten teremtette a világot, Ő mindenben és mindenkiben jelen van, attól függetlenül, hogy korlátozott gondolkodásunk és felfogásunk miatt ezt képtelenek vagyunk érzékelni. A sátán, Lucifer, a gonosz sem létezik valahol az Isten által teremtett világon kívül. Isten senkit sem taszított ki, hanem mindenkor a saját korlátozott gondolkodásával és az ebből fakadó tetteivel, az adott lény önmagát az illúziók világába taszítva úgy érzékelte, hogy kikerült Isten világából. Így az elszakadás csak egy hamis illúzió, amelyet mi magunk teremtünk. Persze ezt ettől függetlenül teljes valóságában megéljük a földi létünk során a harmadik és negyedik dimenzióban. Ráadásul amíg nem kerül belső vizsgálódásom felfogó fényébe, addig mindez felfoghatatlan a számomra. De miután ezt igazában megértettem, akkor már egyszer és mindenkorra szertefoszlott a félelem, és elindulok az úton HAZAFELÉ, a Teremtőhöz. E ponton tárulhat csak elém fokról fokra az ÉLET folyamatának csodálatos és határtalan panorámája. Bármennyire kínkeserves is az út idáig, mégis fel kell vállalnom, hiszen csak ez a lehetőség maradt most számomra nyitva ahhoz, hogy az ÉLET igazi valóságát megélhessem. Így a tudatosság magasabb fokára kell fellépnünk egyénileg és együtt mindannyiunknak, az egész emberiségnek, amely által „az élet teljes igenlését és tagadását szabad akarattal és teljes szándékkal átéljük", ahogy Jung fogalmazta meg annak idején. Igen, akkor még szellemiségünk azon foka csak azt tette lehetővé, „hogy az igenlést tudatosan akarjuk, s a tagadást legalább elviseljük". Ma azonban már más a helyzet. Tudom, mert megéltem: képes rá az ember, hogy a magasabb tudatosság fokára fellépjen, és teljességgel – ahogy számára az adott helyzetekben fokról fokra feltárul –, egyszerre megélje az élet igenlését és tagadását. Ez pedig a halál tudatos felvállalását, majd annak megsemmisülését, és a teljesebb élet megélésének a lehetőségét rejti magába. Mikor következik be hát ténylegesen a halál? Valójában soha. A földi szemléletünk szerint, amikor a test életfunkciói megszűnnek. De ez csupán a fizikai test halála. A lélek, a szellem örök, és továbbra is él, de egy másik dimenzióba kerül, amit mi Égi Világnak nevezünk. Amit mi halálnak nevezünk, azt az Égi Világban születésként ünneplik. A mi Földre történő születésünk pedig az Égi Világ szempontjából jelent „bizonyos értelemben halált", mivel kikerülünk azon lét dimenziójából. A földi világba való megszületésünkkel fokozatosan alászáll a feledés leple, amely megakadályozza, hogy mélyebb kapcsolatba lépjünk az égi dimenzióval. A lélek mélyén azonban él a velünk hozott valóság, és az élet adott helyzeteiben fel-felbukkan. Jelenleg egyre nagyobb mértékben lebben fel a fátyol, a feledés leple, és nyílik mód arra, hogy bepillantsunk az Örök Otthonunk világába.

Én a jelenlegi felfogásom szerint azt az állapotot tekintem halálnak, amikor távol vagyok Istentől. Lehet, hogy vallásos hitvilágban élek, hogy templomba járok, hogy megtartom – amennyire csak képes vagyok – a parancsolatokat, mégis boldogtalannak érzem magam. Mi hiányzik? A teljes valóság, Isten valósága, az, hogy belül önmagamban fedezzem fel isteni valóságomat. Ez nem azt jelenti, hogy mintegy istenítem, istenné teszem, istenné kiáltom ki magam. Egyszerűen azt jelenti, hogy felfedezem és megélem, hogy Isten része vagyok, hogy Ő ott van bennem, a lelkem valóságában. Elindulok önmagamon belül megtalálni, felfedezni Istent. Ezáltal szembesülök belső valóságommal, értékeimmel és a belső félelmeimmel, gátjaimmal, akadályaimmal, a belső sötétségemmel is. Elválasztom, kiválasztom, feloldom ezáltal mindazt, amit én alkottam meg, de valójában nem a részem, nem tartozik lényem isteni valóságához. Így fokról fokra megismerem önmagamat és Istent. Közelebb kerülök önmagamhoz, ahhoz, AKI VAGYOK, a szellememhez és Istenhez. Tehát akkor vagyok halott, amikor a félelmeim, az aggodalmaim, a kicsinyességem, a dühöm, az összes „negatív" megnyilvánulásom falai közé bezárkózom, és nem is akarok onnan kilépni. Félelmeim megakadályoznak, hogy meglássam a mélyebb valóságot, és a változást felvállaljam. Amíg ebben az állapotban vagyok, addig halott vagyok – függetlenül attól, hogy e földi világban még élek. De ez az állapot valójában nem élet, csak az élet látszata. Abban a pillanatban azonban, mikor ezt felismerve a SZERETET, ISTEN mellett döntök és ennek megfelelően cselekszek, akkor elindul az Igazi Életem.

Ebben az időszakban a betegség és egészség viszonyával, lényegével kapcsolatosan is átalakultak nézeteim. E mostani felfogásom akkor kezdett bennem kikristályosodni mikor agyérgörcsök között fetrengve kijelentettem: „Minden fájdalmam ellenére egészségesnek vallom magam." Én ezt akkor teljességgel átéltem, és valóban az EGÉSZSÉG, AZ EGYSÉG, TELJESSÉG állapotában voltam. Vagyis a leendő jövő kivetítődött az akkori jelenbe, és azt a lelkemben átéltem, felfogtam. Azonban hosszú évekig tartó, kínkeservesen megélt folyamat eredménye a mai állapotom, amely már a földi, racionalitás világomban is látható, érzékelhető valóság.

Lényegében az egészség állapotában a test, a lélek és a szellem egyensúlyban van. Amikor az egyénen belül az élet különböző hatásai következtében az egység megbomlik, akkor lép fel a betegség. A test és a lélek a földi megtestesülés során szorosan kapcsolódik egymáshoz. Lényegében a lélek élteti a testet. A lélek végleges távozásával – az ezüstszál, az életfonal elszakadásával – megindul a testben a halálfolyamat. A szellem nincs ilyen szoros kapcsolatban a testtel. Valójában a fizikai testen kívül van, és a lélek által van kapcsolata a testtel. Azonban a lélek és a szellem közt sincs oly szoros kapcsolat, mint amilyen a test és a lélek között áll fent. A szellem csakis akkor lép közvetlen érintkezésbe a lélekkel és ezen keresztül a testtel, ha erre a lélek felhatalmazást adott, vagyis a lélek vágya, kívánsága ez. Amikor a lélek a racionális elme hatására bezárul, és így nem tudja felvenni a kapcsolatot önnön szellemével, akkor a szellem alászáll a testbe, és így próbál kapcsolatban maradni a lélekkel. Ekkor csak indirekt módon tud információkat, jelzéseket eljuttatni a lélekhez, és így magához az egyénhez. Ilyen közvetett lehetőség például az álom, az intuitív megérzések, a legbelsőbb érzéseink spontán feltörése, az imaginatív képek, az egzisztenciális ima, a spontánul megjelenő belső gondolataink. Nem az állandóan monoton ismétlődő monológjainkról, és nem az általában vett okoskodásainkról van itt szó, hanem olyan gondolatokról, amit magam sem tudom honnan, miképp bukkannak elő, de rádöbbenek a teljes valóságra általuk. Ha erre odafigyelek, és ennek irányában lépéseket teszek, akkor megindul a gyógyulási folyamat – sokszor még a legsúlyosabb és kilátástalan betegségek esetében is. A betegség és egészség kapcsán igen fontos kérdés, hogy vajon mikor, hol és hogyan kezdődik a betegség. A betegség gyökerét valójában a test, a lélek és a szellem közötti összhang megbomlásában kell keresnünk, méghozzá valahol a lélek mélyén. Minden betegség gyökere a lélekben van. A betegség a lélekben már jóval a testi megnyilvánulás előtt fellelhető. Ez láthatóvá válik az aurában, a testünket körülvevő energiaburokban is. Ezért lehetséges, hogy hozzáértő szakemberek egész korán, még a testi tünetek előtt felfedezik a probléma gyökereit. Életünk különböző helyzeteire, szituációira, konfliktusaira adott válaszreakcióink következtében épülnek be mélyen a tudattalanba a félelmeink, aggodalmaink, kicsinyességeink, és ezek gátolják, akadályozzák az életenergia áramlását. Energetikai blokkok alakulnak ki, és ezeken az energia áramlása megtörik, elterelődik vagy teljesen elzárt állapot áll elő egyes helyeken, és itt az energia elakad. Ezek azok a bizonyos „látható" jelek az aurában, amelyet a „látó" érzékel. Amikor ez az állapot hosszú időn át állandósulttá válik, akkor már megjelennek a testi tünetek is. Minél hosszabb ideje áll már fent ez, annál nehezebbé válik a feloldás, a feldolgozás folyamata, de ez sohasem reménytelen. Bármikor dönthet úgy az adott egyén, hogy felvállalja mindezt. De csakis akkor következik be a gyógyulás, ha azt ő akarja, és meg is tesz mindent a gyógyulása érdekében. Legkönnyebb helyzetben akkor vagyunk, amikor még csak a lélek terén áll fenn a probléma. Ha ekkor felfigyelünk erre, vagy felhívja valaki erre a figyelmünket és ennek hatására elindítjuk a kompenzáló, feldolgozó folyamatot, akkor viszonylag rövid idő alatt helyrehozhatjuk a kibillent egyensúlyt. Ezért is fontos komolyan odafigyelnünk saját szellemünk üzeneteire. Ha ezek az üzenetek csakis közvetve, az álmok, érzések, intuitív gondolatok formájában jelennek meg, akkor pedig különösen oda kell figyelnünk, és keresnünk kell ezeknek a valóságtartalmát, majd cselekedni ezeknek megfelelően. Ebben az esetben ugyanis nincs meg a szellem és a lélek között a közvetlen kapcsolat, és ha ekkor nem figyelünk a közvetett jelzésekre, akkor később sokkal súlyosabb helyzetbe kerülünk.

A következő fázis, mikor a betegség már testi tünetként is megjelenik. Itt már szellemünk súlyosabb eszközökhöz folyamodik, hogy végre az egyén felfigyeljen az intő jelekre és megtegye mindazt, amit önnön EGÉSZSÉGE, TELJESSÉGE, testi, lelki, szellemi egyensúlya visszaállítása érdekében meg kell tennie. Valójában senki sem képes meggyógyítani minket, csakis egyedül mi magunk. Ezeket a blokkokat mi alakítottuk ki, tehát nekünk magunknak kell helyre is hozni. Ideje lenne, ha mindezt az emberek felfedeznék, és felvállalnák saját felelősségüket a gyógyulásuk folyamatáért. Ezzel nem azt mondom, hogy nincs szükség az orvosokra, a természetgyógyászokra, a lelki segítőkre. Ezekre szükség van, de ők csak észrevételeikkel, tanácsaikkal, gyógykúráikkal tudnak segíteni. Az igazi lépéseket magának a betegnek kell megtennie. Először is meg kell hoznia az egyértelmű döntést, hogy meg akar-e gyógyulni. Érthetetlennek tűnik ez, hiszen ha valaki beteg, akkor természetesen meg akar gyógyulni. De ez nem ilyen egyszerű. Az egyén ösztönösen érzékeli saját felelősségét, és azt, hogy neki ebben a folyamatban nagy szerepe, feladata van, és ezért fel is kellene vállalnia a felelősséget, valamint tennie, cselekednie kell. Ez bizony nagy kihívás, mivel mindenfajta változás elől igyekszik az egyén kitérni. Végső soron mindez az ego – a tudatos elme – túlzott uralmával van összefüggésben. Az ego ugyanis fél mindentől, ami kimozdíthatja megszokott, begyakorlott, jól ismert helyzetéből. A változás bizonytalansággal jár, nincs előre kitaposott út, nem ismerjük még az útjelző táblákat, minden ismeretlen, szokatlan, ezért félelmetesnek tűnik. Pont ez az a helyzet, amikor az ego közbeszól, mert a változást, az ismeretlent nem szíveli. A félelem az újtól túlságosan munkál benne, és így leblokkolja a gyógyulás folyamatát. Itt kell megjegyeznem, hogy ez játszódik le minden más estben is, amikor az adott egyénnek – az életútján való előrehaladása érdekében – változtatnia kellene addigi életmódján. Az ego ekkor is közbeszólhat, leblokkolhatja, megakadályozhatja az egyént életútján való előrehaladásában. Igen, a beteg minden „tőle telhetőt" megtesz. Elmegy az orvoshoz, végigjárja a különböző vizsgálatokat, beszedi az előírt gyógyszereket, betartja az orvos utasításait, aláveti magát a műtétnek. Aztán végül kiderül, hogy mégsem gyógyult meg, illetve ha az egyik betegségből kigyógyul, akkor jön a következő – szépen, sorban egymás után. Sokszor évtizedekig elnyúló, elviselhetetlen, kínzó tünetek kíséretében fennálló betegség keseríti meg az egyén életét. Vajon miért? Egyrészt, mert nem figyelt fel már a kezdet kezdetén az intő jelekre, továbbá a betegség már súlyosabb fázisában képtelen meghozni a döntését és felvállalni a felelősséget önmaga gyógyulása érdekében. Egyetlen gyógyító sem képes meggyógyítani a beteget, ha ő nem akar valójában meggyógyulni, vagyis nem járul hozzá a gyógyulásához, mert az egója szorítása túl erős. Ilyenkor az ego az önsajnálat burkába búig, így akar törődést, szeretetet, elfogadást kicsikarni környezetéből. Ebben az esetben az egyén valójában a betegség mellett dönt, beteg akar maradni. Ez a folyamat akár egészen a legvégső, a legsúlyosabb helyzetig, sokszor halálos betegségek kialakulásáig is elvezethet. De még ekkor is lehetséges a gyógyulás, sőt csodával határos módon, néha bizony viszonylag rövid idő alatt. A titok nyitja az, hogy a beteg szembesül saját betegségének konfliktusával, ugyanis ez egy tudattalan folyamatként zajlott le egészen eddig benne. Közben ráébred arra, hogy mi is történt. Ezáltal elindulhat a gyógyulás mechanizmusa, amelyben ő már hatékony együttműködőként van jelen. Tehát felvállalta a felelősséget, és tényleges cselekvés történt. Ha ez a folyamat töretlenül végbemegy, akkor a lélek képessé válik arra, hogy önnön szellemével felvegye a kapcsolatot, és ennek hatására helyreáll a test, lélek, szellem összhangja, egysége. Így a beteg meggyógyul, és az EGÉSZSÉG helyreáll. Nem szabad elítélően, becsmérlően viszonyulnunk a beteghez, illetve a betegnek önmagához. Ez a folyamat ösztönösen, tudattalanul zajlik benne. Ő meg akar gyógyulni és fogalma sincs arról, hogy saját egója ezt akadályozza. Ugyanakkor pontosan ezáltal kerülhet olyan belső nyomás alá kilátástalannak hitt helyzetében, hogy végül is elindul benne a szembesülési folyamat. Egyszerűen saját szelleme csakis akkor képes hatékonyan kapcsolatba lépni az egyénnel, amikor ő a legmélyebb pontra eljutva rájön, hogy tarthatatlan a helyzete. Ekkor van esélye arra, hogy felvállalja a felelősséget önmagáért. De ehhez szabad akaratából meg kell hoznia a saját döntését, és annak értelmében cselekednie.

Mindebből láthatjuk, hogy milyen döntő szerepe van az egyénnek a saját gyógyulása, az egész élete folyamatában. Így bizony sorozatos megtapasztalásokat szerezve, felfigyelve a jelzésekre előadódik azon helyzet, hogy mindenkor képessé válik meggyógyítani önmagát. Saját megtapasztalásaimból tudom, hogy ez lehetséges. A következő fázis pedig, mikor állandósultá és megbonthatatlanná válik a test, lélek, szellem egysége. Ekkor már a betegség ki sem tud alakulni, mivel az adott egyén stabillá vált, és ez az immunrendszere megerősödését eredményezte. Ha eljut idáig, akkor már alkalmassá válik arra is, hogy saját tapasztalatait továbbadva mások szolgálatára legyen, másokat segítsen a gyógyulásuk folyamatában. De ne feledjük: a segítség semmit sem ér, ha az egyén a legfontosabb lépéseket – a felelősség felvállalását és önmagáért való cselekvést – nem teszi meg.

Az egészség és betegség kérdése szoros kapcsolatban van az önmegvalósítási folyamatunkkal, sőt ezek teljesen összetartoznak. Az önmegvalósítás folyamata pontosan a test, lélek, szellem összhangját, egységét hívja életre. Ebben a folyamatban végül is – mikor a lélek már ténylegesen felvette a kapcsolatot önön szellemével – a szellemünknek van döntő szerepe. Legvégül pedig elérkezik az egyén arra a pontra, amikor teljességgel átadja az irányítást saját szellemének, annak, Aki Valójában, ezzel felvállalja teljes valóságát.

E gondolatok az öngyógyítási folyamatomban fokozatosan alakultak ki, és teljes valóságként ezeket megtapasztaltam. Van egy nagyon lényeges tény ezzel kapcsolatosan: a gyógyulási folyamatra nagyon nagy hatással van a hozzáállás. Azon helyzet, hogy mennyire hiszek a gyógyulásomban. A belső hit, a pozitív hozzáállás már fél gyógyulás. Ez is lényegében magát a felelősségvállalásomat erősíti fel. Ennek egy fokozott formája, mikor – bármilyen hihetetlenül is hangzik – még a beteg állapotomban már egészségesként tekintek magamra, vagyis teljesen egészségesnek tartom magamat. „Minden fájdalmam ellenére egészségesnek érzem magamat." Ezáltal egy bizalmat előlegezek magamnak, és a jövőt a jelenben mintegy megélem. Ezzel felgyorsítom a gyógyulásom folyamatát.

Nagyon sokat segít, ha megvizsgálom, hogy az adott egészségügyi problémámmal kapcsolatosan mikor voltam életem során hasonló helyzetben. Akkor milyen külső és belső körülmények játszottak, játszhattak szerepet a helyzet kialakulásában? Hogy oldottam meg akkor azon problémát? Milyen eredményt értem el? A jelen helyzetemben ezek közül mit tudok használni? Most milyen okok, körülmények játszanak szerepet? Mit kell most másképpen cselekednem? Milyen változások következhetnek be az adott reakcióim, cselekedeteim hatására? Mi az üzenete a betegségemnek? Mit akar a tudtomra hozni?

Említettem már az előzőekben, hogy az élettel kapcsolatos több felfogásom megváltozott, átalakult. Most a szeretet valódi tartalmával, az emberi kapcsolatok lényegével, a földi életünk jelentőségével, az élet értelmével és a boldogság valóságával kapcsolatban szeretném jelenlegi gondolataimat közölni. Férjemtől való elszakadásom alatt mélyen átéltem a bennem élő szeretet valóságának fájdalmát, belső lényegi valóságát, és felfogtam valódi tartalmát. Kilátástalan helyzetemben feltettem magamnak a kérdést: Krisztus mit tenne a helyemben? Egyértelmű volt a számomra, hogy semmiképpen sem erőltethetem rá magamat a páromra, ha a Megváltó útját kívánom követni. De akkor mit tegyek? Tűrjem tovább a sorozatos megaláztatást és húzódjak háttérbe, tagadjam meg önmagam? Nem, ez sem lenne célszerű. Így aztán felmértem a helyzetemet és rájöttem, hogy a megalázást én magam érzékelem, de nem biztos, hogy férjemnek az én megalázásom a szándéka. Képes vagyok arra, hogy ezt magamban feloldjam. Tudom jól, hogy valójában minderről nem tehet. Nem velem van valójában baja, hanem önmagával. Saját magával nincs kibékülve, és ezt vetíti rám. De akkor ezzel önmagát becsmérli le. Így végiggondolva ezeket rájöttem, hogy amit megéltem, az már elmúlt, eltűnt a fájdalom. Hát akkor nézzük meg mélyebben a helyzetet! Húzódjak háttérbe, tagadjam meg önmagam, hogy a konfliktus elkerülhető legyen? De ez struccpolitika, nem vezet eredményre. Tehát ki kell állnom önmagamért, fel kell vállalnom a szembesülést, aztán hogy ő ezt hogyan fogadja, az már az ő felelőssége. Hiszen Krisztus sohasem volt megalkuvó, mindenkor kiállt a belső hite mellett, sőt ha szükséges volt, igen keményen lépett fel. Ha elnézem, eltűröm az engem ért sértést, akkor becsapom a másikat és ezzel elősegítem, hogy megragadjon saját téves, rögeszmés gondolkodásában. Ugyanakkor rá sem kényszeríthetem a saját álláspontomat. Ha megvallom, feltárom nézeteimet, ugyanakkor együtt érzek vele, és rábízom, hogy ő ezt miként fogadja, akkor a szeretetemet a belső elfogadásom által megőrzöm iránta, és önmagamért is felvállalom a felelősséget. Így a belső valóságunkban a szeretet egysége tovább él, mert átléptem a másik fél érzésvilágába, megértettem a megnyilvánulásait, elfogadtam olyannak, amilyen, ezáltal továbbra is egységben vagyok vele. Az elkülönülésünk már csupán abból adódik, hogy ő nem látja önnön belső valósága világát. Valójában önmagát visszautasítva, egy téves nézőpontból látja a helyzetet. De ez nem a valóság, hanem a valóságnak egy téves vetülete. Az élet különböző szituációiban igen nehéz a Krisztusi Szeretet nevében cselekedni. De ha szembe merünk nézni önmagunkkal, ha fel merjük tárni elakadásainkat, gátjainkat, korlátainkat, és feloldásuk érdekében megtesszük a szükséges lépéseket, akkor képessé válhatunk e szeretet jegyében élni. Igaz, hogy ez sokszor a külvilág bírálatát, ellenszenvét válthatja ki, de ha kitartunk a SZERETETBEN, akkor az hoszszú távon mindenképpen minden és mindenki javát szolgálja.

E kérdéssel kapcsolatosan már érintettem az emberi kapcsolatok lényegét, mivel e kapcsolatok pontosan a szeretetre épülnek. Még egy lényeges dologról szeretnék itt beszélni. A konfliktushelyzetek során, ha valaki viselkedése irritál, zavar, akkor nagyon fontos, hogy belső önvizsgálatot végezzek. Mielőtt bárkit is bírálnék, elmarasztalnék, nézzem meg, miért zavar az adott helyzet. Igen fontos, hogy elfogulatlanul, ugyanakkor kritizálás nélkül szembesüljek önmagammal. A lényeg az, ha valaki egy bizonyos szituáció során zavar, akkor mindenkor bennem van valami ok, ami miatt képtelen vagyok elfogadni e helyzetet. Ez a bennem lévő ok lehet, hogy valahol a tudattalan mélyén megbújva munkál bennem, és így gátolja fejlődésemet. Ha képes vagyok szembesülni ezzel, akkor ez tudatosodik. Fény derül az elnyomott tudattalan részekre. Így módot kaphatok a feloldásukra. Tehát a másik fél, akinek a viselkedése eddig zavart, valójában a segítségemre van, és általa feldolgozhatom a tudattalanban eddig elnyomott valóságomat. Egy másik ok, ami miatt zavarhat a másik viselkedése, hogy mintegy tükröt tart elém, és benne önmagamra ismerek. Így rávilágítást kapok a nemkívánatos, számomra „negatívnak" ítélt tulajdonságaimra, illetve a becsontosodott, önkényes gondolkodásomra derül fény. Persze ez öntudatlanul zajló folyamat, és igazából, ha nem figyelek fel rá, akkor észre sem veszem. Azonban ha odafigyelek és megnézem, miért zavar az adott helyzet, akkor felismerhetem, hogy esetleg egy olyan „negatívnak" vélt jellemzőmre világít rá a másik, amit igazából nem ismerek el, vagy nem akarok elfogadni magamban. Mintegy ez miatt elítélem magamat. Ha ezt elfogadom, felvállalom e részemet, akkor rájöhetek arra, hogy mi az, amit nem szeretek ez miatt magamban. Szétválaszthatom az ehhez kapcsolódó hasznos és kevésbé használható megnyilvánulásaimat, így egy megújult gyakorlati módot alakíthatok ki magamban. Sőt még az is kiderülhet, hogy amit én eddig magamban elnyomtam, az egy olyan „pozitív" megnyilvánulásom, amelyet felismerve, elfogadva hasznosíthatok további élettutamon. Sokszor pont a legnemesebb részünket tartjuk elnyomás alatt. Így – mivel nem tudunk a belső értékeinkről – ezek kihasználatlanul szunnyadnak bennünk. Ha feltárul előttünk belső valóságunk panorámája, akkor a továbbiakban hatékonyabban működhetünk az emberi kapcsolatok rendszerében. Persze nem biztos, hogy minden esetben egyszerre feloldódik minden, de ha bátran, lépésről lépésre haladunk és nem adjuk fel, akkor előbb vagy utóbb sokkal zökkenőmentesebbé válhatnak kapcsolataink. Lehet, hogy még ekkor is lesz, hogy egy adott személlyel semmiképpen sem tudom rendezni a viszonyomat, mivel ő teljesen elzárkózik a rendezés elől, de ha következetesen végigviszem a belső feltárást önmagamban, akkor bennem ez esetben is mindenképpen rendeződik a helyzet, és szeretettel, elfogadással, megértéssel tekintek reá.

Saját élethelyzetemben felismertem, hogy férjem határozott, ellentmondást nem tűrő magatartása pontosan azért zavart engem, mert valójában ez éppúgy jelen van bennem is, csak háttérbe szorítottam, mivel általában neki nem mertem ellentmondani. Sőt igen erős akaratú egyéniség vagyok, hiszen a „csak azért is" egész életemben munkált bennem. Pontosan ezáltal kerültem ki mindenkor a nehéz helyzetekből. Jelenleg is fel kell vállalnom önmagamért a felelősséget, ki kell állnom, cselekednem kell, méghozzá úgy, hogy a szeretetet megőrizzem a szívemben. Így elindult belső világomban azon folyamat, amely által a szív gondolkodni, az ész pedig érezni kezdett. Ennek hatására bennem megvalósult a két egymásnak ellentmondó akarat (szív és ész) egysége, harmóniája. Mindez kihatással volt további életemre. Ezt követően a kapcsolataimban fellépő különböző konfliktusok során bátran felvállaltam álláspontomat, és ennek hatására megértőbben, szeretettel fordultam a környezetemben lévőkhöz.

A földi élet jelentősége és az élet értelme szorosan egymáshoz kapcsolódik, hiszen életünk jelentőségét pontosan az adja meg, hogy nem egy véletlen létbe születtünk le, hanem az életünknek értelme van. Az életünk labirintusában hol van ez az értelem elrejtve? Ez is pontosan a Krisztusi Szeretetben látható meg és válik érzékelhetővé. ISTEN maga a SZERETET. Ezért ha eljutunk arra a pontra, hogy ki merjük mondani: „Legyen meg, Atyán, a Te akaratod!", és a Mindenható kezébe helyezve életünket teljességgel átadjuk az irányítást Örök Valóságunknak, akkor Isten fénye átragyog rajtunk, és „Ő" láthatóvá válik a világ számára. Ez adja meg a földi életünk jelentőségét és értelmét. E célból születtünk le a földi létbe. Ehhez kapcsolódik az egyénileg felvállalt küldetésünk, amelyet a leszületésünkkor a feledés leple betakart. Nem láthattuk egészen idáig. De mikor e ponthoz elérkeztünk, és feltárult előttünk életünk értelme, akkor kezd felemelkedni a fátyol és megtapasztalhatjuk lényünk teljesebb valóságának létét. E ponton tárul fel előttem a boldogság kulcsa is és rájövök, hogy valójában boldogságom valósága elválaszthatatlan ISTENTŐL és ÖRÖK VALÓSÁGOMTÓL, attól, AKI VAGYOK.

A bűn, a büntetés és feloldozás kérdésével a negyedik fejezetben már foglalkoztam, önmagam belső megéléseihez kapcsolódóan. E kérdésekkel kapcsolatosan akkor ment bennem végbe a mélyebb megértés. Megértettem, hogy ha valaki ellen vétek, akkor lényegében önmagamnak is ártok, de ez csak utólag derül ki. Mikor mélyebben megvizsgálom az adott helyzetet, akkor rálátásom lesz a belső valóságomra és rájövök, hogy önmagamból indul ki minden. Ha megértem a bennem lezajló folyamatot, akkor képessé válok arra is, hogy vétkemet jóvátegyem, és így feloldozást nyerjek. A büntetés csak addig tart, amíg mindez végbe nem megy. Maga a büntetésem pedig nem más, mint az egész belső kálváriám és az ehhez kapcsolódó külső megnyilvánulások, az életem mindennapjaiban lezajló történések. Mindez pedig sokszor nagyon keserves, éveken keresztül húzódó gyötrelem is lehet. E témakörhöz szorosan kapcsolódik a jó és rossz fogalma. Megtapasztalásaim során rájöttem, hogy ezek igencsak paradox, lényegében felfoghatatlan fogalmak. Hiszen amit az egyik nézőpontból jónak vélek, azt egy másik helyzetből akár rossznak is vehetek. Ezt bizony számtalanszor megtapasztaljuk a mindennapi kapcsolatok kuszaságában. Egy adott helyzetet az egyik fél jónak tart, míg a másik pont ellenkezőleg: rosszként éli meg és szenved tőle. Valójában ha a jó és rossz fogalmát egy magasabb nézőpontról tudnánk nézni, akkor rájönnénk arra, hogy nem lehet őket egymástól elválasztani, és így nem is léteznek külön-külön. Ugyanis csak az adott szituáció, jelenség, dolog létezik, és az alapján, ahogy érzékeljük, válik ketté jóra és rosszra. A saját belső ellentmondásaink feloldásával azonban az egységük helyreáll. Ekkor megtapasztalom, hogy amit rossznak véltem, az végül is a javamat, az előrelépésemet szolgálta, és így jóvá vált. De ez csak akkor következik be, ha a szembesülési folyamat zavartalanul lezajlik.

Végezetül a túlvilág, mennyország, tisztítótűz, pokol világával kapcsolatosan a következő elgondolásom alakult ki. Egyrészt jelen vannak e földi világunkban, ugyanakkor e világon túl, a földi világnak egy másik dimenziójában is léteznek. Megpróbálom mindezt érthetőbbé tenni. Először is azt állítottam, hogy a túlvilág, a mennyország, a tisztítótűz és a pokol jelen van a földi világunkban. Nézzük a túlvilágot! A mai korban a földi valóság és Égi Világ nagyon közel került egymáshoz. Adott személyek számára lehetőség nyílik arra, hogy bepillantást nyerjenek a túlvilág dimenziójába. A lepel, amely a leszületésünkkor leszállt reánk, most felemelkedőben van annak arányában, ahogy a belső átalakulásunk, az újjászületésünk zajlik. Így a túlvilág egyesek számára ténylegesen érzékelhetővé válik. Tudom jól, más korban is voltak médiumok, de most egyre több ember számára nyílik meg e lehetőség. Egyszerűen ezt csak a bennünk lévő gátak, elakadások, félelmek, aggodalmak blokkolhatják le. Olyan korban élünk, amikor felemelkedőben van világunk a túlvilági szférába, annak alsó fokára készülünk fellépni. Bizonyos szinten már fel is léptünk a negyedik dimenzióba, az asztrális, lelki dimenziósíkra. Így a túlsó világ előbb vagy utóbb mindenki számára érzékelhető lesz. Csak az a kérdés, hogy az adott egyén mit választ. Még e földi léte során, itt, a földi síkon akarja megtapasztalni a túlvilág dimenzióját, vagy elszenvedve a halált, egy másik életében tapasztalja ezt meg. A mennyországgal, tisztítótűzzel és a pokollal kapcsolatosan is hasonló a helyzet, de ezek földi megnyilvánulásai már sokkal jobban érzékelhetőek jelen földi létünk síkján. Megélve, hogy az életutam egy bizonyos válságos időszakában, igen nehéz helyzetekben, kínlódva keresem a kiutat, és hosszú időn keresztül kilátástalannak érzem az egész életem, közben úgy érzékelem, mintha mély szakadékban lennék, ahonnan képtelenségnek tűnik a kijutás. Nos, ekkor pontosan életem pokoljárása megy végbe bennem. Aztán, ha képes vagyok, ha akarom, akkor szembesülök mindezzel, és lassan elindul a feldolgozás folyamata. Eközben megtisztulok belső gátjaimtól, belém rögződött korlátaimtól. Közben félelmeim, aggodalmaim szertefoszlanak. Így a tisztítótűzben a bennem égő láng által a feldolgozás lezajlik, és eljutok a teljes feloldozásig. Megbocsátok önmagamnak és mindenkinek. Így már beléphetek belső valóságom mennyországába. De e folyamat csakis akkor megy végbe zökkenőmentesen, ha egy bizonyos ponton eljutok Istennel való kapcsolatom kialakításához, megerősítéséhez. Felvállalom életem keresztjének vitelét, így magát Jézus Krisztust követem az úton. Csakis így, Krisztus által, Vele, Benne juthatok be a mennyországba, az Égi Otthonomba. Ekkor már teljesen nyugodt vagyok, hiszen már e földi valóságomban HAZATÉRTEM MINDENHATÓ ATYÁMHOZ.

Az út maga KRISZTUS. Felvállalva keresztünket elindulunk az általa megmutatott úton. Végül pedig követjük őt saját kálváriánk következtében a belső valóságunk poklába. A belső tisztítótűz által megtisztulva újjászületünk, így mintegy feltámadva beléphetünk az Ő ORSZÁGÁBA. Tehát nem csupán a kereszt vitelében kell követnünk KRISZTUST, hanem a halálában és a feltámadásában is. Ő a saját belső fénye által, a benne élő örök Isteni Valóság által újjáalakította földi testét: feltámadott. Ez már nem a hús-vér földi test volt, hanem az ő fényből szőtt Égi Teste. Világosan közölte velünk, hogy eljön majd az idő, mikor követni fogjuk Őt, és az elragadtatás állapotában megtapasztalhatjuk az újjászületésünk valóságát. Csakis a bennünk élő és égő tűz, a SZENTLÉLEK által valósulhat mindez meg. Ha ez végbement, akkor beléphetünk a Mennyek Birodalmába.

De a mennyország, a tisztítótűz és a pokol a földi, racionális világ dimenzióján kívül, jelen földi világunk egy másik dimenziójában is létezik. Ez különbözik attól, amit a belső világomban élek meg, de köze van hozzá. Mindaz, amit adott földi életem során belső valóságomban és külső világomban megélek, hatással van rám, belém ivódik, mintegy lenyomatot képez bennem. Így halálom percéig állandóan alakul, változik ez a bennem keletkező lenyomat. A halál percéig van módom a korrigálásra, a módosításra. Azonban a halállal lezárul a jelen életemre vonatkozó lehetőségem. Azon lelki, szellemi úti csomaggal kerülök át a túlsó világba, amellyel pont az adott utolsó pillanatban lezártam az életem. Ez pedig behatárolja, hogy melyik túlsó világbeli szférába kerülök. Ha életem során megragadtam a puszta racionális létemben, a félelmeim zónájában, akkor bizony igen nehéz helyzetek állnak még előttem. Egyszerűen amivel nem akartam földi életem során szembesülni, az most állandó jelleggel elém tárul, és újból és újból arra kényszerít, hogy valamilyen módon találjam meg a feloldást, a feldolgozást. Ez nem valamiféle büntetés, hanem az ÉLET törvénye. Senki sem léphet magasabb osztályba anélkül, hogy eredményesen végig ne járta volna, sorban egymás után, a megfelelő fokozatokat. A pokoljárás kilátástalan helyzetében, teljes öntudatlanságba süllyedve nem érzékelem mindezt tisztán. Így fel sem foghatom, hogy a szenvedésem mi célból van. Ráadásul konkrét kapcsolatba nem léphetek a racionális valósággal, így a földi kötöttségeim korrigálására, a félelmeim feldolgozására ebben a helyzetemben nem sok kilátásom van. Ez a túlvilági dimenzió csupán önmagam kivetítődése által teremtett illúzióvilág. Így az illúzióim fogságában újból és újból elszenvedem előző, földi létem kínjait. Ezért általában mintegy menekülési reakcióként következik be újbóli földi leszületésem. Ez a helyzet minden más földi, racionális kötődésem esetében is. A halálomat követően az adott, feldolgozatlan dolgaimmal szembesülök a magam által teremtett feltételek közepette. Mindenkor én magam teremtem meg a saját illúzióvilágomat, hogy valamilyen formában szembesüljek a feladataimmal. Ha a földi életem során a belső önfejlődésemben elkezdődött a változás, az átalakulás, akkor halálomat követően könnyebb helyzetbe kerülhetek, annak megfelelően, hogy életutamon meddig jutottam el. Általában ilyenkor is folytatódik a túlsó oldalon a munka, de ekkor már mintegy a tisztítótűzben; nehéz, de nem kilátástalan helyzetben. Bizonyos szinten már tudatosan felvállalva végezhetem önmegvalósítási feladatomat, így készülve fel a következő leszületésre.

A végleges feldolgozást, a feloldást azonban csakis a földi racionális létem, a fizikai testi valóságom terén érhetem el. Méghozzá pontosan az önmegvalósítási folyamatom teljes felvállalásával, véghezvitelével, a tudatosság magasabb szintjére fellépve. Ugyanis amíg ezt a lépést nem tettem meg, addig itt, a fizikai valóságomban is az illúzióim fogságában vagyok saját racionális elmém által. Felvállalva a folyamatot lassan, de biztosan haladok előre, miközben egyre nehezebb, keményebb belső dolgaimmal szembesülök. Legvégül, ha a földi életem során eljutottam az önmegvalósítási folyamatomban Örök Énemmel való egységem megteremtéséig, és teljességgel átadtam Örök Szellemi Valóságomnak a vezetést, akkor már itt, a földi létben beléphetek a Mennyországba és megélhetem a Földi Világ és az Égi Világ egységét. Ekkor is tovább folytatódik azonban a munka. Ha úgy döntök, akkor még mindig itt, a földi valóság síkján módom van a továbbfejlődésre, de saját elhatározásom alapján átléphetek az Égi Világba is, és ott folytathatom további utamat.

Egyszerűen a továbbhaladás, az állandó megújulás, a változás mindenkor előttem van. Nincs megállás; a Teremtővel való egyesülés után is folytatódik a folyamat, hiszen az egész világmindenséget a lüktető, állandóan megújuló ÉLET, maga ISTEN VALÓSÁGA hatja át. Természetesen amíg saját illúzióvilágomban bolyongok (itt, a fizikai létem vagy a túlvilág területén), addig is teljes mértékben valóságként élem meg az adott élethelyzeteimet. Sőt a magam szemszögéből nézve ez az én teljes valóságom, hiszen bennem megy végbe, átélem minden örömét és bánatát. Továbbmenve a teljes valóságban is létezik az én illúzióvilágom, hiszen Isten része vagyok. Senki és semmi sem létezik az Ő világán kívül. De ezt az illúzióvilágot nem Isten, hanem én magam teremtettem. Ezáltal az illúzióvilág egy paradox helyzet megnyilvánulása. Azonban mindenkor én döntök, hogy maradok a magam teremtette világban, vagy felismerve illúzióim hátrányát úgy határozok, hogy Isten által teremtett valóságban kívánom életem tovább folytatni. Így rábízva magamat a Belső Vezetésre, életem fokról fokra beteljesedik.

Itt kell megjegyeznem, hogy lényeges különbség van az újraszületés és az újjászületés között. A halál bekövetkezése után először a lélek átlép az Égi Világba, majd egy fejlődési folyamaton megy át, ezt követően kerül sor az újraszületésre. Az újjászületés az adott egyén jelen földi életében és jelen fizikai testében megy végbe, miközben belső valóságában végbemenő, mély folyamatok következtében szembesül egész életével, feldolgozza és feloldja a benne lévő belső gátakat, akadályokat, félelmeket, kétségeket. Eközben mintegy jelképesen, de kínkeservesen megélve, átlép a HALÁL kapuján, szembesül a halállal, és a halált megsemmisíti a benne élő Krisztus Fényével.

Mindezt megéltem a legutóbbi esetben is, mikor a születési lét állapotába kerültem. A kapott információkat több mint két hónapos betegségem ideje alatt tudtam feldolgozni. Az öngyógyításom során megvizsgáltam, hogy mikor, milyen körülmények között voltam hasonló helyzetben. Rájöttem, hogy először is annak idején, serdülő koromban, mikor az a bizonyos pszichés trauma ért; másodszor, mikor István fiatalon elhagyott szívem alatt a kislányunkkal, szintén hasonló egészségügyi problémáim voltak. Akkor sem tudtam enni, mindentől rosszul voltam, és igen gyenge fizikai állapotba kerültem. Megvizsgáltam a régi és a jelenlegi szituáció kapcsolatát. Milyen közös ok rejlik ezekben? Régen az adott körülmények hatására kialakult belső ellentmondásom – amely a férfi-nő kapcsolat terén jelentkezett – okozta az adott betegséget. Mi a helyzet jelenleg? Rájöttem, hogy most is férjem és a köztem lévő kapcsolat terén kerültem ellentmondásba önmagammal. Tudom, hogy nem erőltethetem rá magamat, fizikai szinten megszakadt a kapcsolatunk, de lelkileg nem tudok elszakadni tőle. Régen hogyan cselekedtem? Mi volt az eredménye? Akkor régen a serdülőkorban meghasonlottam önmagammal, és a személyiségem ennek hatására az ellenkezőjére változott. A kifelé forduló, minden és mindenki iránt érdeklődő, temperamentumos lényem befelé forduló, zárkózott, csendes személyiséggé változott. Később már megtaláltam társaim között a helyemet, és ennek hatására lassan elindult a belső változásom. De a másik nemmel szemben mindenkor tartózkodóan viselkedtem. Később, mikor fiatalon férjem elhagyott, mélyebben éltem meg a bennem lévő válságot. Ekkor egy drasztikus lépést választottam. Egy alkalommal, mikor egyedül voltam otthon a kislányommal, elővettem minden fényképet, levelet, mindent, amit tőle kaptam, és ezeket elégettem. Így zártam le magamban a hozzá fűződő érzéseimet. Ennek következményét még a mai napig is viselem, ugyanis olyan amnéziát idéztem elő ezzel, hogy az együtt megélt ifjúkori életünk eseményeire még most is csak töredékesen, halványan emlékszem. Ezt végigelemezve rájöttem, hogy valójában az akkori ellentmondásaimat igazából nem dolgoztam fel magamban, hanem elfojtottam azokat. Mi volt mégis, ami akkor talpon tartott? A bennem élő „csak azért is", amely azóta egész életem mozgatórugójává vált. Tehát most is bátran támaszkodhatom erre a bennem élő erőre. Mi az, amire még számíthatok? Tudom jól, Isten velem van, tehát ha rá figyelek jelen helyzetemben is, akkor megtalálom a kiutat. Így nincs okom a csüggedésre, meg fogok gyógyulni. Most azonban más megoldási lépést kell keresnem, hiszen régen nem a legmegfelelőbb módot választottam. Hogyan cselekedjek most? Mi az üzenete a betegségemnek? Mit akar a tudtomra adni? Mit kell most másképpen cselekednem? Milyen változások következhetnek be az adott reakcióim, cselekedeteim hatására? A jelen betegségem üzenete nagyon is elgondolkodtatott, hiszen az egész eddigi életemre szóló üzeneteket tartalmazott. Az egész életutamat át kellett vizsgálnom. Értékelnem kellett, mit, mikor, hogyan oldottam meg. Jól vagy rosszul döntöttem az adott esetekben? Dönthettem volna másképpen is? Most van módom más megoldást választani? Ezáltal felismertem, hogy az eltelt nyolc év létfontosságú volt az életemben. Ezidő alatt lényegében teljesen feldolgoztam a gyermekkori traumát, továbbá az együtt átélt hatások következtében feloldottam az ifjúkori elválásunk fájdalmait. Teljes szívemből, lelkemből megbocsátottam mindenért önmagamnak és a páromnak. Így nem volt már jelentősége annak, hogy a múlt az amnézia ködébe zárva bent ragadt. Közben lányom ajánlására felkerestem egy természetgyógyászt, és ő spirituális információkkal is ellátott. Az első alkalommal elég sok helyen volt blokk a szervezetem energiahálózatában, de a harmadik alkalommal már teljesen rendben voltam. Közben olvastam egy cikket Vass György Boldizsártól, aki pránatáplálkozást folytatott, és erről írt cikket. Nagyon érdekelt ez a téma, mert ekkor már eléggé lecsökkent a táplálékigényem. Hamarosan lányom megvette Szabó Judit *Fénytest* és *Hazatérés* c. könyveit. Ezeket elolvasva megértettem, hogy mindaz, amit a betegségem ideje alatt átéltem, valóságos folyamat volt, és a magasabb, fénytesti síkra való fellépésemet készítette elő.

Ezt követően májusban részt vettem Szabó Judit által vezetett fénytest-tanfolyamon. Csakrameditációk által Judit végigvezetett minket a gyökércsakrától egészen a koronacsakráig. Mély lelki hatással volt ez rám. Magas spirituális szinten éltem meg az adott meditációkat. Egy alkalommal azonban megakadtam a meditáció közepén, és fojtó köhögés tört rám. Pont a torokcsakra meditáció zajlott. Pár korty folyadékot fogyasztottam, majd visszakapcsolódtam a meditáció menetébe. A meditáció befejezése után Judit megkérdezte, hogy hol tartottam, mit érzékeltem, mikor a köhögés elővett. Mivel a meditáció halk vezetéssel történt, ezért nem hallottam tisztán az elhangzottakat, és így bizonytalan voltam. Már máskor is érzékeltem ezt, és utólag mindenkor kiderült, hogy belső tudatszinten mindent felfogtam és az adott vezetés szerint zajlott le bennem minden, de az elhangzott szavakat nem hallottam. Ez most is így volt. Csak néhány szófoszlány jutott el hozzám, és én a belső program szerint haladtam. Találkoztam Örök Énemmel, és meghitt egységbe olvadva haladtam vele együtt az úton. Amikor a köhögés rám tört, úgy gondoltam, hogy közben igen hosszú idő telt el, és bizonyára már vissza kell térni a külső tudati szintre, csak én ezt nem hallom. Így drasztikusan elváltam Örök Énemtől és visszafordultam, ő pedig tovább ment előre a végtelen messzeségbe. Visszatérve a meditatív állapotba már értettem Judit szavait, és követni tudtam, így végül is jól visszakapcsolódtam. Utólag kiderült, hogy pont a felénél tartottunk, mikor a zavar nálam bekövetkezett. Szerencsémre másnap volt még egy találkozásunk az Örök Énünkkel, valamint az Őrangyalunkkal is találkoztunk. Ekkor már minden simán ment, és örömmel váltam eggyé Örök Valóságommal.

E megéléseim igen nagy hatással voltak rám. Segítségemre voltak a további feldolgozás folyamatában, és hatásukra nem csak a saját életem tisztázódott le, hanem a Föld és az egész emberiség eljövendő sorsáról megérzések formájában információkat kaptam. Saját életem vonatkozásában pedig egyre mélyebb inspirációt kaptam e könyvem megírásához. Ez már hosszú évek óta belső késztetésként bennem élt, de nem tudtam pontosan eldönteni, hogy megírjam-e mindezt, mivel a legbelsőbb érzéseimet, gondolataimat, önmagamat adom ki ezáltal. A következő információt kaptam ezzel kapcsolatosan bensőmből. Nyugodt, csendes várakozással le kell csitulnom, ezt követően eljön a helyzet, amikor minden „negatív" következmény nélkül leírhatom mindazt, amit le kell írnom. A játékommal kapcsolatosan pedig – amelyet én annak idején életjátékként tekintettem – a következő indíttatás jött a belső világomból: Fontos a véletlenek figyelemmel kísérése, felfigyelés az adott lehetőségekre. Ez alapján az adott helyzetben, az adott időben, az adott módon mindent megkapok, hogy játékom valósággá váljon, és így az emberek személyiségének fejlődését elősegíti majd. Mindezek igen megnyugtató információk voltak a számomra.

Az emberiségre, a Földre vonatkozó információk megérzésként hatottak rám, de ekkor még nem alakult ki bennem biztos tudás ezekkel kapcsolatosan. Most csak azon ismereteimet közlöm, amelyekről akkor előzetes hírforrásokból biztosan tudtam, illetve a megérzéseim alapján valóságként éltem meg. Ezek közül volt, ami már a közben eltelt évek során megvalósult. Ezeket az intuitív előrejelzéseket még 2000 során kaptam meg.

Tudomásom volt arról, hogy a Nap 2001-ben teljes mértékben belép a Fotonövbe, és a Földre való hatása intenzívebbé válik. Ennek hatására a napolttevékenység fokozódni fog. Következményként az ionizáció a Föld légkörében intenzívvé válik. Olyan helyeken is kezd megjelenni az északi fény, ahol eddig még nem volt. Érzékeltem, hogy mindezek hatására elindul a változás az emberek személyiségében, de még észrevétlen lesz ez a folyamat. Csak azoknak tűnik fel, akik e folyamatra már ráhangolódtak. Fokozódik a feszültség, a káosz állapota az egyes embereken belül, illetve az egész világban. A Földön a természeti katasztrófák, földrengések, rendkívüli időjárási változások, vulkánkitörések, különös hőmérsékleti változások alakulnak ki. Az északi és déli sark jegének felolvadása felgyorsul, az élővilágon belüli változások során tájékozódási zavarok, mutációk, egyes helyeken ökológiai katasztrófahelyzetek lépnek fel. Majd 2001 és 2012 között mind ezek intenzívvé válnak. 2006 körül általában már mindenki számára egyértelművé válik, hogy a Földön és az emberiségen belül, egy teljes átalakulási folyamat zajlik. Az emberek felismerik, hogy a változás elkerülhetetlen, és ebben az időszakban sokan távoznak az Égi Világba: mindazok, akik nem kívánják a mostani életükben felvállalni a belső átalakulást, illetve azok is eltávoznak, akik jelen földi életükre szóló küldetésüket teljesítették, és ezt követően az Égi Világban kívánják tovább folytatni életútjukat. Közben az egyéneken belül és az egész világban az ellenállás fokozódása figyelhető meg, majd a hanyatlás megindulása, a végén pedig a megsemmisülés megtapasztalása a valóság racionális szintjén. Mindez azok számára jön elő, akik beragadnak a racionális síkba, és képtelenek felvállalni a változást. Azok, akik most szembesülnek önmagukkal és felvállalják a belső átalakulást, a változást, az újjászületést, 2012-ig nagy fordulatot visznek végbe önmagukban és a földi világban. A változás felvállalása, megélése új lehetőségek feltárulását eredményezi. A megtapasztalás révén, a személyes fejlődésükkel segítik a Föld átalakulásának a folyamatát, és megindul a racionális szint átváltozása. Így a 2006 és 2012 közti időszak a változás intenzív időszaka lesz.

Mindezek hatására az emberekben a központi idegrendszeren belül végbemenő változások indulnak el. Kezdetben ez káoszként, zavarodottságként jelentkezik, majd letisztulás történik, illetve a zavarodott állapot állandóvá válása következik be, ha az adott egyén megreked az önmagán belüli ellentmondásainak zsákutcájában. Mindez attól függ főképpen, hogy az adott személy miként éli meg mindezt, és hogyan kezeli az önmagában végbemenő folyamatot. Ha felvállalja önmagáért a felelősséget, és képes is ténylegesen ennek megfelelően cselekedni, akkor végül is minden a legnagyszerűbben zajlik le, és az újjászületése megtörténik. Végül pedig mód nyílik az új képességek kialakulására az adott egyénen belül. Az egyén kinyílik, és bekapcsolódik a mindenség energiaáramlásába. Az ember ebben az állapotában már képes lesz egyszerre érzékelni a fent-lent, a kint-bent, a jó-rossz, az itt-ott, a hideg-meleg, a fény-árnyék ellentétes valóságát. Így az ellentéteket egyszerre éli meg, önmagában egységbe hozza, feloldja. Ezzel összekapcsolja magában a földi és az Égi Világot. Egyszerre leszünk ideát, itt, a Földön, és odaát, az Égi Világ birodalmában. E változások 2012-ig végbemennek a Földön és az embereken belül. 2012-ben a Föld is teljesen belép a Fotonövbe, és 4320-ig bent tartózkodik. Ekkor az itt leírtak állandósulnak, fokozatosan kialakul az egyensúly. Közben magasabb energiaszintre lépünk, így ténylegesen érzékelhetővé válik a negyedik, majd az ötödik dimenzió valósága. Általánossá válik az energia befogadása. Nagymértékű lelki, szellemi fejlődés kezdődik el. Közben a „negatív" erők hatása fokozatosan teljesen megszűnik. Az ÉLET kitárul, képessé válunk Istennel való intenzív összekapcsolódásra, és általa minden és mindenkivel való egységünk állandó megélésére. Több alternatívát tárt fel előttem Isten, de bízom abban, hogy ez válik valóra, mivel a többi lehetőség a félelem sötétségének ösztönvilágába, illetve az ego felerősödésének és az ember géppé válásának a korszakába vezetne. Meg kell azonban jegyeznem, hogy az általam érzékelt lehetőség csupán egy alternatíva. Rajtunk múlik – egyénileg, és együtt mindannyinkon, az egész emberiségen –, hogy az adott helyzetekben ténylegesen melyik alternatíva válik valóra, és menynyi valósul meg mindebből.

EBBEN A FOLYAMATBAN FELADATOM VAN!

Isten üzenete azonban mindenkor biztonságot ad a számomra. „Maradj kívül! Figyelj! Az adott időben, az adott helyen, az adott módon mindent megkapsz, hogy megtedd, amit meg kell tenned."

Közben rájöttem, hogy az Istvánnal való kapcsolatom terén fontos a szeretetem megőrzése iránta. Jelenleg csak ez az egyedüli módja van a kapcsolatunk fennmaradásának. Amikor a változás benne is elindul, akkor majd a legmélyebb pontra kerülve átesik a teljes megsemmisülésen, amely magában rejti az újjászületés lehetőségét is. Azonban azt, hogy ez mikor következik be, nem tudhatom. Lehetséges, hogy a mélypont után az újjászületés nem következik be, és e földi életünkben már nem lesz módunk a találkozásra. Ugyanis ez az ő döntésétől függ. Csak akkor következik be, ha ő is úgy akarja. Így áttekintve helyzetemet rájöttem, hogy nem vagyok egyedül. Bensőmben megerősödve szoros kapcsolatba kerültem azzal, AKI VAGYOK, az Örök Énem valóságával. Rajta keresztül pedig Istennel. Ugyanakkor valójában Istvánt sem veszítettem el, hiszen ő bennem jelen van, érzékelem az ő belső valóságát, és tudom, hogy ott, az ő belső valóságában is él a velem való egysége. Mindez akkor is így van, ha ez a mindennapi életünk terén már nem érzékelhető, és ő maga sem tudja, hogy az egységünk a közös Örök Énünk valóságából ered. „Amit ISTEN egybekötött, soha senki szét nem választhatja!" Idáig eljutva teljesen megnyugodtam, és egyik pillanatról a másikra meggyógyultam. Persze a múlt még sokáig kísértett. Hónapokon keresztül nem tudtam eldönteni, hogy eladjam, elcseréljem a saját lakrészemet és elköltözzem, vagy maradjak továbbra is a közelében. Végül is a nyár közepén döntöttem, és szeptemberben sikerült elcserélnem a lakásomat. Lányommal, két unokámmal és kisebbik fiammal átköltöztünk új otthonunkba. Úgy éreztem, férjemmel végleg lezártam a kapcsolatomat, de a belső kálváriámnak azonban még mindig nem volt vége.

Emlékszem, a költözés után egy rossz lépés következtében eltörött a jobb lábon a kisujjam. Elgondolkodtam a balesetem üzenetén. Annyi azonnal nyilvánvaló volt előttem, hogy az életutamon való előrehaladásommal kapcsolatos a baleset üzenete. Kétségtelen, hogy ennek hatására nem tudtam lábra állni. Tehát nem tudok jelenleg továbbhaladni, továbblépni az életutamon. Miért? Mi akadályoz a továbbhaladásban? Lehetséges, hogy még mindig nem zártam le Istvánhoz fűződő érzéseimet? Igen, valószínű, hiszen a jobb oldal a férfi princípiumot jelképezi. Így addig, amíg nem zárom le magamban véglegesen a hozzá fűződő érzéseimet, addig nem tudok életutamon továbbhaladni. Mivel nem egyszerű rándulásról vagy kisebb sérülésről, hanem törésről van jelenleg szó, így kétségtelen, hogy e figyelmeztetés igen lényeges és fontos továbbihaladásom érdekében. De hogyan oldjam fel magamban mindezt? A véletlenek, amelyek valójában Isten gondviselő szeretetének megnyilvánulásai, segítségemre voltak. Pont ekkor kezdődött egy meditációs foglalkozássor, amelyre lányom javaslatára jelentkeztem. Mivel közbejött a balesetem, úgy látszott, hogy végül is ezen nem tudok részt venni. Évi jól ismerte a meditáció vezetőjét, K. Balázst, mivel ő már részt vett az előző meditációs foglalkozásokon. Elmondta, hogy mi történt velem, és megkérte őt, legyen a segítségemre. Így aztán első alkalommal kocsival vittek a kétnapos foglalkozásra. Én magam is ismertem akkor már Balázst, mivel ő volt azon természetgyógyász, akitől előzőleg segítséget és hasznos spirituális információkat kaptam. Már az első foglalkozás lényeges volt a számomra, mivel pontosan a gyökércsakrához kapcsolódó meditációkat végeztük, és ehhez kapcsolódóan kaptunk szükséges információkat, segítséget a vezetőtől és egymástól. Havonta egyszer találkoztunk, és sorban egymás után végigmentünk a csakrákon a meditációk és a hozzá kapcsolódó gyakorlatok, beszélgetések során. Így végül is a második foglalkozást követően – ahol minden feloldódott bennem – a párkapcsolatomat ténylegesen lezártam. Ez utat nyitott az életutamon való továbbhaladásom felé. Akkor ezt igazából nem is fogtam fel teljesen.

Közben felmértem jelen életemre szóló feladataimat is. A kapcsolatok terén fontos számomra mások segítése, az energetikai kapcsolat fenntartása Istennel, a szeretetenergia közvetítése, az égi üzenetek vétele, beépítése az életembe, karitatív tevékenység az adott helyzetekhez igazodva, valamint életspirál-központok alapjainak megteremtése, és ezek létrehozása. Ez utóbbi már régi álmom, de még nem alakultak ki a megvalósításának feltételei. E központokban egy közös, kreatív együttműködés keretében a fiatal, a középkorú és az idősebb korosztály együtt alkotva segíti majd egymást az életúton való előrehaladásban. Szerepet kapnak e tevékenységben az alkotások, a művészetek különböző megnyilvánulásai, a játék számtalan formája, a különböző gyógyító eljárások, a lelki és szellemi tevékenységek. Önmagam egészségügyi helyzetével kapcsolatosan fontossá vált a számomra a „természetes öregedési folyamat" állandó felvállalása, és a kapott lehetőségek kihasználása. Különös megérzésként tapasztaltam és teljes bizonyossággá vált a számomra, hogy képes leszek az öregedési folyamatomat lelassítani, majd megállítani és átváltoztatni. Mint a hallásom esetében! Megvalósul majd az álmomban látott, végtelen szeretetet sugárzó öreg hölgy, a „jóságos anyaboszorka" állapotának megteremtése. Mindehhez szükséges, hogy az adott helyzetekben a fizikai, lelki és szellemi síkon felfigyeljek a még meglévő gátjaimra, elakadásaimra, és ezeket képes legyek feloldani, elengedni. Így átadjam magamat mindenkor a belső valóságom, a szellemem irányításának. Továbbá nagyon fontos számomra ISTEN szeretetenergiájának befogadása, továbbadása. ISTEN szeretetének közvetítője, az Ő eszköze vagyok. Ez az energia körbejárja a Földet, mindent és mindenkit áthat, akivel bármi kapcsolatom volt, van vagy lesz. Majd visszatérve hozzám elhozza számomra mindazon helyzeteket, lehetőségeket, találkozásokat, információkat, anyagi, lelki, szellemi, spirituális dolgokat, amelyekre szükségem van ahhoz, hogy mindent megtegyek, amit meg kell tennem.

ISTEN KEGYELMÉBŐL és ÁLDÁSÁVAL életem beteljesedik és kiteljesedik, a mi URUNK, JÉZUS KRISZTUS és a SZENTLÉLEK által MINDENHATÓ ATYÁNK DICSŐSÉGÉRE!

Spirituális téren a HÍD-SZEREP megélésének intenzívvé válását szeretném elérni. Cél a földi valóság és az Égi Világ együttes jelenlétének megélése. Szeretném kiküszöbölni a visszacsúszásaimat, illetve lerövidíteni a visszaállás folyamatát. A régi tudati beállítottságaimba való visszalépés, még ha rövid ideig is tart, de lelassítja az önmegvalósítási folyamatomat, így ennek korrigálása nagyon fontos. Közben egyik belső megélésem alatt újból a fénylő gömbben voltam, és különös dolgokat éltem át az idővel kapcsolatosan. Annak idején egy grafikai rajz formájában jegyeztem le megélésemet, most e rajz alapján megpróbálom felidézni mindazt, ami erről eszembe jut. Egy vízszintes tengelyen a földi életutamat rajzoltam meg. A születésemtől eltelt éveket. Majd erre függőlegesen helyezkedtek el a karmikus időkereteim. Még két tengely berajzolására került sor. A már meglévő tengelyek között szimmetrikusan, a vízszintes tengellyel pontosan 45 fokos szöget zártak be. Az egyik ezek közül az álom, a belső gondolkodás, a meditáció, az imagináció, a képzelet síkjait foglalta magában. A másik pedig a különböző fénytesti síkokat tartalmazta. Ezek között számtalan újabb tengely hálózta be sűrűn egymás mellett a gömb többi részét, betöltve az egész gömböt. Ezek a különböző további dimenzióimat foglalták magukba, az adott helyzetekben felmerülő lehetőségeim tárházát, amelyek ma még érzékelhetetlenek a számomra. Most visszagondolva úgy tűnik, hogy ez a különös, fénylő gömb állandó mozgásban, forgásban volt. Igen, most már bizonyos vagyok abban, hogy ez a gömb forgott, méghozzá az óramutató járásával ellenkező irányban. (Ma még nem értem teljesen, hogy miért az óramutatóval ellenkező irányú forgást érzékelek mindenkor az ilyen mély meditációimban.) Azt azonban tudom, hogy ez a gömb én magam voltam. Később, megközelítően egy év múlva, kiegészítést kaptam mindehhez. Nagyon mély karmikus múltjaimból kaptam információkat, és úgy érzékeltem, hogy e karmikus léteim a jelenben épp úgy léteznek, mint a mostani életem. Érthetetlen volt ez a számomra, ezért Örök Énemtől kértem minderre magyarázatot. Ekkor HARANGVIRÁG ismét bevitt a gömb közepébe és elmagyarázta, hogy ő és vele együtt én is – mivel már egységbe kerültünk – jelen vagyok a gömb közepében, a gömb minden egyes belső és külső pontján, vagyis mindenütt. Így minden időkeretem egyszerre érzékelhetővé válik a számomra. Az állandó mozgás, forgás következtében pedig mód nyílik arra, hogy mindegyik létembe betekintésem legyen, egyszerűen ezáltal mindenütt jelen vagyok. Még az álmaim, a képzeletem, a meditációim síkján, és a különböző fénytesti és egyéb dimenzióbeli síkokon is valóban jelen vagyok. Ezek épp úgy valóságosak azon időkeretben, mint a mostani földi időkeretben megélt életem. Ez akkor is létező valóság, ha teljességében ma még nem tudom felfogni, megérteni, és képtelen vagyok mindezt egészében érzékelni. Ez megerősítést jelentett a számomra. Mivel a fénygömb már többször előjött életem során, így belém rögződött, hogy ez saját magamat, a magasabb síkú szellememet, Örök Valóságomat jelenti. Így a CSODA, a BETELJESÜLÉS, a TELJESSÉG megélésébe nyertem bepillantást.

Tudom, hogy e tapasztalatok megélésére azért kaptam lehetőséget, hogy ezeket lejegyezve, továbbadva segíteni tudjak másoknak. E folyamat nem csak bennem zajlik, hanem mindannyiunkban. Előbb vagy utóbb mindenkinél elérkezik az idő, és a belső világában végbemegy az átalakulás – ha ezt ő is akarja. Ha nem, akkor elindul jelen életének vége felé, és majd egy következő életben folytatja elkezdett útját. Így egyszer mindenki elérkezik erre a pontra. Mindezt teljes valóságában még nem ismerjük, de boldog várakozás van bennünk a lélek mélyén, még akkor is, ha semmit sem tudunk az elkövetkezőkről. Most egyszerre történik minden, akkor is, ha ezt képtelenek vagyunk ma még felfogni. Ez teljességgel csak akkor lesz felfogható, ha már hazaérkeztünk Égi Otthonunkba. Hazavágyunk, mint a tékozló fiú, mikor elhatározta, hogy hazatér apja házába. Átesik a megtisztulás folyamatán, szembesül önmagával, képes még a szolgai sors felvállalására is apja házában, csak hazatérhessen. Nem is sejti, hogy örömünnep várja otthonában, és apja szeretettel, boldogan öleli át. Így a CSODA, a BETELJESÜLÉS, a TELJESSÉG megélése bekövetkezik.

Most, hogy mindezt lejegyzem, ráébredek, hogy végül is hogyan sikerült teljesen elszakadnom, függetlenné válnom a férjemtől. Egyrészt bennem végbement egy bizonyos halálfolyamat, amely során átformálódtam, megváltoztam. Ugyanakkor azáltal, amit információként megkaptam, megértettem, hogy férjem – mivel teljesen elutasította a változást – megakadályozta önmagát a belső valósága feltárulásában, megismerésében. Így valójában megragadt önmaga félelmei, aggodalmai, kétségei zsákutcájában. Így saját illúzióvilágának foglya lett. Ez miatt Isten Szeretetének Fényét nem tudja befogadni. Ez pedig nem más a mostani látásmódom alapján, mint a halál állapotában való megrekedés. Ilyen értelemben a házastársi fogadalmunk érvényét veszítette. Tudom, ez most úgy hangzik, mintha megmagyaráznám a tettemet, amit állítólag egyesek szerint ellene elkövettem. De ez nem igaz. Nem volt semmi sem, amit ellene tettem. Már csak azért sem, mert az elszakadásunk nem azzal kezdődött, hogy én elhagytam őt. A valóság az, hogy ő sokkal előbb elhagyott engem. Pontosan akkor, mikor a saját életéért nem merte felvállalni a felelősséget, mivel mást, a környezetét, a körülményeket, és végül is mindenért egyes-egyedül engem okolt. Így a saját rögeszmés, korlátozott, beszűkült gondolkodásmódja rabságába került. Kiszakította saját magát kettőnk közös egységének valóságából. Mivel ez már nála oly mély berögződésé vált, hogy ezen nem akar és nem tud változtatni – ezt ki is mondta –, így elszakadt igazi valójától, és ezáltal Istentől is. Ez pedig a halál állapota egészen addig, amíg fel nem vállalja a szembesülést. Ha ez majd bekövetkezik, akkor lehetősége lesz az újjászületésre. De hogy ez mikor következik be, vagy egyáltalán megtörténik-e, az egyedül tőle függ. Előfordulhat, hogy még ezen életében, hiszen elválásunkat követően úgy érzékelem, hogy elindult nála egy szembesülési folyamat. De nem lehet tudni, miként megy ez nála végbe. Ha bekövetkezik a teljes átváltozás, akkor lehetséges még e földi életében, jelen fizikai valóságában az újjászületés. Ma már ehhez nem szükséges ténylegesen, fizikailag is elszenvednünk, átélnünk a fizikai test halálát. Ezt saját átalakulási folyamatom révén megtapasztaltam. Igaz, átestem azon megéléseken, amelyek a tényleges halál során általában lejátszódnak, de a test fizikai halálát nem kellett elszenvednem. Szembesültem az életemmel, lepergett az életfilmem, és az összezavarodott állapotban magam sem tudtam, hogy élek-e még vagy meghaltam. Maga a bardó-állapot átélése is azt jelentette, hogy a halállal valóban találkoztam. Tehát férjem esetében – ha ő is akarja – éppen úgy bekövetkezhet ez, mint nálam. Előfordulhat azonban, hogy ezen életében kitart jelenlegi álláspontja mellett, akkor pedig csak egy következő életben nyílik erre lehetősége. De hogy ez mikor, hogyan, mi módon nyilvánul majd meg, azt ma még sejteni nem lehet. Hiszen az én kis életem is igen rövid idő alatt mennyire megváltozott, és tudom azt is, hogy az egész Föld, az egész emberiség ma még beláthatatlan átalakulás folyamatában van. Az is nyilvánvaló lett a számomra, hogy valójában mélyebb értelemben nem hagytam el férjemet, hiszen a szeretetet meg tudtam iránta őrizni a szívemben, és az Örök Valóságunk szintjén az egységünk jelen van ma is. Azonban ma már feloldottam függőségi helyzetemet, függetlenné váltam. Már régebben is érzékeltem, mintha két különböző világban léteznénk. Ma már tudom, hogy ez ténylegesen így volt. Egyszerűen ő bent rekedt a saját téveszméi világában, és onnan nem akart kijönni. Én pedig a bennem végbement folyamat által előreléptem. Így egy magasabb dimenzióvilág nyílt meg előttem. Pontosan ez eredményezte az elválásunk szükségszerűségét, hiszen a két világot egy szakadék választja el.

Csodálkozva döbbentem rá Isten különleges gondoskodására, amellyel életünket irányítja. Megadta számunkra annak idején fiatalon a találkozást, a szerelmünk beteljesülését, ahogy akkor képesek voltunk megélni. Aztán útjainkat elválasztotta egymástól, mert képtelenek voltunk hosszú távon egységünket megélni, együtt fejlődni. Így mind a ketten külön-külön, egymástól elzárva éltük a magunk külön életét. Hiszen 23 évig nem is találkoztunk. Majd pontosan akkor, mikor bennem az átalakulás első fordulata már végbement és ennek hatására képessé váltam a múlttal való szembesülésre, akkor megadta számunkra az újrakezdés lehetőségét. Sajnos a múltbeli elakadásunk újra kísértőerőként jelentkezett. Így ismételten képtelenek voltunk az egységünket hosszú távon megélni, együtt továbbfejlődni. Ezt ugyanis csakis együtt tudtuk volna megvalósítani. Hiába történt meg bennem a további átalakulás; a közös feladatot egyedül nem lehet teljesíteni. „Két egymásnak ellentmondó akarat egységének, harmóniájának megteremtése!" De a bennem végbement változások következtében Isten elvezetett arra a pontra, ahol megláthattam, hogy nem erőltethetem rá magamat, mivel az önző szeretet lenne. Ugyanakkor saját magamat sem adhatom fel. Tovább kell haladnom utamon. Ha kell, hát akkor egyedül. Végül pedig megkaptam a lehetőséget a lelki kötődésem feloldására is. Így önmagamon belül a két egymásnak ellentmondó akarat – a szív és ész – egységét létrehoztam, és teljesen függetlenné váltam.

Tehát mindezek alapján tény és valóság a számomra, hogy a jelen életem mindennapjaiban most már a halál feloldotta a férjemnek tett fogadalmamat. Úgy is fogalmazhatok, hogy a köztünk lévő szakadék megakadályozza a kapcsolatunk tényleges folytatását. Két külön világban létezünk, amelyek nem kapcsolódhatnak egymáshoz, mivel ő bezárta önmagát racionális elméje illúzióvilágába. Az eltelt időszakban további információkat kaptam Égi Valóságomból, ezért már tudom, hogy jelen megújult létemben valóban lehetőségem lesz az Égi Társammal való találkozásra. Istvánhoz földi szerelem kötött. Közös életünk programja arra az időre szólt, amíg eljutottam fejlődésem azon pontjára, hogy az életem első szakasza lezárult, a halál által feloldást nyertem, így esélyt kaptam a továbbhaladásra, egy másik dimenzióba való átlépésre. Elkezdődött ennek megfelelően a belső átalakulásom, az egész életem megújulásának felismerése, feltérképezése, megtervezése. Ma már tudom, hogy valóban ÚJ ÉLET LEHETŐSÉGE TÁRULT FEL ELŐTTEM. A párkapcsolat terén pedig sor kerül majd az „EGY AZ ÉLETÜNK, A GONDOLATUNK, A CÉLUNK" megvalósulására a mindennapi életünk keretei között. Viktorhoz Égi Szerelem kapcsol, de ennek földi realizálása benne volt közvetlenül a leszületésünk előtt közösen elkészített élettervünkben.

Mindezt mély meditációban kaptam meg, és további módosításokat, kiegészítéseket kaptam azon a bizonyos éjszakán történt megélésemhez. Ennek értelmében feltárultak előttem a négyes leszületésem hiányzó részletei. Valójában nem a lelkem valósága osztódott négy részre és született le négy földi testben. A szellemi lényünk, az Örök Egységünk valósága osztódott először két részre, majd ezt követően mindkét rész újból kettévált. Viktor és István valósága egymás alteregója. Így István Viktor valóságának földi, fizikai szintű (harmadik dimenzióbeli) vetülete. Én és Géza valósága szintén egymás alteregói vagyunk. Vagyis Géza az én valóságom földi, fizikai szintű (harmadik dimenzióbeli) vetülete. Mindebben a küldetés a lényeg, így szükségszerű volt e négyes leszületés. Ez biztosította számomra a teljes belső átalakuláshoz szükséges alapot, és megfelelő biztosítékot adott arra nézve, hogy az adott időben a küldetésbeli feladatok megvalósuljanak. Találkozva lélektársaimmal – ötvözve egyéniségüket magamba – általuk, az ő hatásukra juthattam el arra a pontra, hogy befejezve első spirálkörömet, végbement az újjászületésem. Ez jelentette az alapot a továbbhaladásomhoz. Az én feladatom pedig e folyamatban pontosan az volt, hogy a lehetőségekhez képest elősegítsem az ő belső átalakulásukat, hogy az adott időre bennük is megtörténjenek a megfelelő változások, amilyen mértékben ezt ők meg akarják élni. Ehhez mindannyiunk esetében szükséges, hogy végbemenjen a belső átalakulás, a fordulat, az újjászületés. Erre nézve a legnagyobb esélyt Viktor esetében látom, mivel belső valóságomban bizonyosságot kaptam arra nézve, hogy személyiségében bekövetkeztek azon fordulatok, amelyek során háromnegyedig már magára talált. Sőt úgy érzékelem, hogy nagyon közel van már az újjászületésének az időpontja. Habár Gézáról semmit sem tudok. Több mint tíz évvel ezelőtt élete válságos időszakában volt. Pontosan az életközépúti fordulónál tartott. Ez a legkritikusabb pont az életünkben, mivel ennek kimenetelétől függ a további életutunk menete. Nem tudom, hogy ezen túljutva milyen irányú és intenzitású folyamat indult be nála. István jelen pillanatban bent ragadt a racionális valóság tapasztalati dimenziójában. Így az ő esetében nagyon kicsiny az esély arra nézve, hogy a teljes átalakulást még jelen életében véghezviszi. Természetesen semmi sem lehetetlen; amíg itt, e földi létben vagyunk, addig a változás, az előrelépés, az átalakulás, az újjászületés bármikor bekövetkezhet. Ez egyedül tőlünk függ. Tehát pontosan akkor, mikor ezt ő akarja, akkor fog mind ez végbemenni nála.

Mivel HARANGVIRÁG valóságommal egyesültem, így élettervem harmadik fázisa, a KÜLDETÉS teljesítése elérkezett, attól függetlenül, hogy a mindennapi valóságomban nincs mellettem az Örök Társam. Az EGYSÉG mind a hármuk viszonylatában bennem jelen van, így a jelen feladataimat ISTEN kegyelméből és áldásával minden körülmények között teljesíteni tudom. A négyes leszületésemmel kapcsolatosan leírtak, tudom, hogy szokatlanok és szinte felfoghatatlanok, de valójában a magasabb szintű szellemi valóság világát képtelenség pontosan szavakba foglalni, mivel ezek teljes értelmezésére kevésnek bizonyulnak a mi földi szavaink. Igazából a szellemi világból mindenki csak annyit tud teljességgel felfogni, elfogadni, amennyit saját magán belül megélt, megtapasztalt. De ezek akkor is léteznek, ha mi nem akarunk, vagy nem tudunk róluk tudomást venni. Itt most általában a szellemi világ történéseire értettem e megjegyzésemet, nem azt akartam ezzel mondani, hogy mindenki esetében ilyen négyes jellegű leszületés történik. Ez nálam így van, de más esetében másként mehet végbe mindez. A lényeg az, hogy az adott egyén számára – amikor eljön az ideje – feltárul önön valóságának titka. De csakis akkor, amikor ennek befogadására már megérett. Lehet, hogy bizonyos információk eljutnak hozzá, de ténylegesen a belső valóság feltárulása csakis akkor történik meg, amikor eljött az ideje. Egészen addig a kapott információkat teljesen nem tudja befogadni. Visszatérve az én esetemhez...

Feltárult a szellemi és lelki valóságom kapcsolata. Már e tények sokasága is meghasonlott állapotot idézhetett volna elő bennem, hiszen a jelen fizikai valóságom és az Örök Valóságom jelenléte, valamint a négyes leszületésem ténye is skizofréniának minősíthető pszichiátriai nézőpontból.

Saját nézőpontom szerint most tisztázni szeretném a skizofrénia és a magasabb szellemi valóság megélése közti különbséget. Egy adott egyén esetében akkor beszélhetünk skizofrénia állapotáról, ha a mindennapi élete során a belső megélései hosszú távon zavart okoznak, nem képes ezeket feldolgozni, és ennek hatására megbomlik a belső egyensúlya. Ha azonban az adott egyén képessé válik önmagától – vagy külső segítséggel – a belső megéléseit, tapasztalatait megérteni, feldolgozni, feloldani, valamint kiszűrni a téves megtapasztalások, információk sorát, akkor ennek hatására az EGÉSZSÉG állapotába kerül. Tény és való, hogy ekkor is van belső káosz, gyötrő, elviselhetetlen lelkiállapot. Sőt közben betegség is felléphet, de nem válik kilátástalanná a helyzet, mivel az egyén felvállalta a felelősséget önmagáért, felismeri az adott helyzetet, és képes megtenni a megfelelő lépéseket önmaga meggyógyítása érdekében. Bizonyos vagyok abban, hogy a napjainkban megszaporodó pszichológiai, pszichiátriai betegségek többsége a bennünk végbemenő átalakulási folyamat következményei. Ha már kialakultak ezek a betegségek, akkor is van kiút. A beteg a megfelelő, szakszerű segítséget megkapva képessé válhat arra, hogy helyre tegye belső megéléseit, majd feldolgozva ezeket feloldja a belső ellentmondásait. Ezáltal mintegy meggyógyítja önmagát, és életét magasabb síkra emeli.

Így mivel Istennel való kapcsolatom szilárd és erős volt, tudtam, hogy a megélt megtapasztalásaim racionálisan felfoghatatlanok ugyan, mégis igazak, és a teljesebb valóságom részei. Ekkor már megteremtettem az Örök Énemmel azon kapcsolatot, amely biztonságot nyújtott mindennapi életemben. Átadtam magamat az Ő irányításának, ezért semmi zavart nem okozott a kapott újabb információk sokasága. Azon tény, hogy egyszerre vagyok eddigi földi lényem valóságában, valamint az Örök Szellemi Valómban, egyszerűen természetes, megnyugtató, felemelő a számomra. Az Örök Egységem valójában a négyes lélekrészünk egységének valósága. Az én valóságomon kívül még jelen van benne István, Géza és Viktor lénye is. Ezáltal érzékelem mind a három lélektársammal való kapcsolatomat, attól függetlenül, hogy a mindennapi valóság síkján nem találkozunk. Gézát hosszú évek óta nem láttam. Semmit sem tudok róla, de tudom, hogy a bennem végbemenő változások mindenképpen hatással vannak rá is. Bensőmben észlelem mindezt. Istvánnal kapcsolatosan is a belső megérzéseimre hagyatkozhatok, de róla lányunkon keresztül kapok néha információkat. Így tudom, hogy elválásunk után, ha lassan is, de elindult benne egy változási folyamat. Azonban ennek kimenetele bizonytalan, tőle függ egyedül, hogy meddig jut el. A legszorosabb kapcsolatban önmagamon belül lelki és szellemi szinten Viktorral vagyok, hiszen megújult életem hozzá kapcsolódik. Tudom, ő az a TÁRS, akivel megújult életünkben majd teljesítjük közösen felvállalt küldetésünket. A találkozásra, a közös életünkre akkor kerülhet sor, amikor már mind a kettőnkben végbement a belső átalakulás, az újjászületés. Ennek során kialakítottuk önmagunkon belül a gondolkodás, az érzés, a tapasztalat és az intuíció harmonikus egységét, és ez a belső és a külső valóságunkban is megnyilvánul. Ehhez kapcsolódóan lezártuk az egyéni karmánkat. Karmikus feladataink ezt követően is vannak, de ettől kezdve a családi és a csoportkarma kerül előtérbe, valamint az emberiség karmikus feladatai terén kell tevékenykednünk. Ez a folyamat nálam végbement, de hogy ő pontosan hol tart a saját önmegvalósításának folyamatában, azt nem tudom. Egyet azonban tudok: az én belső fejlődésem mindenképpen hatással van rá, attól függetlenül, hogy a racionális valóság terén nincs kapcsolat közöttünk. Minden sejtemben érzékelem a jelenlétét, a lénye üzeneteit, így tudom, hogy a legjobb úton halad. Most már tudom, hogy annak idején én magam provokáltam ki a találkozásunkat. Említettem már, hogy ifjúságom idején milyen mélyen átéltem, hogy létezik egy ikertestvérem, akivel egy vagyok. Aztán tudatosodott bennem, hogy ő valójában lelki értelemben vett ikertestvérem. Szinte állandóan éreztem a jelenlétét. Vágyódtam arra, hogy találkozzam vele, megismerjem őt, és vele megélhessem azon szeretetteljes egységet, amelyre bensőmben vágytam. Nem ismertem még, de tudtam, ő az, akit egész életemben vártam, akivel egy lesz a gondolatunk, az életünk, a célunk. Ez a mély belső vágy eredményezte a találkozásunkat. Ma már megismertem néhány egyetemes törvényszerűséget, így tisztán látom az akkori helyzetet. A leszületésünket követően lassan, folyamatosan leszállt rám is a feledés leple, de a lelkemben, mélyen beivódva, ő ott élt bennem. Ehhez hozzátartozik azon tény, hogy az eltelt hónapok alatt információkat kaptam előző életünkből is. Ezek alapján tudom, hogy egy nagyon harmonikus, szeretetteljes házasságban éltük le azon életünket. Egyszerre történő tragikus halálunkat követően együtt emelkedtünk fel az Égi Világba. Azonban amikor elérkeztünk a földi és az Égi Világ határához, akkor a két lélekrész eggyé vált, és az Égi Világba már nem külön-külön, hanem együtt, egységben léptünk be. Az Égi Világban mindvégig megmaradtunk ebben az egységben, egészen a jelenlegi leszületésünk tervezéséig. Az ekkor történő szétválásokat már ismertettem. Lényegében az Örök Szellemi Valóságunk vált négy részre, de a lélekegységünk megmaradt. Leszületve elfelejtettem mindezt, de a belső vágy az egységünk után oly erős volt bennem, hogy a találkozást az Égi Világ nem tudta megakadályozni. Létezik egy örök, egyetemes törvény (amely itt, a földi, fizikai világunkban is érvényes), ami szerint ha egy ember kilép a saját maga egyéni világából és belép a kettőjük közös egységének világába, akkor automatikusan bevonzza a párját a saját életébe. Ez akkor is megtörténik, ha előtte a racionális valóságban még sohasem találkoztak. Ez történt a mi esetünkben is. Mivel a belső megéléseim által a kettőnk közös valóságában léteztem, így a találkozás megtörtént.

A mindennapi életemben 18 éves korom körül, az érettségi közeledtével három lehetőség terén kellett választanom. Már az elemi iskolába lépésemkor volt egy belső indíttatásom, hogy majdan felnőve tanítónő legyek. Később a serdülőkorom elején ért lelki törés során kialakult bennem a „csak azért is", és egy belső megérzés, hogy a pszichológiát is tanulmányozni fogom. Érettségi után döntenem kellett, hogy a tanárképzőbe vagy a pszichológiai szakra jelentkezzem. A pszichológia elvégzésére csak Szegeden lett volna lehetőségem. Nagyon vonzott a pszichológia. Nem tudtam igazában eldönteni, hogy pszichológus vagy pedagógus legyek. De a szülői ház visszatartó ereje, az elszakadástól való félelmem, valamint a már említett belső vágy a lelki ikertestvérem után megakadályozott abban, hogy fel merjem vállalni távol, az ismeretlenben az életemet. Valószínű, hogy az élettervem szerint még egy program volt kódolva bennem. Visszaemlékezem, hogy harmadikos gimnazista voltam, mikor a miskolci műszaki egyetem tehetségkutatói felmérése során ábrázoló geometria területén nagyszerű eredményt értem el. Ezt előfelvételinek beszámítva a következő évet már Miskolcon, az egyetem keretein belül, mintegy egyetemi előkészítőként végezhettem volna el. Ezt követően pedig, az érettségi után, automatikusan folytathattam volna tanulmányaimat az egyetem építész szakán. Lehetséges, hogy a pszichológia azért vonzott, hogy a serdülőkori traumámat helyére tegyem, de ez most már nem lényeges. Valójában a miskolci egyetemen folytatható tanulmányaimat ugyanazon okok miatt – mint a pszichológiai továbbtanulásomat – nem vállaltam fel. Így aztán a pécsi tanárképző főiskola matematika-fizika szakára jelentkeztem. Most már érthető minden a számomra. Oly erős volt a közös egységünk utáni vágy bennem, hogy az minden más lehetőséget kizárt. Most már az is világos, mi volt az a varázslatos érzés, mikor tekintettünk először találkozott és úgy éreztem, mintha egy delejes fénygömb közepében lennék. Igen, a tekintetében valóban önmagam érzései, gondolatai tükröződtek, hiszen egyek vagyunk. Az Örök Valóságunk egysége megjelent a földi realitásban. A delejes fénygömb, az egységünk fénye ölelt át minket bűvöletével, és én a középpontomba kerültem. Ezáltal megéltem a MI egységünknek varázslatos valóságát. Így aztán a találkozás megtörtént, de valósággá a mindennapi életünkben nem vált a kapcsolatunk. Belső elakadásaink, ellentmondásaink miatt nem teljesedhetett be a földi realitás síkján mindaz, amire vágytunk.

Emlékszem, számtalan szituáció volt, amikor csak egy pillanat kellett volna, és mi már boldogan kapcsolódtunk volna össze egymás karjaiban. De ez nem következett be. Így aztán csak a lélek, a szellem síkján valósulhatott meg az egységünk. Sokszor mindez igen fájdalmas volt, mégis csodálatos varázslatként éltük meg. Igaz, sohasem beszéltünk az egymás iránt érzett érzéseinkről, mégis tudom jól, ez kölcsönösen így volt, hiszen belső világomban érzékeltem az ő belső valóságát. Most már tudom, hogy a találkozásunk, a közös életünk az élettervünk alapján valamikor a mostani időszakra volt programozva. Ez pedig akkor fog bekövetkezni, mikor a benne végbemenő átalakulások következtében ő szabad akaratából úgy dönt, hogy lezárja addigi életét, és végbemegy a belső újjászületése. Majd felismerve megújult életlehetőségeit, felvállalja a közös küldetésünket. Ezt azonban nem sürgethetem. A SORS történéseit szándékosan nem befolyásolhatom, de türelmes várakozással, szeretettel, megértéssel fordulva lélekben felé, segítségére lehetek. Így előbb vagy utóbb el kell jönnie annak a percnek, mikor mindez beteljesedik, és életutunk során a küldetésünket közösen teljesítjük.

Magára a közös küldetésre is kaptam információkat. A HÍD-SZEREPET együtt kell betöltenünk. Először le kell hívnunk az Égi Világban átélt valóságunkat, Égi Egységünket e földi létünk egységébe, majd ezt tovább kell fejleszteni. Ehhez kapcsolódóan létre kell hoznunk a magasabb szintű lelki egységünket. Így együtt kell megtalálni a helyünket a negyedik és ötödik dimenzióban. Meg kell ismernünk e szinten az életlehetőségeinket, majd élettapasztalatainkat tovább kell adnunk.

Most, hogy információkat kaptam életem további menetéről és a további közös küldetésünk feladatairól, már világos, hogy annak idején miért a tanárképző főiskola matematika-fizika szakára jelentkeztem. Jelen életünk küldetéséhez a HÍD-SZEREPEN túl még több feladat kapcsolódik. Ennek értelmében Viktorral közös feladataink vannak, a negyedik, majd erre épülve az ötödik dimenzió törvényszerűségeinek kutatása terén, valamint ezek hatásainak feltárása, alkalmazása a mindenkori valóság síkjára. Itt lép be a matematika és a fizika. Ugyanis a gyökereink a harmadik dimenzióba, a fizikai szintre nyúlnak vissza, amely valójában már széttört, illetve beleolvadt a negyedik dimenzióba, a lelki (asztrális) síkba. Jelenleg a negyedik dimenzió legalsó síkján vagyunk a Földdel együtt. Mivel még igencsak kísértenek a régi beidegződéseink, ezért általában az emberek többsége ezt nem érzékeli. De az most már szinte mindenki számára világossá vált, hogy valami szokatlan és furcsa dolog történt. Egyszerűen rá kell ébrednünk, hogy nem működnek a régi életszokásaink. Valami mindig közbejön, megakadályoz minket abban, hogy simán, gördülékenyen oldjuk meg az élethelyzeteket. Egészen addig így van ez, amíg rá nem ébredünk és fel nem ismerjük belső valóságunk indíttatásait. Ha ezt felfogva megtesszük a megfelelő lépéseket a belső átalakulásunk érdekében, akkor könnyebbé válik az életünk. Csak nehezíti a helyzetet, hogy a negyedik dimenzióban a régi, megszokott törvényszerűségek bizonyos esetekben másképpen működnek. Mivel ezek még zömmel ismeretlenek a számunkra, így nagyon zavaróan hatnak. A törvényszerűségek működnek, attól függetlenül, hogy azokat mi ismerjük, megértjük, alkalmazzuk, hasznosítjuk, vagy sem. Nos, volt módom néhány ilyen új, másként megnyilvánuló törvényszerűséget a mindennapi életem során megtapasztalni. Azonban széleskörű, mély kutatás, majd gyakorlati beazonosítás szükséges a negyedik és ötödik dimenzió tágabb megismeréséhez. Ebben pedig igen nagy szerepe van a matematikának és a fizikának, valamint ezekhez belép a pszichológia és a többi természettudomány is. Jelenleg úgy látom, hogy a harmadik évezredben a tudományok egységesülési folyamatára lesz szükségünk, méghozzá az új, magasabb síkú nézőpontból nézve. Csak így leszünk képesek a negyedik dimenziós, majd az ötödik dimenziós létünket hatékonyan megérteni és megélni.

Így nem véletlen, hogy akkor, ifjúságunk idején pont ott találkoztunk; hiszen az élettervünkhöz pontosan szükséges alapokat kaptuk ott meg. Ezen időszak a saját életemre igencsak rányomta bélyegét. Azon lelki hatás, amelyet Viktor által megéltem, mélyen belém rögződött. Így ez behatároló volt további életemben a párkapcsolat terén. Minden kapcsolatomban azon csodálatos egységet kerestem, amelyet őáltala megéltem a lelki, szellemi szférában. De ezt nem találtam meg, hiszen életem első része az élettervem alapján nem erről szólt. Akkor a párkapcsolat terén két egymásnak ellentmondó akarat egységének létrehozása volt a cél. Ez valójában belül bennem végül is kialakult. Így, ha kínkeservesen is, magamra nézve teljesítettem életprogramomat. Az igazsághoz azonban hozzátartozik az, hogy a tévedésem miatt nagyon sok szerettem életét megkeserítettem, így másképpen viszonyultam férjemhez, gyermekeimhez, szüleimhez. Ha a megfelelő pszichológiai ismeretek időben a birtokomba kerülnek, akkor az önmegvalósítási folyamatom hatékonyabbá válik, és ez a környezetemre is hatással lett volna.

Jóval később, az életem közepén, a jungi tanfolyam során sikerült a megfelelő pszichológiai információkat befogadni és életem részévé tenni. Majd továbbfolytatva életutamat bezártam első életspirál-körömet. Ezáltal feltárultak megújult életem lehetőségei. Ehhez hozzájárult még azon életpélda, amelyet szüleim által tapasztalhattam meg.

2000 decemberének végén jártunk. Együtt töltöttük a Karácsonyt. Édesanyám elmesélte az utolsó álmát, amely igen mély nyomot hagyott benne. Ennek üzeneteként megértettem, hogy álma egy nagyon válságos, életveszélyes betegség közeledtét jelezte. Nem értettem, hiszen nem érzékeltem nála a betegség előjeleit. Aztán két nap elteltével egy influenza magas lázzal ágyba kényszerítette. Azonnal hozzájuk siettem és segítségükre voltam. Mire elérkezett az év utolsó napja, már jobban érezte magát. Nyugodtan hazamehettem volna, én azonban úgy döntöttem, hogy az ezredforduló estéjét, éjszakáját velük töltöm. Mind a ketten örömmel fogadták elhatározásomat. Emlékszem, ebéd után a nappaliban beszélgettem édesanyámmal. Ő elmondta, hogy az utóbbi években nap mint nap fohászkodik Istenhez. Mindig arra kéri ŐT, hogy legalább annyi időt adjon még neki, hogy édesapámat el tudja gondozni. Akkor döbbentem rá, hogy egymásban tartják fent az életet az egymás iránt érzett szeretetükkel. Ekkor már édesapám igen gyenge fizikai állapotban volt, habár az erős élni akarása miatt sohasem hagyta el magát. Ez a rendíthetetlen belső erő pedig a benne élő mély szeretetből fakadt, amelyet mindig is érzett édesanyám iránt, még akkor is, ha ezt a mindennapok során nem tudta érzékeltetni. Ez a mély szeretet tartotta fent benne az életet, mivel nem tudott elszakadni a szeretett lénytől. Édesanyám pedig, hogy szeretettel gondoskodhasson még róla, azért fohászkodik, hogy Isten adjon még neki időt arra, hogy teljesíthesse szívéből fakadó feladatait. Mély áhítattal éltem meg e felismerésemet. Kettőjük egységét átélve bekerültem a SZERETET áramlatába, mint mikor a fogantatásomkor megéltem az ő különleges, mély szeretetük egységét. Ebben a bűvös légkörben töltöttük el azon órákat, amelyek még az Ó-ÉVEZREDBŐL hátravoltak, és köszöntöttük együtt az ÚJ ÉVEZRED első pillanatát. Ez azért is fontos volt a számomra, mert édesapám ekkor ünnepelte a 77. születésnapját. Boldog voltam, hogy ezeket a napokat velük tölthettem. Ezen az éjszakán rájöttem arra is, hogy én hol rontottam el a párkapcsolataimat. Először is, amire már az előzőekben is rájöttem, hogy az életem első felében a párkapcsolaton belül az egymásnak ellentmondó akarat egységét, harmóniáját kellett megteremtenem, megélnem. Szüleim életküldetése is pontosan ez volt. De lám, ők nem felemás módon, mint én, hanem valóban együtt megoldották mind a ketten ezt. Eljutva azon pontra, hogy az utolsó percig egymásban tartják fent az életerőt. Ehhez nagyon fontos a megfelelő társ, hogy mind a ketten képesek legyenek egymásért mindent megtenni, hogy az egységük újra és újra létrejöjjön. Rájöttem arra is, hogy mivel nem tudtam olyan hatással lenni a társamra, hogy mindenkor közösen akarjuk megvalósítani a Szeretet Egységünket, így valójában kudarcot vallottam. Ez akkor is így van, ha magamban sikerült rendeznem mindezt. Most már tudom, hogy a további életem során a párkapcsolat terén egyedül az Örök Társ jöhet csak számításba. Meg kell várnom türelmesen, hogy Viktorban is végbemenjen a belső átalakulás. Ennek hatására majd eljön az idő, hogy képes lesz lezárni az addigi életét, és felvállalni közös életfeladatainkat, közös küldetésünket. Ekkor majd megvalósul a mindennapi valóságunkban is mindaz, amit ifjúságunk idején a lelki, szellemi szférákban megéltünk.

EGY LESZ AZ ÉLETÜNK, A GONDOLATUNK, A CÉLUNK!

Tudom, hogy egyszer eljön, hiszen:

ŐÉRTE ÉLEK EGY ÉLETEN ÁT!

A pázsitot belepte a dér.
Ne félj, elmúlik majd a tél!
Ha kertedben rózsa még virul,
Mindig más, és mindig új.
Nézzed, minket keres az
Ezüst Holdsugár!
Még ma élünk, s a holnap már halál.
Porunkra csókos pár borul,
Mindig más, és mindig új.

E verset még ifjúságunk idején ő írta az emlékkönyvembe. Úgy tűnt akkor a számomra, mint egy szerelmi vallomás. Azonban akkor oly tapasztalatlan voltam a szerelmi ügyek terén, hogy nem mertem ezt elhinni. A valóság pedig nem adott konkrét visszaigazolást erre.

Most, visszaidézve az emlékeket, szinte érzékelem, és én magam is átélem a lelkéből feltörő üzenetet. Igen, a pázsitot, az életutunkat lassan teljesen belepi a dér. Ne félj, Kedves, elmúlik majd a tél! Ha kertedben rózsa, a SZERETET, még virul, mely mindig más, és mindig új. Nézzed, minket keres az ezüst Holdsugár! Még ma élünk, s a holnap már halál. Élet és halál, együtt megélve, megtapasztalva feloldódik. Ezáltal, Kedvesem, mi magunk vagyunk a porainkra boruló csókos pár, mely mindig más, és mindig új.

Mindezt végiggondolva rájöttem, hogy lám, most is a kettőnk egységében, a Mi világunkban élek. Kiléptem a saját egyéni világomból, és beléptem a kettőnk egységének birodalmába. Az örök, egyetemes törvényszerűségek hatására pedig ezzel mintegy bevonzom LÉLEKTÁRSAMAT az életembe. Nagyon oda kell azonban figyelnem arra, hogy nem szabad ismételten kiprovokálnom a találkozást. Meg kell várnom türelemmel a megfelelő időpontot. Istenre bízva életemet tudom, hogy a megfelelő időben, a megfelelő helyen, a megfelelő módon mindent megkapok, hogy beteljesedjen életem. Így nyilvánvaló a számomra, hogy a párkapcsolat terén csakis az Örök Társ a fontos a számomra. Isten pedig őt mindenképpen hozzám vezérli, és mindkettőnk számára bizonyosságot fog adni minden téren. Ebben a kapcsolatban pedig már nem a fizikai, testi kapcsolat lesz a mérvadó, hanem a lelki, szellemi egység megteremtése, megélése a mindennapi valóságunk síkján. Harangvirág által pedig én már ebben a valóságban létezem. Így bármit is hoz számomra a jövő, vállalom. A legfontosabb pedig, hogy:

ISTEN AKARATA TELJESEDJÉK BE AZ ÉLETEMBEN!

UTÓSZÓ

Újjászületésem története

1999-től kezdődően nagy belső átalakulási folyamat zajlik bennem, amely során egész eddigi életem mérlegre került. Mindezek hatására 2001-ben egy sorsdöntő fordulat következett be életemben – ÚJJÁSZÜLETTEM. Mindaz, amit még az előző évek során átéltem és e könyv lapjain rögzítettem, újból – most már tudatosan felvállalva – végbement bennem.

2001 elején egy negyven napos léböjt kúrát követően elvégeztem a fénytáplálkozás 21 napos átállási folyamatát. Elhatározásomban kimondottan az vezérelt, hogy még közelebb kerüljek Istenhez és Örök Énemhez. A folyamat során, majd azt követően nagyon sok, számomra fontos információt, segítséget kaptam az Égi Világból. Közvetlen kapcsolatba kerültem az angyalokkal. Egyszerre vagyok itt, a Földön, és az Égi Világban. Mikor ezt először érzékeltem, akkor igen furcsának és különösnek tűnt, de most már megszoktam, természetes a számomra. Csodaként éltem és élem meg az életem egyszerű mindennapi eseményeit, még a legkritikusabb, legnehezebb pillanatokat is. ISTEN jelenlétében vagyok, Örök Énem vezérlésével cselekszem, és mindenkor az adott MOST pillanata a lényeg a számomra.

Különös változások történtek bennem. Már a folyamat elején megtapasztaltam, hogy az IDŐ megszűnt számomra létezni, és ez most már teljes valóságomban jelen van. A mostani háromhetes ciklust követően a szó szoros értelmében érzékeltem, hogy jelen földi, fizikai testemben újjászülettem, teljesen egészségessé váltam. Különös volt a számomra, hogy úgy éreztem, minden megváltozott, semmi sem ugyanolyan, mint régen. Egyszerűen a régi életem szokásrendszerei, a megszokott cselekvési módjaim már nem működtek. Ugyanakkor a megújult életem lehetőségeit még nem ismertem. Mintha újszülött lettem volna, és most ismerkednék a világgal. Az eltelt hónapok alatt egész jól megismertem ezen újszerű élethelyzetemet, és számtalan lehetőség tárult fel előttem. Teljes részletességgel betekintést kaptam a születésem előtti létembe, az élettervembe, a küldetésembe. Megtudtam, hogy életem során mikor nem az eredeti életterv szerint léptem, és milyen formában, mértékben korrigáltam a tévutamat, hol kell még korrekciót végrehajtanom, és hogyan cselekedjek az eredeti életterv iránymutatására hangolódva. Lezárult az életem eddigi menete. Mintegy átléptem a HALÁL kapuján. Ezt szó szerint értem, ugyanis a 21 napos folyamat során a fizikai testemen valóban érzékeltem a halál jelzéseit. Igaz, előzőleg, a két évvel korábban átéltek alkalmával testileg is gyenge, beteg, válságos állapotban voltam, de inkább csak lelki és szellemi szinten szembesültem a halállal. Most azonban tudatosan vállaltam fel mindezt, mivel teljes mértékben egyesülni kívántam Örök Szellemi Valóságommal, és általa még közelebb kerülni Istenhez. Így a HALÁL folyamatát testileg is megtapasztaltam.

Mindezek hatására lezárult számomra az egyéni karmám. Sőt az eltelt hónapok alatt több verzióban szembesültem a csoportkarmámmal és a családi karmánkkal. Olyan emberekkel kerültem kapcsolatba, akikkel jelen életem vonatkozásában fontos, közös feladataink vannak. Ha ez azonnal nem is világos mindenkor, mégis tudom, hogy így van, és az adott időben, az adott helyen, az adott módon majd minden feltárul. A családi karmával kapcsolatosan megtapasztaltam szeretteim kínkeserves, de csodálatos belső változását, átalakulását, és így a családi karma feloldása terén együtt nagyon jó úton haladunk előre.

A 21 napos folyamatot követően még egy jó hónapig csak folyadékot fogyasztottam, majd fokozatosan visszatértem – minimális mértékben – a szilárd ételre. Itt jegyzem meg: ennek az egésznek nem az a célja, hogy végleg lemondjak az evésről. Ez csupán egy lehetőség, hogy a testemben minél jobban megtisztulva egy olyan mély, belső tudati állapotba kerüljek, amely révén

Istennel, mindennel és mindenkivel való egységemet megélve, fokozatosan feltárul Örök Valóságom lényege. Ez pedig fennmarad akkor is, ha visszatérek a megszokott táplálkozási szokásaimhoz. Azonban oda kell figyelnem testem jelzéseire, mert ha többet fogyasztok a kelleténél, akkor fizikailag kemény következményei lesznek. Ez pedig, ha kis mértékben is, de kihat a lelki és szellemi valóságomra is. Így csak egészen kevés táplálékot vehetek naponta magamhoz, és sűrűn kell tisztítókúrát is tartanom. Ilyenkor csak folyadékot fogyasztok. Erre attól függetlenül oda kell figyelnem, hogy folyamatosan átalakítom, felemelem az elfogyasztásra kerülő táplálékom energiaszintjét. Átalakítva szeretetenergiává kisugárzom és Istenre bízom, hogy ezt oda irányítsa, ahol arra a legnagyobb szükség van. Tudom jól, hogy valójában nem lenne szükségem a szilárd ételre, mivel az energiaszükségletemről Isten gondoskodik a „szeretetenergia" által. De a megszokás kísért még. Semmiképpen sem szabad erőszakot venni magamon. Az energiaszintem mindenkor magas, és továbbra is kapcsolatban maradtam az Égi Világgal. Ez most már természetes formában beépült az életembe. Úgy érzékelem, mintha a meditatív szint, az álomvilág és a mindennapi életem külső valósága összeötvöződött volna. Egyszerre élem mindegyik dimenziót. Maga a meditáció is teljesen másképpen zajlik most már. Egyszerűen nincs szükségem elvonulásra, lecsendesülésre, relaxálásra. Elegendő a figyelmemet ráirányítani a meditáció témájára, a belső valóságomra, és már futnak a képek, jönnek a belső információk, és teljességgel megélem a történéseket, ugyanakkor a jelen valóságom síkján is érzékelem a dolgokat. Közben fontos életfeladatokat kaptam meg. Maga a küldetés is módosult. Megújult életem legfontosabb feladata egy bizonyos HÍD-szerep, vagyis hogy összekötő kapoccsá váljak a földi és az Égi Világ között. Továbbá az ÖRÖK IGAZSÁGOK láthatóvá tétele a feladatom. Mikor ezt megkaptam, teljesen érthetetlen volt a számomra. Aztán Örök Énem, HARANGVIRÁG valóságom egy szemléletes példán elmagyarázta, hogy miképpen kell cselekednem, hogy az ÖRÖK IGAZSÁGOK láthatóvá váljanak. De hogy a mindennapi életben majd mit is jelent mindez, azt jelenleg csak nagy vonalakban érzékelem. De tudom, hogy állandóan, folyamatosan kapom a jelzéseket, amelyek segítségével e feladataimat teljesíthetem az elkövetkező életem során.

Továbbá küldetésbeli feladatom a negyedik dimenzió (az asztrális, lelki sík), majd az ötödik dimenzió (a spirituális sík) törvényszerűségeinek kutatása és feltárása. Tudatosodott bennem, hogy a küldetésemet Örök Társammal együtt teljesítjük majd, hiszen életünk e részét együtt terveztük meg az Égi Világban, a földi leszületésünk előtt.

További információkat kaptam Örök Társammal való egységemből. Egészen az első földi leszületésünkig – amely még LEMURIÁBAN volt – feltárultak előttem közös életünk valóságának epizódjai, és mindazok az információk, amelyek kapcsolódnak jelen életünk életküldetéséhez. Megtudtam azt is, hogy egységünk – két alkalommal is – mikor és miért bomlott meg a leszületéseink láncolatában. Átéltem azon mélységes fájdalmat, amelyet elszakadásunk következtében mind a ketten elszenvedtünk. Ezek lelkünk mélyébe vésődve a mai napig hatással vannak ránk. Félünk az újbóli elszakadástól, az egységünk megtörésétől, széttörésétől. Ez az ősi félelem az oka annak, hogy nem merünk még egyszer kockáztatni, félünk az újabb iszonyatos fájdalom elszenvedésétől. Inkább felvállaljuk, hogy a kapcsolatunk a racionális síkon sohasem teljesedik be. Azonban bennem letisztázódtak a dolgok. Tudom jól, hogy régen miért történt minden. Meg kellett tapasztalnunk mindazt, amin átestünk, mert a jelen életfeladatainkat csak így leszünk képesek teljesíteni. Pontosan a régen elszenvedett elválás fájdalma és tapasztalata ad esélyt arra, hogy a jelenben megtegyük mindazt, amit meg kell tennünk. Így nincs mitől félnünk, mert feltárult a teljes valóság, a sötétség leple szétoszlott, világossá vált minden. Isten maga teremtett eggyé minket, és most – hogy világosan érzékelem egységünk valóságát és tisztában vagyok a jelen életünk programjával – már nem akarok máshol létezni, csakis ebben a közös valóságban. Ezen nem változtat azon tény sem, hogy ő a racionális valóságban jelenleg tőlem távol és mással él. Számomra az idő már nem létezik, kiléptem a racionális, lineáris idősíkból, így türelemmel, szeretettel, bizonyossággal várok rá. Egyszer eljön a találkozás, a közös életünk beteljesedésének az időszaka. Addig is a lelki, szellemi síkon az egységünkben élek. Ő bennem él, és én benne. Ezt állandóan megélem úgy, mint régen, mikor még nem találkoztunk, csak a bensőmben érzékeltem, hogy létezik egy lelki ikertestvérem, akivel egy vagyok. Tudom, egyszer elérkezik az idő, mikor a belső hiányérzetéből, a kettőnk tényleges egységének hiányából fakadó fájdalma erősebb lesz, mint a benne élő félelem. Rádöbben arra, hogy értelmetlen az élet, ha azt külön-külön, egymástól elszakítva éljük le. Ennek hatására felvállalja közös életünket. Ekkor a mindenkori „MI" valóságában megélve együtt az életünket, beteljesíthetjük küldetésünket. Jelenleg azonban még felesége mellett a helye. Teljesítenie kell az első életkörére szóló karmikus feladatait. Csakis ezt követően történik majd meg az újjászületése. Ez pedig elengedhetetlen feltétele a találkozásunknak. Az ÉLET megy a maga útján. Rengeteg feladatom van addig is. Teljesítenem kell mindazt, amit az adott pillanatban ISTEN feltár előttem.

Ebben az időszakban mélyebb betekintést kaptam a jövőbe. Nem csupán az egyéni életem vonatkozásában, hanem az egész emberiség és maga a Föld viszonylatában is. Tudatosodott bennem, hogy a jövőnk a saját kezünkben van. Rajtunk, mindannyiunkon áll vagy bukik az egyéni sorsunk, és az egész emberiség, a Föld sorsa is. Sőt mindennek további kihatása van az egész teremtett világra. Így jelen korunkban hatalmas felelősség nehezedik ránk: az egész világmindenség sorsa mintegy a kezünkben van. Ahogy mi egyénileg és együtt éljük az életünket, hatással van még az Égi Világra is. Ugyanis ÉG és FÖLD egységben, kölcsönhatásban van. Azonban jelenleg nincsenek már előre meghatározott „pontos" jövendölések, csupán alternatívák vannak. Tőlünk függ, hogy a jelenleg lehetséges alternatívák közül melyik lesz a jövőnk valósága. Ezek közül az egyik – remélem, ez válik valóra – a KRISZTUSI SZERETET és FÉNY megteremtése itt a FÖLDÖN, a mindennapi életünkben. Ez rajtunk múlik mindannyiunkon. Ehhez kívántam most kapcsolódni azzal, hogy megírtam e könyvet. Hasznos lenne, ha az emberek a tapasztalataikat bátran mernék közkinccsé tenni. Mindenki más, és másképpen tapasztalja meg saját világát. Tudom, hogy másnak is volt már hasonló belső megtapasztalása. Sőt lehet, hogy ettől meg is ijedt, mivel érthetetlen, ismeretlen volt a számára. A szűkebb ismeretségi körömben megtapasztaltam, hogy sokan az átéltek hatására pszichiátriai kezelésre szorultak. De tudomást szerezve arról, hogy nem csak bennük zajlik e folyamat, nem csak nekik vannak észbontó gondolataik, érzéseik, hanem ez egy általános, jelen korunkban zajló, a fejlődést, a változást, a fennmaradást szolgáló folyamat, akkor bátrabban néznek szembe e helyzettel. Közben, ha a megfelelő helyekről tényleges segítséget kapnak a történtek feldolgozásához, akkor lecsitulva elindulhat a megértés, a feldolgozás, a feloldás. Így az adott egyén bizakodva fog hozzá belső valósága megismeréséhez, és elindul önmegvalósításának útján. Ebben pedig mindenki segíteni tud, ha akar, azzal, hogy megosztja, átadja élettapasztalatait.

Megjegyzés: 2020. szeptember 26. Jelen korunkban már nem szükséges a fénytáplálkozás folyamatának elvégzése. Az eltelt 19 év alatt az egész Földön olyan intenzív átalakulások mentek végbe a Teremtő Szeretetének Fénye által, mely következtében a rezgésszintünk nagymértékben megemelkedett. Így most már lehetővé vált a szabad akaratunknál fogva, hogy összekapcsolódjunk a Felsőbb Énünk valóságával, Isten felé ezen szándékunk kinyilvánításával. Ugyanakkor a fénytáplálkozás háromhetes folyamata nagy mértékben megviseli a fizikai testet, és ha valamilyen oknál fogva a folyamatban zavar keletkezik, akkor a helyzet végzetessé is válhat.

Ha e fénytáplálkozási folyamatot valaki mégis felvállalja, akkor szabad akaratából cselekszik, és bármi következménye lesz, azért csakis Ő a felelős.

Mindenki csak saját felelősségére alkalmazhatja az itt ismertetett fénytáplálkozási folyamatot!

A szerző

Csillag Virág 1946 augusztusában született
Mendén. Gimnázium után a Pécsi Tanárképző
Főiskola matematika-fizika szakán szerzett tanári
végzettséget. Pedagógusként dolgozott egészen
addig, míg egészsége ezt lehetővé tette. Ezt
követően már hangsúlyosabban fordult az életében
mindig is jelen lévő, magasabb tudatszintek felé
vezető ismeretek irányába. Így végzett el többek
között egy Jung pszichológiájára épülő tanfolyamot.
Élete során döntő volt számára az önismeret, az
öngyógyítás és az önmegvalósítás során szerzett
tudás, és ennek a továbbadása. Elvált, három
gyermeke van. Hobbijai a kreatív alkotás, meditáció,
kertészkedés; különleges képességei a telepatikus
hallás, illetve médiumi képesség.

A kiadó

Aki feladja,
hogy jobbá váljon,
feladta,
hogy jobb legyen!

E mottó alapján a novum publishing kiadó célja az új kéziratok felkutatása, megjelentetése, és szerzőik hosszútávú segítése. Az 1997-ben alapított, többszörösen kitüntetett kiadó az egyik legjelentősebb, újdonsült szerzőkre specializálódott kiadónak számít többek között Ausztriában, Németországban és Svájcban.

Valamennyi új kézirat rövid időn belül egy ingyenes, kötelezettségek nélküli kiadói véleményezésen esik át.

További információkat a kiadóról és
a könyvekről az alábbi oldalon talál:

www.novumpublishing.hu

Értékelje
ezt a könyvet
honlapunkon!

www.novumpublishing.hu